평신도, 신학생, 목회자를 위한

신학 총정리 핸드북

저자 Joseph Kim

서　문

　생의 황혼 녘에 예루살렘으로 올라가지 말라는 성령의 경고를 넘고, 넘고, 또 넘어 복음을 위해선 죽음도 불사하겠다는 아름다운 의지로 예루살렘으로 올라가 고생만 실컷 하다가 로마로 끌려가 순교한 분이 바울이다. 만일 바울이 성령의 경고를 중히 여겨 예루살렘으로 올라가지 않았다면 어떻게 되었을까?

　하나님의 은혜는 바울이 선택한 길에도 있었듯이, 바울이 버린 길에도 있었을 것이다. 해가 뜨고, 해가 지는 길이라면 웃음이 있고, 슬픔이 있는 것은 만고의 진리다. 눈물이 있는 길이라면 그 눈물을 닦아줄 은총 또한 있으리니. 이것이 신이 세상을 운영하는 방법이다. 내가 철이 들어 얻은 깨달음이다.

　나는 죽음도 대면해 봤고, 기적도 체험해 봤고, 주님과 약속도 해 봤고, 약속을 어겨도 봤고, 주의 일과 세상일을 놓고, 일 순간의 망설임도 없이 세상을 선택, 긴긴 세월 동안 세상을 살아도 봤고, 생지옥에도 들어가 실컷 불지옥도 맛봤고, 고행의 시간 아래서 가슴을 치는 참회도 해 봤고, 미래를 볼 수 있는 은사가 있어 세상도 들여다봤고, 그러다가 어느덧, 생의 황혼 녘에 이르게 되었다.

다른 길들도 바로 여기로 향해져 있었을 것이다.

발자국마다 고여 있는 내 선택에서 버림받은 것들 또한 주께서 주신 충분히 소중한 것들이었고, 이렇게 사는 것도, 저렇게 사는 것도, 사는 것은 다 사는 것 일 뿐, 그래 봤자 시간 속을 오가는 것임을 알았더라면 이루어져서는 안 될 우 매한 기도를 드리면서까지 가슴을 움켜쥐고 시간을 태우진 않았을 텐데, 왜 사 는 것을 놓고 그토록 가슴 조였는지. 무엇을 이루고, 이뤄서 무엇을 하겠다고, 곧 흔적도 없이 사라질 이슬들을 쌓아놓으려 했는지... ...

내가 선택했던 길에 햇볕이 내리고, 비가 내리고, 바람이 불고, 눈보라가 휘 몰아쳤던 것처럼, 분명 나에게 버림받은 길에도 햇볕이 내리고, 비가 내리고, 바 람이 불고, 눈보라는 휘몰아는 쳤으리라.

나는 이런 나의 생을 기독교 정통 신학에 맞춰보려고 많은 수고를 한 적이 있 다. 생을 점검해 보고자 함이었다. 신학을 믿고 "고(suffering)"로 뒤덮인 허물 을 벗고자 함이었다. 그러나 어떤 식으로든 기존의 정통 신학은 내 삶에는 적용 되지 아니하였다. 칼뱅의 전적 부패와 무조건적인 선택도 나의 삶에는 적용되 지 않았고, 칼뱅이 불가항력적 은혜라고 선언한 은혜도 하나님의 공의까지는 넘지를 못했다. 모든 죄업을 덮어주거나, 눈감아 주는 부적이 아니었다. 그럼에 도 나는 꽤 오랫동안 이런 신학을 의지하고, 섬기며 살아왔던 것 같다. 아마도 성경보다는 신학의 무게가 더 가벼워서였을 것이다.

삶은 있는데, 신학이 그 삶에 적용되지 않는다면, 분명 그것은 어딘가가 잘 못됐다는 증거일 것이다.

평신도, 신학생, 목회자를 위한 신학 총정리 핸드북

　칼뱅주의의 종주국 독일은 유물론 공산주의 그리고 자유주의를 출생하였고, 화란은 가증한 성(sex)문화를 발전시켰다. 믿음은 있는데 본질이 없어서 생긴 현상일 것이다. 이것이 신학적 아이러니다.

　왜, 처음부터 보수 정통이라는 이름으로 칼뱅주의 신학을 높이고, 받들었던 한국 장로교단은 모든 교회가 칡넝쿨 같은 멸망의 가증한 공연 문화에 휘감겨 "거룩함"을 질식사시키고 있는데, 칠흑 같은 어둠으로 리모델링만 하려고 할까?

　큰 교회, 작은 교회, 모든 교회가 고인이 된 조 목사께서 수입해 나눠주고, 유행시킨 삼박자 형통 신학, 성공신학, 기복신앙으로 꽁꽁 무장하고 또 했는데, 왜 날마다 교회에서도, 나라에서도, 푸석푸석 썩고 허물어지는 소리가 나는 걸까?

　왜, 그 많은 거짓 선지자가 나타나 담대하게, 노골적으로 성령을 팔고, 예수를 팔고, 하나님을 팔고 있는데, 보수 신학자들은 신학 이론으로 안주 삼아 성찬주에 만취하여 방향 잃은 취객처럼 건배, 건배만 외치고 있을까?

　나는 이런 책을 써야 할 이유가 없는 자리에 있는 사람이다. 또한 지금은 이런 책은 읽지도, 반기지도 않는 시대다. 그러나 어떤 선교사님께 신-철학을 개인지도 하던 중 50년 후쯤에나 필요할 이 책을 써야 할 이유와 명을 자각하게 되었고, 여느 때처럼 거부하지 못하고, 수행자의 자세로 나를 비우고 영감 아래 앉아야 했다.

　그동안 내 책들을 출판해 주던 출판사들이 문을 닫거나 형편이 어려워 더 이상 책을 출판 해줄 여건이 안 된 상태에서 복음서 주해 설교 15권 분량의 책을 써 놓고도, 꽤 오랫동안 출판을 하지 못한 나에게, 그것을 건너뛰어, 이 책을 완성할 수 있도록, 그리고 출판까지, 곁에서 조언과 위로와 책망(?)과 경제적 지원을 아끼지 아니한 나의 아내 이 검사께 진심으로 고마움을 전한다. 또한 나에게 영감 밑으로 몰아 넣어준 루디아(순정) 윤 선교사님께도 감사를 드리며, 좋은 땅 출판사 사장님과 직원분들께 감사를 드립니다.

바울이 쓴 글 가운데 아주 감동적인 글이 있다. 요지는 마음의 쿠션에 관한 것이다. 고전 9:19-23에 나와 있다. 복음을 위해 가져야 할 마음이다. 복음을 위해, 복음 안에서, 신앙을 다치지 않고, 다른 견해를 가진 이들을 어떻게 대할지에 대한 지침이 집약된 기록이다. 조금만 더 마음을 넓히자는 조언일 것이다.

너무 오랫동안 신학에 갇혀있던 복음이 신학으로부터 풀려나 자기 자리로 돌아올 수 있게 되기를 바란다.

사막의 은자

CONTENTS

제 I 부
신학이란 무엇인가?

신학은 신을 다루는 학문이다. 신은 형이상학적 존재다. 신의 자취는 그림자처럼 성경에 흩어져 있다. 그래서 신학은 기독교에 국한하여 성경을 연구하는 학문이 된다. 모든 신학이 성경에 뿌리 해야 하는 이유다.

헌법이나, 헌법 정신에서 벗어난 지방정부의 법이 위법(위헌)인 것처럼, 성경이나, 성경 정신에서 벗어난 신학은 신학으로서 유효하지 않다. 본질적으로 그리스도의 진리와 다르거나, 그리스도의 핵심 가르침과 멀어져 있는 신학도, 신학이 될 수 없다.

철학에서는 신(하나님)을 총칭하여 만물의 "실체", "본질", "실재" "일자"라고 부르기도 한다. "본질", 그리고 "실재"나 "실체"는 존재론적 형이상학에서 연구된다. 신학이란 종교적으로 이런 본질과 실체에 대한 탐구의 총칭이라 할 수 있다.

학자들은 신학은 교회에 봉사하는 학문으로서, 그리스도교의 진리를 연구하고, 그 진리를 인간의 상황에 적용할 수 있도록 이해하고, 이해시키고, 그리고 외부의 도전으로부터 변증하는 데서 출발 되었다고 말한다.

1. 주요 개념 정리

철학 같지는 않지만, 신학도 그렇게 만만한 학문이 아니다. 신들에 대한, 혹은 관련된 학문이기 때문이다. 본래 신학은 고대, 중세, 그리고 종교개혁 시대까지는 약간 관념적이긴 했어도 그 줄기는 분명했다. 그러나 근대, 현대에 들어와 신학은 본래의 개념들을 알지 않으면, 신학에 대한 본질까지 오해하고, 혼동할 만큼 온갖 잡동사니 정신적 부산물들이 신학의 대열에 끼어 있다. 퀴어(동성애) 신학이 그 대표적인 예다. 멸망의 가증한 신학이 거룩한 신학의 자리에 끼어들어 앉았다는 뜻이다. 따라서 보다 쉬운 접근과 이해를 위해 신학의 주요 개념 정리부터 하기로 했다.

1) 신(God, god)

아이러니하게도 종교보다 철학에서 먼저 신(하나님)의 개념을 정립해 냈다. 종교에서 이런네 저런네 하는 신의 개념은 모두 고대 철학이 찾아낸 개념들이다. 사람마다 신(God, god)에 대한 이해의 컨셉이 다를 수 있지만 일반적으로 사람들은 영적 세계에 있는 영적 존재들을 총칭하여 신(god)이라고 부른다. 때로는 귀신, 악마, 천사 등도 신으로 간주한다. 그러나 그런 것들은 고대부터 인간이 탐구 해온 신이 아니었다.

인류문명의 시작으로 간주 되는 고대 수메르의 문헌에도 많은 신들이 등장한다. 아루루, 이슈타르, 아누, 엔릴, 아투, 아눈나키, 사두리 등.

그리스에도 많은 신들이 있었다. 혼돈과 흑암의 신 카오스, 창조의 신 에로스, 대지의 신 가이아, 밤의 신 닉스, 하늘의 신 우라노스, 크로노스, 제우스, 포세이돈, 등등.

신의 이름들 가운데는 사람이 작명한 것도 있고, 신 스스로 셀프 작명한 것도 있다. 성경에도 영적 존재들이 등장한다. 천사, 영(spirit), 루시퍼(lucifer), 악령(evil spirit), 귀신(ghost), 마귀(devil), 악마(satan) 등등으로 명명되는 존재들이다. 계시록에는 마이클이나, 가브리엘 같은 이름을 가진 천사, 이름이 알려지지 않은 천사, 슐랍, 감람나무, 두 증인, 용, 짐승, 백 말 탄 충신과 진실, 개구리 같은 더러운 영, 혹은 다른 영적 존재(유일신을 보좌하거나 모시는)들이다.

영적 세계를 배경으로 쓴 단테의 신곡에도 영적 존재(Being)들이 등장한다. 단테가 인간의 육적인 본성에 사로잡혀서 고통하고 있을 때, 나타나 그를 인도하여 지옥과 연옥을 견학시키는 베르길리우스, 지옥으로 가는 아케론강의 사공 카론, 천상에서 단테를 구하기 위해 가슴 조이고 있던 베아트리체 등등. 모두 물질세계에 있는 인간이 신이라고 부를 수 있는 영적 존재 들이다.

인간 세계에서 개념화되지 않은 영적 존재들, 즉 땅이라는 영역(Dimension)을 기준으로 하위와 상위의 형이상학적 존재(Being)들을 총칭하여 신이라고 부른다. 미옥, 경희, 순자, 수정, 명자를 보편적 개념으로 인간이나 사람이라고 부르는 것과 같다. 그러나 이들은 결코 고대부터 현자들이 탐구해 온 그 신이 아니다.

고대 철학자들이 탐구해 온 신은 만물을 있게 한 신, 즉 "만물의 원인", "최초의 원인", "부동의 원동 자", "시작과 끝이면서 시작이 없고, 끝이 없는 원인"이었다. 고대 현자들은 모든 영적 존재(신)까지 만들고, 거느리는, 그 절대적인 신(하나님)만이 신(하나님)이 될 수 있다는 견해였다.

호메로스가 추리해 낸 그리스의 신들처럼, 쉽게 분노하고, 노여워하고, 보복하고, 질투하고, 더하여, 더럽고, 지저분하고, 향락적이고, 쾌락적이고, 더는, 그 형상이 괴물 같은 신들은 절대로 신(하나님)이 될 수 없다는 견해였다. 그리고 그 이유까지 입증해 냈다. 그분들은 종교적인 표현으로 거룩하고 완벽한 창조주 유일신을 찾았던 것이다.

신들의 제왕 제우스나, 폭풍의 신 포세이돈같이 능력이 넘치는 존재라고 해도, 스스로 있는 존재, 무엇을 더할 것도, 덜 할 것도 없는 완벽한 존재, 인간의 숭배나 제사에 굶주리거나, 그것을 필요로 하지 않는 존재, 원인 없이 있었고, 원인 없이 있는 유일한 존재를 찾았다. 따라서 그들의 눈높이에선 최초의 원인, 원인 중의 원인, 만물을 있게 한 원인(존재) 이여야만 참 신(하나님)이었다.

인간이 형이상학적인 신의 형상을 만들 수 없는 것처럼, 그 누구도 감히 그분의 이름을 지을 수 없고, 설령, 이름이 있다고 해도, 감히 그 이름을 부를 수 없을 만큼 광대무변한 존재, 만물을 존재하게 한 만물의 창조자, 바로 유일한 그런 분을 찾았다. 그러니까 절대적인 유일신(하나님) 외, 다른 어떤 영적 존재(Being)도 그들이 찾는 신 개념에 들어올 수 없었다는 의미였다. 이것이 고대 철학에서 정리한 신(하나님)개념이다.

2) 유일신

유일신이란 신은 한 분밖에 없다는 뜻이다. 그러나 무한대로 광활한 영적 세계에 홀로 존재하는 신이라는 의미는 아니다. 영적 세계든, 물질세계든, 모든 영역(Dimentions)을 포함하여, 그 세계 안의 모든 존재, 즉, 천사, 인간에게 아직 이름이 알려지지 않은 존재를 포함해 물질세계의 존재들까지 창조하시고, 운영하신 분이라는 의미다. 그러나 지배자인 왕의 개념보다는 모든 존재를 있게(낳은) 한 부모의 개념이다.

고대부터 유일신교는 많았다. 사람들이 다신교 국가로 알고 있는 이집트에도 유일신이 있었다. 태양신 "라" 말고도, 고대 이집트의 18 왕조 시기 아멘호테프 4세(아케나톤, 이크나톤)의 종교개혁으로 이집트의 유일신으로 숭배된 아톰(Atum)이 유일신이다.

페르시아의 조로아스터교 (마즈다교 또는 배화교)도 유일신교다. 그들도 마즈다 외에는 다른 영적 존재(하등의 신)들을 신으로 인정하지 않는다. 창조신이면서 모든 신(영적 존재)들을 부리는 아후라 마즈다만을 유일한 신으로 간주한다. 나머지 신들은 신의 우두머리인 마즈다를 섬기는 하위 신들일 뿐이다. 기독교의 신개념으로 하나님의 천사 혹은 하나님의 종들에 해당하는 존재들이다,

영지주의도 이와 비슷한 신개념을 가지고 있다. 영지주의에서는 모든 신들을 '아이온'이라고 부르며, 그중 최고 아이온을 '모나드', 다음을 '스피릿', 그다음을 '예수', 그다음, 스피릿이 창조한 '데모도리우스', 데모도리우스가 창조한 '아크론' 등등이다. 최고의 신인 유일신 모나드에게서 모든 신(아이온)이 발출되었다는 논리다.

한가지 유념할 것이 있다. 우주 만물을 우주 만물로 존재할 수 있도록 하고 있는 수 원리와 법칙들이 충만해 있다는 점이다. 이것들은 창조가 아닌 발출이라는 개념으로는 설명될 수 없다는 것이다. 이것이 발출설의 허실이다.

유대교에서도 야훼만을 유일한 신으로 이름했다. 그들은 다른 신들을 천사로 부른다. 그들은 야훼의 이름을 여호와라고도 부른다. 신의 이름이 두 개인 셈이다. 모슬렘에서는 그 야훼를 알라로 바꿔 부른다.

힌두교도 많은 신이 있으나 최고의 신은 브라만이다. 브라만이 창조신이다. 나머지 신들은 브라만을 섬기는 하위 신들이다. 기독교식 표현으로는 천사, 혹은 종들에 해당한다.

기독교도 모든 영적 Being(존재) 들을 신으로 간주하지 않는다. 그냥 하나님을 하나님으로 믿는다. 하나님(신)의 아들이면서 신계에서

인간의 육체를 입고, 인간 세계에 오신 삼위일체 중 제 이 위격을 가지신 예수는 신을 단 한 번도 모나드나, 브라만이나, 야훼나, 여호와로 부른 적이 없다. 그냥 "하나님 아버지"라고 불렀다. 만물에 대해서는 창조주 인간에게 있어서는 "천부"라는 호칭을 사용하셨다.

아버지란 말 속에는 "뿌리 했다", "낳다."의 의미가 있고, "낳다"의 말 속에는 "창조", "만들다"의 의미가 있다. 만물이 그분에게서 원인되었고, 만물이 그분에게서 왔다는 의미다,

예수께서 신(하나님)의 이름을 함부로 부르지 않았다는 것은 무엇을 의미할까?

설령, 신의 이름이 있다고 해도 감히 그 이름을 부를 수 있는 자들이 이 세상에 없다는 의미가 아닐까?

신개념이 미완성 시대에 있던 고대 철학자들도 하나님(신)의 이름을 지어 부른 적이 없다. 고작해야 "원인", "원인 중의 원인", "빛 중의 빛", "이데아", "부동의 원동자" 등등으로 칭했을 뿐이다. 아마도 신의 이름을 부르는 순간 신의 절대성과 유일성이 손상을 입을 수 있었기 때문이었을 수 있다. 주님은 대신 고대 철학자들이 의미 해온 그런 "원인 중의 원인", "신 중의 신"을 "나의 아버지", "너의 아버지" "만물의 아버지"로 불렀다. 만물이 "아버지 신"에 의해 창조되었다는 의미였다.

고대부터 현자들이 지혜를 모아 머리를 싸매고 탐구해 온 '아르케', '만물의 실체, 만물의 본질', '만물의 근원'에 대한 해답을 간결하게 "하나님 아버지"로 일원화(개념화)했다. 고대부터 철학자들이 탐구해온 만물의 본질과 실체 같은 철학적 난제들을 단번에 완성하셨다. (철학 핸드북 참조)

3) 그리스도교와 유대교의 차이

　그리스도교는 예수를 창조주 하나님의 아들로서 동정녀 탄생을 통해 인류의 구세주로 인간 세상에 오신 분으로 믿는 종교다. 사람들은 기독교를 유대교의 한 종파, 혹은 유대교에 뿌리 한 종교쯤으로 알고 있다. 견해의 차이가 있겠지만 그것은 결코 사실이 아니다. 유대교와 기독교는 핵심 교리가 다르다.

　핵심은 철학적으로 본질이다. 종교의 본질이 다르다는 의미다. 유대교의 본질은 동해 보복법이다. "이는 이로 눈은 눈으로" "원수의 목전에서 내게 상을 베푸시고" 그것은 땅에 속한 현상적인 것이다. 그러나 그리스도교의 본질은 사랑이다. "원수를 사랑하고" 이는 하늘에 속한 형이상학적인 "Celestial Words"이다. 물론 유사한 교리도 많다. 유일신 사상을 비롯하여 약간 다르긴 하지만 유대인의 경전인 히브리 성경을 구약이라는 이름으로 사용하고 있는 것이 그렇다.

　그러나 이름만 다를 뿐, 유일신 사상은 꼭 유대교만의 사상이 아니다. 구약을 정경의 일부로 사용하는 것도 유대교만이 아니다. 유대교 경전에 들어 있는 내용도, 유대 역사에 관련된 내용만 빼면 다른 종교의 경전 내용과 비슷하거나 겹치는 것도 많다. 표현 방법이나 용어 사용에 차이가 있을 뿐이다.

　유대교의 핵심 교리는 고대 종교, 또는 고대 현자들의 가르침과 겹치는 것이 많고 실제, 고대 이방의 선지자로 알려진 조로아스트라의 가르침과 비슷하다는 것이 학자들의 견해다. 메시아 사상도 고대 이집트에도 있었고, 메시아의 동정녀 탄생도 유대교의 예언서에만 있는 것이 아니다. 고대 동방 지방에서 구전으로 전해지던 전설에도 있었다. 유대교 경전의 핵심을 이루고 있는 율법도 고대 바벨론 함무라

평신도, 신학생, 목회자를 위한 신학 총정리 핸드북

비 법전에서 차용됐다는 것이 학자들의 견해다. 유일신 사상이나 경전의 어떤 부분을 공유한다는 이유 하나로 유대교와 기독교를 하나로 묶을 수는 없다는 의미다.

4) 예수에 대한 철학적 해석

철학적으로 예수의 본질은 사랑이다. 예수의 속성(진료)이 사랑이라는 것이다. 예수님은 자신이 하나님으로부터 파송됐음을 강조했다. 예수의 본질이 땅에 속한 것이 아니라 하늘에 속했다는 암시다. 예수님은 아버지 하나님(신)이 천지를 창조하셨음을 공표했다. 그분이 모든 생명의 원인 중의 원인이라고 소개했다. 그분은 거룩하고 영원한 분임을 알려줬다. 예수님은 그분의 본질이 또한 사랑이라고 소개했다. 예수님은 자신이 지상에서 행한 모든 덕목(선행)은 사랑의 현현이며, 그마저 홀로 행한 것이 아니라 아버지와 함께 행하신 것임을 강조하셨다. 자신 안에 아버지가, 아버지 안에 자신이 있음을 가르치셨다. 이는 고대부터 철학자들이 탐구해 온 탐구 대상이었고, 아리스토텔레스, 스토아철학의 제논, 등이 말하던 본질(이데아 혹은 에이도스)에 대한 해석이기도 했다.

5) 예수 진리의 축

견해가 다를 수 있지만, 예수께서 가르치신 진리의 본질은 사랑이다. 사랑의 본질은 용서다. 용서를 사랑의 꽃이라고도 표현한다. 그분의 가르침을 압축하면 *회개와 *용서와 *사랑과 *평화다. 모두 혈관처럼 하나로 연결된 Celestial Things이다. 너무나 단순해 보이는 그분의 진리는 물질세계의 관점에서도 보물(Treasure)이고, 영적 관점

평신도, 신학생, 목회자를 위한 신학 총정리 핸드북

에서 보물이다. 구원이 언제 시작되었느냐와 관계 없이 회개뿐 아니라 용서도, 사랑도, 평화도, 모두 영생을 위해 수행되어야 할 능동적인 형태의 생명 운동이다.

"원수를 사랑하고" "일곱 번씩 일흔 번씩이라도 용서하고" "오른뺨을 때리면 왼뺨을 내어주고" "이웃을 내 몸같이 사랑하고" 이는 모두 아주 높은 경지의 "도(道)"에 해당한다.

의(justice)가, 인(Mercy)이, 그리고 신(Faithfulness)이 육에 속한 "도"라면 용서나 사랑이나 평화는 하늘의 "도"다. 전자가 바리새인들처럼 육을 의롭게 하는 덕목이라면 후자는 영혼을 의롭게 하는 덕목들이다. 그러나 육의 덕목도 그리스도의 진리를 모사한 아름다운 덕목들임을 알아야 한다.

그리스도의 진리는 절대적인 은혜고, 땅 위에서의 구원이다. 그 구원은 땅에서 시작하여 영생으로 이어진다. 그래서 그분의 진리는 하늘의 진리이면서 땅의 진리다. 자세히 연구해 보면 유대교에는 뚜렷한 on point 구원 교리가 없다. 영생 교리도 찾을 수가 없다. 율법은 땅을 사는 육적인 사람들이 지켜야 할 땅의 계명일 뿐이다. 야훼의 노여움 없이 그저 땅에서 잘사는 것에 율법의 초점이 맞춰져 있다. 아무리 찾아봐도 영적인 사람, 아니면 영혼을 위한 영적 운동을 일으키는 심장이 없다. 사후에 인간이 그 "열조와 함께 자다." 는 말 외에 분명한 영생에로의 길(진리)이 없다. 율법을 다 지켰을 때, 혹은 지키지 못했을 때, 사후에 있게 될 심판과 상벌이 언제, 어디서, 어떻게, 누구에 의해 주어지는지 분명하게 나와 있는 것이 없다. 실체의 본질(사랑)과 가까워질 방법이 없다.

어떤 의미에서 조로아스터교나, 모슬렘, 그리고 영지주의에도 있는 영생의 방법이 없다는 것이다. 구약에 나와 있는 스올이나 하데스는 모두 고대 그리스신화에 등장한 추상적인 어둠을 표현하는 개념일 뿐이다. 독자적인 형태의 천국과 지옥 개념이 없다. 그들의 존재(행위)가 증명한다.

그러나 예수님이 공생애 3년 동안 가르쳐 온 진리의 '외화'는 십자가다. 십자가는 사랑의 '외화'다. 용서의 꽃이 만발한 사랑의 외화다.

예수가 십자가 위에서 죽은 것은, 그분이 가르쳐 온 진리를 구현시키는 것이면서, 인류의 죄를 속량하는 이중적 성업이었다. 그분은 인류의 죄를 속량한 후, 부활을 통해 자기 백성들의 영생을 완성하시고, 그 사실을 제자들에게 확신시켰다.

그것이 다가 아니다. 그분의 가르친 진리(덕목)는 천국뿐 아니라 이 땅 위에서도 행복할 수 있는 덕목이었다. 그분은 누구나 그 진리의 길을 가려고 하면 갈 수 있는 자유의지와 힘(능력)이 있는 자기 자신을 믿으라고 조언하셨다.

"믿는 자에게는 능치 못할 일이 없느니라." "네가 무엇을 심든지 심는 대로 거두리라."

그는 십자가의 여정을 통해 용서와 사랑의 '실체'가 되었고, 본질이 되었다. 자신의 공생애를 통해 자신이 온 인류의 구세주임을 선언하셨고, 입증하셨다. 그리고 자신이 가르쳐 온 진리, 용서와 사랑과 평화와 하나가 되었고, 그 사랑의 실체가 되셨다. 사랑에서, 사랑으로 오신 사랑이, 사랑이 되어, 사랑으로 되돌아가셨다.

견해가 다를 수 있지만, 기독교의 축(반석)은 그리스도다. 율법이 아니다. 축에서는 끌어당기는 힘이 나온다. 과학적 용어로 중력이다. 그리스도의 축은 사랑이다. 사랑의 축은 용서다. 용서의 축은 평화다.

평화의 축은 구원이다. 구원의 축은 진리다. 진리의 축은 사랑이다. 그 축에서 당겨주는 중력(힘)을 은혜로도 해석할 수 있다.

용서와 사랑과 평화는 참 회개에서 시작한다. 회개는 육적인 "구습"을 벗겨내는 것이다. 모두가 하나님의 사랑과 섭리라는 초원에서 펼쳐지는 현상이다. 그래서 구원은 사랑에서 시작하여 사랑에서 완성된다. 사랑이 알파고, 사랑이 오메가다. 이것이 섭리고 은총이다.

따라서 기독교의 모든 신앙은 회개에서 잉태된다고 봐야 한다. 진정한 회개를 통하지 않고는 진정한 용서의 길을 걸을 수 없고, 진정한 용서의 길을 통하지 않고는 사랑의 길에 들 수가 없고, 진정한 사랑의 길을 통하지 않고는 진정한 평화의 세계에 들 수가 없다.

"말씀(Word)이 육신이 되어"라는 기록이 있다. "말"이란 주체가 있어야 한다. 스스로 존재할 수가 없다. 그러나 요한복음은 주체가 없이 스스로 존재하는 "말씀"이 있었고, 그 말씀이 하나님과 함께 있었고, 그 말씀이 스스(작용인 없이)로 육신이 되었다고 설명한다.

구약이 만들어지기 훨씬 전 고대부터 철학자들이 정립했던 신개념과 일치한다. 스스로 존재한다는 말은 원인 없이 존재한다는 뜻이다. "스스로가 스스로의 원인"이라는 의미다.

말씀(Logos)이 육체를 입고 성육신하신 것은 신비다. 하나님의 사랑이 그리스도로 현현한 것도 신비다. 그리스도가 철학의 알파와 오메가, 철학의 시작과 철학의 완성인 것도 신비다. 그래서 기독교는 예수 그리스도, 즉 신비한 사랑이라는 토대 위에 세워진 신비의 종교라 할 수 있다.

6) 교회의 축

　조직신학을 다룰 때 자세히 다루겠지만, 교회의 머리는 예수다. 예수님은 거룩하신 하나님의 아들이시다. 따라서 거룩함이 무너지면 교회는 무너진다. 교회와 세상과의 차이는 거룩함이다. 성도와 세상과의 차이도 거룩함이다. 따라서 교회에서 나오는 모든 것들은 거룩해야 한다. 민물과 썰물을 구분 짓는 둑이 있는 것처럼, 세상과 교회를 구분 짓는 둑은 거룩함이다. 교회에서 생산되는 설교도, 찬송가도, 행사도, 거룩해야 한다. 소금이 맛을 잃으면 버려지는 것처럼, 교회도 교회의 맛(본질)을 잃으면 버려진다. 축이 없는 교회란 존재할 수 없다. 견해가 다를 수 있지만 한국 교회가 망하고 있는 이유도 교회에서 축이 사라졌기 때문이다. 교회가 망해가고 있는 것은 외형적 부흥에 집착하여 스스로 교회의 둑을 허물었기 때문이다. 축이 없는 교회가 치워지는 것은 당연한 일이다. 당연히 문을 닫아야 할 교회다.

7) 성경을 만들게 한 3대 논쟁

　초대교회 시절, 성경이 만들어지기 전, 교회에는 성경을 만들게 한 3가지 큰 신학 논쟁이 있었다. 어쩌면, 아마도, 이 논쟁들이 없었다면, 기독교의 경전인 성경은 훨씬 늦게 만들어지거나 아예 경전 없는 종교가 됐을지도 모른다. 교회사에서는 그 논쟁을 단순한 이단 논쟁으로 결론 내리기는 했지만, 하나님의 철저한 섭리 안에서 이루어진 기독교 기반을 닦는 성령의 사역이었음이 그 열매가 말해 준다.

　그 사건을 일으키고 참여했던 모두는 하나님이 의로운 목적을 위해 사용된 소중한 도구였다는 의미다. 그렇다고 그것들(업적)이 구원과 연결된다는 것은 아니다.

평신도, 신학생, 목회자를 위한 신학 총정리 핸드북

구원은 인간이 이 세상에서 이루어 낸 업적으로 얻을 수 있는 성질의 것이 아니다. 어떤 종교 개혁자가 미움과 분노로 종교개혁을 일으키더니, 인류 최악의 약탈과 살육의 30년 전쟁이라는 열매를 맺게 했다. 그의 사후가 염려되는 열매다. 구원은 땅에서 쌓는 업적과 전혀 상관이 없다. 주님이 바로 그것을 가르쳐 주셨다. 성도의 존재 목적은 진리로 빛을 내는 것이다. 빛은 본질적으로 업적이 될 수 없다. 주님이 강조한 빛의 본질은 착한 행실이다. 착한 행실은 타(이웃)를 위해 사는 삶의 부분이다. 빛은 속성상 현상적으로 쌓여지거나, 모아 지지 않는다.

"주여, 우리가 주의 이름으로 선지자 노릇 하며, 귀신을 쫓아내며, 주의 이름으로 많은 권능을 행하지 아니하였나이까 그때 내가 저희에게 밝히 말하되, 율법을 행하는 자들아, 내게서 떠나가라. 내가 너희를 도무지 알지 못하느니라."

믿음으로 산을 옮기고, 세계를 복음화시켰다고 해도, 세계 최대 교회를 지은 업적을 이루었다고 해도, 박 태선처럼, 하늘에서 불이 내리게 하고, 각종 병자를 고치고, 죽은 자를 살리고, 많은 이적과 기사를 일으켰다고 해도, 땅에서 이룬 그 업적으로는 천국에 들어갈 수 없음을 분명히 못 박아놓은 말씀이다.

미움과 분노와 원망으로 이루는 모든 업적의 열매는 바로 자신의 영혼까지 죽이는 업이 된다는 진리다. 주의 진리(이해와 용서와 사랑과 평화)로 시작하고, 주의 진리로 이루지 않은 모든 업적은 계시록의 표현처럼 진노의 불덩어리를 자신의 머리 위에 쌓는 어리석은 행위와 같다. 하나님의 의의 채찍이 되어 이스라엘을 쳤던 바벨론이 그 공로로 하나님의 자녀가 되지 못했던 사실이 좋은 예다. 바벨론을 함락하고 바벨론에 포로로 잡혀 있던 이스라엘을 해방 시켜준 페르시아의 키루스 대왕의 처참한 최후도 이를 증언한다.

요즈음 세상에도 이렇게 사용되는 섭리의 귀중한(?) 도구들이 있다. 우매한 자들은 업적과 그를 하나로 묶어 "저 사람은 하나님께 귀히 쓰임 받는 종"이라는 어리석은 생각을 한다. 그러나 때에 따라서는 사탄도, 악마도, 귀신도 하나님께서 귀하게 사용하시는 도구였음을 알아야 한다. 이것이 인간이 땅에서 이루는 업적과 구원이 상관이 없는 이유다. 주께서 자기 자녀들에게 사랑의 매질, 은혜의 매질을 할 때, 사용하는 도구가 무엇인지 생각해 보면 이해가 쉬울 것이다.

모든 인간은 하나님 앞에서 하나의 개별자일 뿐이다. 업적은 장식이다. 인간은 벌거벗은 채 홀로 심판을 받아야 한다. 업적이나 사역은 고려 사항이 될 수 없다. 진리의 빛으로 이룬 업적이 아니라면 본질이 허상이기 때문이다.

기독교에 경전을 만들도록 자극을 주고 충동질했던 3가지 논쟁 중 첫 번째는 2세기 초에 있었던 마르시온 논쟁이다. 이 논쟁의 주요 주제는 두 개의 하나님이었다. 이신 논쟁이라고 해도 될 것 같다. 다음은 4세기 초(324)에 있었던 예수의 신성 논쟁이고, 세 번째는 4세기 말에 있었던 펠라기우스와 어거스틴(아우구스티누스)의 은총 논쟁이다.

(1) 마르시온(Marcion of Sinope, 85-160) 논쟁

마르시온은 약 100년경 사람이다. 그는 바울의 후계자를 자처했다. 그는 유대인의 하나님(God, 신)은 신약의 하나님과 다르다고 주장하였다. 어쩌면 영지주의의 신관이 이런 마르시온의 영향을 받아 완성되었는지도 모른다.

그는 유대인들이 묘사해 놓은 구약의 신은 폭력과 분노와 보복의 신이지만, 예수 그리스도가 소개한 아버지 하나님은 사랑과 의의 하나님(신)이라고 선언했다. 유대인들이 자신들을 식민 통치하던 민족들이 자신들에게 잘못하면 어떻게 된다는 것을 겁주기 위해 만들어 낸 신관(구약)을 그대로를 이용한 것이었다.

기독교의 신론이 정립되지 않았던 시기, 이런 마르시온의 주장은 신학적으로는 어땠는지 몰라도 유대교로부터 극심한 탄압을 받고 있던 일반 성도들에게는 큰 위안이 되었다. 그래서 사람들이 그를 추종하였다. 이런 마르시온의 등장은 초대교회를 각성시켰고, 초대교회의 체제를 정립하는데, 큰 도움(영향)을 주었다.

바로 이런 이유로 초대교회는 사도 신경을 만들어 냈다. "전능하사 천지를 만드신 하나님 아버지를 내가 믿사오며 그 외 아들 예수 그리스도를 믿사오니"

바로 구약의 하나님과 신약의 하나님이 동일하다는 것을 엮어낸 것이다. 그러나 문제는 예수님이 선언한 하나님의 본질과 유대인들이 자신의 하나님으로 등장시킨 하나님(야훼, 혹은 여호와)의 본질이 너무 다르고, 두 본질을 서로 연결할 수 있는 on point 기록이 없다는 점이었다.

유대인들이 등장시킨 여호와의 본질은 분노, 시기, 질투였다. 바울도 본질이 분노와 시기, 질투인 여호와와 주님이 소개한, 하나님 아버지의 본질(사랑)이 같다는 것을 설명해 놓지 못했다. 마르시온이 바로 이점을 파고든 것 같다.

당시 교회에는 정식으로 정해진 경전이 없었다. 유대인들의 불가타 그리스어 번역서인 구약(70인 역)을 경전처럼 사용하고 있었고, 복음서를 비롯하여, 바울 서신 등이 신앙의 지침서 역할을 했다.

유대인들은 구약을 통해 자신들을 선민으로 승격시키고, 나머지 인류를 정체성 없는 하등 동물(이방인) 같은 존재로 묘사하였다. 그들은 이 논리를 유대인을 비롯하여, 온 이방인들에게 각인시켰다. 바리새인과 사두개인이 이 일을 주도했다. 마르시온은 유대교(구약)의 여호와는 기독교(신약)의 하나님과 본질이 다르다는 것을 물고 늘어졌다. 따라서 그는 유대인들이 만든 구약 일부를 부인하였다.

그는 유대인들이 만든 70인 역을 사용하는 대신 누가복음서와 몇 개의 바울 서신들을 묶어 경전처럼 사용했다. 공의회에서 경전을 만들기 전, 그가 스스로 기독교의 경전을 만든 셈이다.

이 사건은 모든 교회에 커다란 충격일 수밖에 없었다. 비록 그가 이단으로 배척되었으나, 그의 주장으로 말미암아 교회는 유대교로부터 독립된 경전 확립이 필요하다는 것을 깨닫게 된다. 이것이 독자적인 새로운 경전, 즉 신약 성경을 확립해 나가기 시작한 계기다. 이런 의미에서 마르시온의 등장은 교회사에서 결코 소홀히 여길 수 없는 사건으로 이해해야 한다.

(2) 예수의 신성 논쟁

그가 사라진 후, 2세기가 되면서 교회 안에서는 이단적인 사상이 고개를 들기 시작한다. 이때까지도 교회는 경전을 만들기에 우유부단한 상태로 있었다. 예수님에 관한 기록들이 너무 많았고 경전 결

정을 놓고 교회 지도자들 간의 협의를 보기가 쉽지 않았기 때문이기
도 했다.

이때 교회에는 또 다른 사건이 터진다. 예수는 완전 인간일 뿐이
고, 다만, 고결한 인품과 신성을 입었을 뿐이라는 주장이 나온 것이
다. 이 논쟁이 성령의 실체에 대한 삼위일체 논쟁과 맞물려 교회의 새
로운 신성 논쟁이 된다.

당시 이 논쟁이 너무 치열해 로마라는 거대 제국의 민심이 분열, 나
라가 쪼개질 지경에 이른다. 이 논쟁을 해결하기 위해 콘스탄티누스
왕제는 교회에 압력을 넣어 이 문제를 해결하게 하였고, 교회는 이것
을 해결하기 위해 니케아에 있는 황제의 별장에서 공의회를 열기까지
했다. 그것을 교회사에서는 니케아 공의회라고 한다.

교회사에서 325년 니케아 공의회로 더 잘 알려진 예수님의 신성
논쟁은 단성론을 주장한 대표주자 아리우스와 예수님의 양성(신성과
인성)을 옹호한 보편 교회의 대표주자 아타나시우스와의 논쟁이다.

니케아는 지역명이다. 이때 약 1천5백 명 정도의 교회 지도자들이
모였다고 한다. 325년, 이때 열린 니케아 공의회에서 결정된 사안을
니케아 신경이라고 부른다. 니케아 신경은 총 4부분으로 이루어졌다.

삼위일체 중, 성자 예수에 대한 신학적 진술이 대부분이다. 이것은
니케아 신경 성립 당시에 삼위일체 중, 성자에 대한 견해, 즉 그리스
도론이 얼마나 격했는지를 보여주는 증거다. 따라서 예수의 신성을
부인하는데 앞장섰던 아리우스를 교회에서 파문시킨다. 이렇게 하여
당시 논쟁이 되고 있던 성부, 성자, 성령 등, 하나님에 대한 삼위일체
교리를 확정하였다.

참고로, 이해를 위해 한 가지 부끄러운 고백을 보탤까 한다. 지극히

개인적일 수 있지만, 죽음 가운데서 정말 기적적으로 살려줌을 받고, 여러 번 기도하여 기적의 도움을 받아도, 죽은 자까지 살려냈어도, 그리하여 그 순간에는 일천 번 감사를 드리고, 일천 번 주의 뜻으로만 살겠다고 서원을 하고, 결심을 해놓고도, 시간이 조금만 지나면 마음이 점점 그 심(은혜)에서 떠나더라는 것이다. 나만 그럴까?

(3) 펠라기우스 (Pelagius, 354-418?) 논쟁

한편, 중세 초기부터 교회에는 이승의 논리로 해명하기 아주 곤란한 이슈들이 많이 등장했다. 영토가 너무 넓어 황제 4명이 나눠서 통치하기까지 했던 제국, 땅이 꺼지고 하늘이 솟아나도 멸망하지 않을 것이라고 했던 로마가 그리스도교를 자국의 종교로 삼은 직후, 국경이 고트족에 의해 무너지고, 제국의 위용(국격)이 붕괴되기 시작한 것이다. 그러나 진짜 붕괴는 국경에서가 아니라 로마라는 정신세계였다. 원형 극장에서는 매일 쾌락과 향락이 뒤섞인 광란의 함성이 로마의 하늘을 충만케 했다. 로마의 정신은 육을 위한 축제와 각종 파티, 거리의 공연, 자유로운 색(sex) 문화, 남색, 여색 등에 의해 부패하고, 삭혀지고, 썩혀지고, 뜯어 먹혀 지고, 갉아 먹혀 지고, 살해되고, 살육되고, 그리하여 성한 정신을 찾기 힘들 정도가 되었다. 그러나 교회는 그 현상을 심각하게 여기지 않았다. 로마의 회개를 촉구하는데 소홀히 했다. 한 사람의 요나가, 필요한 로마에, 기독교는 한 사람의 요나도 되지 못했다. 아이러니하게도 교회의 관심은 엉뚱한데 가 있었다.

기독교에 대한 로마인들의 기대는 신의 은총이었다. 그러나 하나님의 은총은 향락에 취한 로마를 지켜주는 "수호 주술"이나 "부적"이 되지 못했다. 타락한 엘리 제사장 아들들이 법계만 들고 가면 전쟁에

평신도, 신학생, 목회자를 위한 신학 총정리 핸드북

서 승리할 것으로 믿었던 것처럼, 로마 사람들의 "부적 종교 정신", 그리고 교회에 그렇게 펴 줬으니, 자신들의 전통 신들처럼, 어떻게 살든, 분명 복을 부어 줄 것이라는 "기복 신앙심"을 충족 시켜주지 못했다. 로마 사람들은 이점을 의아하게 생각했다.

이런 참상 때문에 일어난 것이 펠라기우스 논쟁이고, 이것 때문에 나온 책이 어거스틴 (아우구스투스)의 "신국"이다.

펠라기우스 논쟁은 인간의 구원을 놓고 결정론과 자유의지와의 격돌을 의미한다. 결정론은 교회 밖에서 운명론, 섭리론, 그리고 개혁신학에서는 예정론이라고도 부른다. 그것을 받쳐주는 것이 은총론이다.

영국에 펠라기우스라는 수도사가 있었다. 그는 아일랜드 출신 아주 경건한 수도사였다. 4세기 말 로마에 와서 법률을 배웠고, 영국으로 돌아가 수도 생활을 시작한 수도사였다. 그는 금욕적 생활 태도, 도덕적 엄격성 때문에 많은 사람으로부터 존경을 받았다. 그런 그가 약 400년경, 로마를 방문한다. 이때는 기독교가 로마에서 절정을 이루고 있는 때였다.

그러나 오랜만에 로마를 방문한 그는 큰 충격에 빠진다. 그의 눈에 비친 로마는 자신이 상상하던 로마가 아니었다. 영적으로, 도덕적으로, 참혹한 상태로 타락해 있었다. 그의 눈에 비친 로마는 소돔과 고모라 그 이상이었다.

큰 충격을 받고 고향으로 돌아온 이 젊은 수도사는 고민했다. "왜 로마가 저렇게 타락했을까?" "교회는 그동안 무엇을 했을까?" "로마는 왜 그리스도의 진리를 살지 않는 걸까?"

그는 기도와 고민 끝에, 어쩌면 그 이유가 아우구스티누스의 "운명론적인 결정론"에 있다는 생각을 가지게 된다.

"인간이 신이 짜놓은 각본을 바꿀 수도, 그 각본에서 벗어날 수 없는 운명이라면, 인간이 할 수 있는 것은 무엇일까? 인간에게 주어진 자유는 무엇을 위해 쓰는 것일까?

하나님의 각본에도 변수가 있었다. 바로 루시퍼의 타락이고, 인간의 타락이다. 그러나 어거스틴의 결정론에는 그런 변수마저 없었다. 그나마, 변수가 있어야 은혜도 자기 자리를 찾을 수 있는데, 그것마저 없으니, 그의 은혜론 역시 그의 결정론에 막혀 길을 잃은 상태였다.

펠라기우스는 어거스틴의 결정론은 하나님의 의(Justice)에도, 그리고 세상에 심어진 공의에도, 그리고 심는 대로 거둔다는 법칙에도 반하는 논리라고 결론지었다. 이렇게 해서 등장한 것이 교회사에서 빼놓지 않고 거론되는 그 유명한 "자유의지"다. "자유의지"는 결정론을 대적하기 위해 그가 찾아낸 이론이었다. 그는 "자유의지"로 어거스틴의 결정론을 반박했다.

결정론(예정론)은 암시적으로 인간의 책임을 하나님께로 전가하는 결과를 만든다면서 인간은 자기 행동에 대한 책임을 져야 한다고 주장했다. 그 예로 그는 하나님의 의로운 심판을 들었다. 결정론은 심판과 이해상반을 일으키는 논리다.

펠라기우스는 인간은 죄를 지을 수 있고, 거듭하여 죄를 지을 수 있는 존재지만 이는 각 개인들의 선택에서 비롯된다고 주장 했다. 따라서 각각의 개인들은 각자 자기 죄(행동)에 대한 책임을 져야 하며, 조상의 책임으로 돌릴 수 없다고 주장했다. 그는 거기서 멈추지 않고 자신의 주장을 계속해서 확장해 갔다. 바로 여기서 문제가 발생했다. 그는 어거스틴의 결정론을 부수데, 너무 집착한 나머지, 절대 손을 대지 않아야 할 영역까지 손을 댄 것이었다.

아담은 죄인이었으나 거기서 그의 범죄는 끝났다고 주장한 것이다. 아마도 모든 것이 아담의 타락 때문이라고 한 결정론의 뿌리를 건들기 위함이었을 것이다. 그는 아담은 단지 하나님의 법을 어긴 개인에 불과하다고 주장했다. 인류 전체가 태어나기도 전 그와 함께 타락했다고 하는 건 합리적이지 않다고 주장했다. 다만 개인적인 죄인이 있을 뿐이라고 주장했다.

인간의 원죄와 죄의 전이성(유전)을 부인한 것이다. 인간의 육체적인 죽음은 죄의 결과나, 처벌이 아니라, 자연의 일부라고 생각했다. 영적인 죽음도 아담의 죄가 유전되어 결과된 것이 아니고, 각자가 "선택 능력(자유의지)"을 잘못 사용하여 결과 된 것이라고 생각했다. 인간이 가진 자유의지에는 악을 거부할 능력과 의를 선택할 능력이 있다고 주장한 것이었다.

참고로, 로마의 타락은 기독교를 박해하던 시절에도 있었다는 점이다. 하나님의 의의 법칙이나, 하나님께서 이 세상에 심어놓으신 공의의 법칙, 그리고 인과응보의 눈금에 로마를 올려놓았어도 로마는 이미 그들이 쌓아 놓았던 악업에 의해 멸망의 구덩이에 빠질 수밖에 없었고, 그 불구덩이를 부채질한 것이 향락과 쾌락적 타락이었고, 그들이 기독교를 받아들였으나(악업을 청산할 기회를 얻었으나) 회개를 하지 않고, 대신 돈(물질)으로 땜빵했던 것도, 그 악업의 중력(업력)이 너무 강해서였을 수 있다는 점이다. 그럼에도 불구하고 그는 로마의 타락을 로마의 책임으로 돌리지 않고, 어거스틴의 결정론으로만 돌리려 했다. 사람은 자신의 죄에 대해 자신이 책임을 져야 한다는 그의 주장에도 배치되는 논리이다.

40일 후면 멸망할 것이라는 요나의 경고를 들은 니뉘웨 사람들은 식음을 전폐하고, 재를 뒤집어쓰고 회개했다. 로마는 그런 회개가 없었다. 이미 뿌려놓은 악의 씨앗에서 자라고 있던 형벌을 제거할 수가 없었다.

만일 로마의 타락에 대한 책임을 3자에게 돌리려 한다면, 아우구스티누스가 주장한 결정론(신학)이 아니라 향락과 쾌락에 취해 있는 로마를 방관하고, 회개를 촉구하지 않은 교회에 돌렸어야 했다. 분명한 직무 유기였기 때문이다.

A. 어거스틴 (아우구스티누스)의 반론

앞에서도 언급했지만, 펠라기우스를 직접적으로 상대한 인물은 아우구스투스였다. 어거스틴은 당시 교회를 대표할 만큼 영향력이 있는 거물이었고, 신학자였고, 로마의 타락에 대해 자신이 직접적인 책임이 있다는 공격을 받은 상태였다. 따라서 방어적인 차원에서라도 어거스틴은 펠라기우스를 상대할 수밖에 없었다.

아우구스티누스는 펠라기우스와는 다르게 아주 향락적이고, 쾌락적으로 살았던 방탕한 과거를 가지고 있었다. 그는 북아프리카, 로마 제국의 누미디아(지금의 알제리)의 타가스테에서 이교도인 아버지와 그리스도 교도인 어머니 사이에서 태어났다. 그의 아버지는 도시 참사 회원(시 의원)이었다. 그는 아버지의 뜻을 좇아, 법률가가 되기 위해 마다우라, 카르타고에서 유학했다, 그는 집을 떠나 유학 생활을 하면서 주색에 빠졌다. 그는 주색에 중독된 자신을 보면서 몇 번이고, 새로운 삶을 살아보기로 결심한다. 그러나 스스로의 의지로는 향락의 노예가 되어 있는 자신을 구해낼 수가 없었다.

그는 마니교에 몸담는다. 마니교는 그리스도교 이후에 창도 된 영지주의 형태의 종교다. 그는 마니교의 선악 이원론에서 방탕한 그의 내적 갈등에 대한 해법을 얻으려 했으나, 얻지 못하고 마니교를 떠난다.

그 후 그는 암브로시우스 주교의 설교에 감동하여 그리스도교에 입문한다. 그는 세계가 유일신 하나님에 대해 창조되고 운영된다고 믿게 된다. 그 후 그는 "악은 선의 결여"에 지나지 않으며, 그것은 피조물의 불완전성의 결과고, 악은 선과 대립하는 본질이 아니라는 깨달음을 얻고 마니교의 이원론을 상대로 기독교를 변호하기도 한다.

그러던 어느 날, 그가 한 공원의 벤치에 앉아 있을 때 아이들의 노래 속에서 "집어 들고 읽으라."라는 소리를 듣고, 탁자에 있던 바울의 쪽 편지를 읽는다. 그 편지가 바로 로마서 13장 13절이다(술취하지 말라....)

그는 즉시 회개하였고, 순간 자신이 주색의 속박에서 벗어남을 느낀다. 그동안 그를 옥죄고 있던 향락의 사슬로부터 완전히 자유 해졌음을 느꼈다. 그토록 벗어나려고 했어도 벗어나지 못했던 향락적이고, 쾌락적인 주색잡기의 생활들이 더 이상 그에게 의미가 없게 여겨졌다. 성령의 은혜가 아니면 도저히 일어날 수 없는 기적이 일어난 것이었다.

그때가 386년, 그는 다음 해 암브로시우스에게서 세례를 받는다. 그는 회개하고 그리스도인이 된 후 많은 설교와 저술을 남겼는데, 그 중 대표적인 저서가 참회록이다.

그는 법을 공부하고 신플라톤주의의 철학을 했던 사람이다. 모든 사건을 이성적으로 생각하던 습관을 가지고 있었다. 그런 그가 공원의 벤치에서 아이들의 입술을 통해 하나님의 소리를 듣게 된 것, 그리고 즉시 깨달음을 얻은 것, 더는 그동안 그를 사슬처럼 묶고 있던 육체의 본성(향락과 쾌락적인 삶의 구습)으로부터 자유함을 얻은 것, 등 이 모두가 하나님의 무조건적인 은혜와 섭리가 아니라면 일어날 수 없는 현상이었다.

사람은 본성적으로 자신의 직접적인 체험을 지식의 최우선 순위에 놓는 경향이 있다. 적절한 예화일지는 모르나 어떤 사람이 기도원에서 어떤 소리를 듣고 계시를 받았다고 간증했다. 열매를 보면 귀신인데 성령을 받았다고 간증한 것이다.

체험은 자칫 고집을 만들고, 고집은 죄를 만든다. 따라서 그의 주장이나, 신학, 그리고 결정론이 바로 이런 그의 체험 신앙에 기초했다고 봐야 한다. 어쩌면, 그는 그의 생의 뒤안길을 그림자처럼, 언제나 함께했던 어머니 모니카의 간절한 눈물의 기도가 있었음을 간과했는지도 모른다. 태산을 옮길 만큼 간절한 그 어머니의 기도가 그의 회심에 결정적인 역할을 했을 수 있어서다. 어떤 각본에 의해 운명처럼, 혹은 우연처럼, 이루어진 그 변수(현상)의 원인이 어머니의 간절한 기도였을 수 있다는 것이다.

어쩌면, 이것이 원인이 되어서 아우구스티누스 자신도 모르게 그에게서 그런 현상이 일어났을 수 있다. 그래서 그럴까, 교회의 일각에서는 어거스틴의 어머니 모니카의 기도가 없었다면 교회사에 어거스틴은 등장하지 못했을 수도 있다고 말한다. 그가 그토록 매달렸던 그의 결정론과 마찰이 생기는 부분이다.

회개는 육체만(빵으로만)을 위해 살던 과거의 구습을 버리겠다는 선언이고, 결심이고, 실제, 버리고, 돌아서는 행위다. 그것은 섭리 안이든, 밖이든, 순수 자유의지에서 나온다. 그러나 아우구스티누스는

"아담의 타락 이래 인간은 원죄를 이어받았고, 다만 악을 행할 자유 밖에 갖지 못하며, 이에서 구원되려면 은총이 필요하다."고 주장했다. 이것이 그의 타락, 원죄, 예정 교리의 기본이 됐다.

그러나 주님은 그 반대되는 가르침을 무수히 쏟아 내셨다. 만일 그의 말대로 "인간이 악을 행할 자유밖에 없다면" 주님은 왜, "너희는 먼저 그의 의와 그의 나라를 구하라 그리하면 이 모든 것을 더하여 주시리라." 는 말씀을 하셨을까?

—"구하라. 찾으라. 문을 두드리라." 이 가르침은 무엇을 의미할까? 찾지 않으면 찾지 못한다는 암시가 아닐까? 모두 자유의지와 선택에 관련된 가르침이다.

"세례요한 때부터 지금까지 천국은 침노하는 자의 것이나니" 무조건적인 은총 논리와 정면으로 부딪치는 말씀이다. 더하여 자유의지와 선택, 그리고 구원과 연결된 가르침이다. 이는 결정론이 아니다. 무조건적인 은혜도 아니다. "누구든지 이 작은 소자 중 하나를 실족하게 하는 자는 차라리 연자 맷돌을 목에 걸고 물에 빠져 죽는 것이 나으리라"

그렇게 하라는 것은, 그렇게 하려고 하면 할 수 있다는 것이다. 죄를 짓지 않으려 하면, 짓지 않을 수 있다는 것이 아니겠는가. 바울은 더 무서운 말을 했다. "너희는 성령의 전이니 만일 그 성전을 더럽히면 하나님이 그 성전을 멸하시리라." 행위와 구원의 인과 관계를 명확하게 한 말이다.

구약에는 이스라엘이 불평을 일삼다가 붉은 뱀에 물려 죽어갈 때 장대에 놋 뱀을 만들어 걸어놓고 쳐다 보게 한 기록이 있다. 그 장대의 놋 뱀을 쳐다 본 자는 살고 쳐다 보지 않는 자는 죽었다. 놋 뱀을 처다 보고 안 보고는 그들 개인들의 철저한 선택이다.

인간은 자기 행위에 대한 책임을, 자신이 지게 된다. 이것이 하늘의 의(Justice)고, 은총이다. 그렇게 해서라도 지옥 불에 던져지지 않는 것이 낫다고 하신 말씀이 바로 이를 뒷받침한다. 어거스틴이 주장한 불가항력적 은총이 그리스도를 믿은 후, 저지르는 모든 죄업을 소멸해 주는 부적이 될 수 없다.

그렇다면 아담의 타락과 죄를 전이 받은 우리의 자유의지는 과연 죄를 저항하고, 거부할 능력이 있을까?

어거스틴은 없다고 했지만, 성경은 분명히 있다고 하고 있다. "시험에 들지 않도록 기도하라" 그것을 주님이 직접 보여주시기까지 하셨다.

인간에게 주어지는 시험은 크게 3가지로 요약한다. 물질에 관한 것, 이성에 관한 것, 영혼에 관한 것이다. 그것을 어떻게 이기는지 주님은 광야에서의 3가지 시험으로 보여주셨다. 주님은 가장 굶주린 상태에서 물질(빵)에 대한 시험을 받았다. 빵은 모든 동식물에게 필요한 물질이다. 주님은 절대적으로 빵이 필요한 상태에서도 빵에" Priority (우선순위)"를 두지 않았다. 하나님의 말씀에 "Priority"를 두었다. 하나님의 말씀이란 "의(justice, Righteousness)"를 상징한다. 사람은 40일을 굶어도, 굶주림으로 죽음의 문턱에 다 달아도, 많은 재물 앞에서도, 주의 진리에" Priority"를 둬야 한다. "마음을 다하고, 뜻을 다하고, 힘을 다하여, 주 너의 하나님을 사랑하라."

하와도 하나님의 말씀에 "Priority"를 두지 않아 시험에 들었다. 여기에는 변명의 여지가 없다. 마음(자아)도 마찬가지다. 성도의 우선순위("Priority")는 주의 말씀이다. 주의 말씀은 신앙 양심을 상징한다. 그다음이 땅에 있는 물질이다. 명예도 마찬가지다. 우선순위의 서열이 분명해야 한다. 주님은 그것을 너무나 똑똑히 보여주셨다. 주님은 이렇게 "하나님의 말씀을 향한 마음" 하나로 아담 하와가 실패한 모든 시험을 물리쳤다.

모두 운명론을 뒤집고, 결정론을 뒤집는 가르침이다. 따라서 인간이 율법을 살고 안 살고가 중요한 것이 아니다. 문제는 그리스도를 향한 뜻이고, 정신(영)이고, 마음(혼)이다. "너희는 마음을 다하고 뜻을 다하고, 온 힘을 다하여 주 너희 하나님을 사랑하라" 다시 다시 읽어도 "Priority"를 주의 말씀에 두라는 명이다.

그리스도를 향한 마음이 참이면, 신학을 넘어 의를 향한 선택은 일어날 수 있다. 그보다 더한 기적도 일어난다. 이것이 주님이 가르쳐주신 진리이다.

우리는 날마다 선악과 옆을 지나다닌다. 그리고 뱀의 유혹을 받는다. 그러나 마음을 다하고, 뜻을 다하고, 온 힘을 다하여 주의 말씀(의, 양심)에 집중되어 있다면, 악은 아무런 힘도 발휘하지 못할 것이다.

그러나 어거스틴의 주장이 전부 틀렸다는 것은 아니다. 아주 큰 그림으로, 이 모든 것을 주님의 은혜와 섭리 안에서 이루어지는 것으로 볼 수도 있기 때문이다. 하나님의 섭리와 은혜를 어디에서, 어떻게, 어디를 보느냐에 따라 그런 논리가 펼쳐질 수도, 펼쳐지지 않을 수도 있다.

욥기를 보면 욥이 당하고 있는 고난의 원인을 인과응보로 보는 욥의 3 친구들과 하나님의 무정함으로 생각하는 욥과의 논쟁이 등장한다. 둘 다 맞는 논리이지만 끝에 하나님이 나타나 둘 다의 논리가 틀렸음을 지적한다. "내가 땅의 주초를 놓을 때에 네가 어디 있었느냐? (욥기 38장- 39장)"

하나님의 일은 인간이 감히 헤아릴 수 없다. 어거스틴은 "지옥을 두려워하는 자만이 죄짓기를 두려워하는 것이 아니다. 지옥을 증오하듯이 죄 자체를 미워하는 자야말로 죄짓기를 두려워하는 자이다"라고 주장하였다.

맞지만, 이것도 문제가 있다. 그는 분명히 "인간은 전적으로 부패하여 죄를 지을 자유밖에 없다"는 점을 강조했다. 그런 부패 인간, 인간이 어떻게 죄를 알며, 어떻게 죄짓기를 두려워하겠느냐는 것이다. 바울의 고백처럼, 선을 행하려고 해도, 죄의 중력이 너무 강해 자신이 짓지 않으려고 한 죄를 저지를 때가 있다. 중력이 아주 강한 탐욕 때문에 일어나는 현상이다. (철학 핸드북 참조)

아우구스티누스는 "인간은 빛의 제자가 되기에 부족한 어두운 행동을 쏟아 낸다, 모든 인간은 자기 행동에 대하여 하나님께 응답하여야 한다"고 말한다. 맞는 말이다. 아우구스투스는 인간은 교만 때문에 하나님을 경멸하는 죄를 범한다고 말한다.

그는 "많은 죄가 교만을 통하여 저질러지나, 모두 그런 것은 아니고 무지, 혹은 인간의 약함 때문에 저질러지기도 한다."고 말한다. 맞을 수도 있고, 틀릴 수도 있는 논리다. 인간은 약함 때문에 죄를 짖는 것이 아니라 강함 때문에 죄를 짖기 때문이다. 죄 앞에서는 강해지는 의지를 결코 약하다고 할 수 없다는 뜻이다.

B. 아우구스티누스의 은총론

어거스틴은 인간은 완전히 타락하여 자연적인 상태에서는 하나님의 은총과의 어떤 협력도 할 수 없으며, 신앙의 촉발도 인간의 의지에 달린 것이 아니라 전적으로 하나님의 은총에 의존한다고 정의했다. 이런 은총 교리를 칼뱅이 승계했고, 지금은 한국 장로교단의 신학적 축이 됐다.

그는 인간은 자신의 의지로 자신을 변화시킬 수 없다는 것을 체험했던 과거를 가지고 있다. 그것이 모든 교회에 적용될 수 있다고 생각했다. 펠라기우스와는 정반대로 생각한 것이다.

그러나 어거스틴은 자신의 결정론이 자신의 은혜론의 반대쪽에 서 있다는 것을 간과했다. 모든 것이 섭리 속에서 진행되고 있다면, 은총의 역할이 없어져 버린다. 더더구나 그의 논리는 복음서에 들어 있는 아래의 말씀과도 충돌한다.

"나더러 주여, 주여, 하는 자마다 천국에 다 들어가는 것이 아니라 아버지의 뜻대로 행하는 자라야 들어가리라"

위의 성경 말씀은 그의 섭리론을 정면으로 반박하면서 인간이 어떤 죄를 지어도 무조건적인 하나님의 은혜에 의해 구원을 받는다는 은혜론을 보조하기도 하고, 뒤집어 놓기도 한다. 하나님의 은혜도 그 역할이 있고, 대상과 경계가 있다는 암시다.

"그들이 듣고 보고 내게 돌아와(회개하고) 내게 치유 받을까 (염려) 하노라." 견해가 다를 수 있지만, 하나님도 일단 자기에게 나아오면 어쩔 수 없이 받아들일 수밖에 없음이 암시된 듯하다. 복음서에 널려 있다. "주여, 개도 주인의 상에서 떨어지는 부스러기를 먹나이다. 딸아, 안심하라. *네 믿음*이 너를 구원하였느니라"

물론 어거스틴의 주장이 모두 잘못됐다는 것이 아니다. 신학은 성경이 만들어지기 전 신앙생활의 훌륭한 가이드라인 이었다. 그러나 인간이 만든 신학은 그 시대, 그에게는 "on point"로 "apply" 되었을지는 모르나 그 시대를 지나면, 아니면, 다른 이들에게는 적용이 되지 않는 경우가 수두룩하다. 한 사람의 신앙의 체험이 다른 이에게 적용되지 않은 것과 같다. 따라서 그가 주장하는 신학이 그 시대 그에게는 절대적이고, 체험적인 간증이었는지 모른다. 그러나 그것이 모든 이들에게 똑같이 적용되어야 하는 것은 아니다. 물론 개인적 체험이 성경 위에 군림할 수도 없다.

성경이 만들어지지 않던 시대, 신학은 그리스도의 진리를 보호하기 위한 방패요 수단이었다. 교부들은 때로 방패 같은 신학이 필요할 때, 방패 같은 신학을 만들었고, 창 같은 신학이 필요할 때, 창 같은 신학을 만들었다. 신학은 일종의 무기였다. 무기는 사용하는 자에 따라 악이 될 수도 있음을 알아야 한다.

참고해야 할 점은, 신학 때문에 예수를 잃을 수 있고, 신학 때문에 은혜를 잃을 수 있다는 것이다. 육의 나라에 집착하다 보면 영혼의 나라를 잃을 수 있고, 영혼의 나라에 너무 집착하다 보면 육의 나라에서 비참해질 수 있다. 어떤 종류의 집착도, 성령의 사역을 방해할 수 있다. 우매자의 간증 때문에도 믿음이 기형화 될 수 있다.

C. 펠라기우스 논쟁에 대한 교회의 입장

펠라기우스와 아우구스티누스 둘 다 교회의 지도자다. 한 사람은 기도와 묵상으로 살아가는 수도사였고, 다른 한 사람은 막강한 정치적 힘을 가진 주교였다. 둘 다 하나님을 사랑하고 교회를 걱정한 사람이었다.

처음에는 415년 디오스폴리스에서 14명의 감독이 모여 펠라기우스의 의견을 청취한 후 그의 주장이 근본적으로 건전하다는 결론을 내렸다. 아마도 초창기에는 그의 주장에 별다른 오류가 없었을 수 있다.

평신도, 신학생, 목회자를 위한 신학 총정리 핸드북

어거스틴은 감독들의 결정에 반발했다. 그리하여 그의 수하에 있는 오로시우스를 파견하여 펠라기우스에 대하여 좀 더 자세히 알아보게 하였고, 오로시우스는 펠라기우스에 대해 그때까지 드러나지 않았던 자세한 것들을 수집(수녀에게 보낸 편지)했다. 아우구스티누스의 지시를 받은 오로시우스는 그는 416년 당시 종교회의가 열리고 있던 카르타고로 귀환하여 자신이 조사한 내용을 보고하였다.

그가 오류라고 지적한 펠라기우스의 말은 다음과 같았다. 첫 번째 오류, 아담은 원래 죽도록 창조되었으며, 그의 범죄 여부와 관계없이 어차피 한 번은 죽을 것이다. 두 번째 오류, 아담의 죄는 아담 자신만을 훼손하였으며, 인류 전체에는 아무런 영향을 미치지 못했다. 세 번째 오류, 새로 태어난 아기는 아담의 타락 전과 동일한 상태에 있다. 아담의 죄나 그의 사망으로 말미암아 인류 전체가 죽는 것이 아니며, 그리스도의 부활로 인류 전체가 생명을 얻는 것도 아니다. 네 번째 오류, 복음뿐 아니라 율법도 인류를 천국으로 인도할 수 있다. 주님이 오시기 전에도 전혀 죄가 없는 인간들이 존재 했다.

이어 밀레비스에서 제2차 종교회의가 소집되어 399명의 감독이 만장일치로 펠라기우스의 신학적 오류를 결정하였다. 펠라기우스는 오로시우스가 보고한 위의 4가지 오류 때문에 418년에 카르타고에서 열린 교회 회의와 431년 에베소에서 열린 2차 세계교회회의에서 이단으로 정죄되었다.

(4) 반(semi) 펠라기우스 주의

아우구스티누스가 죽기 1년 전이었다. 성경이 만들어 진지 약 30년 정도가 지난 429년부터 남부 갈리아 지역의 일부 수도사들에 의해 아우구스티누스 주의에 대한 새로운 도전이 일어났다. 예수의 신성을 부인하는 아리우스파를 아타나시우스와 힘을 합쳐 물리쳤던 로마의 수도사 성 죤 카시아누스와 성 파우스투스 수도사 등이 그동안의 침묵을 깨고 펠라기우스주의와 어거스틴주의를 절충하여 영혼의 구원에는 은총이 절대적으로 필요하나, 그것을 받아들일지는 인간의 자유의지에 달렸다는 주장을 들고나온 것이었다. 상호 대척점에 있는 주장들을 절반씩 취했다는 이유로 교회사에서는 이들을 "반(semi) 펠라기우스 주의"라고 부른다.

그들은 어거스틴의 핵심적 교리라고 할 수 있는 결정론(예정설)을 정면으로 반박했다. 유다가 예수님을 배반하도록 하나님이 예정해 놓았다는 것이 예정론의 허구라고 지적했다. 그들은 "아우구스티누스의 예정 교리"는 전도의 목적을 파기하고, 도덕적 정신을 약화 시키며, 사람들을 절망(자살, 살인)으로 이끈다는 점을 강조했다. 그들은 펠라기우스의 이론도 강하게 질타했다. 펠라기우스의 원죄 부정과 자력 구원설은 폐기되어야 한다고 주장했다.

그들은 원죄는 인간 내부에 들어있는 보편적인 타락의 힘이고, 그것이 인간을 타락하게 만든다고 주장 했다. 하나님의 은총 없이는 이 타락의 힘을 극복할 수 없다고 보았다. 이 점에 대해서는 그리스도인의 삶과 행동에는 하나님의 은총이 필요하다고 주장한 어거스틴과 맥락을 같이 했다. 그러나 그들은 인간의 타락을 완전 타락이 아니라 부분 타락으로 보았다.

결국, 그들이 정리한 결론은 "하나님이 인간의 구원을 위해 손을 내밀 때(은혜), 인간 쪽에서도 같이 손을 내밀고(순종), 그리하여 서로 붙잡을 때 구원이 이루어진다."는 것이었다. 이른바 "신인 협력설"

이 탄생한 것이다.

　　교회는 이들의 주장을 환영하고 받아들였다. 490년 이런 주장을 펼친 로마의 수도사 죤 카시아누스가 죽은 뒤에도 많은 사람들로부터 호응을 받던 "반 펠라기우스 주의"는 중세의 금욕적이고, 율법 편중적인 신앙심의 태도와 융화되어 보편 교회 내에 보편신학으로 정착하였다.

　　그러나 6세기 들어 펠릭스 4세 교황(526-530)이 정치적인 이유로 이 사상을 경계하자 이 사상은 급격히 약화 되었고, 결국은 이단으로 정죄된다. 그러나 이들의 전통은 여전히 죽지 않고, 지금까지 명맥을 유지하고 있다. 한편, 훗날 요한 웨슬리는 이런 신앙으로 죽어가던 영국과 유럽 그리고 미국 교회를 되살리는 부흥의 기적을 일으켰다.

　　핵심은 "하나님의 정의(Justice, Righteousness))"라는 개념이다. 인간이 자신의 본성과 능력으로 구원을 향하여 한 발짝도 나아가지 못한다면 하나님은 정의로운 분이 아니라는 결론이 돌출되기 때문이다. 하나님은 공의로우신 분이시기에 하나님의 일방적인 결정으로 구원하지 않으며, 이 선택에서 제외된 사람들의 입장에 섰을 때, 하나님은 정의로우신 분이 될 수 없으므로 인간에게도 선택권을 주어야 의의 합리성이 형성된다는 주장이었다. 둘 다 맞지만 틀린 주장이다. 욥기서와 복음서가 그 근거다. 그러나 이것이 더 확장되고, 확장되어 결국 은혜가 빠진 행위 구원까지 출생한 논쟁이 된다.

　　우리가 여기서 한가지 정리하고 넘어가야 할 이슈가 있다. 그것은 구원 전의 행위 문제와 구원 후의 행위 문제 그리고 구원 전 주어지는 은혜와 구원 후에 내려지는 은혜 문제다. 주님의 불가항력적 은혜는 구원(중생) 전 행위(죄)에 적용할 수 있지만, 구원 후의 행위에는 적용할 수 없기 때문이다. 자칫 주의 진리를 폐하는 논리가 될 수 있다.

성경은 중생 후의 죄가 구원을 잃게 할 수도 있다고 경고하고 있다. "만일 네 눈이 너를 범죄케 하거든 뽑아버리라. 한쪽 눈을 가지고 천국에 가는 것이, 두 눈을 가지고 지옥 불에 던져지는 것보다 나으니라" "소금이 만일 그 맛을 잃으면 아무 쓸데 없어 버려지리라." "이 후에도 실과가 열리지 아니하면 찍어 버리소서"

은혜는 일종의 신물(Divine Thing)이다. 그리고 너무너무 보배로운 신비다. 어쩌면 그 이상일 수도 있다. 하나님의 은혜는 시작도 없고, 끝도 없다. 그 깊이도 알 수 없고, 그 넓이도 알 수 없다. 온 지면을 적시는 단비와 같을 때도 있고, 온 우주에 충만한 수분과 같을 때도 있다. 때로는 마른하늘에서 내리치는 천둥 번개처럼, 무섭게 내리치기도 하고, 때로는 너무 쓰라린 채찍처럼 잔인하게 등줄기를 가를 때도 있고, 때론 너무 부드러운 엄마 가슴 같을 때도 있다. 신비란 인간의 이성이나 이론으로 묶을 수 없다. 아마 이점에 대해서는 아무도 부표를 던지지 못할 것이다.

복음서를 비롯하여 모든 신약, 심지어 계시록에도 구원 후, 그리스도의 성도가 반드시 행해야 할 행동 수칙이 수록되어 있다. 심지어 주의 계명으로까지 인쳐(Sealed)져 있다. 그런데, 부적같이 변형된 의미로 꽉 채워놓은 "은혜론"이라는 인간이 만들어 낸 신학적 개념 때문에 그 귀한 은혜가 폄하되고 있는 형편이다. 더더구나 그 소중하고, 보배로운 진리(명)들이 교회 출석이나, 헌금, 십일조에 덥히거나, 밀리거나, 대처 되고 있으니, 통곡해야 할 일이다.

"너희는 어찌하여 나더러 주여주여 하면서도 나의 말은 실행 (Practice)하지 아니하느냐?" "나를 믿고, 내 명을 지키는 자라야 구원을 받으리라"

(5) 아우구스티누스의 신국론

본래 로마는 이집트에서 수입 해온 태양신, 황제 숭배, 그리고 그리스에서 유입된 여러 가지 잡신들을 섬기는 왕국이었다. 그런 로마가 기독교를 국교로 삼았고, 기독교의 교리에 따라 그동안 섬겨온 신들을 버렸다. 그런데 기독교에 자유와 부와 권력을 선물했던 콘스탄티누스 황제가 저주받은 것처럼 젊은 나이에 죽고, 설상가상으로 410년경 서고트족의 침략을 받는다.

신성불가침의 도시로 여겨지던 서 로마가 침략을 당하자 로마인들은 "세계의 빛은 꺼졌다…"고 탄식했다. 당시 로마시의 멸망은 전 인류의 멸망을 상징했다. 그들은 서 고트족의 침략과 약탈 행위를 도저히 받아들일 수 없었다. 로마의 민심은 그 책임을 그리스도교로 몰아갔다.

제국이 제국의 전통 신들을 버리고, 기독교의 신을 섬김으로써 그동안 제국을 수호 해준 신들의 노여움을 샀다는 것이었다. 기독교의 신은 무능한 신이고, 무정한 신이다. 민심은 점점 거칠어졌다. 로마로부터 혹독한 박해를 경험했던 기독교는 서둘러 무엇인가를 해야만 하는 입장에 처했다.

당시 아우구스티누스는 종교적으로도 상당한 위치에 있는 거물이었다. 어거스틴은 교회의 정신적 지도자로서 이 위기에 대처할 길을 제시하라는 요구를 받게 된다. 그렇게 해서 쓰게 된 책이 신국론이다.

학자들은 신국론에 대해 다음과 같이 설명한다. 신국론은 총 22권으로 구성되어 있다. 그는 1-5권에서 로마에 내린 재앙을 그리스도교도에 의한 다신교 제사의 금지로 돌리려는 주장을 배격한다. 6-10권에서는 이러한 재앙은 과거에도 있었으며, 신들에게 희생을 바친다 해도 이러한 재앙을 막을 힘이 생기기지 않는다는 것을 강조한다. 11-14권에서는 이 세상에 나그네로 머무르고 있는 영광스러운 '신의 나라'와 끊임없는 지배를 구하는 지배욕에 사로잡힌 '지상의 나라'의 영원을 다룬다. 그리스도인이 참 나라, 즉 영혼의 나라를 위해 살아야 하는지, 육신의 나라를 위해 살아야 하는지를 보여준다. 15-18권은 그러나 이 두 나라의 발전을, 그리고 마지막 네 권은 이러한 발전의 귀착을 각각 보여준다.

그는 목전에서 일어난 재앙을 사실로 인식하였으나 그렇다고 제국의 전도에 대해 비관적인 결론을 맺지는 않는다.

그러나 그는 중요한 한 가지 사실을 간과했다. 로마의 멸망을 영적으로 진단하지 않은 점이다. 큰 그림에서 볼 때 콘스탄티누스의 죽음은 하나님의 섭리가 분명했다. 그는 기독교 박해를 끝내고, 자유와 부와 권력을 선물한 거대한 업적(공)을 쌓았다. 그러나 그는 자신이 행했던 살육과 약탈과 향락 등 자신의 죄악에 대한 가슴 치는 회개를 하지 않았고, 진리를 살지 않았다. 그는 죽을 때까지 밤마다 그의 부인이 넣어주는 여인들을 품고 뒹굴다 죽기 전 간신히 세례를 받았다.

아무리 교회 봉사를 많이 하고, 헌금을 많이 하고, 십일조를 많이 하고, 교회를 웅장한 신전 스타일로 지어서 헌납했다고 해도, 개체적 인간으로 자신의 악행에 대한 회개가 없고, 그리스도의 진리를 살지 않으면, 그동안 그가 뿌려놓은 악의 씨를 거둘 수밖에 없다는 것을 너무 잘 보여주는 사건이다.

로마의 멸망은 하나님의 섭리가 분명하다. 그러나 원인론 차원에서 보면 로마의 멸망은 로마의 정신적, 영적 타락의 결과였다. 로마를 멸망하게 만든 원인이 바로 로마였다. 소돔과 고모라의 멸망이 큰 그림에서 보면 하나님의 섭리가 분명 하지만 영적인 측면에서 봤을 때 그들의 정신적, 영적 타락이었던 것처럼 로마의 멸망은 그들 스스로에 의해 자처(인과) 되었다.

로마는 그리스도를 수입하기 전에도, 그리고 후에도, 쾌락과 향락의 제국이었다. 종교를 떠나 역사의 눈으로 봐도, 쾌락과 향락의 끝은 패망이다. 그러나 로마는 그리스도를 받아들이기 전에도, 후에도, 회개하지 않았다. 그리스도의 가장 중요한 기본 진리도 따르지 않았다. 시작이 없었으니, 그리스도와 관계가 맺어지지 않은 것은 당연한 일이었다. 더더구나 자신들은 할 짓 다 하면서 성령의 능력이 자신들을 지켜줄 것으로 믿었고 정복과 침략과 약탈로 거둬들인 재물을 자신들의 육적 향락의 불꽃놀이로 소모했다. 육적인 덕목도 영적인 덕목도 찾아볼 수가 없었다.

다른 견해가 있을 수 있겠지만, 아브라함은 전쟁에서 얻은 전리품을 독초같이 여겼다. 그는 전쟁에 지친 병사들을 위해 물과 포도주와 음식을 가져와 지쳐있는 자신들의 승전을 축하해 주는 멜기세덱에게 감동하여 전리품의 십분의 일을 나눠줬고, 소돔 왕에게도, 그리고 전쟁에 참여한 병사들에게도 전리품을 분배해 줘버렸다. 피 묻은 재물을 모두 사용해 버린 것이다. 그것이 덕목이다. 신학 밖에서도 피묻은 전리품은 항상 curse가 따른다고 알려져 있다. 그러나 로마는 그렇게 하지 못했다. "Unless You repent you too will all perish.

--Unless you repent you will all perish."

로마에는 요즈음 교회처럼, 믿음만 있고, 믿음의 본질이 없었다. 믿음 안이 텅텅 비어있었다. 오히려 믿음의 안에서 암 덩어리 같은 육적 탐욕과 향락과 미신과 이기적인 기복이 주렁주렁 자라고 있었다. 그들은 그리스도의 이름만 받아들였을 뿐 그분이 가르친 진리를 받아들이지 않았다. 신을 인간처럼 생각하고 뇌물만 바쳤다.

회개가 없이 어찌 그리스도인이 될 수 있겠는가? 진리를 살지 않는데, 어찌 그리스도인이라 할 수 있겠는가?

성경 어디를 봐도 회개 없이 하나님의 자녀가 된다는 말도, 하나님의 은혜 안에 든다는 말도 없다. 회개는 신의 은총이지만 회개는 선택이고, 자유의지의 산물이다. 회개는 운명을 바꿀 수 있고, 결정론에서 변수를 일으킬 수 있다. 로마에는 그런 제국적 회개가 없었다.

아우구스티누스는 바로 그 문제를 지적하지 못했다. 어떻게 해서 펠라기우스가 나오게 되었는지, 그 전반에 걸친 사회적, 문화적 그리고 신앙적 검토가 없었다.

불편한 진실이지만, 그나마 어거스틴의 결정론과 그리고 신국론에서 로마의 멸망을 하나님의 섭리라고 주장한 어거스틴의 논리는 스토아철학을 창도한 고대 이방의 현자 제논의 철학이다. 어거스틴의 신학을 승계한 칼빈이 그 사실을 알았는지, 몰랐는지는 모르나, 성경이 아니라 이방의 현자 제논의 철학이 신 플라톤주의, 어거스틴을 거쳐 칼뱅에게 승계되었고, 그것이 독일과 하란을 거쳐 오늘날 한국 장로교단에까지 이르렀다. 그것이 예정론의 실상이다. (철학 핸드북을 참조)

8) 칼뱅주의 5대 교리

초대교회 시절, 한 이름 없는 수도자와 거대 기득권을 가진 교회의 대표자에 의해 시작된 결정론과 자유의지 논쟁은 그들의 사후에도 계속됐고, 그것이 중세에 이르러서야 일단락되었다. 칼뱅이 그의 기독교강요를 통해 그 논쟁에 종지부를 찍었기 때문이다.

그동안 어거스틴의 신학이 뭔가 잘못된 것 같아 그 부분을 고쳐보려고 했던 사람들은 그분들이 주님을 위해 어떻게 살다 갔는지와 상관없이 이단의 집단속에 생매장되었다.

그러나 칼뱅이 등장하기 직전, 종교 개혁자요, 북유럽에서 위대한 신학자로 존경받고, 신약성서를 처음 번역해 낸 에라스무스가 반 펠라기우스의 신인 협력설을 드러냈다. 그러자 루터가 인간은 전적 타락과 전적 무능 때문에 주께서 내민 구원의 손을 잡을 능력조차 상실해 버렸으므로 오직 하나님의 처분에 달렸다는 단독설(monergism)로 이를 대적했다. 칼뱅이 루터와 뜻을 같이했다.

종교개혁 이후로는 17세기에 알미니우스(Jacobus Arminius 1560-1609)를 따르는 알미니안 주의자들이 협력설을 주장하며 유럽 신학계를 지배하던 칼뱅의 단독설에 도전장을 내밀었다. 구원은 인간이 선택하고, 원하고, 주께서 내민 손을 잡아야 한다는 논리였다.

이때 알미니안주의자들의 주장을 반박하면서 도르트 총회에서 작성된 것이 '칼뱅주의의 5대 강령'이다. 먼저 칼빈의 5대 강령부터 알아보자.

(1) 인간의 전적 부패(Total Depravity=T)

인간의 전적 부패는 칼빈의 5대 강령 가운데 첫 번째 강령에 해당한다. 인간은 에덴 동산에서 전적으로 타락했고, 따라서 구원을 위한 의를 행할 능력을 완전히 상실했다는 논리다. 전적 부패로 인해 인간은 하나님이 구원(은혜)의 손을 내밀어도 그 손조차 잡을 능력을 상실했다는 개념이다.

"의인은 없나니 하나도 없고"는 바울의 말에 근거했을지 모른다. 인간은 모두 부패했고, 죽었다. 죽은 자는 의를 행할 수도, 의를 들을 수도 없다. 하나님이 듣게 해줘야 듣고, 살게 해 줘야 산다. 그분이 움직이게 해 줘야 움직일 수 있다. 구원을 위해서 인간이 할 수 있는 것은 아무것도 없다는 것이다. 신학적으로 신학적인 말 같다.

그러나 바울의 말을 상징적으로 해석하면, 바로 의인이 없기 때문에 우리가 그리스도의 진리를 살기 위해 진리의 길로 들어서야 한다는 의미도 된다. 구원은 그리스도 없이 불가능하기 때문에 그리스도의 진리로 들어가 그 세계를 사는, 그 세계의 일원이 되어야 한다는 의미일 수 있다. 물론 그리스도의 길로 들어서기 위해서는 선택을 거쳐야 한다. "나더러 주여주여 하는 자마다 다 천국에 들어갈 것이 아니요, 하나님의 말씀대로 행하는 자라야 들어가리라."

그런데, 반대로 의를 행하지 않으면, 구원받지 못한다는 말이 복음서를 비롯하여 바울서신 전반에 널려 있는 것은 무슨 까닭일까? "육으로 심는 자는 육체에 의해 썩어질 것을 거두고, 영으로 심는 자는 영생을 거두리라." "너희는 성령의 전이니 만일 성전을 더럽히면 하나님께서 너희를 멸하시리라." 이것이 칼뱅의 예정론과 무조건적인 은혜 교리의 허와 실이다.

자유의지만 해도 그렇다. 육적인 것을 심든, 영적인 것을 심든, 일단 무엇을 심으려면 선택이 있어야 한다. 선택을 하려면 자유의지가 있어야 한다. 귀신의 영을 입고, 굿을 하는 무당처럼, 성령 들려 무의 식적으로 자신도 모르게 무엇을 하는 것(sleep work)이 아니면, 무 엇을 하려고 할 때 의지와 선택이 있어야 한다.

잠깐, 베드로의 이야기로 돌아가 보자. 물에 빠져 죽어가던 베드로 를 구해 주신 것은 어떤 식으로 보나 은총이 맞다. 다행스럽게 베드로 에게는 "주여, 구원하소서"를 할 수 있는 의지가 있었다.

누가 뭐래도 "주여, 구원하소서!" 그리고 살기 위해 주님의 손을 잡 은 이 두 가지는 베드로의 자유의지와 선택의 산물이다. 만일 베드로 가 "주여, 도와주소서"도 하지 않고, 또 주님이 손을 내밀어도 주의 손도 잡지 않았다면 어떻게 되었을까?

소경 바디메오가 예수님을 향해 소리를 질렀다. "주여 불쌍히 여 기소서" 주님이 바디메오에게 물었다. "네가 무엇을 해주기를 원하 느냐? "주여, 보기를 원하나이다." "원하고, 찾고, 구하고, 두드리는 것" 바로 그것이 신앙이다. 만일, 바디메오가 예수님을 향해 주여, " 불쌍히 여기소서"를 외치지 않았다면 어떻게 되었을까를 생각해 보 면 된다. 하나님은 바로 이런 영혼의 소리를 기다리신다. "하물며 구 하는 자에게 성령을 주시지 않겠느냐?" 여기서 성령은 구원으로 대 비될 수 있다.

에덴동산에서 있었던 타락의 이벤트를 한 번 더 기억해 보자. 인 간의 전적 타락, 인간의 전적 무능을 일으킨 사건이 있기 전, 인간 은 온전했다. 죄에 전이된 적도 없었고, 외부적인 사고에 의해 영육 의 DNA가 다치거나 손상을 입은 것도 아니었다. 하나님이 만들어 주신 그대로 완벽한 상태였다. 그 완벽한 상태에서 전적 무능 상태 의 인간만이 할 수 있는 짓을 해 버렸다. 온전한 상태에서 선악과를 따 먹은 것이다. 어거스틴의 논리에도 칼빈의 논리에도 이에 대한 설명이 없다.

다음으로 아벨의 이야기를 상기해 보자. 창세기 기록상으로 보면 최초의 살인자로 알려진 카인이 그의 아우 아벨을 죽인 이유는 아벨의 행위가 의로웠기 때문이었다. 같은 종류의 제사를 놓고 카인은 정죄함을, 아벨은 의롭다 함을 받은 것이다. 아벨은 아담 하와의 직계 자녀다. 부모들의 전적 타락이나, 전적 부패의 전이가 없었다고는 할 수 없으나. 가인의 정죄함 받은 행위도, 아벨의 의롭다함 받은 행위도, 모두 가인과 아벨의 의지와 선택에서 나온 결과다. 각자 자기 행위에 대한 책임을 졌다. 어거스틴의 논리도, 칼빈의 논리도, 적용되지 않는 상황이다.

역시 구약을 보면, 에녹이 의로운 그의 삶 때문에 죽음을 맛보지 않고 불—병거를 타고 승천했다는 기록이 있다. 에녹도 분명 아담 하와를 조상으로 둔 후손이다. 하나님 앞에서 에녹의 의는 어거스틴의 논리나 칼빈이 주장한 전적 타락과 전적 무능 신학과 정면으로 상충되는 사건이다.

노아만 해도 그렇다. 구약에는 노아를 하나님과 동행할 정도로 의로운 삶을 살았던 것으로 묘사됐다. 물론, 노아도 전적 타락, 전적 무능의 상속자다. 그러나 그는 하나님이 인정해 줄 정도로 의롭게 살았다. 그 외에도 수도 없이 많다. 이런 증거들은 어거스틴이나, 칼빈 신학이 절대적인 것이 아니라는 증거고, 모든 시대, 모든 사람에게 똑같이 적용될 수 없다는 증거다.

물론, 그렇다고 아담 하와의 타락과 현생인류가 전혀 상관이 없다는 것은 아니다. 적절한 비유일지는 모르나 아프리카에서 에이즈에 걸린 부모에게서 태어나는 아가들은 거의 다 에이즈에 감염되어 태어난다고 한다. 부모의 에이즈 균이 아이에게 전이된다는 것이다. 물론 예외적인 아이들도 있을 것이다.

최초의 조상으로 선택받고 창조된 아담 하와는 선악과를 통해 영원성과 거룩성을 상실했다. 철학적으로 영원성과 거룩성은 형상에 해당한다. "하나님의 형상"을 잃은 것이다. 영원성을 잃었으니, 수명에 한계가 생겼고, 거룩성을 잃었으니, 하나님과 멀어질 수밖에 없었다. 하나님이 그들을 찾았을 때, 스스로 수치심이 일어나 무화과 잎으로 벌거벗은 몸을 가리고 숨었던 것이 그 증거다. 이는 동물적 본성이 취한 행동이다. 하나님의 형상이 떠났으니, 동물적 본성(정신=혼)이 생의 메가폰을 잡은 것이다.

동물적 본성은 오직 육적 존재만을 위해 움직이는 본성이다. 그 절정이 진선미다. 이에 대한 설명은 바울 서신에 널려 있다. 그것을 바울은 Sinful nature라고 했다. 따라서 이런 본성을 가진 부모에게서 태어나는 자녀들은 그 부모의 심성이나 DNA를 유전 받을 수밖에 없다. 이는 자연의 법칙이고, 우주의 법칙이다.

인류의 역사는 인간의 자유의지에 의한 선택의 산물이다. 자유의지에 의한 선택의 열매가 역사다. 그러나 전체적인 역사를 놓고는 어쩔지 몰라도, 역사 안에는 의로운 역사도 있었고, 거룩한 역사도 있었고, 악한 역사도 있었다. 하나님이 기뻐하시는 역사도 있었고, 노여워하는 역사도 있었다. 그리고 역사는 아직도 진행형이다. 인간의 삶도 역사 속에 있는 작은 역사다. 어디를 어떻게 보느냐에 따라 그림이 달라 보인다. 이 모든 것이 성경 안에 있다.

이제 복음서로 한번 들어가 보자. "회개하라!" 자유의지와 선택을 촉구하는 외침이다. 성경엔 주님이 회개를 외친 메아리로 충만해 있다. 모든 의지가 부패로 죽고, 전적으로 무능 상태의 인간, 그리하여 구원을 위한 그 어떤 선택도, 움직임도, 할 수 없는 인간에게 주님은 왜 회개를 촉구했을까? 왜 회개해야 영생한다고 말씀했을까?

"용서하라" 건강한 자유의지가 있어야 가능하다. "사랑하라" 건강한 자유의지가 있어야 가능하다. "좁은 문으로 들어가라" 자유의지가 있어야 선택을 할 수 있다. "깨어서 기도하라" 선택과 자유의지를 사용하라는 명이다.

반대로 전적 타락과 전적 무능 때문에 아무것도 할 수 없다는 생각에 갇혀 회개하지 않고, 용서하지 않고, 사랑하지 않고, 평화 하라는 주의 명령을 따르지 않고, 산다면 어떻게 될까? 그래도 주님의 불가항력적인 은혜로 구원을 받을까?

(2) 무조건 적인 선택(Unconditional Election=U)

바울의 토기장이의 비유를 보면 도공이 그릇을 만드는 것은 도공의 마음이라고 했다. 어거스틴 신학은 여기에 기초했고, 칼뱅의 신학도 여기에 기초한 것 같다. 그러나 바울의 도공의 비유는 존재의 형태에 대한 설명이다. 인간의 구원론에 적용할 수 있는 적절한 비유가 아니다. 성도들의 역할을 설명하는 과정에서 귀하게 쓰이는 그릇으로도, 천하게 쓰이는 그릇으로도, 토기장이는 마음대로 결정하여 만들어 낸다는 요지다. 그릇에 담을 물건은 큰 것도 있고, 작은 것도 있기에, 큰 것은 큰 대로, 작은 것은 작은 대로 귀하다는 의미다.

도공이 그릇을 가마에 넣을 때는 깨질 그릇과 깨지지 않을 그릇을 알고, 깨지거나 마음에 안 들어 자신이 버릴 그릇까지 계산하지는 않

53

을 것이다. 칼뱅의 섭리 교리와 무조건적인 선택 교리가 여기서 한계를 드러낸다. 그릇은 깨지거나 잘못 나오면 버릴 수밖에 없다. 그릇은 깨지지 않아야, 잘 나와야, 사용되기 때문이다. 모든 그릇은 도공의 가마 안에 들어가든, 가마 밖으로 나오든, 깨지지 않거나, 도공의 마음에 들어야 한다는 암묵적 조건이 들어있다. 그래서 주님도 눈이 자신을 범죄케 하거든 빼버리라고 했다.

우리는 주님이, 하나님을, 의(Justice)의 하나님이라고 했던 점에 귀를 기우려야 한다. 은혜도 본질적으로는 공의의 한 방편이다. 그래야 인간을 구원한 구원이 우주적인 의의 원리 안에서 공정하고, 거룩한 성업이 된다.

칼빈의 '전적 타락'설에 의하면 참된 믿음은 하나님이 주셔야만 얻게 되는 것인데, 누구에게 참된 믿음을 줄 것인지에 대한 하나님의 선택(결정)에는 아무런 조건이 없다. 제비뽑기 같은 컨셉 같다. 맞다, 그러나 그것도 주님의 아래 가르침과 상반된다.

"주 예수를 믿으라 그리하면 너와 네 집이 구원을 얻으리라." "마음으로 믿어 의에 이르고, 입으로 시인하여 구원에 이르리라" "내 말을 듣고 행하는 자는 그 집을 반석 위에 지은 사람과 같으니 바람이 불고 창수가 나도 무너지지 아니하리라."

복음서를 종합해 보면, 어떻게 선택이 되었건, 하나님의 선택에는 암묵적 조건이 있다. 하나님은 구하는 자에게 주고, 찾는 자에게 나타나고, 문을 두드리는 자에게 문을 열어주신다는 점을 분명히 했다. 주의 목소리를 듣고, 회개하고, 주의 진리를 따라 살겠다는 암묵적 조건을 받아들이고, 그것을 이행하는 것이 신앙이다.

(3) 제한적 속죄(Limited Atonement=L)

주님은 자진이 이 세상에 온 것은 하나님 아버지의 잃어버린 자녀를 찾고(find), 부르고(call), 모으고(gether), 구원(save)하기 위하여서라는 점을 분명히 하셨다. 선택의 대상이 한계 지어져 있다는 암시다. 주님은 자기 양은 자신의 목소리를 알고, 반응한다고도 했다. 주님도 어떤 이들에게는 죽은 자, 어떤 이들에게는 아버지가 다른 자들이라고 불렀다.

그러나 반론도 만만치 않다. 대표적인 것이 만인 구원설(만속설)이다. 만민 구원설은 요한복음 13장 13절이 받쳐준다. "하나님이 세상을 사랑하사 독생자를 주셨으니 누구든지 저를 믿는 자마다 멸망치 않고 영생을 얻게 하심이라."

문자적으로 해석하면 여기 언급된 "누구든지"는 구원에 있어서 제한도, 경계도, 차별도 없다는 의미다. 바울도 하나님은 차별이 없다는 것을 여러 번 강조했다.

그러나 옹호되는 근거도 많다. "주여, 왜 비유로 말씀하시나이까? 복음이 너희에게는 허락되었으나 저들에게는 허락되지 아니하였느니라" "누구든지 아버지께서 보내지 아니하시면, 내게로 올 자가 없느니라." "아버지께서 내게 주시는 자는 다 내게로 올 것이요" 등등이다.

(4) 불가항력적 은혜(Irresistible Grace=I)

주님의 은혜는 저항할 수 없다는 의미다. 감기에 걸린 아가가 감기약을 먹지 않으려 할 때 그 부모는 수단과 방법을 안 가리고(채찍과 당근을 사용하여) 약을 먹인다는 컨셉이다. 우리는 여기서 다시 베드로가 바다를 걸어 예수님께 다가가다가 물에 빠질 때의 상황을 한 번 더 상기해 보자.

자신을 향해 걸어오던 베드로가 옆에서 밀려오는 파도를 쳐다보고 겁을 먹는 순간 물속으로 가라앉고 있었다. 어쩌면 베드로가 물에 빠지는 모습은 베드로보다 예수님이 먼저 보았을 수가 있다. 베드로가 구원을 청하는 소리를 내기도 전, 예수님이 물속에 빠지는 베드로의 목덜미를 잡아 물 위로 끌어 올렸다면 어떻게 되었을까?

만일 그렇게 했다면, 그것은 칼빈의 불가항력적 은혜로 해석될 수 있다. 그러나 예수님은 그렇게 하지 않았다.

전적 타락이나, 전적 무능 상태와 상관없이 모든 인간을 포함한 모든 동물은 급박한 위험이나, 죽음 앞에서 본능적으로 살기 위한 행동을 취하게 되어 있다. 그것을 위기 본능이라고 부른다.

아마, 베드로도 어쩌면, 그런 위기 대처 본능으로 "주여, 구원하소서!"라고 소리를 질렀을 수 있다. 신학에서 약간 빗나간 견해일 수 있지만, 어쩌면 그것은 믿음과도 상관없는 순수 이성의 본능적 행동이었을 수도 있다. 이런 본능적 행동을 구원에 적용하면 어떻게 될까?

인간의 지문이 사람마다 다른 것처럼 영혼의 표현 방법도, 반응 방법도 다를 수 있다. 적어도 은혜나 구원은 신학으로 쓸어 담을 성질이 아니라는 의미다. 복음서에는 왕이 잔치를 배설하고 초청된 자들을 청했으나 그들이 잔치에 참여하는 것을 거절하고 왕도 그들을 버려버리는 비유가 나온다. 앞에서 언급한 놋 뱀 사건도 있다. 모두 불가항력적 은혜가 적용되지 않는 기록이다.

(5) 성도의 견인(Perseverance of Saints=P)

이는 구원의 원리에 있어서 주님의 끈질긴 인내를 의미한다. 구원이 완성될 때까지 주님은 기다리시고, 인내하시고, 견인해 주신다는 논리다. 하나님께 선택받은 사람은 어떤 일이 있어도, 어떤 짓을 해도, 반드시 구원이 성취된다는 논리이다.

아마도 이것은 어거스틴의 개인적인 체험 신앙의 산물일 것이다. 그러나 기억할 것이 있다. 약간 빗나간 설명 같지만, 초대교회 성도들을 괴롭히고, 잡아들이고, 온갖 못된 짓을 하다가 주님의 은혜로 사도가 된 바울이 다른 사도들보다 훨씬 더 고통스럽게 살아야 했던 것이다. 회개한 후, 어거스틴의 삶도 고통으로 얼룩진 삶이었다. 불가항력적인 은혜로는 결코 이해할 수 없을 만큼 고통스러운 사건들을 감내해야 했다. 어린 나이게 얻은 아들이 죽는 것을 목도 했고, 어머니의 죽음, 그리고 피난민들을 돌보다 전염병에 걸려 죽기까지 어거스틴이 겪은 남다른 고통은 그가 심었던 악업에 비할 만했다.

사실은 이런 체험은 강약의 차이만 있을 뿐, 원만한 사람은 다 가지고 있을 것이다. 죽음의 문턱까지 끌고 가서 회개하게 하기도 하고, 암 덩어리를 붙여놓고 회개를 일으키기도 한다. 사업장을 부수기도 하고, 세우기도 한다. 그것을 하나님의 섭리 안에서의 은혜라고도 할 수 있고, 견인이라고도 할 수 있다. 그러나 다시 한번 부언하지만 이런 논리를 정면으로 뒤집는 가룟 유다의 사건도 있음을 잊어서는 안된다. 사도행전에 등장하는 아나니아와 삽비라 사건도 그중 한 종류다. 로마제국의 멸망도 좋은 예다.

견인이란 문자 그대로 "끌고 가다."라는 의미다. 도로에서 자동차가 고장 나 움직일 수 없을 때 견인차를 불러 자동차를 정비소로 끌어가는 개념이다. 칼빈은 견인의 속성으로서 하나님의 인내와 기다림을 강조했다.

그의 신학대로라면 인간은 전적 부패와 전적 무능 때문에 구원을 향해 한 발자국도 뗄 수 없는 무력하고 무능한 상태다. 따라서 인간이 거부할 수 없는 불가항력적 은혜만이 구원을 줄 수 있다. 인간의 선택이나 의지는 totally 무용이다. 그래서 견인의 요소 가운데 하나님의 인내와 기다림을 넣어놨는지도 모른다.

그러나 구원을 위해 인간이 할 수 있는 일이 아무것도 없는 것이라면, 하나님의 기다림이나, 인내 또한 필요 없어야 한다. 인내와 기다림에는 우리의 자발적 어떤 행동(예 탕자의 비유)을 기다린다는 뜻이 암시되어 있다. 따라서 이는 그가 주장했던 전적 타락이나 불가항력적 은혜 논리와 상충 된다.

인간이 그리스도의 진리를 따라 살지 않으면 구원은 고사하고 지옥에 간다는 것이 성경 전반에 깔려있다. 씨뿌리는 비유도 이를 뒤 받침 한다. 그것이 성경 정신이다. "너희 의가 바리새인과 사두개인보다 낫지 못하면 결단코 하나님 나라에 들어가지 못하리라."

칼뱅주의의 5대 강령은 각 항목의 영어 첫 글자를 따 TULIP이라고도 부른다. 각 항목은 트로트 신조에 대한 요약이며, TULIP이라는 명칭은 1963년부터 사용되었다.

9) 다섯 솔라

칼뱅주의의 교리 역시 다른 개신교들과 마찬가지로 다섯 솔라로 요약한다. 여기서 우리가 한 가지 Assume 해야 할 부분이 있다. 시대적으로 칼뱅 신학이 성경에 기초하지 못했을 수 있다는 점이다. 실제, 칼빈의 5대 교리에는 성령의 역활이 빠져있다. 성서신학을 연구해 보면 칼뱅의 시대에는 성경 번역이나, 보급 문제가 로마 교회의 철저한 감시 아래 있었다.

성경 번역과 보급이 전혀 이루어지지 않았던 것은 아니나, 성경을 구하는 일도, 읽는 일도 모두 음지에서 극비리에 목숨을 걸고 해야 했던 시절이었다. 인쇄술이 나온지도 얼마 안 된 시절이라 웬만한 분들은 성경 전체를 구해서 읽을 수 없는 시대였다. 더더구나 성경이란 몇 번 읽는다고, 모든 진리가 깨우쳐지는 것도 아니다. 읽고 또 읽어도, 외우고 또 외워도, 읽을 때마다, 외울 때마다 다르게 해석되는 것이 성경이다. 그것은 머리 좋은 것과도 상관이 없다. 이런 이해의 차원에서 칼뱅 주의를 접근하면 좋을 것 같다.

(1) Sola Scriptura(오직 성경)

진리냐 아니냐의 유일한 권위는 기독교 교리의 유일한 원천인 성경에 있다는 뜻이다. 성경이 초대교회 시대부터 약 1천1백 년 동안 교회와 그리스도인들의 축이 됐던 신학을 제치고, 교회와 그리스도인의 신앙의 축의 자리에 앉았다. 그러나 신학이 성경과 상충 된 부분이 많이 드러났고, 신학자들은 그 점에 대한 설명을 소홀히 했다. 칼빈은 신학을 넘어 오직 성경만이 그리스도인의 전부라는 점을 강조했다. 신학이 성경 진리와 충돌할 때 성경을 따라야 한다는 암시다. 그러나 교회는 성경보다 신학을 우선시하던 구습을 벗지 못하고 있다.

(2) Solus Christus(오직 그리스도)

구원의 유일한 길은 예수 그리스도의 십자가 공로를 덧입는 것뿐이다. 맞다. 그런데 어떻게 덧입을 것인지가 문제다. 길이요, 진리요, 생명인 그리스도를 믿고 따르고, 사는 것이 그리스도의 공을 덧입는 것이다. 주님이 가르친 유일한 구원의 길은 회개에서 시작한다. 그리고 용서, 사랑, 평화, 감사로 이어진다. 이것이 그리스도의 진리의 요약이고, 그렇게 사는 것이 "오직 그리스도"라는 칼빈의 다섯 솔라 가운데 두 번째 솔라를 이루는 것이다.

(3) Sola Gratia(오직 은혜)

구원은 전적인 하나님의 '선물'로서 하나님이 인간 쪽에 아무런 조건을 찾지 않는다는 내용이다. 큰 그림에서는 우리가 숨 쉬는 것도 하나님이 은혜다. 작은 그림에서도 은혜다.

그래, 하나님의 불가항력적 은혜로 우리가 회개했다고 하자. 그것으로 끝나는가? 아니면 우리가 행위로 해야 할 다음이 있는가?

다음이 있다.

그것은 무엇인가?

은혜를 유지하고 보존하는 생활이다.

어떻게?

그리스도의 진리를 사는 것이다. 그리하여 그 진리가 우리 삶을 통해 구현되게 하는 것이다. 결혼한 부부가 결혼한 후, 하나의 목적을 위해 부부의 법도를 살 듯이, 그리스도의 뜻을 이어받아 그분의 뜻을 구현해야 한다. 용서가 구현되고, 사랑이 구현되고, 평화가 구현되게 해야 한다. 그것이 열매다. 열매 없는 나무는 저주받을 나무다. 지옥불에 던져질 나무다. 열매가 나무의 운명을 결정한다.

인류의 조상 아담 하와가 하나님이 보시기에 좋을 만큼 완벽하게 창조되었다고 해도, 생활을 통해 그 은혜(완벽)를 보존하고, 아끼고, 소중히 하지 않을 때 어떻게 되었는가? 일순간에 날아가 버리지 않았는가?

아무리 하나님의 은혜가 무조건 적이라고 해도, 그 무조건적인 은혜를 소중히 하고, 지키고, 관리하고, 보존하지 않을 때, 그 은혜는 소멸 되고, 따라서 구원도 소멸 되는 것은 아닌지? 칼빈은 이것을 간과한 것 같다.

(4) Sola Fide(오직 믿음)

예수를 믿어야만 구원을 받는다는 의미다. 맞다. 하나님이 주시는 구원은 "오직 믿음"을 통하여 받을 뿐이지 다른 어떤 공로가 요구되지 않는다. 그러나 칼빈이 간과한 것이 또 있다. 그것이 바로 믿음의 본질이다. 본질이 없는 믿음은 형체 없는 유령과 같다.

그래서 믿음을 둘로 나눠야 한다. 본질이 있는 믿음과 본질이 없는 믿음이다. 완성된 믿음과 미완성 믿음이다. 그것을 주님이 분명히 했다. "너희는 어찌하여 나더러 주여주여 하면서도 나의 명을 행하지 아니하느냐?"

주의 명령에 대한 수행(practice)이 없는 믿음은 "미완성 믿음(본질 없는)"이다. "미완성 믿음은 죽을 수도 있고, 살 수도 있다. 미완성 믿음은 구원을 줄 수가 없다.

살아있는 믿음에는 반드시 열매가 열리게 되어 있다. 주님을 비롯하여 요한, 야고보 선생도 분명히 했다. 그래서 행함이 없는 믿음은 죽은 믿음이다. 그러므로 그리스도의 진리를 살지 않고 입술로만 믿는 자, 마음으로만 믿는 자는 달란트를 땅속에 묻어 놓은 종처럼 버림받고 불구덩이에 들어갈 것이다.

"너를 위하여 예비 된 영원한 불구덩이에 들어갈지어다" 예비 되었

평신도, 신학생, 목회자를 위한 신학 총정리 핸드북

다는 것은 작정 되었다는 뜻이다. 그러나 여기서 오해하지 말아야 할 점이 있다. 불 구덩이가 예비 되었다는 것이지, 그 사람이 그렇게 하도록 작정 되었다는 뜻은 아니다.

사람은 자기 운명을 얼마든지 바꿀 수 있고, 고칠 수 있고, 수정할 수 있다. 작정을 고칠 수 있는 것이 회개고, 운명을 고칠 수 있는 것이 기도다. 산을 옮기고, 바다를 옮길 수 있는 기도가 있다는 것은 주님이 알려주셨다. "네가 네 말로 의롭다 함을 얻고, 네 말로 정죄함을 받으리라." "믿는 자에게는 능치 못할 일이 없느니라."

(5) Soli Deo Gloria(오직 하나님께 영광)

성도의 모든 삶과 행위의 목적이 하나님께 영광 돌리는 것이어야 한다는 요지다. 어떻게? 라는 질문을 거쳐야 할 명제다. 칼빈이 동의할지 모르지만, 철학적으로 만물의 존재 목적은 최고 선을 향해 탁월하게 움직이는 것이다. 그것이 아레테다. 그 아레테에서 회개와 용서와 사랑과 평화의 삶이 열린다면 그것이 바로 하나님을 영광스럽게 해 드리는 일이다. 오직 삶의 빛이 하나님께 영광되는 것이다.

10) 칼뱅주의와 자유의지

칼뱅은 아우구스티누스의 예정론(작정론)과 은총론을 그대로 승계한 사람이다. 칼뱅주의를 옹호하는 사람들은 자유주의와 관련하여 다음과 같이 변호한다. "칼뱅주의와 관련된 흔한 오해 중 하나는 칼뱅주의가 인간의 자유로운 선택을 막는다고 주장한다는 것이다. '전적 타락'설에서 언급되었듯이 칼뱅주의는 자연인이 믿을 수 있는 기능을 잃어버렸다든지, 선택의 자유를 잃었다는 것이 아니라, 자연인은 부패하여 하나님을 싫어하는 심성 때문에 자신의 자유로운 선택권을 가지고 에덴동산에서 선악과의 약속을 파기하고 하나님을 사랑하지 않기로 선택한다는 것이다. 이것이 언제까지 계속되냐면 하나님이 그 사람의 심성을 바꾸어 주실 때까지다."

여기에는 커다란 모순성이 있다. 칼뱅주의의 뿌리인 어거스틴이 펠라기우스를 상대할 때, 주요 공격 무기가 인간의 자유의지는 의를 행할 능력도, 구원을 위해 의를 선택할 능력도 없다는 논리였다. 칼뱅의 기독교강요에도 그렇게 나와 있다. 전적 타락, 전적 무능이라는 칼뱅의 말도 그것을 말해준다. (His words speak itself).

칼뱅의 논리는 인간은 구원을 향한 선이나 의를 향한 그 어떤 힘도 없다는 것이다. 칼뱅은 불가항력적 은혜로 이를 받쳤다. 만일 전적 타락이나, 전적 무능력 논리가 없었다면 불가항력적 은혜 논리도 없었을 것이다. 서로 뗄 수 없이 entangle 되어 있다.

칼뱅주의 옹호론 자들은 "자연인은 부패하여 하나님을 싫어하는 심정 때문에 자신이 자유로운 선택권을 가지고 에덴동산에서 선악과의 약속을 파기하고 하나님을 사랑하지 않기로 선택한다는 것이다."라고 칼뱅을 옹호한다.

이는 완전한 소설이다.

인간이 선악과 사건 때문에 하나님을 사랑하지 않기로 했다는 근거는 성경 어디에도 없다. 인간은 선악과 후에도 본성적으로 신을 탐구했고, 신을 찾았다. 그것이 인류의 역사다. 그러나 찾아도 찾지 못하고, 알려고 해도 알지 못했던 것은 선악과 사건 후 하나님이 너무 높이 계셔서였다. 찾아도, 찾아도, 보여주지 않고, 나타내 주지 않아서였다. 설령, 하나님을 찾았다고 해도, 하나님은 거룩한 분이기에 그분께 가까이 가려면 거룩해야 하는데, 거룩해질 길이 없어서였다.

그렇다면 인간은 언제까지 원죄 탓을 할 수 있을까? 예수님이 바로 그 원죄를 해결해 주기 위해 오시지 않았는가?

제 2 부
신학의 본질

본질이란 무엇일까? 철학적으로 본질은 질료에 해당하고 속성이라는 이름으로도 표현한다. 따라서 신학의 본질은 신학의 속성을 말한다. 그러므로 신학을 탐구한다는 것은, 신학의 속성을 탐구한다는 것이다. 신학의 본질 첫 번째는 기독교의 경전이다. 경전의 본질은 하나님의 말씀이다. 말씀의 본질은 사랑이다. 그 사랑 안에는 신이 있고, 창조가 있고, 섭리가 있고, 구원이 있고, 심판이 있다.

1. 기독교의 경전(신학 성경 27권)

기독교 경전은 구약 39권과 신약 27권이다. 신약 성경은 마태, 마가, 누가, 요한복음 등 4편의 복음서와 1편의 사도행전, 바울과 여러 저자가 각 지방의 교회와 개인에게 보낸 편지와 요한계시록을 한데 모은 것을 지칭한다. 신약 성경은 당시 공용어인 코이네 헬라어(기원전 4세기(헬레니즘)부터 중세 그리스어가 사용되기 시작한 기원후 5세기까지 쓰이던 그리스어로 기록됐다.

신약 성경의 형태는 크게 네 가지다.

첫째, 복음서다. 기쁜 진리가 들어있다. 마태복음, 마가복음, 누가복음, 요한복음이다.

둘째. 서신서다. 편지 형태의 글이다. 목회서신, 옥중서신으로 분류하기도 한다. 이는 예수 승천 후 몇몇 제자들과 그리고 바울이 교회라는 공동체에 문제가 생겼거나, 복음을 정립할 필요가 있을 때 쓴 편지들이다.

이 편지들은 그리스도의 가르침(진리)을 축으로 이루어지긴 하였으나 사도들의 개인적인 철학과 신앙이 스며있다. 이 편지들은 성경

으로 인정받기 전에도, '신앙을 올바르게 하는 글'이라 하여 여러 교회가 돌려가면서 읽었다

셋째, 사도행전이다. 흔히 사도행전을 신약의 역사서라고도 한다. 바울을 중심으로 몇몇 사도들의 행적에 초점을 맞춰 기록되었다. 바울의 일대기가 기록된 책이라 해도 될 만큼 바울을 중심에 세웠다.

네 번째로 묵시록이다, 묵시록은 책의 본질상 본래 외경으로 분류되었던 책인데 아타나시우스에 의해 늦게 간신히 성경으로 채택된 책이다.

1) 왜, 그리스도는 아무런 기록도 남기지 아니하셨을까?

글이란 말처럼 일종의 소통 수단이다. 소통하고 싶은 대상(수신자)과 직접 대화가 가능하다면 글을 쓸 필요가 없다. 따라서 문서는 만들어지지 아니한다. 바로 이것이 신약 성경의 본질이요 실체인 그리스도가 직접 문서를 만들지 않은 이유일 것이다. 대부분의 복음서는 예수님의 활동 상황을 담고 있지만, 예수님의 활동에는 늘 제자들이 함께했고, 따라서 예수님의 제자들이 당시 시공간적으로 예수님 반경 밖에 있는 인류를 위해 그분의 제자들이 진리(가르침)를 상속받았다. 물론 그 내용 가운데는 제자들도 깨닫지 못한 것들도 많이 있었다. 그러나 예수는 바로 그것까지 감안하고 그 문제를 해결할 해결사로 보혜사 성령을 파송하셨다.

한가지 주목할 것이 있다. 어떻게 그분에 대한 기록들이 그 옛날, 그 옛 시대에 수천이 될 만큼 많이 기록되었다는 것이다. 그 시대는 기록을 만들기가 쉽지 않은 시대였고 실제 글을 읽고 쓸 수 있는 사람들도 많지 않았다. 그런데 마치 천상의 천사들이 단체로 내려와 알

바를 고용하여 쓴 것처럼 많이 써졌다.

아무리 긴 세월이 흘러도 없어질 수도, 잊혀 질 수도 없을 만큼 많다. 그 모든 것이 성령의 역사일 수밖에 없어 보인 이유다. 물론 그 중 상당수는 성경으로 채택되지 못했다. 글에 너무 개인적인 신비 체험이 들어있거나, 너무 철학적이거나, 이교도적인 것들이 섞여져 있고, 교회가 이미 체계화하여 가고 있는 보편적인 진리를 왜곡시킬 수 있는 위험성이 있다고 판단된 것들을 성경에서 제외했기 때문이었다.

어떻든, 예수가 십자가 위에서 죽은 후 제자(사도)들은 유대인의 박해를 피해 세계로 흩어졌다. 흩어지면서도 그들은 예수가 하나님의 아들이요 인류의 구세주임을 전파했다. 자신들이 직접 목격하고, 경험한 예수의 삶과 죽음과 부활, 그리고 승천을 이야기했다. 그들의 말을 들은 많은 사람이 예수를 구세주로 믿기 시작하였다.

그들 중에는 예수의 지상에서의 삶(언행)에 깊이 감동한 사람들이 있었다. 예수의 십자가의 '속죄'는 물론이거니와 예수의 삶(언행)에서 하나님의 현현을 보았던 사람들이었다. 이 사람들이 예수의 어록을 편찬하고, 더 나아가 예수의 말과 행적과 전승을 모으고, 여기에 수난과 부활 사건을 덧붙여서 예수의 공생애를 기록으로 만들어 냈다. 그것이 복음서다. 그래서 복음서는 예수님과 관련된 사건 중심의 진술이다.

2) 제자들은 왜 예수님의 기록을 늦게 만들었나?

성서학을 연구하다 보면 한 가지 의문점을 만나게 된다. 왜 제자들이 기억력이 생생할 때 예수의 행적을 기록하지 않고, 30년, 40년의 세월이 흐른 뒤, 기억이 아주 힘든 때 기록했느냐는 것이다. 바로 종말 사상 때문이었다. 예수님의 승천을 목격한 대부분의 제자들은

평신도, 신학생, 목회자를 위한 신학 총정리 핸드북

예수님이 그 시대가 지나기 전에 재림할 것이라는 확신을 가지고 있었다. 따라서 예수님의 행적이나 어록을 기록으로 만들 필요가 없다고 생각했다.

신학에서 정리해 놓은 성경 기록에 대한 배경은 다음과 같다.

3) 마가복음

공관복음에 들어가기 전, 우리가 한 가지 참고할 점은 공관복음이 써지기 전 존재했던 "Q 문서"라고 하는 예수님의 어록집이 있었다는 것이다. 그 어록이 누구에 의해, 언제, 쓰여 졌는지는 불분명하나 학자들은 50년도에서 60년대 그 어록이 교회에 등장했다고 보며, 대부분이 예수님의 설교와 가르침을 묶은 것이었다고 설명한다. 공관복음이 그 어록을 사용하여 써졌을 것으로 학자들은 짐작한다.

복음서 중 가장 첫 번째 써진 마가복음에 저자의 사설이 붙지 않은 이유도 어록의 형태를 참고 했기 때문일 것이라는 추론이다.

마가복음은 최초의 복음서다. 마가복음은 복음의 가장 핵심적인 것만 뽑아 기록한 책이다. 다른 복음서와는 달리 특정된 수신자가 없다는 것이 특징이다. 세계의 모든 지성인을 수신자로 추론한다. 기록자는 마가다. 마가는 예수님의 직접 제자는 아니다. 공식적인 예수님의 제자가 12 제자 외에도, 72명의 제자가 더 있었음을 감안했을 때 아마도 마가는 제2그룹에 속한 제자였을 수 있다. 학자들은 그가 기록한 마가복음은 예루살렘 멸망 직전 60년대 후반(로마에서?)에 완성되었을 것으로 추론한다. 참고로, 예루살렘은 70년에 멸망했으나 멸망의 시작(거짓 선지자, 자칭 그리스도 출현)은 6년 전쯤인 64년 경부터다.

4) 마태복음

다음으로 마태복음이다. 마태복음은 모든 유대인을 특정 대상으로 쓰여 진 책이다. 그래서 유대인의 족보를 앞세운다. 저자는 족보를 통해 예수가 다윗의 혈통이라는 것을 암묵적으로 입증하려 했고, 따라서 구약에 예언된 메시아가 바로 자신들이 죽인 예수라는 사실을 알리려 했다. 족보가 빠지면 예수의 정체성이 희미해져 유대인들은 예수를 받아들이지 않을 거라고 생각했던 것 같다. 그러나 학자들은 저자 마태는 유대인 스스로가 만든 물거품 같은 유대인 선민사상의 허상을 지적하던 예수의 가르침, 그리고 성도야말로 참된 하나님의 자녀요, 선민이라고 선포하면서 당시의 바리새인적 유대교와 대결하던 예수님의 모습에 초점을 맞추어 마태복음을 저술하였다고 말한다.

마태는 또 성도에 대한 하나님의 참된 요구(열매 맺는 삶)를 설파한 예수의 모습을 기억하면서 주로 성도다운 삶과 성도의 기도에 응답하는 하나님의 모습을 그리고 있다. 또한 마태는 예수의 말을 조심스럽게 모아 "산상수훈"을 만들어 냈다. 이 산상 수훈은 다른 복음서엔 없는 소중한 천국 자산이라 할 수 있다.

마가복음과는 달리 저자의 사설이 들어있는 것이 특징이고, 그 사설이 실제, 구약의 기록과 맞지 않고, 약간은 억지스러워 보이는 부분도 있지만, 누구나 읽기 쉽고, 이해하기 쉽게 문학적인 형태로 드라마처럼 전개된 것이 또 다른 특징이라 할 수 있다.

5) 누가복음

누가복음은 세례요한의 출생과 삶을 서두로 등장시켜 써 내려간 책이다. 세례요한의 부모와 마리아의 만남을 비롯하여, 그가 출생 후 유대 광야(다윗의 동굴)에서 은자 생활을 하던 중 깨달음(각성)을 얻고, 회개를 외치기까지가 서론 부분으로 설명되어 있다.

누가복음의 저자는 누가다. 누가복음은 의사로 알려진 누가가 데오빌리오 황제(왕)를 위해 쓴 편지 형식으로 전개된다. 그러나 실질적인 수신자는 세계에 흩어져 있는 유대 지식인들이라는 설이 있다. 그래서 누가복음은 철저하게 구약과 연결 고리를 만들기 위해 유대인들의 족보를 이용했고, 부니엘 지파의 과부 안나와 시므온을 등장시켜 예수가 출생 시부터 율법의 모든 율례를 지켰음에 초점을 맞췄다.

누가가 "마가복음"과 마태복음에 들어 있는 "예수님의 어록"에 독자적으로 자기가 직접 조사하고, 수집한 사료를 추가해서 누가복음서를 썼다는 게 학자들의 의견이다.

예수 그리스도의 기원, 탄생, 사역, 죽음, 부활, 승천을 알려주는 책이다. 누가복음은 학자들이 나눈 1세기 세 단계의 기독교 역사 가운데 첫 두 단계를 구성한다. 즉 메시아 예수의 탄생부터 세례요한과의 만남에서 사명을 시작하기까지의 생애다.

6) 요한복음

요한복음의 저자는 요한이다. 요한복음은 유대교 밖, 그리스 철학을 공부한 이방의 현자나, 지성인들을 염두에 두고 기록한 책 같다. 형이상학적 예수를 현상학적 예수로 설명한 책이 요한복음이다. 요한은 철학적이고, 영적인 예수를 자신이 직접 몸으로 겪고, 체험한 현상학적 예수로 설명했다. 이 복음서 첫 '머리말'이 전편의 주제를 나타내고 있다.

"태초에 말씀이 있었더라. 그 말씀이 하나님과 함께 있었으니 그 말씀이 곧 하나님이시라." 하나님 곁에 있는 신적인 로고스가 물질적인 육신이 되어 '우리 가운데 거하신다는' 의미다. 고대 전통 철학에서 탐구해 온 만물의 본질(아르케)을 로고스로 단일화한 것이 특징이다.

그런데 그 로고스는 우리들과 떨어져서 하늘 높은 곳에 있는 것이 아니라 우리 가운데 거하며, 이 세계 속에서 활동하고 있다는 것을 나타낸다. 이는 보편이 실체 안에 있다는 고대 철학을 반영한 것이다. 이미 스토아철학에서는 이 본질(아르케)을 로고스로 표현한 바 있다. 요한복음 내용은 하나님의 본질인 사랑에 초점을 맞추고 있다. 중세의 보편논쟁과 실재론이 여기에 근거했을 수 있다.

7) 사도행전

사도행전은 실제 예수님의 승천 장면을 시작으로 예루살렘에서 하나님의 선물로 주어질 성령을 기다리라는 예수의 명을 필두로 성령이 실제 임한 장면을 묘사하면서 이어간다. 누가는 예수가 죽은 후 성령에 의해 교회가 형성된 사실을 깊이 자각하고 이를 '구약시대'와 '예수시대'로 구별하였다. 저자는 상당 시간 바울과 함께하며 자신이 직접 몸으로 겪고 체험한 성령의 사역을 기록했다.

몇 가지 아쉬운 점은 가짜 방언(소통 능력 없는)과 진짜 방언(소통 능력 있는)이 있었음에도 불구하고 그것을 구분해 주지 않은 것과 사도들의 선교 활동 초창기에 왕성했던 성령의 기적적 역사가 선교 후반기로 접어들면서 거의 사라졌던 점과 그 이유를 설명해 놓지 않은 부분이다.

그것 때문에 오늘날 거짓 선지자들이 일어나 성령의 사역을 도용하거나, 빙자하여, 거짓 영들의 역사를 성령의 역사로 속이는 결과

평신도, 신학생, 목회자를 위한 신학 총정리 핸드북

를 낳고 있다. 하여튼, 누가는 교회가 세워지는 과정을 아주 세밀하게 기록했고, 바울과 다른 제자들과의 선교 활동을 통해 신학이 정립되는 과정을 설명해 내기도 했다. 그는 베드로나 바울 등 사도들의 선교 활동으로 그리스도의 삶과 죽음과 부활, 그리고 그분의 가르침이 전파되고, 로마까지 퍼지는 경위를 테마로 하여 "사도행전"(90년대)을 저술하였다.

8) 바울의 옥중 서신(목회서신)

바울의 서신 가운데는 바울이 로마 감옥에서 썼다고 하는 에베소서, 빌레몬서, 골로새서, 빌립보서 등이 있다. 그 외의 데살로니가 전후서, 디모데 전후서, 디도서, 등이 있다. 모두 편지들이다. 학자들은 이를 목회서신이라고 말한다.

학자들에 따라 다를 수 있지만 이중 진정한 바울의 서신은 데살로니가서, 빌레몬서이며, 에베소서나 골로새서는 약간의 의문점이 있으며, 나머지는 바울의 것이 아니라고 한다.

이 외에도 저자가 불분명한 것으로 간주 된 히브리서, 예수의 동생 야고보가 쓴 것처럼 보이는 야고보서, 사도 베드로가 썼다는 베드로 전후서, 야고보의 동생 유다가 썼다는 유다서, 사도 요한이 썼다고 전해진 요한 1, 2, 3 서가 있으나 저자에 대해서는 의문이 많다.

그 배경에 대해 학자들은 다음과 같이 설명한다. 바울은 소아시아, 그리스, 로마에 이르는 넓은 지중해 연안 지역을 여행하며 대도시 중심으로 그리스도에 대한 자신의 체험과 그리스도의 진리를 전하였다. 약 27년에 걸쳐 1차, 2차, 3차에 이르는 그의 선교 활동을 바울의 선교 여행이라고 한다. 또한 바울은 여행 중 그가 기초를 닦은 각지의 교회에 편지를 보내게 된다. 그것은 대부분 순수한 개인적 서신이며, 교회의 신앙 문제 또는 실제 문제에 대해 답하는 것이었다. 신도들은 이를 필사하여 함께 읽고, 보급하고, 보존하였다. 이것이 바울 서신의 사본이 만들어진 배경이다. 후에 그것들이 '바울 서한집'이라는 이름으로 신약 성경에 편입되었다.

예를 들면, 소아시아 남부(북부라는 설도 있다)의 갈라디아 교회에 바울을 반대하는 유대인 기독교도가 와서 이방인도 율법(할례)을 지키지 않으면 구원받지 못한다고 주장하며, 신도들을 선동할 때, 바울은 다른 지역을 여행하고 있었다. 여행 중 이 소식을 접한 바울은 사람이 의롭게 되는 것은 결코 율법 때문이 아니라, 믿음에 의해서 의롭게 된다는 것을 갈라디아의 신도들에게 호소하였다. 이렇게 만들어진 것이 갈라디아서다. 40 년대 말에 써진 것으로 전해진다

또한 그리스에 있던 고린도 교회에 분파가 생기고, 분파 간의 대립이 격렬해지면서 도덕적으로 품행이 좋지 않은 자(음행)까지 생겨나 신도들의 신앙생활에 부정적인 영향을 끼치고 있던 적이 있었다. 이때도 바울은 다른 지역을 여행하고 있었다. 그래서 바울은 편지를 통해 이러한 문제에 대한 문제점을 지적하면서, 음란한 그들과 절교할 것을 강하게 지시하였다. 당시 이 편지는 신앙의 가장 근본적인 행위에 대한 지침이 되었다. 그것이 50년대 중반기에 쓰여 진 것으로 알려진 고린도전서와 그 후 얼마 되지 않아 쓰여 진 것으로 알려진 고린도후서다.

또한 그가 55년 후반부터 56년 전반에 걸쳐 고린도에 머물고 있을 때, 제국의 수도 로마 교회 방문을 결심하고, 미리 그의 신학 사상을 체계적으로 서술하여 로마 교회에 보낸 것이 로마서이다. 로마서가

다른 서신에 비해 약간 어려운 것은, 아마도, 로마인들이 철학적 지식을 가지고 있어서였을 것으로 생각된다.

훗날, 이런 바울의 서한들은 그리스도교 신학의 기초가 된다. 그는 예루살렘으로 올라가지 말라는 성령의 경고와 만류에도 불구하고 그리스도의 복음을 전하는 데는 목숨도 아끼지 않겠다고 고집하며 예루살렘으로 올라간 즉시 체포되었고, 2년이 넘는 시간 동안 감옥 안에 있다가 로마로 압송된다. 로마에 도착하여 가택연금 상태에서 복음을 전하다가 64년 네로의 박해 때 순교한 것으로 전해진다.

참고로, 바울의 서신들을 깊이 연구해 보면 그의 신앙이 시간의 흐름에 따라 점점 성숙(성장)해 갔음을 발견할 수 있다.

9) 서신서(목회서신)

요한계시록은 처음부터 문제를 많이 안고 등장한 책이었다. 성경 편찬이 늦어진 이유 중 하나도 바로 계시록 때문이었다. 로마제국에 대한 묘사가 너무 비참하고 참혹했던 것도 문제였지만 나레이터의 사설도 문제였다. 내용도 난해하고 너무 추상적인 표현들이 많아 정경보다는 외경으로 결정하자는 주장이 강해 성경을 채택하기 위해 공의회를 이끄는 분들이 외경으로 분류됐던 책이다.

본래 계시록은 묵시록(apocalypse)으로 불러졌다. 계시록은 본질적인 측면에서 묵시록이 되어야 한다. 1장에서 4장까지는 계시로 볼 수 있으나 5장부터는 묵시(환상)로 이루어졌기 때문이다. 묵시록은 원시 교단의 종말(apocalyptic longing) 신앙을 나타낸다.

그러나 이런 문제점을 모른 체 종말론 상인들이 세대 주의적 관점에서 묵시록을 시대, 시대에 적용(apply)하여 그것이 마치 그리스도의 진리 위에 있는 것처럼 성도를 겁주고, 협박하면서 교회를 어지럽혔던 것이 교회사에 들어 있다. 더하여 그것이 틀렸다고 하는 이들이나, 침묵을 하는 분들을 향해 영성 부족, 혹은 성령의 도우심을 받지 못한 자들이라고 폄하, 역으로 자신의 가짜 영적 지식과 능력을 과시하면서, 부끄러움도 없이 종말 팔이를 했던 분들도 있었다.

계시록을 자세히 연구해 보면 대부분이 로마라는 거대 제국의 역사 속에서 요한 이후 이미 이루어진 사건들이지만, 그렇지 않다고 해도, 계시록은 몇 가지는 주의하고 접근해야 할 책이다.

첫째, 계시록에 등장하는 사건들은 대부분 묵시적이고, 비유적이고, 상징적이고, 형이상학적 세계에 대한 현상학적 표현이라는 점이다. 견해가 다를 수 있지만, 계시록은 성도의 행위에 관련된 1장에서 4장까지를 제외하면, 주요 장면이 *재앙, *영적 전쟁, *승리의 기쁨을 상징하는 혼인 잔치다.

모두 형이상학적 세계에서 일어난 사건이다. 현상적으로 설명이 불가능하다. 바울도 바로 그렇게 말했다. "Inexplainable"이라고. 그래서 그도 자신이 듣고 본 낙원을 기록해 놓지 못했다. 만일 "세상"이란 범위를 아시아 일곱교회의 지역으로 국한 시키면, 지금의 눈으로는 과거가 되어 버린 묵시다. 그 책에도 금방 일어날 일이라고 쓰여 있다.

계시록에 등장하는 사건은 모두 영지주의 형태의 이원론적으로 전개된다. 재앙의 본질은 고통(온역)과 죽음(사망)이다. 재앙의 목적은 의의 심판이다. 형이상학적 세계에서의 죽음은 영혼의 죽음을 의미한다. 따라서 계시록을 읽을 때 재앙을 불러들인 선재 행위(죄)에 초점을 맞춰야 한다. 전쟁의 목적은 영역의 쟁탈, 혹은 권력의 쟁탈을 의

평신도, 신학생, 목회자를 위한 신학 총정리 핸드북

미한다. 여기서 죽고 죽이는 것은 영혼이다. 전쟁 대상은 악(사탄)이다. 영지주의 교리가 그대로 반영된 장면들이다. 문자적으로 해석해서는 안 된다는 의미다. 전쟁은 결과가 있다. 하나님은 승리, 사탄에게는 심판과 형벌이다. 이것이 요한이 본 묵시의 요지다. 천국이라는 형이상학적 세계에서 인간의 영혼을 놓고 벌어지는 전쟁을 자각시키는 것이 계시록의 존재 목적이다. 결코 종말을 점치라는 것이 아니다.

둘째, 계시록은 한 편의 드라마가 아니므로 조각, 조각 풀어야 한다. 요한이 환상을 통해 본 장면들은 대부분 비가시적인 장면들이다. 그 장면들 사이에는 그 장면을 이어주고 끊는 문맥들이 있다. 묵시 속에 계시가 또 있다. 거기에는 나레이터의 말도 들어 있다. 그것을 묵시와 구별해야 한다.

셋째, 모든 성경은 본질상 수수께끼가 될 수 없다. 성경의 존재 목적은 우리가 그리스도를 구주로 믿고, 구원을 받는 데 있다. 지금 이해되지 않는다면 그것은 지금 우리 구원에 필요하지 않다는 의미다. 아니면 성령이 무능해졌다고 해야 하기 때문이다. 그것이 정말 우리에게 필요한 것이라면 성령은 어떤 일이 있어도 우리에게 이해되게 했을 것이다. 그리고 계시록이 특정 종말 팔이들만 이해할 수 있는 수수께끼 같은 책이라면, 성경의 존재 목적에서 벗어난다.

_*"마지막 때?", *그래서 어쩌란 말인가? *1992년 10월 28일 때처럼 모든 것을 팔아 자기들에게 주고, 하늘만 처다 보면서 주님을 기다리란 말인가? *직장을 그만두란 말인가?

결론은 "버킹검!", 엘리아교(돌나라) 박명호를 따라 브라질 집단 농장으로 간 사람들처럼 종말 팔이 목사 자신들을 따라 자기들 교회에 출석하고, 자신들의 종처럼 자기들 말만 들으라는 것이 아닌가?

등잔에 기름이 떨어졌다면 기름을 구하러 가야 할 곳은 그들이 아니라 세상이다. 잔치 집 밖에서 기름을 구해야 한다. 어떻게? 의를 행함으로다. 진리(의)를 필요로 한 곳도, 그리고 의를 행할 수 있는 곳도 세상이기 없기 때문이다. 빛은 어둠에 있어야 빛을 낸다.

계시록 전체를 풀어보라 무엇이 남는지? *결국, 그리스도의 진리를 살아야 한다는 것이 아닌가? *그 진리를 살지 않고는 멸망한다는 것이 아닌가? *인간은 비가시적인 영적 전쟁 속에 있다는 것이 아닌가? *계시 이후에 있었던 전염병, 흑사병이 하늘에서 원인 되었다는 것이 아닌가? * 이 세상은 마귀와의 전쟁 속에 있다는 것이 아닌가? * 그리스도의 힘을 힘입어 승리하라는 것이 아닌가?

한편, 이때, 이미 일부 교회에서는 마태, 마가, 누가, 요한복음, 그리고 일부 바울의 서신들을 경전처럼 사용하고 있었다. 당시 초대교회 내부의 이단 세력 발흥에 저항하여 보편 교회의 직제를 창시한 이레네우스는 복음서(마태, 마가, 누가, 요한복음)의 권위를 다음과 같이 강조하였다.

첫째, 정경의 어원은 캐논(canon)이다. 법에서는 케논을 재판관들이나 판사들이 지켜야 할 법도 즉 강령 같은 것을 의미한다. 히브리어 캐논(κανών, הָנָק)은 규칙, 측정, 혹은 표준이라는 의미가 있다(straight rod, meaning-rule, measure, or standard). 그러니까 사도들의 저작으로서, 사도들이 입증(apostolic authorship or authentication)한 삶의 지침서라는 의미다.

둘째, 따라서 정경은 잘 알려진 다른 사도들(저자가 아닌)의 기존 가르침과도 일치하며 그리스도가 존중되는 교리적 내용(Christ-honouring doctrinal content, in line with the known teaching of other apostles)과도 통일을 이룬다.

셋째, 신약으로 편집된 글들은 사도 시대부터 교회 안에서 지속적으로 주님이 사도들을 통해 가르쳐주신 주님의 말씀으로 인정하였고, 실제 영적 유익을 가지고 있었고, 그렇게 사용된 책들이었다.

카이사의 유세비우스(263년경 - 339년)는 로마제국의 신학자, 교회 역사가, 성서 해석학자다. 그는 성경을 다음과 같이 분류했다.

첫째, 경전성에 대해 의심할 수 없는 문서를 호모로-고우메나(Homolo-goumena)라 이름하고, 이를 4 복음서와 바울의 편지, 그리고 베드로가 보낸 첫째 편지와 요한이 보낸 첫째 편지 등으로 구분했다.

둘째, 경전성에 논란의 여지가 있는 문서를 안티-레고메나(antile-gomena, αντιλεγ)라고 이름하고 이는 베드로가 보낸 둘째 편지, 요한의 둘째, 셋째 편지, 유다의 편지, 야고보의 편지 등으로 구분했다.

셋째, 경전성 인정은 어려우나, 잘 알려진 문서를 노타(Nota=외경을 의미) 라 이름하고, 이를 베드로 묵시록, 요한의 계시(묵시)록, 디다케, 바나바의 편지, 헤르마스의 목자 등으로 구분했다.

일부 동방지역 교회는 보편 교회의 일방적인 결정에 반발하였으나 키릴루스는 이 중에서 호모루구메나(사복음서와 사도행전)와 안티레고메나(서신서)를 합쳐 26권의 신학 성경 목록을 만들었는데, 이는 363년의 라오디게아 공의회에서 추인되어 현재의 신약 성경을 결정하는데 뼈대 역할을 하였다.

이에 아타나시우스는 키릴루스가 '노타(외경)'로 분류했던 요한계시록을 호모루구메나(정경)로 보아야 하며, 따라서 신약 성경은 총

27권이 되어야 한다고 주장했다. 결국 아타나시우스의 주장이 관철되어 계시록이 다시 정경으로 편입되었고 따라서 27권의 신약성서가 382년 로마 공의회에서 확정되었다. 그리고 397년 카르타고 공의회에서는 44권(현재 분류로는 46권)의 기존 구약 성경 목록과 더불어 신약 27권을 기독교의 정경으로 최종결정, 발표하였다.

2. 성경의 권위

특정 문서가 한 종교의 경전이 되려면 어떤 식으로든 그 문서에 절대적인 권위를 부여해야 한다. 권위가 없이는 그 어떤 경전도 종교의 축이 될 수 없다. 유대인들이 자신들의 신화 같은 역사에 절대적인 여호와의 이름을 사용(Seal)하여 절대적인 권위를 덧입힌 것이 하나의 예다.

경전을 만든 교부들도 이점을 concern 했다. 성경의 권위는 주님이 넣어주지 않으면 오래가지 않는다는 것을 그들은 알고 있었다. 이렇게 해서 등장한 것이 성경 영감설과 성경 무호설이다.

1) 성경의 영감설

사람에 따라 다른 견해가 있을 수 있지만, 창작활동을 하는 사람 중 상당수는 영감이란 용어와 익숙해 있다. 시를 쓰는 사람 중에는 꿈을 통해 시상을 얻는 사람도 있고, 환상이나 소리를 들어 시를 쓰는 사람들도 있다. 중세에 보에티누스가 쓴 "철학의 위안"도 그렇게 해서 나온 책이다. 비과학적이라고 할 수도 있지만 천사나, 어떤 영이 나타나 불러주는 경우도 있다.

음악가들 가운데도 하늘로부터 주어지는 악상을 얻어서 작곡을 한 분들이 있다. 베토벤은 귀가 멀어 아무것도 들을 수 없는 상태에서 하늘에서 들려오는 악상을 받았다. 그것이 천지창조다. 실제, 영혼의 작곡가로 불리는 모차르트를 비롯하여 많은 음악가들이 천상에서 소리를 들었다. 그것을 종교적 표현으로 영감이라고 한다. 영어로는 insperation 이다.

영감이 떠오르면 글 쓰기가 쉽다. 신들린 사람처럼 막힘없이 글이 써지기도 한다. 쓰고 나서 보면 "이것을 어떻게 내가 썼을까"라는 생각이 들 때도 있다. 자신이 쓴 것은 맞는데, 자신의 글이 아닌 것 같다.

성경을 잘 읽어보자. 영감이 없이는 어느 한자도, 그리고 어느 한 구절도, 쓸 수 없는 글들이다. 내용도 내용이지만, 글의 흐름 전반에 걸쳐, 영감이 없이는 불가능한 글들이다. 그것도 타자기도 없고, 인쇄술도 없는 그 옛날옛적에 쓰다가 틀리면 지우거나 고쳐 쓸 수도 없는 환경에서 저런 글들이 나왔다는 것은 신의 개입 없이는 불가능한 일이다. 더더구나, 그 글에서는 신비한 기적들이 일어났다. 구원이 일어나고, 회개가 일어나고, 용서가 일어나고, 사랑이 일어나고, 평화가 일어나고, 감사가 일어났다. 더하여, 실제, 그 글을 읽는 사람들이 특별하고 신비한 경험을 했다.

죽은 정신이 부활하고, 사라지거나 완전히 소멸했던 희망이 되돌아온다. 사람이 변하고 가정이 변한다. 인성에도 변화가 오고, 인격에도 변화가 온다. 어제의 도둑이 베푸는 자가 되고, 어제의 강도가 선한 사마리아 사람이 된다. 누가 어떻게 썼는지와 상관없이 그 글들에서 천상의 기적들이 일어난 것이다. 그 글에 신의 진리가 있어서인지는 모르나 신이 그 글에 자신의 영을 불어넣었다는 것을 추론하게 하는 현상들이다. 아니면 신의 생명의 말씀에서 나오는 신비의 힘일 수도 있다.

그래서 교부들은 그 글들은 하나님께서 '하나님의 말씀'으로 보증해 주시고, certify 해주신 문서로 간주했다. 신학자들은 이것을 성경이 가진 내적 증거로 봤다.

거의 2 천년의 시간이 흐르는 동안 그런 신비한 일들은 역사라는 기록, 그리고 교회사라는 역사 안, 그리고 밖에서 계속되어 왔다. 이런 모든 것들은 성경이 하나님의 특별계시라는 사실을 인정할 수밖에 없게 만드는 현상이다.

신학자들은 다음과 같이 덧붙인다. 계시를 판단하고 소유하기에 합당한 권위에 있는 분은 성령이시다. 성령은 인간으로 성경 안에 있는 하나님의 계시를 받아들이고, 그곳에 들어있는 구원의 복음을 자기 것으로 만들고, 믿음의 확신을 얻을 수 있게 해준다. 성령에 의해 성령의 활동을 이해하며 소유할 수 있다는 논리다.

칼빈 이후 루터파 신학자들과 개혁주의자들 모두가 이런 논리를 받아들였다. 그러나 개혁신학자들은 성경과 관련, 성령에 대한 다음과 같은 개념을 반대한다.

첫째는 성령의 증거가 새로운 계시를 가져온다는 견해이다. 신비주의자들은 성령의 증거가 성경을 하나님의 말씀의 내적 계시라고 본다. 이는 그리스도인들은 옛날 선지자들이 그랬던 것처럼 성령의 증거를 통해 새로운 계시를 받았어야 한다는 것과 같다.

만일 이 주장이 옳다면 계시는 당연히 새로운 증명을 요구할 것이고, 그것은 또 다른 계시로 연결되어 끊임없이 계속될 것이다. 성경은 스스로에 대해 내적 증거를 갖고 있어서, 외부적인 인간의 증명이나 논증에 의존하지 않는다. 주님도 비슷한 말씀을 하셨다. 아버지 하나님이 자신 안에서 자신을 증거 하시기 때문에 사람의 증거가 필요 없다는 말이다. 믿음이 바로 증거고, 그 증거가 확신이기 때문이다. 이 증거는 올바른 확증이 없이는 나타나지 않는다.

둘째 성령의 증거에 대한 잘못된 견해는 성령의 증거는 경험으로부터의 논증과 같다는 견해다. 따라서 영감이란 성령의 활동의 한 흔적이다. '영감'이란 고대 교부들이 사용하던 헬라어 테오프네우스토스(θεοπνευστος)이다. 그 의미는 "하나님이 호흡을 불어 넣어"이다. 불가타 라틴어 역본에도 그대로 사용된 의미이며 디모데 후에도 해석되어 있는 단어이다.

"하나님의 호흡"이란 "생기"고 "생명"이고 "정신"이다. 이것이 영감의 본질이다. 따라서 하나님이 자기 정신을 불어 넣은 문서라는 의미다. 흔히, 창작하는 사람들이 특정 작품에 자신의 정신을 쏟아 넣는다는 말과 같은 맥락이다.

"호흡을 불어 넣다."가 창세기, 에스겔서를 비롯하여 신약에만 두 번 나온다. 그중 하나가 부활 후 예수님이 제자들에게 "성령을 받으라(불어 넣다)."라고 한 장면이다.

바울은 모든 성경이 하나님의 영감으로 되었다는 표현을 썼지만, 그것이 신약이라는 근거가 없고, 확실하게 "언제, 어디서, 어떻게"를 생략하였고, 그냥 성경의 권위를 높이는 차원에서 그런 표현을 썼을 것으로 신학자들은 짐작한다. 바울이 디모데에게 편지를 보낼 때는 성경이 만들어지기 전이었다. 따라서 신학자들은 하나님의 호흡을 불어 넣다 에서 몇 가지 다른 견해를 피력하게 된다. 후시기, 그것이 성경 편집을 담당한 교부들의 영감설의 씨가 되었다는 것이다. 따라서 신학자들은 신약을 썼던 성경 저자들이 받았을 것으로 믿은 영감을 다음과 같이 나눠서 추론한다.

(1) 기계적 영감

기계적 영감은 인간은 기계 역할만 했고, 하나님은 그 기계의 작동 자 역할만 했다는 개념이다. 인간은 그냥 붓 역할만 했다는 논리다. 로봇과 같은 컨셉이다. 저자는 자신을 통해 무엇이 기록됐는지도 알 수가 없다. 그 순간 정신활동이 정지되어 있어서 기록의 내용이나 형태에 전혀 기여하지 못했고, 그저 말씀이 흘러간 통로, 즉, 도구에 불가했다는 설이다.

(2) 동력적 영감(dynamic inspiration)

동력적 영감이란 저자들이 일반적(자연적)인 영감을 받아 기술했다는 슐라이에르마허의 영감론을 말한다. 아마도 상당수의 예술가들이 받는 예술적 영감이 여기에 적용될 것 같다. 참고로 슐라이에르마허는 독일의 개신교 신학자요, 철학자다. 그는 계몽주의와 경건주의 그리고 낭만주의를 통해 자유주의 신학을 출생 시킨 인물이며, 신학계에서는 그를 자유주의 신학의 아버지라고 부른다. 보수주의에서는 전통 신학을 망치고, 그리스도의 진리를 왜곡하고, 후세기에 왜곡시킬 토대를 마련한 분으로 간주한다.

(3) 유기적 영감(organic insperation)

유기적 영감이란 하나님께서 저자들에게 유기적인 방법으로 자격과 감동을 주셨고, 저자의 영성과 지성과 인성을 모두 사용하였다는 영감설이다. 이 관점은 성경의 설명과 잘 조화가 된다.

(4) 축자 영감(verbal inspiration)

축자영감설은 성경 글자 하나하나가 하나님의 영감으로 기록되었다는 이론이다. 기계적 영감설과 비슷하나 기계적 영감에서는 성경 기록 후 저자가 자신이 기록한 사실조차도 기억되지 않은 상황이라면 축자영감은 비록 모든 글자가 성령에 의해 쓰여 졌으나 그 사실을 기억하고 이성적으로 저자에게 흡수되기도 했다는 설이다. 그렇다면 성경에 나타난 탈자나, 오타 같은 오류들은 어떻게 해석해야 할까?

A. 영감설에 대한 반론

성경 영감설을 반대하는 분들은 성경은 순순한 인간적인 책들이지만, 도덕적 수준이 대단히 높은 증인들의 눈과 귀로 보고, 들은 증언이기 때문에 전적으로 신뢰 할만하다는 전제에서 출발하는 것이 중요하다고 한다

성경 영감설을 반대하는 분들은 특히 구약에 대해서 예수님께서 영감 교리를 가르치지 않으셨다는 것을 근거로 든다. 그러나 학자들은 구약 성경의 계속 적인 권위, 신성함 등에 관한 예수의 적극적인 주장들이 성경에 들어있고(마5: 17, 18. 18:24, 눅16:17, 요10: 35), 예수께서 그것들을 거듭 사용하신 일 등을 근거로 사도들뿐만 아니라 예수님께서도 구약 성경의 신적 권위를 인정하셨다고 주장한다.

물론, 예수님이 자신의 진리를 가르치고 이해시키는 과정에서 사용한 것만으로 영감의 옷을 입히는 것은 무리일 수도 있다. 엄밀하게 따지면 예수님은 구약 밖에 있는 무수한 사건들도 예로 사용하셨기 때문이다.

그들은 또 성경의 현상들이 영감 교리와 모순된다고 주장한다. 그

리고 영감 교리는 원전들에만 해당 됨으로 번역본인 성경은 실질적인 가치가 없다고 가르친다. 그러나 성경의 기록자들은 대단히 주의 깊게 인도하신 성령께서 본래의 목적을 이루기 위하여, 자신의 계시를 지키시고, 돌보리라는 생각을 했을 것으로 생각한다. 그래서 개혁주의 신학자들은 항상 특별한 섭리가 성경을 보호했다고 주장해 왔다.

B. 영감설에 대한 옹호론

영감설을 주장하는 신학자들은 영감설을 다음과 같이 옹호한다. "신약 성경의 사본이 4천 개가 넘고 6천 개 이상의 불가타(Vulgate) 사본과 1천 개의 다른 라틴어 사본이 있다. 그러므로 성경은 사라질 수 없었다. 이는 성경 스스로가 스스로를 지키고 보호했다는 증거다. 영감으로 쓰여 진 책이 아니고서는 이런 일이 일어날 수 없다."

이 분야의 권위자 케년은 "신약 성경의 사본과 초기의 번역본 및 고대 저자들의 글에서 나오는 인용 문구들의 수가 대단히 많아서, 의심이 가는 모든 구절의 내용이 고대 권위 있는 문서들 중 여기, 저기에, 보존되어 있는 것이 확실하다. 세상에 있는 어떤 고대의 책에서도 이렇게 말할 수는 없다."고 말한다. 개혁주의 신학자들은 하나님의 특별한 섭리가 성경을 보호했다는 것을 항상 주장하고 있다. 사본 상의 오류는 빈번하게 옮겨 쓰는 과정에서 본문에 들어갔을 수 있다는 것이다.

2) 성경 무오설

축자영감설에 의한 성경 무오설은 성경이 축자 영감으로 쓰여 졌기 때문에 무오하다는 입장이다. 유기적 영감설을 주장하는 개신교나, 보편 교회에서는 성경이 한 치의 오차도 없이 구원과 진리와 영생으로 인도하기에 무오하다는 입장이다.

(1) 신약의 무오설과 구약의 무오설의 차이

여기서 구분되어야 할 것이 있다. 그것은 구약의 무오설과 신약의 무호설과의 본질적인 차이다. 신학자들이 동의할지 모르지만, 구약(율법)의 무오성은 인간을 의(justice)와 신(faithful)과 인(mercy)으로 바르게 교육하는 목적을 위해 완벽하다는 의미고, 신약의 무오성은 인간의 구원(Salvation)을 이루기에 완벽하다는 의미다.

전자의 무오는 이 땅 위에서의 육적인 삶을 위한 것이고, 후자의 무오는 육적인 삶 뿐이 아니라 영적인 삶까지를 아우르는 무오다.

(2) 개혁신학의 성서 무오설

성경 무오설은 인류 구원을 위한 복음이 담긴 책으로서의 권위를 강조하는 신학 용어로 사용되었다. 종교 개혁자들은 정경 채택과 관련 내부의 의견 대립과 기록자의 시대적 차이, 동일 사건에 대한 다른 의견이 있었음을 인정했으나, 성경 권위에 대해서는 아무런 태클을 걸지 않았다. 오히려 그들은 교회가 인류 구원을 위해 흠 없이 무오한 성경의 바탕 위에 굳건히 서 있을 때 바른 교회가 된다고 믿었다.

(3) 정통 개신교 신학의 전통적 성서 무오설

개혁주의자들은 첫째, 성경은 역사적으로 참되며, 절대적으로 신뢰할 만한 기록이기 때문에 무오하다고 주장했고, 두 번째로는 성경은 신앙과 행동의 규범으로서 무오 하다고 주장했다.

바르트는 전통적인 기독교적 의미에서 성경과 하나님의 말씀을 동일시하는 것을 극렬히 반대하였다.

그러나 인간은 어떤 것이 하나님의 말씀이고 아닌지를 판단하는 심판자가 될 수 없다는 게 개혁자들의 견해였다. 그들은 하나님의 말씀과 성경 말씀을 구별하는 것은 불가능하며 성경 말씀은 곧 하나님의 말씀이라고 주장했고, 진리는 누구도 바꿀 수가 없다고 했다.

3) 성경의 명료성

성서학자들이 동의할지는 모르지만, 하나님의 말씀으로서 성경의 명확성은, 성경이 누구에 의해 어떻게 쓰여 졌고, 어떻게 성경으로 결정되었는지와 상관없이, 영감이나 무오성과도 상관 없이, 성경에서는 항상 하나님의 뜻이 흘러나왔다는 것이다. "2천 년 전에도, 1천 년, 전에도, 5백 년 전에도, 1백 년 전에도, 그리고 유럽에도, 먼 아프리카에도, 남미에도, 미국에도, 어린아이에게도, 젊은 청년들에게도, 어른들에게도, 노인들에게도, 성경에서 하나님의 음성이 나오고, 주의 음성이 나오고, 성령의 손이 드러났다. 그리고 사람들이 성경에서 들리는 하나님의 음성을, 주님의 음성을, 성령의 음성을 듣는다는 것이다. 옛적에 그랬듯이, 계속 그래왔듯이, 지금도 하나님은 성경을 통해 계속 자신의 뜻을 보여주고 있다는 점이다.

4) 성경의 충족성

성경의 충족성은 두 가지로 나눠서 생각할 수 있다. 구약 성경의 충족성과 신약 성경의 충족성이다. 구약은 율법을 상징한다. 바울이 얘기했듯이, 구약은 사람을 바르게 하고, 의로 교육하고, 책망하기에 충분하다.

그러나 신약은 지상에서의 "바르게 함" 뿐만이 아니라 천상에서의 바르게 함을 위해서도 책망하고, 교육하기에 충분하다. 성경엔 길이고, 진리고, 생명인, 그리스도의 살과 피가 녹아져 있다. 추가적인 예언이 없어도, 추가적인 책이 없어도, 성경 하나면, 인간이 신의 뜻을 알 수 있고, 회개하고, 중생하고, 용서하고, 사랑하고, 평화할 수 있고, 성화를 이룰 수 있다. 철학에서는 이것을 자족성과 완전성이라고 한다.

(1) 마틴 루터의 성경관

중세 말 14세기 오컴이 성경을 기반으로 서방교회를 공격한 사실을 루터는 잘 알고 있었다. 루터는 절대적 성경의 권위를 설명하려고, 성경을 하나님의 말씀으로 설명하였다. 루터에게 이 성경이 하나님의 말씀이라는 표현은 문자적 의미가 아니라 하나님의 말씀은 성경 안에 있고, 따라서 성경은 그분의 가르침이며, 속죄의 희생, 죄의 용서, 구원의 사역이라는 의미 그 자체였다. 루터는 성경이 인류문명을 위한 윤리강령, 영성을 알려주는 절대적인 것으로 이해하였다.

(2) 존 칼뱅의 성경관

칼빈도 성경의 절대적인 권위를 주장 했다. 그는 성경이 성령의 구술(영감설)로 이루어졌다고 주장 했다. 그러나 학자들은 이는 기독교 초기 근본주의자들이 주장한 축자영감설과 다르다는 것을 전재하라고 조언한다.

칼빈은 구약은 그리스도를 설명하기 위한 궁극적 목적으로 기록됐는데, 거기에는 한 치의 오차도 없었음을 강조했다. 과거와 현재가 한 치의 오차도 없는 것은 특별한 성령의 역사밖에 없다고 본 것이다. 그래서 사도들도 구약을 이용했다는 것이다.

그러나 칼빈은 성경 기록자의 인간적 차이를 인정했고, 따라서 그는 단순히 성경 구절을 인용하는 구절 활용의 주석 방식을 거부했다. 그가 주장한 성령의 영감은 서방 교회 개혁 반대파, 그러니까 성경보다 교황과 관련한 제도를 중요시한 교황 주의자와의 논쟁에서만 성경의 권위를 설명하며 사용하였다.

(3) 요한 웨슬리의 성경관

웨슬리도 성경의 절대성을 주장한다. 성경은 거룩한 하나님의 말씀임이 분명하다는 의미다. 그는 성경은 성령의 영감으로 기록된 하나님의 말씀으로서 성경의 무오성과 권위를 주장 했다.

웨슬리는 하나님의 영은 성경을 기록한 저자에게만 영감을 준 것이 아니라 성경을 읽는 사람들에게도 영감을 준다고 하였다. 그는 또 성경이 성령을 통해 기록된 하나님 말씀의 모음이 아니라, 하나님이 인간과 함께한다는 증언이라고 하였다. 그는 성경을 문자적으로 해석하는 것을 경계하였다.

웨슬리는 첫째, 성경이 성경을 해석하기 위한 중요한 조력자라고 했고, 둘째, 초대교회의 해석이 성경을 이해하는 '도움이'라고 하였고, 셋째, 인간의 사고능력을 하나님의 은사로 간주하고, 하나님의 영은 성경 해석을 이성을 사용하여 하도록 충동하며, 넷째, 따라서 성경은 체험을 통해서 확인하고 실천적으로 하나님을 따라 행동해야 하는 영육의 지침서라는 점을 강조했다.

3. 불 접근 성경

아이러니하게도 교회는 힘들고, 정말 어렵게 경전을 결정했으나, 너무 오랫동안 성도들에게 읽는 것은 고사하고 접근조차 금지하였다. 물론 교회에도 나름대로 이유가 있었다. 여기서 교회의 입장에 대한 찬반을 한번 알아보자.

1) 부정적인 측면

그리스도의 진리 가운데 하나는 만민에 대한 평등이다. 모두 하나님의 자녀고, 하나님 안에서 모두 형제자매다. 더더구나 큰형 작은형, 누나, 동생도 없다. 계급이 없고, 높고 낮음이 없다. 가르치는 자든, 가르침을 받는 자는 자든, 봉사하는 자든, 봉사를 받는 자든, 모두 형제자매다. 그러나 당시 사회는 철저한 계급(카스트) 사회였다. 귀족이 있었고, 평민이 있었고, 상인이 있었고, 종이 있었고, 노예가 있었다. 오랫동안 내려오던 사회 제도였다.

예수님은 철저하게 그 제도를 부정하셨다. 그래서 제자들의 발까지 닦아주며 서로 섬기는 자가 되라고 강조하였다. 모두 형제자매라는 이유에서였다.

사람의 본성은 섬김을 받고 싶어 한다. 잠언의 표현으로 머리가 되고 싶어 한다. 다스리는 자가 되고 싶다는 말이다. 이것이 타락한 비이성적 육의 본성이다. 제자들이나 사도들은 예수님의 그런 가르침을 따라 섬김받고 싶은 육적 충동을 초월한 삶을 살았다. 그러나 일부 초대교회의 교부, 주교, 그리고 다른 성직자들은 그렇지 못했다.

물론 바울이 그랬던 것처럼, 교회를 대적하는 이단 세력으로부터 교회를 지키려다 보면 본의 아니게 다스리는 톤의 논쟁을 할 수밖에 없었을 수도 있다. 그러나 불편하게도 교회가 제국의 종교로 편입된 후 교회는 의도적으로 그리스도의 가르침에서 벗어나 제국의 종교에 어울리는 신분과 계급을 만들고, 발전시켰음이 교회사에 들어있다.

교회의 조직원들은 교인들의 무조건적인 복종을 요구했다. 천국, 지옥, 축복까지 동원하여 교인들의 자유의지를 억압했다. 교인들은 복종이 복음의 미덕, 혹은 신앙의 일부인 것처럼, 그들의 말을 믿고 따랐다. 몸을 바치고, 마음을 바치고, 돈을 바치고, 자유를 바치고, 정성을 바쳤다. 성경에 대한 무지 때문이었다.

그런데 만일, 이런 교인들에게 성경이 보급되고, 만민이 평등하다는 예수님의 진리가 보편화된다면 어떻게 될까? 자신들에게 순종을 강요한 그들이 하나님 안에서 자신들과 같은 신분이라는 것을 깨닫게 되면 어떻게 될까?

당시 유대인들이 예수님의 출현을 두려워했던 것처럼, 당장 자신들의 권위는 무시될 것이고, 조직이 무너질 것라고 생각하지 않았겠는가?

아마도 이것이 성경이 교인들에게 보급되는 되는 것을 막을 수밖에 없는 이유 중 하나였을 수 있다.

2) 긍정적인 측면

교회가 성경의 보급을 극렬하게 막았던 이유는 다음과 같았을 수 있다. 대표적인 이유는 성경은 인간의 이야기가 아니어서다. 모두 신물(Divine Thing)이기 때문이다. 그런 신물을 탐욕에 사로잡힌 자들이 함부로 읽다가는 마르시온처럼, 자칫 사탄의 유혹에 넘어갈 수 있다. 자기 관리(self-control)나 절제 훈련이 된 성직자가 아니면 자칫 마귀의 유혹에 넘어가 성경을 잘못 이해하거나, 잘못 해석하여 진리의 본질을 왜곡하거나 변형시킬 수 있다.

한때 한국에 나타났다 사라진 문선명, 박태선을 비롯, 이만희, 이재록, 박명호, 김계화, 이장림, 한국에 기복신앙을 불러들여 한국 교회를 기형적으로 변형시킨 조씨, 귀신론의 원조 김씨, 한씨, 정씨 등이 좋은 예다. 1992년 10월 28일 예수 그리스도가 재림한다고 했던 종말론 업자들도 포함됐다.

신학적 견해가 다를 수 있지만 대한민국은 5만이 넘는 하나님의 자녀들이 자신들의 소중한 목숨으로 하나님을 향한 사랑과 의와 진리를 구현했던 땅 위에 건국된 나라다. 신유박해를 비롯하여 황 사영 사건 등, 여러 가지 크고 작은 박해 때마다 소중한 목숨 들이 날아갔다. 1780년경에 있었던 윤지충 사건은 조상제사를 거부한다는 죄목이었다. 그 죄목으로 윤지충 선생의 가족은 다 참수를 당했다.

비록 교단은 다를 수 있으나 우리는 주의 진리를 따르기 위해 순교까지 주저하지 않은 순교자들을 신앙의 조상으로 가지고 있다.

하나님은 그들의 목숨값, 피 값으로 사람과 사람 사이 철벽처럼 놓여 있던 신분제도, 그리하여 백정이나, 노예, 종, 평민, 양반, 사대부, 왕족으로 나눠진 제도(카스트) 속에서 대다수의 사람들이 짐승보다 더 비참하게 살아야 했던 사회 제도를 무너뜨리고, 새로운 나라를 건국해 주셨다. 그러나 그런 선조들의 순교신앙을 뒤로한 체, 조상 제사를 비롯하여, 1992년 10월 예수가 재림한다던 종말론, 축복을 돈으로 살 수 있는 것처럼 소리 내던 기복 설교 등, 이상하고 괴상한 신학들이 수입되고 창안되고 전파되었다. 특히 한국 교회 전반에 퍼져 있는 기복 신앙은 이제 한국 교회의 암 덩이가 되어 진리의 축을 바꾸어 놓았다.

성령론에서 더욱 두드러진다. 모두가 성령의 본질을 벗어난 성령론에 취해 있다. 이제는 성령의 사역에서 성령의 가장 중요한 속성인 '거룩성'이 사라진지 오래고, "귀신의 영"의 역사와 "성령의 역사(work)"를 구분 지을 수 없는 지경까지 이르렀다. 성령을 누구네 집 개 부르던 식으로 불러댄다. 정체성이 불분명한 현상을 성령의 역사로 포장하여 자랑까지 하고 있는 실정이다.

성경적으로 기복은 가증한 상거래다. 거래 상품은 하나님의 축복이다. 좋게 표현하면 "조건적 신앙" 나쁘게 표현하면 "거래 신앙"이 기복이다. 어거스틴의 은총론과 칼빈의 무조건적인 은총 교리를 부끄럽게 하고, 무용지물 만들어 버린 신앙이다. 누가 감히 하나님의 구원이나, 은혜나, 축복을 돈으로 살 수 있단 말인가?

성경에서 가르쳐준 예수님의 진리는 무조건적이다. 조건이 없다. 헌금을 많이 한다고 우리의 행위가 거룩해지는 것도 아니고, 구원이 보장된 것도 아니다. 축복을 받는 것은 더더욱 아니다. 헌금을 적게 한다고 더러워지는 것도, 죄가 늘어나는 것도 아니다.

기복신앙은 마귀 신앙이고, 마귀를 기쁘게 하는 신앙이고, 마귀를 불러들이는 신앙이다. (너무 많은 예가 있음) 천하 영광으로 예수님을 유혹하던 마귀에게 예수님이 무엇이라 답했는가?

하나님의 은혜는 무조건 적이다. 무조건적인 은혜와 무조건적인 사랑, 그리고 그 아래서의 무조건적인 회개, 무조건적인 용서, 무조건적인 감사, 무조건적인 평화다.

나에게 무조건인 것 같이 너에게도 무조건적이다. 내가 어떤 것을 얻고, 네가 어떤 것을 잃는 다고, 나를 너보다 더 사랑하는 증표가 될 수는 없다. 물질적인 것을 얻고 잃는 것으로 신의 축복을 논할 수는 없다. 부는 절대적으로 신의 사랑에 대한 기준이 될 수 없다. 이것이 그리스도의 가르침이다.

인류 역사를 보면 그 어떤 나라든, 그 어떤 종교든 그 어떤 개인이든 대부분이 부가 들면 폐망이 시작되었음을 알 수 있다. 그 대표적인 나라가 고대에는 로마, 현대에는 대한민국이다. 돈이 들면 향락이 따른다. 돈이 들면 탐욕이 일어난다. 인간에게서 간절함이나 절실함이 사라진다. 돈이 들면 하나님을 향한 마음이 변한다. 그래서 돈을 일만 악의 뿌리라고 했다. 그런다고 모두에게 돈이 악이라는 뜻은 아니다. 잘 사용하기가 어려워서 그렇지, 잘만 사용하면 주의 빛을 밝히는 촛대도 될 수도 있다.

얻는 것이 "화"일 수도 있고, 잃는 것이 "득"일 수도 있다. 사람마다 계절이 다르고, 시간표가 다르다. 얻는 것도 계절을 타고, 잃는 것도 계절을 탄다. 악을 심어서 악을 거두지만 거두는 시기와 때는 하나님의 시간 속에서 이루어진다.

진리는 이성으로 이해할 수 있는 진리가 있고 이성으로 이해할 수 없는 진리가 있다. 믿음으로 이해해야 하는 진리도 있다. 그래서 성령의 도움을 받아야 한다는 것이 주님의 조언이다. "성령의 도움"이라는 표현이 "하나님의 무조건적인 은혜," 주님의 무조건적인 은혜", 혹은 "성령님의 무조건적인 은혜"로 해석할 수도 있다.

4. 성경의 번역과 보급사

초대교회가 수많은 신앙의 선조들의 순교의 피 위에 세워졌던 것처럼, 성경 보급도 수많은 신앙의 선조들의 피 위에서 시작되었다. 또한 초대교회가 로마를 거쳐 세계로 퍼져나갔다고 한다면, 성경 보급 역사는 영국에서 시작되었음을 알아둘 필요가 있다.

그렇게 멀지도 않은 과거에 한국에는 고유한 성경 지참 문화가 있었다. 주일 날, 혹은 수요일, 아니면 새벽 예배를 위해 교회에 나갈 때 성경을 지참했던 문화다. 성경을 옆에 끼고 교회를 출입할 때는 본인이 그리스도인이라는 종교적 "아이덴티티"를 본인 자신과 온 세상에 천명하는 행위와 같았다. 그래서 성경을 옆에 끼고 교회에 갈 때는 "생각", "말", "걸음걸이"까지 신경을 쓰기도 했다. 조금 과한 표현을 쓰자면 예수님이 옆에 계신 것처럼 행동해야 했다.

누구든지 교회를 나가려면 먼저 성경, 찬송가부터 구입해야 했고, 교회에서도 목사가 본문을 말하면 그 본문을 찾아 눈으로라도 함께 읽어야 했다. 물론 그것 때문에 목사는 교인들에게 성경 찾는 시간을 몇 초 할애해 줘야 하는 불편함이 있었고, 교인 또한 가능하면 빨리 목사가 말한 성경 구절을 찾아내야 하는 부담이 있었다. 그러나 그것 또한 예배였음을 감안하면, 아무도 그 시간이 몸을 흔들며 박수를 치거나 목사의 설교를 듣는 것만큼 소중한 시간이 아니라고 말할 수는 없을 것이다.

오늘날 신도들은 성경을 필요로 하지 않는다. 대부분의 교회가 스크린을 통해 예배 시 필요한 본문을 띄우기 때문이다. 교회를 나갈 때 성경을 지참하고 다니지 않아도 된다. 스크린 설치가 없는 교회 밖 예배에서는 휴대폰을 통해 성경을 찾기도 한다. 예배를 "집례"하는 목사는 시간을 낭비하지 않아서 좋고, 교인들은 교회를 나가기 위해 성경을 구입하지 않아도 되고, 그리고 교회에서 성경을 찾지 않아서 좋다. 전에는 대형교회에서나 그런 일을 행해 왔지만, 지금은 바이러스처럼 번져 작은 개척교회에서까지도 스크린을 사용한다. 찬송가도 마찬가지이다.

아이러니하게도 교회가 성도들의 성경 지참 문화를 말살시켜 버린 셈이다. 많은 교인들이 축복의 상징이라고 생각한 대형교회가 앞장서서 성경의 지참 문화를 말살해 버린 셈이니 이것을 긍정적으로 봐야 할지, 부정적으로 봐야 할지 하나님만 아실 일이다.

거룩한 하나님의 말씀을 전자기기 안에 담아 가지고 다니는 오늘날의 성도, 우리에게 성경을 읽을 수 있게 해주기 위해 기꺼이 불에 타 화형을 당했던 신앙의 선조들이 이런 참상을 본다면 어떻게 생각하실까?

성경을 옆에 끼고 교회를 다녀야 하는 부담을 안음으로써 조금이라도 죄를 향한 자신의 육적 본성을 제어할 수 있다면, 아니면 그 순간만이라도 자신이 거룩한 하나님의 독생자 아들 예수 그리스도의 피로 구속된 하나님의 자녀임을 시인하고, 스스로에게 확인"(self-affirm)"시키고, 더 나아가 자신의 영적, 정신적 아이덴티티를 온 세상 앞에서, 성경 지참을 통해서라도 선포하는 행위로 간주 되게 한다면 그 시간이 짧든, 길든, 얼마나 소중한 시간이 되겠는가 하는 것이다.

그리스도교가 생기고 약 1천5백 년 동안 그리스도인들은 성경 없이 신앙생활을 해 왔다. 지금도 그렇지만, 당시는 교회가 미신이라고 표현한 종교적인 행위로 기적과 이적을 일으키는 일들이 비일비재했다. 인간의 영혼 구원을 목적으로 된 그리스도의 진리가 지금 한국에서처럼, 자칫 귀신의 역사와 혼돈될 지경이었다.

종교의 축이 경전이라는 것은 누구나 아는 사실이다. 물질적인 풍요 속에서 빈곤을 느낀 지성인들은 교회의 타락을 그리스도교의 위기로 간주하였다. 그들은 나름대로 그 이유를 진단해 봤다.

알아야 면장을 한다는 말처럼 교인들이 성경을 알아야 지도자들이 무엇을, 얼마만큼 잘못을 하는지 알 수 있다고 생각했던 것 같다. 그들은 보편 교회로부터 하나님의 이름이나 축복, 천국, 그리고 지옥의 이름으로 쏟아지는 협박에 신도들이 꼼짝 못하는 것도 그리스도의 참 진리를 모르기 때문이라고 생각했다. 교회의 비성경적인 제도로부터 그리스도인들이 자유로워지려면 성경을 읽어야만 가능하리라 생각했다. 그것이 바로 개혁이다.

개혁이란 영어로 Re-form이다. 문자 그대로 풀면 "형태를 다시 짜다."라는 의미다. 모든 "형태"에는 "축(모델)"이 있다. 플라톤 철학을 빌리면 "이데아"다. 아리스토텔레스는 "형상"으로도 표현했다. 철학적으로 이데아는 본질이나 원형이라는 의미다. 따라서 종교개혁을 철학적으로 해석하면 종교의 근본 원형, 혹은 본질에 더 가깝도록 형태를 다시 짠다(reform)는 말이 된다.

종교개혁이란 그리스도의 진리의 본질을 이룰 수 있도록, 혹은 그리스도의 진리에 더 가까이 이를 수 있도록 생각과 의식과 문화를 바꿔나가(reform)는 것을 뜻한다. 그리스도의 진리가 개혁의 본질이기 때문이다.

따라서 개혁은 그리스도의 진리에 가까이하기 위해, 하나님의 거룩함에 더 가까이 다가가기 위해 취하는 모든 행위라 할 수 있다. 찬송가 가사로 비유하면 "내 주를 가까이하려 하면/ 십자가 짐 같은 고

생이나/" 에서 "주를 가까이하려고 취하는 행동"이 개혁에 해당한다고 할 수 있다.

이런 시대적인 요구 속에서 성경을 보급하기 위해 최초로 번역에 뛰어든 사람은 영국의 위클리프다. 학자들은 그를 독실한 기독교 신학자요 종교 개혁자로 평가하고 있다. 다음이 성경 번역과 보급에 대해 이 분야 전문가들이 정리해 놓은 성경 번역 그리고 성경 보급의 역사다.

1) 위클리프 역본(Wyclif's Version: 1382)

위클리프 (John Wyclffwe-1320-1384)는 훌륭한 종교 개혁자요 성경 번역가다. 위클리프 역본은 위클리프가 번역해 낸 성경을 말한다. 그는 교회를 개혁하기 위해 자신의 목숨을 바쳤던 사람이다. 성도로 하여금 그리스도의 진리를 직접 만날 수 있게 해주는 것이 개혁의 방법이었다.

그는 1374년 교황이 납세 문제로 영국 왕 에드워드 3세를 불러들였을 때 사절단으로 따라갔고, 교황청의 부패를 몸으로 경험했던 인물이다. 처음 그는 교구장이 되어 로마 교황청의 부패를 탄핵하기 시작했고, 교황 그레고리우스 11세로부터 이단이라는 비난을 받기도 했다. 그러나 그는 계속해서 교황의 권력과 교황 중심 교리를 공격하였다. 그러나 그런 방법으로는 교회의 부패를 막을 수 없다는 것을 깨달았다.

그는 교인들이 보편 교회의 종교적, 영적, 정신적, 그리고 육적 노예가 된 것은 교인들이 그리스도의 진리를 제대로 모르기 때문이라고 생각했다. 따라서 그는 교황청에서 금지하고 있는 성서를 어떤 일이 있어도 번역해 교인들에게 읽게 해야 한다고 생각했다.

그러나 그것은 쉬운 일이 아니었다. 돈도 많이 필요했지만, 극비리에 번역해야 할 성경을 구하는 일이 쉽지 않았기 때문이었다. 그러나 뜻이 있는 곳에 길이 있다는 말처럼 위클리프는 기적적으로 번역할 성경을 구했고, 드디어 성경을 번역하기 시작했다. 그는 1380년에 "신약 성경" 번역을 완료했다. 그리고 2년 뒤 1382년, 구약을 완성해, 최초의 신구약 영어 번역 성경을 완성하였다. 그와 함께 성경 번역에 참여한 사람으로는 허포드의 니콜라스가 있었다. 그는 주로 구약을 담당했다. 이 성경이 바로 '위클리프 역본이다.

그러나 기독교 경전이 만들어 진지, 약 천년이 넘어 이루어진 위클리프의 영어 번역 성경이 인쇄술이 없던 그 시대에 몇 권이나 만들어(베껴)졌는지는 알려지지 않았다.

번역 대본(원본)은 구약성서 원어인 히브리어나 신약성서 원어인 그리스어로 된 성경이 아니라 불가타어(라틴어)로 불리는 라틴어 번역 성경이었다. 참고로, 불가타(Vulgata) 또는 새 라틴어 성경은 "코이네 그리스어(고대에 사용했던 헬라어)" 원문 성경을 5세기 초에 번역한 라틴어 번역본을 말한다.

번역 후 위클리프는 자신이 번역에 사용한 단어 중 고어(an archaic word)가 많았으므로 일반 대중들이 읽기에 너무 어려울 것 같다는 생각을 하게 된다.

그러나 자신의 모든 재산과 생을 바쳐 성경 번역을 완성한 위클리프는 1384년에 죽는다. 그가 죽은 후 성경을 번역한 사실이 알려져 그가 번역한 성경은 1415년에 수거되어 불태워진다. 그리고 1428년에 그의 묘가 파헤쳐지고 유골이 화형당하는 일이 발생한다. "구약성서" 번역을 맡았던 허포드의 니콜라스도 후에 발각되어 영국에서 추방된다.

2) 윌리엄 틴들의 역본

위클리프에 이어 두 번째로 성경 번역에 뛰어든 사람은 윌리엄 틴들이도 종교 개혁자다. 윌리엄 틴들(William Tyndale, 1494년 ~ 1536)도 위클리프처럼 먼저 신약 성경부터 번역을 시작한다. 다행히 이때는 인쇄술이 막 생겨난 때였다. 그는 1525년 쾰른에서 번역을 완료하고 그것을 인쇄하여 4절 판으로 출판한다. 그 역시 성경 번역 사실이 발각되어 영국에서 보름스로 쫓겨난다. 그러나 그는 보름스에서 신약 성경 3천 부를 8절 판으로 출판하여 몰래 영국으로 들여보낸다. 일반신도들이 비밀리에 그의 번역본을 사서 읽는다. 그 사실을 안 영국의 대주교가 틴들의 번역 성경을 불태우기 위해 사들인다.

신약 성경 번역을 마친 틴들은 곧바로 구약 성경 번역에 착수하여 1530년 모세 5경을 완료한다. 그의 친구 G. 조이가 구약성경의 나머지 부분을 번역했는데, 시편에서 애가까지는 히브리어 성경(유대인의 구약)에서 번역했고, 이사야는 라틴어 역에서 번역했다고 전해진다.

그러나 틴들의 번역에서 오타와 오류들이 나왔고, 그것을 수정하고 교정하여 1535년 '교정본'을 내놓는다. 그러나 그는 구약을 완성하지 못한체 붙들려 1536년 10월 6일 화형을 당하고 만다.

성경학자들은 틴들 후 1611년에 나온 '킹 제임스 역본'의 80%를 틴들의 문체로 보고 있다. 그의 평생 목표는 일반 신도들에게 각자 그들이 읽을 수 있는, 그들의 언어로 번역된 성서를 만들어 주는 것이었다.

3) 마일스 커버데일

　구약 성경 번역을 완성하지 못하고 교살당한 틴들에 이어 마일스 커버데일이 성경 번역에 뛰어든다. 학자들은 마일스 커버데일의 생전에 틴들의 부탁이 있었을 것으로 짐작한다. 그는 틴들이 미완성 상태로 남겨둔 구약 성경을 완성한다.

　드디어 1535년 10월 신구약 합동 영어 번역 성경이 인쇄된다. 그의 번역본은 유럽 대륙인 스위스 취리히에서 인쇄된 것으로 학자들은 짐작하고 있다. 그는 영어 역뿐 아니라, 독일어 역과 라틴어 역 성경을 번역했고, 그것을 헨리 8세에게 봉헌했다고 한다. 위클리프가 성경 번역을 시작한지 거의 2백 년 만이다.

4) 토머스 매튜 역본

　토마스 매튜의 역본으로 알려진 마태(매튜) 성경은 1537년 토마스 마태라는 가명으로 요한 로져에 의해 출판된 성경을 말한다. 신약 성경은 윌리엄 틴 데일이 번역해 놓은 것을 그대로 사용했고, 구약은 틴 데일이 화형을 당하기 직전까지 번역해 놓은 번역을 그대로 사용했다.

　학자들은 마태 성경은 적어도 5개 국어 이상의 다른 언어권에서 일한 3명의 합작이라고 말한다. 전체의 신약 성경을 비롯하여 오경, 요나서, 여호수아, 사사기, 룻기, 사무엘 상하, 열왕기 상하, 역대 상하, 모두 윌리엄 틴 데일의 번역이라는 것이 일반적인 의견이다. 틴 데일은 루터의 독일어 성경, 에라스무스의 라틴어 성경, 그리고 벌 게이트의 성경 교제, 서문, 주해 노트, 그리고 직접적으로 히브리서와 헬라어를 참고 했다고 전해진다.

그가 "토마스 마태"라는 가명을 사용한 것은 틴 데일의 번역 작업에 참여했던 핸리 8세에게 비밀로 해야 할 이유가 있어서였을 것이라는 것이 학자들의 추론이다.

성경학자들은 "남은 구약들과 외경들은 요한 로져와 마일스 커버데일의 번역들이다. 커버데일은 주로 독일어와 라틴에서 번역했다. 마태는 그 번역 원본을 그대로 사용했다."고 말한다.

므낫세의 기도(외경)는 요한 로져가 번역했는데, 로져는 그보다 2년 먼저(1535년) 번역된 프랑스 성경에서 번역했고, 로져는 완성된 번역에 머리말을 더하고 약간의 주해, 순서 그리고 절차를 더했다고 전해진다.

3명의 번역가 중 두 명은 순교를 당했다. 앞에서 언급 했지만 틴데일은 목이 매달려졌다가 1536년 그의 시신은 벨지움에서 화형을 당했다. 요한 로져도 1555년 2월 4일 불태워졌다.

에이 에스 허버트는 마태 성경에 대해 말하길" 틴들과 커버데일의 합작으로 만들어진 이 버전은 실제 영어 번역 성경의 시초며 제네바 성경을 비롯하여 킹 제임스 버전 모두 이 역본에 기초하여 만들어졌다고 말한다.

일반적으로 학자들은 토머스 매튜 성경을 윌리엄 틴들의 번역본에 들어 있는 오타와 오류 그리고 인쇄 과정에서 발생했을 것으로 추정되는 오류와 오타를 바로잡아 대륙에서 출판한 틴들의 번역본이라고 말한다.

5) 큰 성경(La Grande Bible : 1539)

성경 가운데 사이즈가 일반 성경보다 아주 큰 성경이 있다. 그것이 마일스 커버데일이 맡아서 펴낸 큰 성경이다. 위클리프, 틴들, 마일스 커버데일, 토머스 매튜 역본(1537)의 재 교정판으로 이해하면 된다. 교정에 교정을 거치고 또 거친 성경이다. 이것을 '큰 성서'라고 하는 까닭은 판형이 유난히 컸기 때문이란다. 일부 교회에는 이 성경을 강대상에 진열해 놓기도 한다. 어쩌면 그 목적으로 크게 했을 수도 있다. 큰 성경은 1539년에 완성되어 성직자들에게 배포되었다.

6) 제네바 성경(1560)

제네바 성경은 영국에서 망명한 프로테스탄트 학자들이 제네바에서 번역한 성경이다. 프로테스탄트에 대한 박해가 그친 뒤 교회는 큰 성경을 다시 사용하기 시작했다. 그러나 일반 대중은 1576년까지 영국에서 인쇄되지 않고 유럽에서 수입한 제네바 성서를 선호했다. 이 성서는 꾸준히 인기를 얻음으로써 흠정역 성서(King James Version) 번역자들에게 영향을 끼쳤다. 왕실 쪽에서의 성서 번역에 대한 묵인이 성경 번역의 부흥을 가능하게 했던 것으로 전해진다.

그 후, 가톨릭 쪽의 압력으로 성경 번역이 다시 금지되기 시작했다. 따라서 틴들의 이름으로 된 성서 번역과 인쇄가 모두 금지되고, 노동자나 여성도 성서를 읽는 것이 금지된다. 교회에서도 '큰 성경' 외에는 모든 성경의 소유나 보관이 금지되고, '큰 성경'도 상류계급 사이에서만 읽혀졌다.

1547년 헨리 8세의 뒤를 이어 개신교도인 에드워드 6세가 즉위하자 일반 백성에게 성서를 개방하는 일이 다시 시작된다. 모두 영국에서 일어난 일이다. 당시 대주교였던 크랜머가 이 일을 적극적으로 하게 되자 타국으로 떠났던 종교 개혁자들도 귀국한다. 그러나 에드워드의 치세 기간은 너무 짧았다. 그의 뒤를 이은 메리 여왕은 열렬한 가톨릭 신자였다. 그녀는 종교 개혁자들과 성서학자들이 성경 번역과 관련된 약 3백 여명을 처형한다.

대주교 크랜머도 이때 순교를 당한다. 이때 커버데일은 유럽 대륙으로 피신하여 제네바로 가 있었다. 제네바는 신학자 테오도르 베자와 칼빈의 고향이다. 칼빈의 동서였던 윌리엄 위팅엄이 존 녹스에 이어 "제네바-잉글랜드 교회" 후계자가 되었는데, 바로 이 사람이 '제네바 성서' 발행에 가장 많은 공헌을 했던 인물이다.

제네바 성경은 1560년에 완역되었다. 이 성경이 나오기까지 칼빈의 동서 위팅엄을 도왔던 인물이 바로 커버데일 역을 냈던 커버데일이다. 제네바 성서에서 특기할 점은 영어 성경으로서는 처음으로 절이 구분되었다는 점인데 로베르 에티엔이 그의 그리스어 "신약성서"에 적용했던 절 구분을 그대로 따른 것이다.

그러니까 제네바 성경은 큰 성경의 교정판으로 이해하면 된다. 틴들의 공헌이 그 기초를 이루고 있기는 하지만 구약은 히브리어 본문과 라틴어 역 본문에 따라 철저히 수정, 교정되었다고 한다.

신약 성경은 틴들 역의 교정판이다. 이 성경은 1558년에 즉위한 엘리자베스 여왕에게도 봉헌되었다. 엘리자베스 여왕은 개신교 성향이 강한 여왕이었다. 제네바 성경이 당시 교회에서 '큰 성서'를 대신하지는 못했지만, 일반신도들 사이에서는 널리 유포되었다.

그 후 '감독 성경'(1568)가 나올 때까지 큰판 성경과 제네바 성경이 쌍벽을 이루었다. 킹 제임스 역본이 나올 때까지 제네바 성서는 140여 회나 판을 거듭하면서 출판되었다. 올리버 크롬웰 장군과 그의 군대가 이 성경을 읽었고, 메이플라워호를 타고 영국에서 신대륙 북아

평신도, 신학생, 목회자를 위한 신학 총정리 핸드북

메리카로 간 청교도들, 존 버니언, 셰익스피어, 심지어는 '킹 제임스 역본'을 낸 킹 제임스도 바로 이 제네바 성경을 읽었다고 한다.

제네바 성서의 신약 성경은 1557년에 나왔으며 구약 성경과 신약 성경이 완성되어 나온 것은 1560년이다. 로마자로 인쇄되고 절 구분이 된 최초의 영어 성경인 제네바 성경 초판이다.

그 후, 로렌스 톰슨(1539~1608)이 1576년에 제네바 성경의 신약을 교정하여 내놓았다. 주로 베자의 라틴어 역 신약 성경(1565)과 비교하여 교정했는데, 1615년까지 45판이나 나왔다. 이것을 흔히 제네바 톰슨 성경이라고 한다. 톰슨이 교정한 제네바 성서를 하이델베르크 대학교 교수인 유니우스(1545~1602)가 계속 교정하여 1592, 1594, 1596년에 내놨기 때문이다. 유니우스가 요한의 계시록의 주석을 내면서 제네바 톰슨 성경의 묵시록 부분을 교정하여 요한의 묵시록 교정을 합친 제네바 톰슨 유니우스 성경이 1603, 1606, 1607년에 출판된다.

7) 감독 성경

감독 성경이라는 말은 성경 교정에 참여한 사람들이 감독들이었기 때문이어서라고 한다. 당시 교인들 사이에서는 제네바 성경이 읽히고, 교회의 강단에서는 '큰 성경'이 읽히고 있었다. 제네바 성경의 우수성을 잘 알고 있던 대감독 파커는 '큰 성경'을 교정하여 기존의 두 번역 성서를 대치하고자 했다. 그래서 실력이 좋은 감독들을 선별하여 성경 교정 작업을 하게 했다. 구약 성경 본문은 제네바 성경 그대로이고, 신약 성경 본문은 파커 대감독 자신이 직접 교정했다고 학자들은 말한다.

8) 두에 랭스 성경

두에 랭스 성경은 (1582/1610)가톨릭 측에서 번역 해낸 일상어 역이다. 일상어란 일반 사람들이 사용하는 보통 언어라는 의미다. 당시는 철저한 계급 사회였으므로 신분에 따라 사용하는 언어도 달랐다. 두어 랭스 성경은 프랑스 랭스의 앨런 추기경이 번역을 시작했고, 본격적인 작업은 두에 대학교 히브리어 교수였던 그레고아르 마르탱이 맡았다고 한다.

1582년 신약 성경이 완성되고, 곧이어 구약 성경이 완역되었으나 출판 비용이 없어서 출판이 지연되다가 두에 대학이 랭스에서 두에로 옮긴 뒤인 1609-10년에 출판되었다고 한다. 그래서 신약 성경은 랭스 신약 성경으로 알려졌으나, 구약 성경은 두에 성경으로 불리게 되었다고 한다.

9) 킹 제임스 역본(1611)

1603년 친 개신교 여왕이던 엘리자베스의 오랜 통치가 끝이 나고 1604년 스코틀랜드의 제임스 6세가 영국의 제임스 1세로 등극한다. 1604년 6월 30일 킹 제임스는 학자 54명을 임명하여 성경 번역에 참여하게 했다. 현존하는 기록에는 실제로 번역에 참여한 학자가 49명으로 나온다. 모두 6개 반으로 나뉘어 4개 반은 구약을 번역했고 2개 반은 신약을 번역했다고 한다.

웨스트민스터 1반은 5경을 포함하여 역대기상까지, 케임브리지 1반은 역대기 하에서 전도서까지, 케임브리지 2반은 외경을 비롯하여 나머지와 므나세의 기도까지, 옥스퍼드 1반은 예언서를, 옥스퍼드 2반은 복음서와 사도행전, 그리고 요한의 묵시록을, 웨스트민스터 2반은 나머지 서신을 번역했다고 한다.

번역을 시작한 지 7년 만인 1611년에 번역이 완성되었다. 70인 역 이후 2번째로 왕의 지원으로 번역된 성서이다. 킹 제임스 번역본 역시 히브리어와 그리스어 원전에서 번역된 것이었다. 또 틴들과 커버데일 번역본의 영향을 많이 받았으며, 라틴 역본, 랭스의 신약, 루터의 독일어 역 성서의 영향도 받았다고 한다.

오늘날 일부 집단에선 킹 제임스 역본에 이상한 가치를 부여하고, 다른 번역본을 터부시하는 경향이 있는데, 이는 성서학에 대한 무지 혹은 오해에 기인했다고 할 수 있다. 번역자의 견해 차이, 혹은 이해의 차이로 인하여 성경의 특정 부분에 대한 표현상의 차이가 있을 수는 있으나 모든 번역본이 성령의 특별한 역사와 번역자들의 땀과 피와 기도와 노력의 열매임은 분명하다.

그 분명한 예가 1611년에 나온 킹 제임스 역본이다. 1611년에 나온 킹 제임스 역본은 'He' 판과 'She' 판, 2가지였다. 일부러 2가지 판을 만든 것이 아니라, 인쇄자의 오기에서 비롯된 것이었다. 룻기 3장 15절 끝에 나오는 "성안으로 들어간 사람"을, 보아스로 보아서 "He went into the city"라고 한 인쇄본과, 룻으로 보아서 "She went into the city"라고 한 것 때문에 He 판과 She 판이 생겼다는게 학자들의 설명이다.

한국어 개역 성서의 본문은 "(보아스가) 보리를 6번 되어 룻에게 이어주고 성으로 들어가니라." 라고 하여 He 판의 이해를 따르고 있고, 난외주(remarque)는 시리아어 역 페시타와 라틴어 역 불가타를 따라 "이어주니 그가(룻이) 성으로 돌아가니라"라고 번역되었다. 이것은 She 판의 이해를 따른 것이다.

또 1631년 판에는 아주 치명적인 인쇄상의 오타가 생겼는데, 이 오타 때문에 '악한 성서'(Wicked Bible)라는 별명이 생길 정도였다. 출애굽기20장 14절 "간음하지 말라(Do not commit adultery)."에 not이 빠져서 "간음 할지니라"가 되어버렸다. 인쇄소는 이것 때문에 당시 300파운드의 벌금을 물었다고 한다.

1717년 판에는 누가복음 20장의 머리 제목의 포도원(vineyard)이 초(vinegar)로 잘못 인쇄되어, 그만 '초 성경'(Vinegar Bible)이라는 이름을 얻기도 했다. 이런 것들이 킹 제임스 역본이 지닌 사연이다.

이런 이유로 비록 왕의 후원으로 번역된 것이기는 하였지만 처음에는 많은 반대에 부딪혀 거의 40여 년 동안이나 반대자들과 싸워야 했다. 제대로 된 성경이 있는데 구지 오류가 많은 역본을 사용해야 되느냐는 것이었다. 또한 히브리어와 그리스어 원전에서 번역되었다고는 하지만, 그때 사용된 원본이 그다지 좋은 번역 원본이 아니었다는 사실이 밝혀져 분쟁에 부채질 했다는게 학자들의 의견이다.

따라서 킹 제임스 역본은 1611년 처음 발간된 이래 1615, 1629, 1638, 1654, 1701, 1762(케임브리지 성서), 1769년(옥스퍼드 성서)에 이르기까지 여러 차례 개정되어야만 했다. 왕의 막대한 권력과 후원을 입었기에 다른 역본에 비해 오류가 많은 킹 제임스 역본이 사용될 수 있었을 것이라는 것이 많은 학자들의 공통된 견해다.

10) 영어 개역 성서(English Revised Version : 1881/85)

영어 개역 성서는 킹 제임스 역본의 본격적 개정 작업의 결과로 나온 성경이다. 킹 제임스 역본을 보강한 역본이라고 이해하면 될 것 같다. 킹 제임스 역본의 신약성서가 대본으로 사용한 그리스어 사본은

평신도, 신학생, 목회자를 위한 신학 총정리 핸드북

아주 빈약한 것이었고, 그 후 새로이 권위 있는 사본들이 발견되었으므로 개역의 필요성이 고조되었다. 그리하여 1870년에 개역에 착수하여 1881년 신약 성경 개역판이 나왔다. 다시 한번 부언하지만, 개혁이란 본질에 더 가까이 가기 위해 취하는 행동이다.

영국에서는 그해 5월 17일, 미국에서는 3일 후에 같은 신약성서를 출판했다. 1600년도의 킹 제임스 역본에서 거의 3만여 곳을 고친 성경이다. 그중에 5,000여 곳은 킹 제임스 역본이 사용한 번역 원본(사본)과 영어 개역 성서가 사용한 사본과의 차이에서 비롯된 것이었다고 한다. 그리고 1885년 구약 성경이 나왔다. 구약은 신약 성경에 비해 개정 범위가 좁았다고 한다. 이 성경을 킹 제임스 역본의 "개혁판"이라고 한 것은 이 역본이 본래의 성경 본질에 가깝게 번역되어서라는 것이다.

11) 미국 표준 역 성경(American Standard Version)

미국 표준 역 성서는 미국 개정판이다. 영어 개역 성경이 킹 제임스 역본의 영국 개정판이라면, 미국 표준 역 성경은 미국 개정판인 셈이다. 1900년에 신약 성경이 나오고, 1901년에 구약 성경이 나왔다. 이때 외경은 제외되었으며, 영국식 영어 표현들이 미국식 영어 표현으로 바뀌었다.

12) 개역 표준성경

개역 표준 성경은 새로운 번역이 아니라, 1901년에 나온 미국 표준 역 성경의 개정판이다. 1928년 미국 교회협의회 그리스도교 교육부가 미국 표준 역 성경에 대한 판권을 갖게 되면서, 번역 본문에 대한 보호를 더욱 철저히 하게 되었다.

1937년 그리스도교 교육부에서는 미국 표준 역 성경을 개정할 것을 결의하고, 작업을 시작한 결과 1946년에 신약 성경 개정판을 출판하고, 1952년에 구약 성경 개정판을 출판했다. 이것이 바로 개역 표준 성경이다. 20여 개 대학과 신학교에 적을 둔 32명의 성경학자들이 작업을 맡았으며, 그중에는 유대인 학자도 1명 있었다고 한다.

1957년에 개정판이 나올 때 외경도 번역되어 나왔는데, 이것은 성경 번역에서 사해 두루마리 이사야를 반영시킨 최초의 번역이기도 하다.

13) 유대교 영어 역본들

유대교 영어 역본들이란 유대인 기독교인들을 위한 성경이다. 그 숫자를 정확하게 통계할 수는 없지만 영어권에 살던 유대인들은 오랜 기간동안 킹 제임스 역본과 영어 개역 성경을 사용했다.

그러나 유대교인들로서는 그리스도교 쪽에서 번역한 성경을 사용하는 데는 어려움이 뒤따랐다고 한다. 특히 구약의 경우 히브리어 본문 전승이 제대로 번역되어 있지 않아서였다. 구약 성경에 대한 유대교 적 해석과는 전혀 다른 번역, 구약 성경의 몇몇 절들에 대한 그리스도론적인 해석들이 그들에게 불편을 주었을 것이라는 게 학자들의 설명이다. 그리하여 미국에 있는 유대교 출판협회가 1955년에 유대교 학자들로 번역 위원회를 구성하고, 새로운 번역에 착수하여, 율법서(1962), 예언서(1978), 성문서(1982)를 출판했고, 1985년에 개정판을 출판했다. 아마도 구약 만큼은 유대교의 견해와 통일을 이루고 싶어서였을 것으로 학자들은 보고 있다.

14) 새 영어 성경(New English Bible : 1961, 1970)

새 영어 성경이란 현대의 사용 언어로 번역한 성경을 말한다. 일반적으로 번역 성경은 번역된 성경의 오타나 오류를 수정하여 낸 개정판 혹은 수정 증보판을 말한다. 그러나 새 영어 성경은 기존 번역의 개정이 아니다. 철저한 새 번역이고, 영국식 영어 번역이다. 또한 전통적인 성경적 영어가 사라진 번역이다. 1946년에 번역을 시작하여, 1961년에 신약 성경을, 1970년에 구약 성경을 출판했다. 1970년에 완역이 되어 나온 성경은 1주일 만에 3만 3,000부가 매진되었다고 한다.

15) 가톨릭 역본들

가톨릭 역본들은 가톨릭의 독자적인 번역본이다. 가톨릭 쪽에서는 20세기 전반부까지는 두에 랭스 성경을 사용했으나, 후반부터는 독자적인 번역본을 갖게 되었다. R. 녹스가 번역한 신약 성경(1945)과 구약 성경(1949)이 그것인데 1955년에 개정판이 나왔다.

1936년에 그리스도교 교리협회에서 새 번역 계획을 세워 라틴어 불가타 역을 대본으로 신약 성경을 1941년 번역했다. 그러나 1943년 교황청 성서위원회가 히브리어와 그리스어 원문 성경을 대본으로 하는 새로운 번역을 계획하여, 협회 번역(Confraternity Version)이 나오게 되었다(1952/61). 아마도 초대교회 시대부터 교황청이 가지고 있던 원본과 번역되어 배부된 역본들과의 차이 때문이었을 것으로 짐작된다. 이것이 나중에 새 미국 성경(New American Bible)이 되었다.

16) 구어체 성격의 역본인 예루살렘 성경(Jerusalem Bible 1966)

예루살렘 성경은 프랑스어판 예루살렘 성경(La Bible de Jerusa-lem : 1956)을 대본으로 번역한 것이다. 예루살렘 성경(The Jeru-salem Bible(TJB)은 다톤과 롱그램 그리고 토드에 의해 번역된 가톨릭 성경이다.

17) 현대 영어 성서(Today's English Version : 1966/76)

현대 영어 성서를 복음 성경(Good News Bible)이라고도 한다. 미국 성서 공회가 구어체 영어로 번역한 것으로, 번역 원칙상 전통적인 형식 일치의 문자적 번역을 피하고, 내용 일치의 의역을 시도한 것이 특징이다. 1966년에 신약 성경이 나왔고, 1976년에 구약 성경이 나왔으며, 1979년 외경이 번역되었고, 1992년에 개정판이 나왔다.

18) 새 국제 역 성경(New International Version : 1973/78)

새 국제 역 성경은 미국을 비롯하여 캐나다, 영국, 아일랜드, 오스트레일리아, 뉴질랜드의 개혁교회가 연합하여 번역해 낸 성경이다. 1973년에 신약 성경이 나왔고, 1978년에 구약 성경이 나왔다. 발행자와 판권 소유자는 뉴욕 국제 성서 공회로 되어 있다. 전통적 어법과 표현을 따르고 있으면서도, 본문 비평의 결과를 번역에 많이 반영시킨 것이 특징이라고 한다. 구약성경 중에서 특히 사무엘과 이사야 등에는 사해 두루마리 사본도 많이 반영되어 있다고 한다.

19) 새 킹 제임스 역본(New King James Version : 1979/82)

새 킹 제임스 역본은 1611년에 나온 제임스 왕 역본을 현대화한 것이다.

20) 신 개역 표준 성서(New Revised Standard Version : 1989)

신 개역 표준성경은 미국에서 나온 개역 표준성경의 새로운 개정판이다. 1974년에 개정 작업이 시작되어 1989년에 출판되었다. 30여 명의 학자들로 구성된 개정위원회에는 가톨릭 학자 6명과 동방정교회 소속 학자, 유대교 학자도 각각 1명씩 있었다. 구약성서의 경우 사해 두루마리 사본이 많이 반영되어 있다고 한다.

21) 개역 영어 성서(Revised English Bible)

개역 영어 성경은 1989년 영국에서 나온 새 영어 성경의 개정판이다. 구약 번역 원본은 히브리어, 신약 번역 원본은 헬라어로 쓰여져 있는 책이었다고 한다.

참고로, "왜 성경이 이렇게 많은 종류가 있을까?" 라는 질문을 가질 수다. 그러나 그것은 성경이 번역 보급되는 과정에서 번역상의 오류나 오타를 고치고 또 고친 것을 세상에 내놓다 보니 많아졌을 뿐이다.

성경은 이러한 아픈 역사 속에서 태어났다. 오늘날 우리에게 성경을 읽을 수 있게 하기 위해 수많은 신앙의 선조들이 순교를 당했다. 그렇게 태어난 성경이 스크린에 밀려 외면된다는 사실은 어떤 식으로든 슬픔이 아닐 수 없다. 물론 스크린에 깔린 것이 성경의 말씀인데 무엇이 문제냐는 반문을 던질 수 있다. 형식적으로는 맞을 수 있을지 모르나 본질적으로는 맞지 않을 수 있다.

제 3 부
신학의 분화

초대교회부터 종교개혁 이전까지 신학은 삼위 일체론(성부-성령-성령)과 구원론(원죄-작정-은총)에 집중되어 있었다. 개혁 후 전통 신학자들은 신학을 첫째, 성서신학(Biblical theology) 분야, 둘째, 조직신학(Systematic theology) 분야, 셋째, 실천신학(Practical theology) 분야로 나누고, 성서신학 분야를 세부적으로 성서 주석학, 성서 해석학, 성서고고학 등으로 나눴다. 조직신학은 역사신학(Historical theology) 및 이론 신학(Theoretical theology)까지 아우르게 했다. 그리고 실천신학 분야도 설교학, 목회학, 선교학, 상담학 등 많은 세부 분야로 분화시켰다.

1. 성서신학

개요만 잠깐 설명하자면, 성서신학은 성경을 연구하는 학문이다. 성경을 영어로 Holy Bible, 혹은 Holy Scripture라고 부른다. Bible 이라는 말은 신약적 의미요, Scripture란 말은 구약 적 의미다. 번역 하면 거룩한 책, 혹은, 거룩한 문서가 된다. 만약 앞에 붙은 Holy가 빠지면 그냥 "경"이나 문서다. 경은 영어로 Scripture or Cannon 이다. 교훈이나 어떤 지침이 담긴 보통 책이나 문서라는 의미이다.

성경을 이루는 핵심은 거룩함이다. 거룩함은 성부, 성자, 성령 하나님을 부를 때 붙이는 형용사다. "경(문서)" 앞에 "거룩"을 받쳐줌으로써 보통명사 경이 고유명사 거룩한 경(문서)으로 변하게 된다.

동물과 같은 인간이 거룩한 하나님의 생기를 '불어 넣어짐을 받아' 하나님의 형상을 입은 사람이 된 것처럼, 그리고 하나님의 형상을 잃으면 동물적 인간밖에 될 수 없는 것처럼, 성경에서 밝힌 '부',

'자', '영' 앞에 "거룩한"이 붙어 성부, 성자, 성령이 된다. 따라서 만일 거룩함이 빠지면 성경은 "경(문서)"은 될 수 있을지 모르나 성경은 될 수 없다.

이처럼 성경이 어떻게 성경이 되었는지를 비롯하여, 성경이 지닌 신적 권위와 주해, 해석, 쓰여 진 배경 등에 관한 연구가 성경 신학에 속한다. 초대 교부 들의 성서신학, 중세 스콜라 신학의 성서 연구 방법, 종교 개혁자들의 성서 연구 등도 성서신학에 부속된다.

1) 성서 원전 연구

언어란 시대에 따라 많은 변천 과정을 거친다. 그 변천 과정에서 문법도 달라지고 뜻도 달라진다. 우리나라의 언어의 변천과 같다. 히브리어도 오경에 사용된 원문이 다르고 시편이나 문학서 그리고 예언서에 사용된 언어가 다르다. 언어는 같으나 그 뜻이 다르다.

특히 독서가의 소리와 음정에 따라 그 의미가 천차만별로 달라지는 것이 히브리어다. 신약 성경이 쓰여 질 때 사용된 헬라어도 마찬가지이다. 성경이 쓰여 질 당시는 인쇄술이 없던 시대다. 종이도 없던 시대다. 파피루스를 종이 삼아 한자, 한 자, 손으로 기록을 만들던 시대다. 따라서 최초의 성경은 구약은 히브리어에서 코이네 그리스어로 번역된 70역을 의미했고, 신약은 코이네 그리스어로 쓴 문서를 의미했다. 그것을 원전이라고 불렀다. 성서학자들은 그 원전을 연구하여 성서를 기록한 저자들의 정확한 의도를 찾아낸다. 바로 이것이 성서 원전 연구다.

그런 원전에는 오타나 오류들이 있을 수밖에 없었다. 따라서 학자들은 그런 원전 연구를 통해서 원전이 지닌 오타나 오류를 찾아왔다. 원전

117

연구는 원전의 오타나 오류뿐 아니라 원전이 쓰여 진 배경, 원전이 탄생할 당시의 사회적, 정치적, 종교적 환경, 문화 등등도 함께 연구된다.

2) 주석학(Exegesis)

주석학(Exegesis)은 쉽게 특정 성경 구절과 연결되거나 관련이 있는 부분까지 확장하여 해석하는 해석 방법이다. 사전에는 "성경 본문에 대한 비평적 설명 및 해석을 연구하는 학문"이라고 되어 있다. 언어학이나, 역사학적인 관점에서 성서 본문을 파악하는 분야라는 설명을 덧붙인다.

구약도 그렇지만 신약, 그것도 예수님의 어록을 주축으로 이루어진 복음서는 대부분 예수님의 비유들을 그대로 기록한 것들이다. 그중 몇 가지는 예수님이 직접 그 의미를 풀어준 것도 있고, 나레이터가 설명해 놓은 것도 있다. 그러나 대부분의 어록은 아직까지 풀리지 않은 비유 상태로 남아 있다. 바로 그런 부분들을 풀어나가는 학문이 주석학이다. 그래서 주석학을 성경 '설명학'이라고도 부른다. 주석학이 성경 해석학과 다른 점은 성경 해석학은 본문을 문자적 의미에 초점을 맞춰 해석하지만, 주석학은 아주 포괄적으로 신학적, 언어학적, 역사학적 사회학적 관점에서 해석한다.

3) 성서 언어학

성경에는 수많은 종류의 언어들이 등장한다. 히브리어, 코이네 헬라어, 라틴어, 라틴 불가타어 등등. 이런 언어에는 역사와 문화 그리고 전통이 스며있다. 각 단어마다 사연이 있고, 역사가 있고, 여러가지 뜻도 있다. 그것을 연구하는 것이 성서 언어학이다.

예를 들자면 70인 역이 번역될 당시, 어떻게 해서 고대 코이네 그리스어가 이집트를 비롯하여 로마의 공용어가 되었는지, 고대 코이네 그리스어와 현대 그리스어의 차이는 무엇인지, 라틴어는 무엇인지, 라틴 불가타어는 무엇인지 등. 더하여 그 언어에 얽힌 문화와 정신, 시대적 상황 등을 연구하는 것이 언어학이다. 모두 성경의 참뜻을 더 잘 알고자 해서다.

4) 성서고고학

일반적으로 성서고고학(Biblical Archaeology)은 고대 근동 지방을 대상으로 발굴되고, 발견되고 있는 고대 유물과 성경과의 관계 등을 연구한다. 따라서 성서고고학에 등장하는 "성경"은 구약을 의미하고 있음을 전재했으면 한다.

학자들은 성서고고학은 성경에 등장하는 인물에 관한 삶과 문화, 그리고 역사적 배경을 연구하는 학문이라고 설명한다.

성서 고고학자 윌리엄 올브라이트는 성서고고학은 말 그대로 성서의 텍스트를 증명하기 위한 수단이자 목적이라고 말한다. 그동안의 고고학의 발전을 통해서 구약이 고고학적 증거와 상반된 경우가 많다는 사실이 밝혀지면서 성서고고학이란 용어는 성서학과 고고학계에서는 뜨거운 감자가 되었다.

그래서 고고학계에서는 근동 고고학, 혹은 시리아-팔레스타인 고고학으로 용어를 대체해야 한다는 주장의 목소리를 내고 있지만 성서고고학이란 용어는 여전히 그래로 사용되고 있다.

그러나 신약을 구성하고 있는 예수 그리스도의 진리는 스스로 존재하는 진리이다. 어제나 오늘이나 동일한 진리임으로 고고학적 입증을 필로로 하지 않는다. 그분의 가르침은 스스로가 진리임을 날마다 외치고 있기 때문이다. 고고학을 넘고, 과학을 넘어, 의와 인과 신, 그리고 회개와 용서와 사랑과 평화는 어제도 진리고, 오늘도 진리고, 내일도 진리다. 이 진리의 원천은 예수 그리스도고, 예수 그리스도의 원천은 하나님 아버지이다.

5) 성서 비평학

르네상스의 시작과 더불어 자유주의의 태동, 17세기 역사학과 문헌 비판에 힘입어 성경도, 성서신학도 비판의 시류에 휩쓸리게 된다. 르네상스는 헬레니즘을 어머니로 가지고 있고, 헬레니즘은 알렉산더의 잔인한 정복과 약탈과 살육을 어머니로 가지고 있다. 알렉산더의 정복과 살육 행위는 탐욕을 어머니로 가지고 있다. 르네상스는 헬레니즘, 헬레니즘은 탐욕과 저주에 원인 되었다는 의미이다. 그 종교적 산물이 성경 비평학이다.

종교의 경전은 비판하기 위한 것이 아니라 믿기 위한 것이다. 그러나 일부 신학자들은 비평학을 통해 성경의 원문을 재구성하고자 저자와 수신자의 '삶의 자리'(Sitz im Leben)까지 추적하게 되었다. 그리하여 성서 연구 방법은 더욱 분석적, 그리고 과학적으로 진행되어 성서의 문학적 양식을 연구하는 양식비평, 편집 과정과 성경의 전승 과정을 연구하는 편집 비평 등으로 세분화 되어 있다. 현재는 성경 본문을 해부하여 비판하는 단계에까지 이르렀다. 진리(성경)에 대한 성형 수술로 비유할 수도 있다.

최근에는 인간의 삶의 기초를 이루는 사회 경제사적인 조명 없이 성서를 해석하는 것이 불가능하다고 주장하면서 사회 경제사적인 연구 방법까지 도입한 실정이다.

더하여, 요즈음은 시대가 변하고, 과학이 발전하고, 고고학이 발달하고, 성경(구약) 기록과 상반되는 증거들이 발견되고 있는 추세라 성경 무오설을 맹신 행위로 치부하는 이들도 있다. 그러나 구약이 아무리 약점이 많다고 해도, 신약에는 아무도 부인할 수 없는 예수 그리스도의 진리가 들어 있다. 그 진리 때문에 모든 성경이 성경으로 불러 지게 되었다. 성경의 축은 바로 그 진리다.

비록, 진리를 감싸고 있는 보자기의 한쪽이 찢어진다고 해도, 진리는 결코 찢어질 수 없다. 하나님의 영광이 시내 산을 덮고 있을 때 그 산에 접근하면 안 되었던 것처럼, 하나님의 진리를 덮고 있는 다른 성경도 함부로 비판해서는 안 된다는 의미다.

옷집에서 파는 옷은 나와 아무런 상관이 없으나 일단 내가 사서 입으면 내 옷이 되고, 내가 그 옷을 입는 순간, 그 옷은 바로 내가 된다. 누군가 내가 입고 있는 그 옷을 찢으면, 그것은 나에 대한 폭행이 되는 맥락이다. 바로 이런 의미에서 성경 무오설을 주장했을 것이다.

6) 구약학

구약학은 구약 성경 관련 연구 학문을 총칭한다. 구약을 영어로 Old Testament라고 한다. 구약은 옛 언약이란 의미를 담고 있다. 성경이 제정되기 전부터 구약 성경의 명칭에 대한 논의가 있었다. 현재 이슬람교, 유대교는 구약을 히브리 성경이라고 한다.

구약 성경은 네 부분으로 구분한다. 첫째는 모세오경(5권)이다. 유대교(히브리 성경)에서는 "토라"라고 한다. 그들은 모세가 직접 받은 계시로 작성했다고 주장한다. 둘째 부분은 역사서(12권)이다. 역사서는 이스라엘 민족이 가나안을 정벌하는 것에서부터 바빌론 유수 사이의 기간을 다루고 있다. 셋째 부분은 지혜서(5권)이다. 지혜서는 시의 형식으로 쓰여 졌는데, 주로 선과 악에 대한 가르침을 담고 있다. 넷째 부분은 예언서(소, 대선지서 12권)이다. 기독교는 이 예언서에 인류의 구세주 예수에 대한 약속이 들어 있다고 믿는다.

그러나 이 예언서에 예언된 구세주는 기독교인이 믿는 예수 그리스도가 아니다. 세계에 흩어져 살던 모든 유대인을 구원하여 세계를 지배할 인간적 인물이다. 예언서에는 바로 이런 메시아, 즉, 이 유대민족만의 메시아의 출현에 대한 약속과 예언이 들어 있다고 주장한다.

(1) 구약 문헌사

성경을 보면 이스라엘은 기원전 1000년경 사울에 의해 건국되었다. 그리고 사울의 혈통이 아닌 다윗과 솔로몬을 거쳐 솔로몬의 아들 르호보암 시대에 남과 북으로 갈라진다. 북 유다는 BC. 721년경 아시리아(앗수르)에 의해 멸망하고, 이스라엘의 12 부족 가운데 10 부족도 소멸 된다.

남 유다는 약 586년 바벨론에 의해 멸망한다. 그러니까 북 유다는 이스라엘 건국 약 200년 만에, 북 유다는 약 400년 만에 멸망한 것이다. 다른 나라의 건국 역사와 비교하면 턱 없이 짧다.

A. 구약의 출생

학자들은 유대인들이 바벨론에 잡혀 있을 때인 기원전 약 400년경에 구약이 집필되었다고 본다. 학자들은 바벨론이 가지고 있던 고대 근동 지방의 점토판을 비롯하여 그때까지 구전으로 전해 내려오던 고대 이집트, 근동 지방의 전설들을 기초자료로 삼아 자신들의 언어인 히브리어로 자신들의 경전을 집필하였다고 믿는다. 그러나 학자들은 구약이 기원전 400년 보다 훨씬 뒤에 써졌을 것으로 보는 추세다.

B. 최초의 번역 70 인역

기원전 약 2-1세기경, 70인 역이 번역된 알렉산드리아는 항구도시였고 무역, 문화, 교육의 중심지였다. 장사 수완이 좋은 유대인들은 알렉산드리아로 몰려들었다. 당시는 헬레니즘 영향으로 모두 헬라어를 공용어와 같이 사용하던 시대였다. 헬리어는 고대 페니키아의 알파벳을 개조하여 아주 쉽게 만들어진 언어였다. 따라서 학교를 가려면 당연히 헬라어를 알아야 했는데 유대인 자녀들도 예외는 아니었다. 히브리어는 읽기도 쓰기도 어려운 언어 였음으로 유대인 자녀들은 히브리어를 버리고 헬라어만 사용하기 시작하였다. 그들이 버린 것은 단순히 언어만이 아니었다. 그들의 전통과 역사, 율법도 같이 버렸다. 고심 끝에 유대 학자들은 그들에게(디아스포라)에게 점점 퇴색돼 가는 유대인 역사와 민족성을 일깨워 주기 위해 히브리 성경을 헬라어로 번역하였다. 마침 알렉산드리아 도서관 종교적 문서 보충에 대한 프톨레마이오스 2세와 뜻이 맞아 왕의 도움을 받았다고 한다. 전승에 따르면 72명의 유대 학자들이 각각 독립적으로 번역을 진행했으나 내용이 모두 같았다고 한다. 이 전설이 바탕이 되어 '70인 역'이라는 이름이 붙여졌다는 것이다.

원시 교회에서 구약은 영어로 Scripture로 명명되었다. 실제, 이 번역본은 유대인 디아스포라뿐만 아니라, 후에 유대계 기독교인들에게도 매우 중요한 참고 문헌 역할을 하였다. 왜냐하면 거기에는 고

평신도, 신학생, 목회자를 위한 신학 총정리 핸드북

대 이방의 선지자 조로아스터(짜라투스트라)의 예언처럼, 예수 그리스도가 예언되어 있어서였다. 신약 성경에서도 70인 역을 인용한 구절이 다수 등장한다.

한편, 예루살렘 멸망 후, 유대 지도자들은 기독교가 사용하기 시작한 구약이 문제점이 많다고 지하면서 그것을 다시 수정하고 개편한 히브리 성경이라는 이름으로 새 경전을 만들어 오늘날까지 사용하고 있다.

C. 기원전 2세기의 사해 문서

그 후, 1954년 베두인 목동이 우연히 쿰란이라는 동굴에서 기원전 125년경쯤에 작성한 것으로 보이는 사해 문서(Dead Sea Scrolls, DSS)를 발견한다. 학자들은 그것을 사해 두루마리 또는 사해사본 혹은 쿰란문서라고도 부른다. 거기에는 히브리 성서(구약)를 포함한 900여 편의 구약 관련 문서들이 들어 있었다.

1947년에서 1956년경까지 사해 서쪽 둑에 있는 와디 쿰란 (사해의 북서쪽 해변에 있는 고대 키르벳 쿰란 근처) 주변과 11개의 동굴에서 발견된 사해 문서는 기원전 2세기에 쓰여 진 문서들이었기 때문에 종교적, 역사적 가치가 컸다. 현존하는 구약 번역 사본으로서는 가장 오래된 사본이었다.

학자들은 40,000여 개의 사본 조각들을 편집해서 500여 권의 책을 재구성한다. 에스더서 일부를 제외한 구약 성경 전체가 발견된 것이었다. 학자들은 이 문서들이 성결 생활을 위해 사막에 격리해 살던 에세네파들이 남긴 유물이라고 생각했다.

에세네파는 바리새파나 사두개파처럼 기원전 3세기에 형성되었다가 기원후 1세기에 사라진 유대교의 한 종파다. 전설에 의하면 광야의 소리를 상징한 세례요한도 에세네파였다고 전해진다. 사해사본과 거의 1,000년의 간격을 두고 만들어진 마소라 본문과 비교해도 이 둘 내용이 거의 일치했다고 한다.

참고로, 마소라 본문(9세기 10세기)은 현대 구약 성경 번역의 기초로 사용된 문서다. 마소라 본문은 사해사본이 발견되기 전인 1943년 이후로 일부 가톨릭도 사용했지만, 동방정교회는 70인 역을 계속 사용했다.

정리하면 성경을 쓰여 질 당시에는 인쇄술이 없었으므로 필요에 따라 원본을 파피루스 혹은 두루마리에 필사하였던 것이 사본이다. 그리고 그 사본을 당시 공용어인 헬라어가 아닌, 라틴어나, 아람어, 콥트어 등 다른 나라 언어로 번역한 것이 번역본이다. 그리고 그것들을 연구하는 것이 원전 연구다.

D. 구약 성경이라는 명칭

구약이라는 명칭은 신약 성경(NT)이 결정되면서 경전의 경계를 명확하게 구분 짓기 위해 사용되기 시작한 명칭이다. '구약'이란 말은 '옛 언약'이란 의미의 한자어다. 기독교의 관점에서, 신약 성경과 대비되는 신과의 옛 언약이 적힌 책이라는 의미다. 이 명칭은 유대인에게는 용인되지 않는다.

구약 성경은 정경으로 인정되는 39권 이외에 일부 외경으로 분류한 낱권들이 있다. 이들을 제2 경전이라고도 한다. 이 외경의 수용과 범위에 대해서는 동방교회와 서방교회의 차이가 있다. 또 서방교회 내에서도 개신교와 천주교의 차이가 있다.

125

E. 구약에 대한 유대교의 명칭

앞에서 언급했듯이 "구약 성경"은 기독교의 명칭이고, 중립적인 용어로 '히브리 성경'으로 불린다. 유대교에서는 "타나크"라고 한다. 기원전 400년경 구전으로 전승된 전설들을 문자로 기록하였다는 것이 전통적인 입장이지만, 현대 성서학계에서는 실제 문헌 작성 연대를 훨씬, 훨씬 나중으로 믿고 있다.

모세오경(토라)의 경우에는 주로 유대왕국 후반부터 바빌론 유수기에 작성, 편집되었고, 성문서(케투빔)와 예언서, 선지서(느비임)의 경우에는 바빌론 유수기부터 예루살렘 귀환 이후에 작성된 것으로 추정된다. 그러나 현재의 히브리 성경 내 24권의 모든 문서가 공식적인 유대교의 경전으로 결정된 것은 기원 후 90년경에 개최한 얌니아 회의에서였다. 물론 이에 대한 반론도 있다. 얌니아 회의는 바리새파의 유대교 형성을 위한 회의였으며, 특정한 문헌의 히브리 성경 목록 추가 및 배제가 논의된 것이 아니라는 주장이다.

참고로 얌니아 회의(Council of Jamnia)란 기원후 70년 예루살렘성전 붕괴 이후 유일하게 살아남은 유대 종교의 일파였던 바리새파가 유대교를 재건하고 예루살렘성전 없는 유대교를 구성하였던 종교회의 중 하나였다.

기원후 90년경 개최된 얌니아(Jamnia, 지금의 야브네(Yavneh)) 회의에서 바리새파 유대교도들은 유대교의 방향을 설정하고, 기독교와 관계를 단절하고, 경전의 정경 범위를 규정하는 의결을 내렸다. 그러나 구약 성경의 각 문헌이 언제, 어떻게 만들어 졌는지에 대해서는 전통적인 증언에 주로 의존해 왔지만, 성서 학계의 연구는 여러 갈래의 전승들이 다양한 기록자에 의해서 채색되었고, 지역 및 시대에 따

평신도, 신학생, 목회자를 위한 신학 총정리 핸드북

라서 다른 갈래의 문서들이 만들어졌다고 추정한다.

이전까지 디아스포라 유대인과 기독교 세력이 사용하던 그리스어 번역 성경인 70인 역을 얌니아 회의 이후 유대교 바리새파에서 사용을 중지하였다. 70인 역을 대신하여 유대교는 히브리어를 모르는 디아스포라 유대인들을 위해 히브리 성경을 대본으로 하여 아퀼라 역을 새롭게 번역하였다.

F. 기독교의 입장

기독교는 70인 역을 382년에 로마 공의회에서 구약(Old Testament)으로 부르기로 결정 했다. 그리고 15년 뒤인 397년 카타르 공의회에서 예수님에 관련된 많은 문서 가운데서 복음서와 바울 서신, 그리고 다른 제자들의 서신서 등에서 선별하여 정한 경전들을 신약(New Testament)으로 부르기로 결정 했다.

초창기 기독교는 유대교의 한 분파처럼 취급되었다. '신약 성경'으로 분류된 문헌 안에서 언급된 "성경(Scripture)"이라는 모든 표현은 곧 '구약'을 의미했다. 유대인이 사용하던 70인 역을 그대로 사용 했다. 그것이 그대로 기독교의 경전이 되었다. 그러나 짐짓 유대교에서는 원본에 대한 신뢰성과 정확성이 빈약하다는 이유로 70인 역을 외경으로 격하시켜 버렸다.

G. 초기 기독교의 구약 목록

구약 목록은 정해진 것이 없었다. 예수님의 제자들이나 사도들도 접근이 가능한 유대교 회당에 비치된 문헌들만을 읽을 수 있었다. 그러나 그것도 제한된 시간을 가지고 읽을 수 있었으므로 부분적일 수

밖에 없었다. 그러나 그 문헌 내용들은 구전으로 퍼져있는 상태였다.

유세비우스의 교회사에는 좁은 목록과 넓은 목록으로 나눠져 있다. 좁은 성경 목록이란 외경을 제외시킨 성경 목록을 말한다. 동방교회는 이러한 '좁은 성경 목록'의 입장을 보인 교부들이 많은 편이었다고 신학자들은 말한다고 한다.

넓은 성경 목록이란 일부 외경까지를 포함한 구약 문헌들을 말한다. 문헌상으로는 유세비우스의 교회사에 나오는 것처럼 정리된 목록이 별도로 존재하지 않으나, 다수의 초대교회 교부들은 일부 구약의 외경이나 위경(Source가 분명하지 않아 성서에 수록되지 않은 30여 편의 문헌)들도 성경으로서 거리낌 없이 인용하였다. 그리고 점차 시간이 흐르면서 이 입장들은 교회 내적으로 정리되어 나가기 시작하였다고 신학자들은 말한다.

H. 보편 교회의 구약 정경과 외경

4세기에 기독교가 로마 제국에게 공인된 이후, 보편 교회는 로마제국의 사이즈에 어울리는 교리와 제도, 신학 이론을 정비하고, 제국의 종교로서의 교회의 기틀을 형성할 필요성을 느끼게 된다.

로마제국이 로마 지역에서 콘스탄티노플로 천도하는 상황에서 교세는 급속히 확장되었고, 마르시온 등장 이후 경전의 필요성은 더욱 절실해졌으나 경전 선별을 놓고 동방교회와 서방교회의 의견이 첨예하게 달랐음으로 경전 확립은 순탄치 않았다. 예루살렘의 키릴로스는 구약 부분에서 유대교의 얌니아 회의에서 결정한 히브리어 경전 본문과 그 목록의 우월성을 주장하며 유대인의 히브리 성경을 경전으로 결정해야 한다고 주장했다.

그러나 북아프리카 알렉산드리아 교회 지역의 히포의 어거스틴을 중심으로 라틴어 권역의 호교론 자들은 70인 역을 정경으로 사용해야 한다고 장했다.

397년 북아프리카의 서부 도시 카르타고 공의회에서 유대교에는 인정되지 않은 그리스어 번역본 전체의 경전성을 인정하고, 이 외경을 '구약 성경'의 일부로 인정하였다.

I. 교회 분열 이후 서방교회 구약

초대교회 시절부터 사사건건 의견을 달리했던 헬라어 지역인 동방교회와 라틴어 지역인 서방교회로 나뉘는 교회 대분열이 발생했다. 이것을 11세기(1054년) 발생한 동 서방 교회의 대분열이라고 부른다. 대분열 이후, 동방교회는 추가적 보편 공의회의 개최 없이 기존 7차 보편 공의회의 교리와 신학 결정들을 수정 없이 따르며 교회의 변화를 거부하였다.

그러나 서방교회 지역은 새로운 시대에는 새로운 교회의 전통이 요구된다는 입장 아래 사회와 시대의 변화에 따르는 교회의 변화와 그를 뒷받침할 신학적 재구성을 위해 라틴어로 진행하는 서방교회만의 보편 공의회들을 열었다. 이 공의회들에서 추가적인 신학 이론과 교리 형성을 위해 외경을 사용하였다.

J. 종교개혁 이후 구약

서방교회에서 외경에 대한 갈등이 본격적으로 대두된 것은 16세기의 종교개혁 시기였다. 특히 서방교회 개혁 찬성파였던 마르틴 루터는 신약성서와 구약성서의 각 문헌 사이 권위의 차이가 존재한다고

평신도, 신학생, 목회자를 위한 신학 총정리 핸드북

주장하면서, 유대교 구약 목록의 입장을 지지하였다. 칼뱅도 서방교회의 구약 정경에 대한 이해에 의문을 제기하면서 루터와 크게 다르지 않은 입장을 치하였다.

그러나 천주교는 1545년의 트리엔트 공의회를 통해 기존 정경 목록에 대한 도전적인 주장들을 모두 일축하였다 그리고 과거 동방교회에 의해 '외경'으로 분류되었던 일부 문헌들에 대하여 다른 성경 문서들과의 동등한 수준의 경전성을 재확인하였다. 그러자 종교개혁 세력은 이 결정에 반발하였고, 천주교는 이들에 대한 파문을 선언했다.

그러나 개신교의 외경에 대한 견해는 교단들의 신학 사상에 따라 의견을 달리한다. 공교회 주의를 따르는 개신교 종파인 루터교나 성공회, 감리교회, 구세군, 그리고 일부 성결교회 등은 외경에 대해 '교리를 도출하는 근거가 되기는 어렵지만 신앙에는 유익한 문서'로 권장했던 아타나시우스나 히에로니무스의 입장에 가까운 편이다. 부록에 달린 외경을 예배 시에 봉독하지 않지만, 신도들이 독서하는 것을 금하지는 않는다.

칼뱅주의를 바탕한 웨스트민스터 신앙고백의 신학적 영향을 많이 받은 개신교 개혁교회와 장로교회, 침례교회, 조합교회 등 교단들은 외경에 대하여 아무 가치도 인정하지 않으며, 교회 내에서의 독서도 금지한다. 외경은 참조문헌 정도이다. 예배 시 사용하는 한글 성경 번역본인 '개역 개정 성경전서', '새 번역 성경전서'에는 외경이 없으며, 교육용으로 사용하는' 공동 번역 성서'에만 부록으로 외경이 실려 있다.

성경은 수백 년에 걸친 기도와 이해와 논쟁과 협의 끝에 만들어졌다. 그러나 시대가 흐름에 따라 성경에 대한 여러 가지 문제점들은 또

다시 고개를 들기 시작하였다. 그리하여 성경의 무오설이 나오고 영감설이 나오게 된 것이다,

7) 신약학

신약은 예수님의 생을 중심으로 그분이 가르친 하나님 나라의 진리와 그 진리를 가르칠 때의 행적을 기록한 책이다. 그리스도교의 경전인 신약 성경은 1세기 중엽부터 2세기 초, 원시 교회 시대의 공용어인 그리스어로 쓰여 졌다. 그리고 2-4 세기에 걸쳐 편찬되었다.

신약 성경은 한 사람의 저작이 아니다. 예수님의 직계 제자들이나 예수님과 직접 관련이 있는 이들의 저작이다. 신약 성경은 총 27권으로 되어 있고, 이것을 연구하는 것이 신약학이다. 신약학은 27권이 쓰여 진 연대, 저자, 쓰여 진 장소, 쓰여 진 배경 등에 대한 연구도 포함한다.

학자들에 따르면, 신약 성경의 일부, 또는 전부를 포함하여 현존하는 사본은 약 5,000여개라고 하고, 번역 사본을 약 18,000여개로 추정한다. 기타, 낱개의 사본들이 또 있고, 합하면 모두 25,000여 개 정도가 된다고 한다.

여기에 더하여 지금은 유실되거나 외경으로 전승된 기록들이 있다. 그것들 모두 예수 그리스도에 관한 글들이다. 그분이 하나님의 아들이라는 것과, 인류를 구원하기 위해 인간의 형체를 입고 인간 세계에 오셨다는 것 등은 모두 같으나, 진리에 대한 이해의 측면에서 몇 가지 혼돈이나 오해를 일으킬 만한 소지가 있다고 판단되어 공의회에서 제외시킨 문서들이다.

2. 실천신학

실천신학은 행동 신학을 의미한다. 실천신학은 이론 신학과 달리 성경에 바탕을 둔 기독교 공동체의 실천 현장을 다룬다. 목회신학, 예배학, 설교학, 상담학, 선교학, 교회 성장학 등. 실천적 학문의 영역을 포함하고 있다.

신학자들은 실천신학이 상기 분야의 전문 지식과 기술을 습득하고, 훈련한다고 정의한다. 예를 들어 설교학의 경우, 무엇이 바른 설교이며, 예배학의 경우 무엇이 참다운 예배인가를 연구하고 상담학은 현대 심층심리학과 상담이론을 도구로 인간의 영적 · 정신적 치유와 영적 성장 · 성숙을 돕는다고 한다.

그리고 기독교 윤리학은 목회자와 교인의 개인 윤리만이 아니라 사회윤리의 과제를 다루면서 사회 구조의 변혁과 실천적 이론을 '하나님의 나라'의 빛 아래서 조명하고 훈련한다고 한다.

또한 선교학은 '하나님의 선교론에 근거해 인간 생활의 모든 영역을 복음의 능력으로 조명하고, 창조적 변혁을 통하여 사랑, 정의, 자유, 평화 등이 구현되는 하나님의 나라 실현을 위해 이론과 실천의 병행을 강조한다.

기독교 교육학은 그리스도의 진리를 중심으로 청소년 교육을 비롯하여 성도 전반에 걸친 교육 방법을 연구한다. 더하여 실천신학은 목회신학, 예배학, 설교학, 상담학, 선교학, 교회 성장학, 기독교 교육학, 전례학 등으로 분화된다.

그러나 기독교가 성령의 사역 안에서 숨쉬는 신비의 종교이기 때문에 과한 학문적 연구가 자칫 성령의 사역을 방해할 위험이 있음을 유념해야 한다.

3. 역사신학

역사신학(Historical theology)은 조직신학 다음에 다룰 수도 있고, 함께 다룰 수도 있다. 역사신학은 기독교를 세계 역사 속에 편입시켜 사실적, 역사적으로 조명하는 학문이다.

역사신학은 크게 두 가지 측면에서 연구되고 있다. 구약-역사신학과 신약-역사신학이다. 구약의-역사신학은 고대 근동사와 연관이 있고, 신약 역사-신학은 서양사와 연관이 있다.

학자들은 역사신학이 성경 신학과 조직신학, 실천신학과 더불어 신학의 4대 부문 중 하나라고 말한다. 역사적 방법을 써서 자료를 엄밀하게 검토하고, 세계 역사와 더불어 기독교의 역사를 연구하는 기독교 신학 분야다. 학자들은 역사신학을 통해 신학적 개념, 진술, 또는 신학 체계를 발생시킨 사회적, 역사적, 문화적 메커니즘을 연구해 왔다.

역사신학은 성서가 증언하는 예수 그리스도의 생애와 삶 속에 나타난 진리를 세계 속의 인간 개인들 상황에 연관시킨다. 세계 속에서 인간의 삶의 변화와 신앙의 변화는 모두 일정한 역사를 이루었다.

역사적으로 역사가 처한 상황을 무시하거나 초월하려는 신학은 보수주의 신학이 되고, 그리스도교의 영원한 계시적 진리를 무시하는 자유주의 신학은 인본주의 신학이 된다. 참고로 인본주의 신학이란 인간이 만물의 척도라는 프로타고라스의 주장이 정신화된 신학이다. 엄밀하게 따지면 신학 같은 비-신학이다.

이론 신학 분야에는 역사신학은 교회사, 교리사, 기독교 사상사, 조직신학, 문화신학, 종교 신학, 기독교 윤리학 등등으로 분화되어 있다.

참고로 교회사와 그리스도교 사상사는 기독교 공동체가 변천하는 상황 속에서 복음에 응답하고 기독교 진리를 변증한 역사신학이다. 교회사와 기독교 사상사는 철학사, 종교 문화사의 밀접한 연관이 있음을 알아둘 필요가 있다.

4. 이론신학

이론 신학 분야에는 역사신학은 교회사, 교리사, 기독교 사상사, 조직신학, 문화신학, 종교 신학, 기독교 윤리학 등등이 이론 신학에 속한다. 교회사와 기독교 사상사는 철학사, 종교 문화사의 밀접한 연관이 있음을 알아둘 필요가 있다.

참고로 교회사와 그리스도교 사상사는 기독교 공동체가 변천하는 상황 속에서 복음에 응답하고 기독교 진리를 변증한 역사신학이다.

1) 변증학

변증학은 기독교를 변호하는 학문이다. 초대교회 호교론 자들이었던 교부들이 내부나 외부로부터 도전해 온 여러 가지 비기독교적 주장이나 사상들을 상대로 그리스도의 진리와 철학을 사용하여 교회를 보호했던 것에서 유래한다. 그리하여 지금은 유물론, 사신론, 공산주의, 사회주의, 프로이드 등등, 각 시대의 사상에 대해서, 신으로부터의 계시에 기초를 둔 기독교가 올바르다는 것을 변호하고 증명한다.

따라서 변증학은 유물론 등 각 시대의 사상에 대해서, 신으로부터의 계시에 기초를 둔 기독교가 올바름을 변호하고 증명한다. 앞에서 언급했던 것처럼, 변증학은 기초 신학이라고 하며, 기독교 초기 역사에서 논리적으로 기독교를 변호하며, 따라서 조직신학을 형성하는 기본적 틀을 형성하였다.

2) 윤리학

윤리의 본질은 도덕적 덕목이다. 따라서 윤리는 법과는 다르다. 법이 아니면서 법인 것이 윤리다. 예를 들어 혼전 순결, 간음, 거짓말, 등에 대한 고찰이 여기에 해당한다. 바울 서신들에서 다루어진 이슈들이 대부분 윤리 분야에 속한다. 예를 들면 고전 5장 9절과 10절에 나온 내용이다. "불의한 자는 천국에 들어가지 못하리니 곧 음행하는 자, 간음하는 자, 남을 속이는 자, 우상숭배 하는 자, 남색(호모)하는 자, 도둑질하는 자, 술중독자, 사실이 아닌 말로 남의 명예를 훼손하는 자, 탐욕에 사로잡힌 자, 사기꾼, 등등이다.

기독교 윤리는 그리스도인들이 세상을 사는 삶의 지침이다. 그것을 연구하고 가르치는 학문이 기독교 윤리학이다. 그러나 20세기 후반부터는 기독교 윤리학이 독자적 분야로 발전하였다. 앞에서 간단하게 취급했지만, 윤리학은 죄와 사랑, 구원 등의 기독교 윤리를 연구한다. 20세기에 후반부터는 기독교 윤리학의 독자적 분야로 발전하였다.

3) 교의학

신학자들은 교의학이라는 명칭은 라인하르트(L. Reinhart)가 그의 책 "교의 신학 개요"(Synopsis theologiae dogmaticae, 1659)에서 처음으로 사용하였다고 한다. 주로 교리에 관련된 학문의 의미로 사용한 것이다. 대표적으로 다음과 같은 학자들이 교의학이라는 이름을 사용한다고 한다.

독일의 오토 베버(Otter Weber) 스위스의 카를 바르트, 에밀 브루너 네덜란드의 아브라함 카이퍼, 헤르만 바빙크, 베르까우어 남아프리카공화국의 요한 하인즈, 콘라드 베스마르 등등이다.

그러나 미국의 찰스 핫지(Charles Hodge)와 폴 틸리히(독일계 미국인)는 조직신학이란 용어를 썼고, 예외적으로 독일 학자 볼프하르트 판넨베르크도 조직신학 용어를 사용했다.

지금은 대체로 영국과 미국의 대부분의 신학자들이 조직신학이라는 명칭을 사용하는 추세다. 단순한 교리만이 아니라 교회의 진리를 조직적으로 진술한다는 포괄적 의미여서다. 그러나 일부 미국 신학교에서는 조직신학과 교의학을 따로 가르치기도 한다.

5. 조직신학 (Dogmatic theology)

고대 철학은 "무엇인가?"를 본질에 대한 탐구로 정의했다. 그의 탐구 개념을 신학에 적용하면 신학은 그리스도의 진리(도그마)를 체계적이고, 조직적이고, 합리적으로 논리화하는 학문이라고 할 수가 있다.

진리(도그마)란 어원상으로 "도케인"(δοκειν)이라는 헬라어 동사에서 온 말이다. 언어 학자들은 '도그마'(δογμα)라는 말은 '도케인'(δοκειν: 생각하다)과 '모이'(μοι: 나)의 합성어라고 설명한다. 그 의미는 "나에게 그럴듯하게 생각된다"라는 의미이다. 그러나 고대 헬라어에서 일반적 용례는 공인된 "결의"나 "법령"으로 현재 의미와 달랐다고 한다. 따라서 어원상으로 진리란 나에게 필요한 생각, 말, 법령, 결의가 될 수 있다. 그리스도의 용서와 사랑과 평화가 된다.

조직신학(Systematic Theology)은 모두 성경에 나타난 진리를 조직적으로 진술하는 신학을 가리키는 다른 명칭이다. 다만, 이들 중 어떤 명칭을 사용하는지는 나라마다 다르다. 조직신학은 기독교 신학에서 주로 구조와 범주를 형성하는 중요한 이론 신학이다. 신학자들은 성경과 보편 공의회에 나타난 중요한 주제를 보다 논리적이고 체계적 방법론을 사용하여 서술하는 학문이라고 말한다. 공의회에서 이미 결정한 신학적 주제들을 보다 구체적으로 쉽게 서술했다는 의미다.

따라서 조직신학이란 성경에 등장한 여러 가지 주제들, 즉 창조, 하나님과 인간, 그리스도, 구원, 교회, 종말 등을 선정하여 체계적이고 논리적으로 서술함으로써 그에 관한 교리를 형성하고 변호한다.

조직신학(교의학)은 서론 부분에서 1. 계시론, 그리고 본론 부분에서 2. 신론 3. 인간론 4. 기독론, 5. 구원론, 6. 교회론. 7. 종말론 등의 순으로 전개된다. 그러나 이 책에서는 좀 더 쉬운 접근 법을 선택하여 순서를 약간 바꿨음을 밝혀 둔다.

1) 계시론

계시는 어원적으로 '나타남(appear)' 또는 '드러남(revealed)'을 뜻한다. 수동적으로 신에 의해서(by God) 신의 뜻이나 신적 지식을 받게 된다(to be received)는 뜻이다. 계시는 주어지는 것이지 성취하는 것이 아니라는 의미다.

신학자들은 신이 자기를 인간에게 직접 드러내어 인식시키는 것을 계시라고 정의하고, 계시를 자연 계시와 특별계시로 나눠서 생각한다. 신학에서 세분화 해 놓은 계시는 다음과 같다.

(1) 자연 계시 (Natural Revealation)

자연 계시란 자연의 법칙이나, 자연의 흐름, 혹은 자연 현상, 우주의 현상을 통하여 하나님이 자신의 창조나 본성을 알게(드러내는) 하는 현상을 말한다. 예를 들어 비를 악인과 선인에게 내리는 것은 하나님의 공평한 사랑을 드러내고, 심는 대로 거두는 인과응보 같은 것들을 통해서는 하나님의 공의를 드러낸다. 그런데, 인간의 이성 능력의 하락, 즉 죄에 대한 오염으로 인해 한계 지어진 이해력 때문에 인간은 신을 다 알 수 없으므로 인간에게는 특별계시가 필요로 하게 되었다고 한다.

(2) 특별계시

특별계시란 특별한 방법으로 사용하여 하나님이 자신이나 자신의 뜻을 드러내는 것을 말한다. 신학자들은 인간의 구속과 관련하여 주어지는 계시를 특별계시라 한다. 하나님이 어떤 음성이나 기록물을 통하여 직접, 혹은 대행자를 통하여 스스로를 드러내는 것이 된다. 따라서 신학자들은 성경을 하나님의 특별계시로 간주한다.

(3) 일반 계시

일반 계시는 자연 계시 개념과 비슷하다. 자연을 통해 알려주시는 하나님의 뜻을 의미한다. 인간의 삶 속에 내재 되어 있는 신의 뜻도 일반 계시의 일종이다. 쉽게 표현하면, 자연 혹은 인간 안에 들어있는 하나님의 뜻을 알게 해주시고 깨닫게 해주시는 것도 일반 계시의 일종이다. 예를 들면 몸이 피곤한 것은 쉬라는 신호(계시)로 이해하는 것과 같다. 자연을 통해 오는 일종의 교통 신호다.

(4) 초자연 계시

초자연 계시란 자연의 원리나 법칙 혹은 흐름을 초월한 계시 현상을 말한다. 예수님의 동정녀 출생이 초자연 계시의 한 예다. 예수님은 이 땅에 오시기 전에는 알 수도, 볼 수도, 들을 수도 없는 분이셨다. 그분 자체가 하늘에 속한 하나님의 아들이어서다. 그러나 인간의 형체를 취하시고, 동정녀 탄생을 통해 이 땅에 오심으로 계시(드러남)가 되었다는 게 신학자들의 입장이다.

하나님의 초자연적 방법에도 두 가지가 있다. 직접적인 초자연 계시와 간접적인 초자연 계시다. 꿈이나 구전과 같은 자연적 방법을 사용하여 자신의 뜻을 나타내는 것도 초자연적 성격을 가진다. 중세 교회사에 등장하는 보에티우스의 꿈에 나타난 철학의 천사가 좋은 예다. 그것은 말씀과 사실적 계시인데 여기서 말씀은 사실을 해명하고, 사실은 말씀을 예증해 준다.

2) 삼위일체론 (The theory of Trinity)

세상에는 "일심동체"라는 말이 있다. 두 사람의 부부를 두고 한 말이다. 몸은 둘이나 뜻이 하나라는 의미다. 마음이 같고, 뜻이 같고, 정신이 같다는 말은 "본질"이 같다는 말이다. 본질이 하나면 존재도 하

평신도, 신학생, 목회자를 위한 신학 총정리 핸드북

나다. 초대교회 신학자들도 세분 하나님이 한 분처럼, 같은 뜻, 같은 마음, 같은 정신을 가졌다고 해서 "삼위일체"라고 표현했을 것이다,

따라서, 삼위 일체론이란 성부, 성자, 성령 하나님을 본질적인 측면에서는 한 분(unipersonal)이면서, 인격적 측면에서 세 분(tri=per-sonality)으로 보는 이론이다. 아주 쉽게 표현하면 "삼심(본질) 일체"다. 산술적으로 표현하면 X+X+X=3X와 같다. *본질(성부) + 본질(성자) + 본질(성령)= 3본질(삼위)이다. 삼위란 본질이 삼이라는 말이요, 일체라는 말은 3 본질이 하나와 같다는 의미다. 예를 들면 사랑+사랑+ 사랑= 3 사랑이다. 사랑의 본질이 같기 때문에 삼사랑 한(일체)사랑도 된다.

신학자들은 삼위 일체론을 신앙에 접목시켜 구원은 하나님으로부터, 예수 그리스도를 거쳐, 성령에 의해 계시 되었고, 그리스도를 통해 완성되었다고 주장한다.

(1) 종교개혁 이전 시대

학자들은 삼위일체의 초기 기원이 그리스도론(기독론)의 확장에서 시작되었다고 본다. 맞다. 70년 예루살렘 멸망 때 살아남은 바리새파 유대교와 예수님의 인성만 강조한 에비온주의, 그리고 신성의 영적 요소만을 강조한 영지주의의 등장으로 막 태동한 기독교의 뿌리는 흔들리기 시작했다.

예비온주의는 예수를 메시아로 보면서도 그의 신성과 동정녀 탄생을 부인하고, 유대인의 율법과 의식을 따라야 한다고 주장했던 이단 세력이다. 그들은 마태복음서 하나만을 경전처럼 사용했으며, 예수의 동생 야고보를 경외했고, 사도 바울은 율법을 거역한 배교자로

여겼다,

따라서 이때 그리스도가 누구인지 논리적인 설명이 필요하게 되었다. 특히 영지주의의 유출설과 마르시온주의의 다른 하나님, 그리고 마니교의 이원론 등이 그리스도론을 흔드는 대사건이 되었고, 예수 그리스도에 대한 신학적 개념화가 절실하게 되었다.

삼위일체의 제2위와 3위라는 말을 처음 사용한 분은 라틴 교부이자, 철학자요, 평신도 신학자인 터툴리안(155-240)으로 알려지고 있다. 그는 퀸투스 셉티미우스 플로렌스 테르툴리아누스(Quintus Septimius Florens Tertullianus)라고 불린다. 그러나 초창기 삼위일체에 대한 그의 주장은 신학적으로 개념화하기엔 불충분하였다고 한다.

이를 극복하기 위해 오리겐(185년 경 – 253년 경)이 나섰다고 한다. 오리겐은 청년 시절 끊임없이 솟아오르는 육체의 정욕이 진리의 길을 가는데 방해가 된다고, 스스로 거세를 하고, 고자가 된 분이다. 그분은 터툴리안의 뒤를 이어 성자는 성부에게 보내심을 받고, 성령은 성자에게서 보내심을 받았다는 주장이다.

그러나 사벨리우스(217~220)는 성부, 성자, 성령의 신격은 단일체(M onad)이며 3가지 작용으로 자신을 표현한다고 주장했다. 즉 창조에서는 성부로, 구속에서는 성자로, 성화에서는 성령으로 역사한다는 것이었다. 성부, 성자, 성령을 같은 신의 다른 현현 양식이라고 본 것이다. 신학에서는 이것을 양체론 혹은 양태론이라고 한다.

그러다가 마케도니오스라는 사람은 아예 성령의 신성을 부인하였다. 그리하여 삼위 일체론은 3자의 현실적 구별이 애매해지거나 삼신론에 빠지게 될 위험에 직면했고, 교회는 어떤 식으로든 '삼위일체'

교리를 확립해야만 되게 된 것이다.

그리스도의 신성을 부인하고 피조 자성(schizomagnetic)을 주장한 대표적인 인물은 아리우스(256?-336)였다. 다행히 아리우스의 주장은 아타나시우스(293?-373)에 의해 격침되었다. 그러나 그 후에도 아리우스파는 계속해서 삼위일체 문제를 논쟁거리로 삼았다. 이들을 정리하기 위해 니케아 공의회(주후 325)가 열렸고, 드디어 니케아 공의회에서 성자가 성부와 동일한 본질임을 선언하면서 아리우스파를 비롯한 그를 추종하던 이단들을 단죄하고, 정통 기독교 신앙을 수호하기 위한 신앙고백 문을 채택했다. 그 신앙고백 문안에는 성령론도 들어 있다.

이리하여 교회는 4세기경부터 삼위 일체론을 공식화하기 시작했다. 그러나 그 후 아리우스를 추종하던 자들은 성자를 성부의 제1 피조물로 묘사함으로써 공개적으로 성자와 성령의 신성을 부인 했다.

그 후, 381에 열린 Constantinople 공의회에서 정식으로 성령의 신성을 결의했다. 어거스틴은 그의 책 "삼위일체론"에서 삼위일체에 대한 여러 증거들을 제시했는데, 일단 그것으로 모든 논란은 잠재워졌다. 그러나 어거스틴이 죽은 후, 삼위일체 논쟁은 다시 시작되었다. 그 대표적인 것이 중세 1천 년 동안 계속된 필리오케 논쟁이다

A. 필리오케 논쟁

필리오케 논쟁은 초대교회에 있었던 예수님의 신성 논쟁의 후속 논쟁이다. 아우구스티누스가 죽은 후 중세 중간기에 일어난 대표적인 삼위일체 논쟁을 필리오케라고 한다.

필리오케란 "그리고 또 아들('and also the Son)'로부터"라는 뜻

의 라틴어로, 니케아-콘스탄티노폴리스 신경('니케아 신경')의 그리스어 원문에는 없는 단어다. 그러나 589년 제3차 톨레도 시노드에서 그때까지 스페인 내에 잔존하고 있던 아리우스주의를 경계할 의도로 서방교회가 라틴어로 번역한 니케아 신경에 "필리오케"란 말을 살짝 첨가하였다.

이는 당시 기독교회의 신학 표준 언어가 코이네 그리스어인 상황에서 번역어인 라틴어의 문제였고, 중요한 신앙의 기준인 니케아 신경의 원문을 정확하게 번역하지 않았던 문제였다.

따라서 코이네 그리스어, 헬라어 니케아 신경 원문 중 "성령은 성부에게서 발하시고"라는 구절이 라틴어 번역본에서 "성령은 성부와 성자에게서 발하시고"로 바뀌게 된다.

동방교회에서 사용하는 그리스어 니케아 신경과 서방교회에서 번역한 라틴어 니케아 신경 간에 불일치가 발생하게 된 것이다. 그러나 그때까지는 필리오케가 삽입된 니케아 신경은 스페인 내에서만 사용되고 있었다.

그러다 796년 프리울리 시노드에서 프랑크 왕국 아킬레이아의 파울리노 총대주교는 필리오케의 니케아 신경 삽입을 옹호하였고, 800년경에는 전체 프랑크 왕국의 미사에서 필리오케가 삽입된 니케아 신경이 암송되기 시작하였다. 이것이 847년 프랑크 왕국의 수도자들에 의해 예루살렘에 소개되자 동방교회 수도자들은 강하게 반발하였다.

그 후, 레오 3세는 필리오케의 문제를 신학적 문제점보다 번역의 문제와 교회 일치(세력 다툼)의 문제점으로 보고, 809년 라틴어 번역본에 필리오케 추가를 막고자 한다. 그는 필리오케가 없는 형태의 니케아 신경을 코이네 그리스어 원문과 라틴어 번역문으로 각각 작성하여 성 베드로의 묘에 봉헌된 은제 탁자 2개에 새겨 넣도록 한다.

그러나 베네딕도 8세는 필리오케에 신학적 문제가 없다고 주장하며 1013년 필리오케가 삽입된 라틴어 니케아 신경을 다시 거론하여 승인하기에 이른다.

이에 서방교회에 필리오케를 니케아 신경에서 삭제할 것을 강력히 요구했던 동방의 대표주자 콘스탄티노폴리스 총대주교 포티우스 시대 이후로, 필리오케는 교황 수위권 논쟁 등 여타의 신학적 문제와 더불어 동·서방 교회 갈등의 한 요인이 되어 동방의 5개 대교구가 떨어져 나간다.

(2) 삼위일체에 대한 성경적 근거

복음서를 보면 예수님께서는 삼위 하나님에 대한 언급을 자주 하셨음을 알 수 있다. "물과 성령으로 거듭나지 아니하면" "성부, 성자, 성령의 이름으로 세례를 주고" "보혜사 성령 그가 오시면" "성령을 받으라"(요20:22) 등등. 또한 주님은 자신이 떠날 것을 슬퍼하는 제자들에게 자신이 가야 성령이 오신다는 것을 말하기도 했다. 또 삼위의 제2위 이신 성자 예수께서 성부 하나님께 기도하여 삼위 중 제3위 이신 진리의 영이신 보혜사 성령을 보내주신다는 것도 분명히 했다.

(3) 삼위에 대한 다른 해석

A. 삼신론: 존 필로포노스에 의해 주장된 삼신론은 '세 인격의 세 하나님'이라는 이론이다. 현대 삼신론을 수용한 주요 교단은 "예수 그리스도 후기성도 교회(몰몬교)"가 있는 것으로 알려지고 있다.

B. 양태론(modalism): 양태론은 하나님이 시대에 따라 성부, 성

자, 성령의 모습으로 나타나는 '한 인격의 한 하나님'이라는 이론이다. 한 하나님이 구약시대에는 성부로, 신약의 시대에는 성자로, 신약 이후에는 성령으로 활동한다는 주장이다.

C. 종속론(subordination): 성부와 성자와 성령이 온전히 하나의 주체지만, 성자와 성령은 성부에게 종속되어 있다는 이론이다.

D. 양자론(adoption): 양자론은 하나님이 예수를 양자로 삼았기 때문에, 예수가 하나님의 아들이 되었다는 주장이다.

(4) 삼위일체가 포함된 신조

아타나시오 신경, 사도 신경, 니케아 신경, 콘스탄티노폴리스 신경, 영국 성공회 39 개조 신조, 칼케돈 신경 등이다.

(5) 교파별 견해(찬성 견해)

삼위일체 찬성 교파와 교단은 대부분 그리스도교의 신학적 전통을 계승하고, 구약 성경, 신약 성경만을 경전으로 인정하고, 보편 교회 시대의 신학적 기준을 사도적 지침이라 여기고 수용하는 교단들이다. 동방정교회와 천주교회, 개신교회 교단들인 루터교회, 개혁교회, 성공회교회, 침례교회, 장로교회, 감리교회, 성결교회, 오순절교회 등이다.

3) 신론(성부 하나님)

문자적으로 풀면 신론은 성부, 성자, 성령 하나님에 대한 학문이어야 한다. 그러나 체계화된 신학에서 신론은 성부 하나님에 대한 학문으로 국한 시켰다. 신론 다음에 따라 나오는 주제들은 (1) 하나님의 명칭 (2) 하나님의 정의. (3) 삼위일체 (4) 하나님의 본질(속성-공유적 vs 비 공유적) (5) 하나님의 사역(창조 - 섭리) (6) 하나님에 대한 존재 논증 등이다.

삼위일체 하나님의 제1위 이신 성부 하나님은 모든 만물의 근원(The Origin)이다. 성부란 거룩한 아버지다. 만물의 창조자로서 그리고 인간의 영적인 아버지, 영혼의 아버지로서의 삼위일체 하나님이시고, 제2위 이신 예수님의 아버지로서 삼위일체 아버지를 지칭한다.

여기서 혼동하지 말아야 할 것이 있다. 제1위 이신 아버지 하나님이 예수님의 아버지이시고, 또 우리의 아버지도 되시기 때문에 우리가 예수님과 동격이 되지 않겠느냐는 오해다. 결코 그럴 수 없다, 예수님은 처음부터 하나님과 함께 계셨던 우리의 창조자 하나님이시고, 우리는 그분의 자녀들이다. 주님은 우리를 종으로도 부르고, 친구로도 부르고, 형제로도 부르고, 자녀로도 불렀다. 그리고 자신을 목자로, 우리를 자신의 양 떼로도 비유하셨다.

구약학자들은 신은 자신을 계시해 준 범위 내에서 이해할 수 있다고 말한다. 그러나 신의 현현이 현현의 대상에 따라 다르게 현현한다는 점(부활 후 예수님의 여러 개의 모습처럼)을 감안 하면 그들의 논리는 합리적이지 않다.

신학자들은 신론을 "신에 대한 학문적 혹은 이성적 개념"이라고 정의한다. 성경에 등장하는 신은 성부 하나님, 성자 하나님, 성령 하나님이시다. 성경은 하나님은 오직 한분 뿐이고 다른 하나님은 없다고 가르친다. 그래서 신학자들은 성부, 성자, 성령, 세 분 하나님을 하나로 묶어 보편적 측면에서 삼위일체 하나님으로 개념화했다. 신론을 잘 이해하기 위해서는 신론에 수반되는 여러 가지 주제(명제)들을 알아둘 필요가 있다.

(1) 하나님의 명칭

명칭이란 이름이다. 일반적으로 이름은 부르기 위해 지어진다. 이름에는 반드시 지은 이가 있고, 부르는 이가 있다. 앞으로 차차 다루겠지만 신약에는 하나님에 대한 이름이 없다. 구약에만 나와 있다. 그것도 하나 이상이다. 일부 신학자들은 하나님은 여러 이름을 통하여 자기 성품의 일면들을 계시하셨다고 주장한다. 그러나 그런 설명은 존재론적으로 적절하지 않다.

A. 구약의 이름

구약에 나타난 하나님의 이름은 하나가 아니다. 신학자들은 하나님의 이름에 들어가는 복합어까지 모아서 하나님의 의미를 추론한다.

A) 엘로힘

하나님이 유대 백성에게 나타나 자신을 엘로힘이라고 소개했다는 데서 유래한 이름이다. '엘'은 '강한 자'란 뜻을 갖는 가장 단순한 이름으로서, 강하신 분으로서의 하나님을 나타낸다. '엘로힘'은 하나님에 대한 가장 보편적 이름이다. 어미, 엘의 복수형은 '장엄(solemnity)하다'이다. 이방 신과는 비교될 수 없는 절대적 경외의 대상임을 강조한다. 참고로, 모든 종교의 신들도 바로 이런 절대적 의미를 가지고 있다.

B) "엘"의 복합어

복합어란 엘 이 특정 단어에 들어가 특정 의미가 되게 하는 것을 말한다. 예를 들면 한국 사람들 이름에 들어있는 아름다울 "미"가 "여"와 합쳐지고 영과 섞어져서 미녀, 미영, 영미, 등. 아름다운 여자, 아름다운 그림자, 아름답고 영리한 여자라는 의미를 만드는 것과 같다. 구약에 "엘"이 들어가 있는 단어라고 신학자들이 정리해 놓은 단어들은 다음과 같다.

엘 쇠다이, −전능하신 하나님(창세 17:1;28:3). −엘 엘론 −지극히 높으신 하나님(창세 14:19). −엘 올람 −영원하신 하나님(사 40:28).− 엘 로이 −감찰하시는 하나님(창 16:13).

C) 야훼 (여호와)

다음은 야훼다. 학자들은 야훼를 여호와와 같은 이름으로 간주한다. '스스로 있는 자(I am that I am)'라는 뜻을 가졌다고 한다. 고대 철학자들이 만물의 본질을 탐구하는 과정에서 탐구해 낸 신개념 중 하나다. 유일성, 절대성, 독립성이 함유된 이름이다. 철학적으로 개념화된 "I am that I am"이 히브리어로 여호와 혹은 야훼로 번역됐을 것이다. 그러나 야훼(여호와)를 놓고 유대인들은 오직 자기의 하나님에게만 사용될 수 있는 고유명사라고 주장한다. 이 이름을 통해 그들은 하나님의 유일성, 자존성(Self−respect), 거룩성(Holiness) 및 영원(eternity), 불변성(immutability)을 강조한다.

D) 야훼의 복합어

따라서 야훼도 복합어가 있다. 신학자들이 정리해 놓은 야훼의 복합어는 다음과 같다.

*야훼 이레 — 야훼께서 준비하심(창 22:14). −*야훼 니씨— 야

훼는 나의 깃발(출17:15). -*야훼 샬롬 — 야훼는 나의 평화(판관 6:24). -*야훼 라파 — 야훼께서 치료하심(출 15:26). -*야훼 삼마 — 야훼, 여기 계심(에제 48:35). -*야훼 치드케누 — 야훼, 우리를 되살려주시는 이(예레 23:6). -*야훼 로이 — 야훼는 나의 목자(시편 23:1). -*야훼 체바오트 — 만군의 야훼(1사무 1:3). -*야훼 마케 — 멸망시키시는 야훼(에제 7:8). -*야훼 엘 게뭄로트 — 야훼는 보복의 하나님이심(예레 51:56).-*야훼 메카디쉬켐 — 너희를 거룩하게 하시는 하나님(출 31:13).

E) 아도나이(주)

아도나이는 '주'(Lord)라는 뜻을 갖고 있다. 주인, 혹은 어르신, 선생님, 혹은 은인, 혹은 왕을 부를 때 아도나이를 사용했다. Sir, Mr. 보다 존중된 표현이다. 일반적으로 이 이름은 인간에게도 사용되지만, 하나님에게 사용될 때는 인간을 포함한 모든(만물) 피조 세계에 대한 소유자, 혹은 통치자를 가리킨다고 한다.

B. 신약의 이름

A) 데오스 (demos)

일부 구약을 전공한 신학자들은 데오스를 구약의 '엘'이나 '엘로힘'의 번역어라고 주장한다. 그렇다면 어떻게 데오스가 "엘" 이나 "엘로힘"의 의미로 번역될 수 있을까?

이에 대해서도 합리적인 답을 내놓아야 한다. 아마도, 어쩌면, 그것은 마치 플라톤의 이데아나, 에이도스 같은 개념을 유대인의 종교적 용어로 표현하여 "엘" 이나 "엘로힘"이 된다는 맥락에서였을 수 있다.

그러나 데오스는 고대 헬라어이다. 시민이라는 뜻이다.

　　B) 퀴리오스

헬라어 퀴리오스는 '주님(Lord)'을 의미하며 아도나이와 동일하다. 선생님, 사장님, 주인님이라는 의미이다. 신약에서는 예수 그리스도를 부를 때 더 많이 사용된다. 의미상으로는 우리가 이름을 부를 없을 만큼 높은 분이나, 존경하는 분, 혹은 주위의 노인들에게 "어르신" 혹은 선생님이라고 부르는 것과 같다. 오! 주님. 오! 주 하나님!. 아! 어르신. 아! 선생님. 바로 이렇게 사용되는 것이 퀴리오스다.

　　C) 파테르

고대 헬라어 피테르는 '아버지(Father)'란 뜻이다. 주님이 직접 사용하신 단어다. "너희 천부(Your Heavenly Father)" "나의 아버지, 너희 아버지(Your Father, my Father)"

주님은 단 한 번도 하나님의 이름을 엘로힘이나, 야훼, 그리고 여호와라고 부르지 않았다. 항상 어디서나 파테르라고 부르셨다. "아버지 하나님"이 주님이 가르쳐주신, 우리가 부를 수 있는 하나님의 이름이다.

(2) 하나님의 정의(계시 된)

개념이란 일단 "무엇인가?"라는 질문을 거쳐야 만들어진다. 무엇인가에 대한 질문에 답하기 위해서는 먼저 본질에 대한 탐구가 선행되어야 한다. 존재를 정의하기 위해서는 그 존재의 본질부터 정의해야 하기 때문이다. 본질을 속성으로도 대신 할 수 있다.

논리학에서는 정의(defined)를 개념화되었다는 뜻으로 이해한다. 신학자들은 "계시 된" 즉 "하나님이 드러내 준"이라는 형용사를 붙여 자신들의 주장을 정당화한다. 그러나 누가 무슨 말을 해도, 그리고 어떤 논리를 편다고 해도, 무한한 하나님은 유한한 인간, 그 인간의 이성과 논리에 의해 개념화될 수 없다. 하나님은 사유의 대상은 될 수 있을지 모르나, 정의의 대상은 아니다. 적어도 이런 관점에서 학자들의 논리를 살펴보는 것이 타당하지 않을까 한다.

루터는 역사를 통해 나타난 하나님과 숨어계신 하나님을 구별했다. "역사를 통해 나타난"이란 이미 계시 되었다는 뜻일 것이다. 아직 나타나지 않는 하나님이란 가려져 있는 부분이 있다는 뜻이다.

신학에서는 하나님이 우리에게 직접 계시하시지 않고, 예수 그리스도의 십자가 고난을 통해서 계시하셨다고 말한다. 루터가 왜 비 계시 된, 혹은 계시 되지 않은 단어 대신 숨어계신 이란 단어를 사용하였는지는 모르나 그의 말을 분석하면 하나님은 알 수 없다는 결론이 나온다.

(3) 하나님의 본질

플라톤은 존재를 본질의 모사, 즉 본질의 현현이라고 정의했다. 아리스토텔레스는 존재를 질료와 형상의 집합체라고 정의했다. 하나님께서 인간 세상에 드러내신 속성은 사랑이다. 아리스토텔레스 철학을 적용해도 하나님의 본질은 사랑이 된다. 사랑의 본질은 용서다.

참고로 만물의 축은 하나님의 의다. 하나님의 사랑도 의(justice)가 축으로 되어 있다. 그 "의" 때문에 인간의 죄를 사하는데 그리스도의 희생이 필요했을 것이다.

평신도, 신학생, 목회자를 위한 신학 총정리 핸드북

사랑은 자비, 용서, 이해, 인내, 등 많은 부과 적인 "세포-속성"으로 구성되어 있다. 그래서 신의 본질이 영원하고 거룩한 사랑으로 귀결된다. 그래서 천사들도 하나님 앞에서는 거룩! 거룩! 노래할 뿐이었다. 이것이 철학으로 접근해 본 신의 본질이다.

그렇다면 인간은 어떻게 하나님을 알 수 있을까? 라는 질문을 대면 해야 한다. 이에 대해 신학자들은 인간에게는 하나님을 알 수 있는 두 가지 지식이 있다고 말한다. 선험적 지식과 후험적 지식이다.

A. 선험적 지식 (본유적 지식 or 생득적 지식)

심리학과 근대 합리론자들과 경험론자들이 자주 사용하는 용어인 선험적 지식이란 태어날 때 선천적으로 가지고 나온 지식을 말한다. 그것을 본유적, 생득적이라는 말로도 대신 한다. 종교에서는 이것을 종교적 본성이라고 말한다. 약간 미흡해 보이는 논리일 수 있지만, 인간 안에 심어져 있는 종교의 씨앗으로 비유해도 무방할 것 같다. 그 씨앗이 정한 때가 되면, 정한 환경에서, 은혜의 빛을 받아 싹을 내고, 자라고, 꽃을 피우고, 열매를 맺는다.

그런 접근이 아니라도, 하나님의 형상, 혹은 하나님이 생기에 대한 탐구를 통해서도 인간에게 주어져 있는 하나님에 대한 본성적 지식은 발화해 낼 수 있을 것이다.

B. 후험적 지식

후천적 지식이란 태어난 후에 연역적, 혹은 귀납적으로 얻어지는 지식을 말한다. 특별계시, 혹은 자연 계시를 통해서, 아니면, 그 계시들을 탐구하는 과정에서, 아니면, 하나님에 대한 의식적이며 끊임없는 추구의 결과로 얻어지는 지식을 말한다. 믿음은 증거를 얻게 하고, 그 증거는 지식을 낳는다. 바로 이렇게 얻어지는 지식이 후험적 지식이다. 일종의 체험적 지식이다.

아우구스티누스는 "우리가 햇빛을 알려면 햇빛을 직접 쬐어 봐야 한다. 햇빛을 쬐어 보지 않고 어둠 속에만 머물다 보면 햇빛을 알 수 없다."고 말했다. 햇빛을 쬔다는 것은 경험을 한다는 것이다. 경험함으로써 햇빛을 알게 된다는 취지다. 이것이 후험적 지식에 해당한다. 은총의 맛을 봐야 은총을 안다는 의미다.

(4) 하나님의 속성

순수 신학적으로 개혁주의에서는 하나님의 속성을 공유적 속성과 비 공유적 속성으로 나눈다. 공유적 속성이란 신도, 인간도 같이 가지고 있는 하나님의 성품을 말하고, 비공유적 속성이란 오직 하나님만이 가지고 있는 속성을 말한다. 신학에서 정리해 놓은 하나님의 비공유적 속성과 공유적 속성은 다음과 같다.

A. 비 공유적 속성

신학에서 정리해 놓은 비공유적 속성(성격 혹은 인격)을 요약하면, 독립성 혹은 자존성, 영원성, 불변성, 무한성, 전지성, 편재성 등이다.

독립성과 자존성이란 그 어떤 것도 의존하지 않고 아니면 그 어떤 원인도 없이 스스로 존재한다는 의미다. 고대 철학에서는 이것을 부동의 원동자(Unmoved mover), 최고의 원인이라고 정의한 바 있다. 아무것도 의지하지 않고, 아무것에서 원인 하지 않고, 스스로 있었고, 스스로 있는, 그리하여 만물을 있게 한, 만물의 의지가 된, 시작도 없

평신도, 신학생, 목회자를 위한 신학 총정리 핸드북

고 끝도 없는 "존재"를 말한다.

영원성이란 알파와 오메가, 즉 시작이면서 끝이고, 시작도 없고 끝도 없다는 의미다. 시간 밖의, 혹은 시간의 구애를 받지 않는다는 의미이다.

만물은 변한다. 생 소멸을 반복하는 실체적 변화, 더하기 빼기에 의한 양적 변화, 한 사물이 다른 사물로 바뀌는 질적 변화, 장소가 바뀌는 공간적 변화 등, 자연 철학에서는 판타레이, 불교 용어로는 즉색시공, 공즉시색이다. 그러나 불변성이란 문자 그대로 결코, 변하지 않는다는 의미다. 하나님은 결코 변함이 없다. 질료가 없기 때문이다.

무한성이란 한계가 없다는 의미다. 끝이 없으니, 마지막도 없고, 마지막이 없으니, 중간도 없고, 크고 작은 것이 없으니, 제한이 없다.

전지성(omniscience)이란 전능성(Omnipotence)과 함께 다니는 단어다. 무엇이든지 아시고 할 수 있다는 의미다. 불가능이 없다는 의미다. 그 어떤 것도 알 수 있고, 그 어떤 것도 이룰 수 있다.

편재성이란 어디에나 계신다는 말이다. 웨스터민스터 소요리 문답 혹은 초학 문답에 나오는 것처럼 "안 계신 곳 없이 계신 하나님/ 우리들과 함께 계신 하나님(주일 학교 동요)" 이시다.

B. 공유적인 속성

하나님의 공유적 속성은 인간에게도 들어 있는 하나님의 속성을 말한다. 진선미, 용서, 사랑, 평화 등등이다.

루이스 벌코프와 같은 많은 학자들은 하나님의 선을 다음과 같은 속성과 겹친다고 보는데 그것들은 친절, 사랑, 은혜, 자비 그리고 오래 참으심이다. 하나님의 전적인 선은 전능한 은혜라고 불리기도 한다. 그러나 루이스 벌코프와 같이 본인도 이해하지 못하고 설명한 것처럼 난해하고 복잡하게 설명하지 않더라도 간단하게 설명될 수 있는 것이 하나님의 사랑이다. 인간 속에 들어있는 하나님의 사랑이라고 하면 더욱 이해가 쉬울 것이다.

주지할 것은 하나님의 속성을 우리가 다 헤아릴 수 없다는 것이다.

(5) 하나님의 사역

하나님이 스스로 있는 자, 원인 없는 원인, 모든 원인의 원인이라면 부족한 것도, 필요한 것도 없어야 한다. 또한 부족이 없고, 필요가 없다면 일을 할 필요도 없다.

사역이란 일(work)이다. 그렇다면, 부족함 없이 완벽한 분이 왜 일을 하셔야 할까? 또 무엇이 하나님께 일을 하게 한 것일까? 그리고 하나님이 하시는 일이란 어떤 것들일까?

신학자들은 하나님의 하시는 일(사역)을 다음과 같이 설명한다.

A. 작정

하나님의 사역 가운데 가장 선행되어야 하는 것이 작정이다. 작정은 일종의 계획도 혹은 설계도와 같다. 욥기 38장 39장을 읽어도 알 수 있다. 그러나 이 작정에도 미해결 이슈들이 많다. 작정의 범위가 정리되지 않아서다.

논리상 작정은 계획이나 설계의 뜻이 있다. "우리의 형상대로 사람을 만들고" 인간 창조의 의논을 추론하게 하는 짧은 문장이다.

사전에는 작정이 세심하게 계획을 세우다(plan), 의도하다(intent), 결정하다(decide), 결심하다(determine) 등으로 나와 있다.

일반적으로 신학자들은 작정에 대한 논리를 섭리와 복합적으로 설명한다. 그러면서도 실제 사용할 때는 "작정하시고, 섭리하신 하나님"으로 나눠서 표현하는 경우가 많다.

신학자들이 동의할지 모르지만, 작정이 창조에 대한 계획이라면, 섭리는 이미 창조한 창조물에 대한 운영이라고 할 수 있다. 작정(Plan)과 섭리(Providence)를 나눠서 생각해야 되는 이유다.

그렇다면 이 작정에 선악과 사건 같은 변수도 포함해야 할까? 아직, 신학에서 정리되지 않은 이슈다. 그러나 작정이란 영지주의에서 스피릿이 창조적인 충동을 억제하지 못해 즉흥적이고, 충동적으로 데미우르고스를 창조(낳다)했다는 주장과는 완전 반대다.

하나님은 아무것도 충동적으로 하시지 않는다는 것이 신학적 결론이다. 신학자들은 인간의 "구원"하나만 놓고도 만세전에 작정하셨다는 말을 입버릇처럼 쏟아 낸다. 그런데 구원을 작정하려면 먼저 타락이 있어야 한다. 구원이 필요할 상황이다. 그렇다면 구원이 필요한 그 상황도 작정 속에 있었을까? 그리고 그 상황도 만드셨을까? 신학자들이 합리적으로 극복(overcome)해야 할 질문이다.

신학에서는 지금까지 우주 만물에서 일어났던 모든 사건들이 '우연히' 아니라 철저한 계획의 일부로 여긴다. 하나님의 작정 속에 있으면서도 아직 일어나지 않은, 그리하여 우리가 아직 알지 못하고 헤아릴 수 없는 사건들을 포함해서다. 그러나 그 작정을 언제, 어디까지, 세워져 있었는지에는 신학이 남겨놓은 공백이다.

B. 창조

신학자들이 정리해 놓은 하나님의 사역의 첫 번째가 창조다. 여기서는 책의 흐름을 위해 창조를 작정 다름으로 바꾸었음을 기억시켜 드린다. 일반적으로 신학자들은 하나님의 창조를 총 3가지로 나눠서 생각한다.

그 첫 번째는 영계(형이상학)에 대한 창조다. 천사나, 지옥, 그리고 그 안에 있는 모든 존재들을 포함한다. 신학자들이 동의할지는 모르나, 주님은 하나님이 언제, 왜, 어떻게, 영계를 창조하셨는지에 대해 알려준 바가 없다. 그에 대한 지식 없이도 우리가 물질 세상에서 그리스도의 진리를 사는데 불편이 없어서였을 것이다.

두 번째는 우주 만물의 창조다, 주님은 우주 만물에 대한 창조 역시 알려준 바가 없다. 역시 우리가 구원받아 구원받은 자의 삶을 사는데, 꼭 필요한 것이 아니기 때문이었을 수 있다. 아니면 자연 계시를 통해 때가 되면 알게 되도록 이미 안배해 놓으셨는지도 모른다.

세 번째는 인간 창조다. 주님은 인간 창조에 대해서도 창세기를 벗어나지 않았다. 부모가 아이들에게 자신이 태어나기까지의 과정을 설명하지 않는 것처럼, 주님은 인간 창조에 대해 충분한 설명을 해주지 않았다.

그러나 아직까지 신학에서 다루지 않은 창조가 있다. 그것이 바로 원리와 법칙 창조다. 인간을 포함하여 우주 만물에는 헤일 수 없이 많은 법칙과 원리들이 충만하게 들어 있다. 그 법칙에 따라 우주도 움직이고 자연도 생소멸을 만복한다. 그 원리와 법칙이 우주 만물을 받치고 있다. 그렇다면 그 원리나 법칙은 언제 창조하셨을까?

창세기는 "하나님이 천지를 창조하시니라."로 시작한다. 그러나 이 문장만 가지고는 천지창조의 창조자가 하나님이라는 것 외에는 아무것도 알 수가 없다.

다음으로 "우리를 대신하여 창조한 만물을 다스리게 하자"라는 문장이 나온다. 이 문장을 통해서는 하나님이 이미 만물을 창조했음을 추론할 수 있다. 그러나 하나님이 천지 만물을 어떻게 창조했는지는 전혀 알 수가 없다.

하나님께서 "빛이 있으라." 했고, 빛이 있었을 때, 그 빛이 어떤 형태(예. 빛의 밀도, 입자 아니면 파동)의 빛이었는지, 어떤 물질과 어떤 에너지를 품고 있었는지에 대해 선 알 수가 없다. 그러나 성경에서 미처 설명해 놓지 않은 것을 지금 성경을 대신하여 과학이 설명해 준다.

"하나님의 신이 수면 위에 운행 하시니라." 만 가지고는 "물"이 언제, 어떻게, 창조 되었는지 알 수가 없다. 그러나 성경에는 설명되지 아니하였다 할지라도 성경을 대신해 과학이 이를 설명해 주고 있다.

지구에 물이 있으려면 먼저 지구를 품고 있는 우주가 있어야 한다. 그때는 아니라도 지금은 하나님이 우주과학, 지구과학, 생물학적 원리와 변화 등을 통해 귀납과 연역적 방법으로 성경에 omit 된 공백을 메꾸고 설명한다. 그래서 과학은 비성경적인 것이 아니고, 죄도 아니다. 과학은 시대적인 이유나, 지적, 혹은, 이성적 이유 때문에 하나님이 알려주지 않은 사실을, 때에 따라, 시대에 맞게, 하나님을 대신하여 알려주고, 드러내 주는 자연 계시의 한 방편이다. 성경에서 설명되지 않은 부분이나, 성경에 미완성 상태로 남겨져 있는 공백을 메꿔 주고, 채워주고 설명해 주는 역활을 하고 있다. 어쩌면 그것이 과학의 존재 목적인지도 모른다. 과학은 두려워하거나, 무서워해야 할 대상이 아니라 감사하고, 사랑하고, 도움을 받아야 할 대상이다

A) 창조 근거

종교적 신념을 초월하여 자연의 법칙상 어떤 존재가 있다면 있게 된 원인이 있다는 것은 아무도 부인할 수 없는 사실이다. 무신론자들은 모든 것은 우연히 있게 됐다고 말한다. 이는 자신의 무지에 대한 양심선언과도 같다. 차라리 시계 뚜껑을 열어놓고 시침을 돌게 하는 섬세한 장치들이 우연히 만들어졌다고 하는 편이 훨씬 덜 무지해 보일 것이다.

우주에 떠 있는 별들을 한번 보자. 시계를 돌리는 것보다도 훨씬 더 섬세한 법칙과 원리에 의해, 한 치의 오차도 없이 움직이는 것이 별들이다. 별의 숫자는 온 지구의 모든 바닷가에 흩어져 있는 모래알보다 훨씬 더 많다고 한다. 우주 곳곳에 들어있는 블랙홀은 빛도 시간도 빨아들이는 힘을 지녔다. 별들도 원리가 있고, 마을이 있고, 도시가 있고, 그들끼리의 나라가 있다. 그것을 은하계라고 칭한다. 각 은하계는 수억의 별들을 거느리고 있다. 그 안에서 별들은 생 소멸을 반복한다. 우주에는 바로 그런 은하계가 수억이 된다. 이들은 모두 정해진 원리, 정해진 질서에 따라 정해진 질서대로 살아간다. 이런 장엄한 우주의 현상이 우연일까? 그런 현상을 미개한 시대에는 우연이라 할 수 있다고 해도 원리만큼은 우연이라고 할 수 없을 것이다. 원리에는 진화가 없다.

그렇다면 소위 동양철학에서 소우주라고 칭하는 인간은 어떤가? 인간의 뇌의 구조부터 수억의 세포, DNA 혈관, 작용, 연결, 관계, 운동, 잠, 생각, 명상, 그때마다 일어나는 몸의 반응, 변화, 모두 설명도, 기술로는 짤 수 없는 신비다.

신학에서는 하나님의 창조 사역에 대한 근거를 두 가지로 든다.

평신도, 신학생, 목회자를 위한 신학 총정리 핸드북

첫 번째 성경이다. "태초에 하나님이 천지를 창조 하시니라."(창세기 1:1)를 비롯하여 요한복음 1:3: 골로새서 1:16 등 수많은 곳에 창조에 대한 기록들이 있어서다. 그러나 창세기에 기록된 "태초"를 우주 만물의 시작 전으로 할 것인지, 시작 후를 할 것인지에 대해선 정해진 것이 없다.

둘째, 하나님께서 천지를 창조하셨다는 증거는 우주 만물 안에 들어 있다는 것이다. "네가 창조됐다는 증거는 네가 지금 있다는 것이다."라는 말이 있다. 네가 너의 증거이듯이 만물이 만물의 증가가 된다.

철학에서는 인간이 가진 선험적 지식을 태초부터 존재한 지식(법칙)으로 간주한다. 예를 들어 2 더하기 3은 5가 된다. 2에 3을 더하면 5가 되는 것은 원리다. 이 원리는 인간이 만들 수 없고 0이나 1에서 진화해 온 것도 아니다. 원리는 진화될 수 없기 때문이다. 내가 태어나기 전에 창조되어 우주에 설치되었던 법칙이다. 인간은 그것을 발견해 냈을 뿐이다.

물리의 법칙도 마찬가지다. 작용, 반작용의 법칙도, 만유인력의 법칙도, 중력의 법칙도, 상대성 원리도, 특수 상대성 원리도, 양자역학도, 부의 법칙도, 첨단과학이 찾아낸 모든 법칙도 인간이 만든 것이 아니다. 인간이 알아낸(찾아낸) 것이다. 찾아냈다는 것은 이미 존재했다는 것을 암시한다. 이것들은 인간이 존재하기 전부터 있었다. 그렇다면 그 모든 법칙, 그리고 아직 인간이 찾아내지 못한 수억의 법칙들은 어떻게 존재하게 되었을까?

고대 그리스의 자연 철학자들을 비롯하여, 철학의 아버지라고 부르는 탈레스, 아낙시만드로스, 아낙시메네스, 그리고 소크라테스, 플라톤, 아리스토텔레스, 등 고대의 모든 철학자들의 일치했던 의견, "어떤 것이 있다면 그것을 있게 한 원인"이 있다고 했던 점에 답이 있다. "모든 있는 것에는 그것을 있게 한 원인이 있다." 그 원인이 어느 종교의 어떤 신인지는 중요하지 않다. 중요한 것은 그것이 있다는 것이다.

우연처럼 왔다가 사라지는 바람을 보고 미개한 시대 우매한 옛사람들은 바람은 우연히 부는 것이라고 했을지 모른다. 그러나 지금은 기상 조건에 따라 바람이 일어났다 사라지는 것임을 누구나 알고 있다. 하나님을 대신하여 과학이 알려줬다. 모두가 우연처럼 왔다가 우연처럼 가지만 그것을 우연처럼 움직이게 한 창조자가 있다는 것을 고대철학자들은 확신하고 있었다. 그래서 그들을 현자들이라고 부른다.

네가 있고 내가 있다는 것은 너의 부모가 너를 낳고, 나의 부모가 나를 낳았기 때문이다. 네가 곧 너의 부모가 너를 낳았음의 증거고, 내가 곧 나의 부모가 나를 낳았음의 증거다.

B) 창조 두 가지 개념

창조를 약간 깊이 들어가면 창조에서 두 가지 뜻을 발견할 수 있다. "만들다."와 "낳다."이다. "만들다"란 어떤 재료를 가지고 무엇인가를 설계하여 만들어 내는 제작의 뜻을 가진다. 플라톤은 그의 대화편 티마이오스를 통해 이를 설명했다. 창조자 데미우르고스(조물주)가 세계 만물을 창조(제작)할 때 이미 있는 4원소, 즉, 흙, 불, 물, 공기(바람) 등의 재료(Elements)를 조합하여 만물을 창조(제작)했다는 논리다. 따라서 그는 창조자를 제작자의 의미로 데미우르고스라고 이름했다. 그래서 풀라톤의 창조론을 유에서 유를 창조한 창조론이라고 부른다. 이미 존재한 재료를 사용해 세상을 창조했기 때문이다. 그래서 철학자들은 창조의 원질인 지수화풍을 신이 창조한 것으로 간주(assum)하고 아르케(본질) 찾기를 계속했다.

기독교는 무에서 유를 창조했다는 창조론을 믿는다. 공간도, 시간도 없는 무에서 우주라는 공간, 그 안의 존재들을 창조했다는 개념이다.

어떤 존재의 유무와 상관없이 그 안에서 지구가 잉태되었고, 지구는 물을 잉태했고, 그 물 위로 하나님이 운행하셨다. 이것이 창조 전에 대한 창세기의 그림이다.

성경은 하나님이 말씀으로 천지를 창조했다고 하고 있다. 창조의 질료가 말씀이었다는 뜻인지, 아니면 말씀으로 질료를 창조했다는 것인지는 불분명하다. 창세기에도 하나님이 등장할 당시 물(수면)이 있었다고 하고 있어서다.

그렇다면, 그 물은 언제, 어떻게 창조하셨을까? 창세기에는 이에 대한 기록이 없다. 그러나 앞에서 언급했던 것처럼 성경을 대신해 과학이 이를 설명해 준다.

하나님이 인간의 육체를 창조하실 때 사용한 질료가 흙이었는데, 그 흙이 언제, 어떻게, 존재하게 되었는지에 대한 설명이 없다. 원문에는 흙이 진흙이 아니라 먼지(durst)로 되어 있다. 우주의 구성 성분과 같다. 해도, 달도, 그리고 우주에 떠있는 별들도 이런 에너지-먼지로 구성되었다. 과학에서는 우주에 있었던 먼지가 수억의 창조 에너지를 품고 있었다고 말한다. 창조가 두 개의 의미를 가져야 하는 이유다.

또한 창조란 "낳다"의 의미가 있다. 낳는다는 것은 "만들다"의 개념과 차이가 있다. 재료를 외부에서 취하지 않고, 내부에서 취하기 때문이다. 그래서 "낳는다"에는 낳는 자의 무엇인가(self)가 들어갈 수밖에 없다.

부모가 아이를 낳을 때 흔히 "창조"라는 말 대신 "낳다."라는 단어를 쓴다. 왜? 아이의 구성 성분을 내부에서 만들어 내기 때문이다. 아이의 육체를 구성하는 아이의 살도, 뼈도, 피도, 수억에 달하는 세포까지 그리고 아이의 정신에 해당하는 성격도, 모두 내부에서 형성된다. 그래서 부모는 자신이 낳은 아이를 자녀라고 부른다. 어떤 의미에서 자신의 분신과 같기 때문이다. 그래서 부모란 단순한 창조자의 개념으로 이해하면 안 된다. 상징적으로 아이의 질료는 엄마와 아빠의 피와 살이다. 그래서 아이는 부모의 외형뿐만 아니라 성격까지 닮는다.

창세기에는 인간을 창조하는 장면이 나와 있다. "하나님께서 우리의 형상대로 사람을 만들자 ---하나님이 생기를 코에 불어넣으시니."

하나님의 "형상도, 생기도" 창조된 것이 아니다. 하나님의 부분이다. "형상"도, "생기"도, 우주 만물에 속한 것이 아니다. 오직 하나님에게만 속한 형이상학적 하나님의 "일부분"이다.

하나님의 아들 예수 그리스도는 인간 세상에 오셔서 하나님이 "우리의 천부" 라는 사실을 밝히셨다. 생물학적 개념으로 천부는 단순한 창조물이 아니고 하나님이 낳은 존재라는 의미이다. 물질적인 인간을 만든 후 상징적으로 하나님이 직접 우리의 영혼을 낳았다는 의미다. 자신의 일부분을 불어넣었다는 의미이다. 철학적으로 영혼을 하나님의 형상으로도 대칭할 수 있다.

앞에서 잠깐 다루었듯이 "형상"은 고대 그리스어로 에이도스다. 에이도스는 개체의 본질이고 현상적인 의미로 원리나 설계도라는 뜻이다. 그러나 하나님은 현상적인 형태가 없는 형이상학적 존재다. 따라서 하나님의 "형상"은 영원성과 거룩성이라고 할 수 있다.

신학자들이 동의할지 모르지만, 하나님이 태초에 창조한 인간은 하나님의 형상, 즉 그분의 영원성과 거룩성을 덧입은 인간이었을 것이다. 거룩성은 죄가 없다는 의미고, 영원성은 죽지 않는다는 의미다. 성경이 설명해 주지 않은 원리를 철학이 대신 설명해 준다. 그럼, 이제 하나님의 창조 과정에 대해 신학자들이 정리해 놓은 설명을 한번 알아보자.

C) 창조의 과정

하나님의 천지창조 과정을 접근하는 방법은 두 가지다. 문자적으로 접근하는 방법과 의미적으로 접근하는 방법이다.

창세기를 문자적으로 접근한다면 "금 나와라 뚝딱! 은 나와라 뚝딱!"하면 금이 나오고 은이 나오는 것처럼, 인류는 한꺼번에, 초시간적으로 창조되었어야 한다. 유대인들이 적어놓은 대로 인류의 출생연대는 6천 년이 되어야 하고, 고고학, 과학을 비롯하여 약 45억 년 지구의 흔적들과 충돌을 해야만 한다. 비록 가설이지만 과학이 내놓은 138억 년이라는 우주의 출생 연도와도 싸워야 한다.

따라서 기독교는 우주의 진화, 지구의 진화, 생물의 진화, 동물의 진화, 혹은 변화를 설명해야 할 무거운 부담을 안게 된다. 창조의 일원이셨던 하나님의 아들 예수 그리스도는 이 땅에 오셨을 때, 암시적으로든, 문자적으로든, 인류의 창조 연대를 구약의 기록처럼 6천 년이라고 하신 적이 없다.

하나님께는 시간 자체가 없다. 시간은 인간이 만든 추상적 개념일 뿐이다. 어떤 물리학자의 말대로 시간은 아예 존재하지 않을 수도 있다. 그래서 예수님도 하루가 천년 같고 천년이 하루 같은 하나님 나라 년-길(The length of year)이를 알 수 없음만 강조하셨는지 모른다.

창세기를 연구해 보면, 하나님의 우주 만물에 대한 창조 과정도 총 3단계를 거쳤음을 알 수 있다.

첫째 우주 만물의 창조다. 하나님은 인간을 창조하시기 전 우주 만물을 창조하셨다. 우주 만물이 인간이 살 수 있는 완벽한 상태가 되지 않았으면 지금의 인간은 살아남지 못했을 것이고, 자연환경이 인간과 친화적인 환경이 되지 않았으면 단 1분 1초도 버틸 수 없었을 것이다. 성경에도 그렇게 나와 있다

비록 가설이기는 하지만 과학에서는 일반적으로 우주 만물의 시작을 빅뱅으로 보고 있다. 빅뱅(Big Bang)은 우주의 팽창성을 토대로 추정된 우주의 기원설이다. 약 137억 9900만년 전 아무것도 없는 "무"에서 하나님이 "빛이 있으라." 할 때 물질과 각종 에너지가 섞어진 소수점 보다 훨씬 더 작은 빛-점이 갑자기 뻥!하고 나타남과 동시 초시간적인 속도로 폭발하여 팽창했고, 그것이 우주라는 것이다.

그 팽창 과정에서 별들이 생기고, 행성이 생기고, 항성이 생겨났고, 태양이 생겨났고, 그리고 그로부터 약 95억 년 후 우주가 안정기에 들 때쯤 지구의 형태가 생겼고, 내핵-외핵 – 맨틀 – 지각 그리고 중력과 자전운동과 공전을 통해 인간을 포함한 지구의 표면에 있는 생명체가 오늘처럼 살 수 있는 환경으로 변(진화)했다. 우주와 지구가 인간이 살 수 있는 상태가 되자, 하나님이 비로소 인간을 창조하

165

였다. 어쩌면 그것은 인간의 지금 시간으로는 138억 년이 되지만 하나님의 시간으로는 하루도 될 수 있고, 이틀도 될 수 있을 것이다. 하나님께는 시간이 없기 때문이다. 여기의 이슈는 창조지, 창조의 때나 방법이 아니다.

만일, 우주 만물의 원인으로 여기고 있는 빅뱅(시작)이 하나님의 창조 사역이었다면, 그 시작 이후부터 지금까지의 변화 과정을, 하나님이 하신 사역의 결과로 본다면, 그리고 그것을 인간이 이해할 수 있는 방법으로 아주 쉽게 표현한다면 무엇이라고 할 수 있을까? **"태초에 하나님이 천지를 창조하시느니라."가 아닐까?

창조에 대한 배경을, 성경을 대신해 과학이 메꿔주고 채워준 것이다.

역사는 인간의 행적이다. 인간이 있으므로 역사는 시작되었다. 인간에게 하나님이 자신의 "생기를 불어넣는 과정"을 슬로우 하게 re-verse로 추적해 간다면 어떤 장면이 펼쳐질까?

우리는 하나님이 무로부터 만물을 창조하셨다고 믿는다. 창세기의 표현이 어떻게 되었든, 하나님의 창조에 위계가 있었음은 부인할 수 없다. 그것은 신학적으로도 문제 삼을 수 없다.

예를 들어 마리아는 하나님의 성령에 의해 동정녀로 예수님을 잉태했다. 그리고 예수님은 마리아의 뱃속에서 10달 동안 다른 태아들처럼 자랐다. 성경은 이것을 "성령으로 잉태하사 동정녀 마리아에게서 나시고"로 아주 간단하게 설명한다. 그러나

예수님이 마리아의 배 속에서 태아로 있었던 10달 동안의 일들에 대한 설명이 없었어도 우리는 예수님이 마리아의 뱃속에 계신 10달 동안, 마리아의 뱃속에서는 예수님의 인체를 형성하기 위한 어마 무시한 일들이 일어났음을 의심하지 아니한다. 천지창조도 그런 컨셉

으로 이해하면 좋을 것 같다.

엄마가 임신을 하고 아이를 출산할 때는 출산하기 전, 아이가 태어나면 잠재울 아기침대, Car-Seat, 베개 저고리, 우유, 등등을 준비해 두는 것은 산모에게 있어서 상식이다.

하나님이 자신이 창조한 만물을 다스리게 할 목적으로 창조한 인간을 위해 에덴동산을 조성한 것이라면, 인간이 살아갈 자연환경이 마련되어야 함은 지극히 자연스러운 것이다. 이 준비 과정에 소모되는 시간은 얼마가 됐든 의미가 없다. 하나님은 시간을 타지 않기 때문이다.

과학은 지구가 형성되는 과정에서 소행성이 날아와 지구와 충돌을 일으켜 지구가 약간(23.5도) 기울어졌다고 말한다. 모두 그것을 우연으로 생각한다. 그러나 만일 그 소행성이 우주에서 날아와 지구와 충돌을 일으키지 않았다면, 그리하여 지구가 기울어지지 않았다면, 이 지구에는 4계절이 만들어지지 아니하였을 것이다. 그렇게 되면 태양을 받는 쪽은 계속 뜨거운 여름이, 태양을 받지 못한 쪽은 계속 차가운 겨울이 지속되어 인간은 물론이거니와 생명체가 거의 살 수 없는 환경이 되었을 것이다. 그래서 하나님께서 지구의 주초를 놓는 과정에도 위계가 있었다고 보는 것이다.

외행성의 충돌을 그때의 미개한 눈으로 보면 우연이고 지구의 재앙이다. 그러나 지금의 눈으로 보면 신의 주초 놓는 사역이다. 하나님의 절대적인 사역이었다. 언제, 어디를, 어떻게 보느냐에 따라 이렇게 차이가 난다. 그것이 하나님의 일이다. 이는 창세기를 문자적으로 풀 수 없다는 의미다. 그리고 지금도 하나님은 과학을 통해 인간의 진보된 지적 욕구를 채워주고 있다는 의미다.

따라서 창세기에 나와 있는 천지창조에 대한 기록을 천지창조에 대한 압축으로 이해하는 것은 성경에도 창조신학에도 전혀 거슬리지 않는 일이다. 유대인이 만든 구약의 창조론 하나 때문에도 50년 후쯤, 기독교의 진리가 과학의 무게에 눌려 질식사할 수 있어서다.

창조의 위계와 상관없이 하나님이 무로부터 천지를 창조하셨다는 것은 분명한 사실이다. 물질세계를 창조하신 분이 하나님이신 것도 분명한 사실이다. 인간을 창조하신 것도 사실이다. 하나님은 모든 존재의 궁극적 원인이며, 창조의 주권자이신 것도 사실이다.

거대한 항공모함이 있다면, 그 항모를 호위하는 호위함들이 뒤따른다. 과학은 일종의 호위함과 같다. 요약하면 하나님의 창조를 단회적으로 보느냐 연속적으로 보느냐는 학자마다 다를 수 있다. 만일 창조 과정을 단회적으로 이해했을 때는 과학 문명과 충돌을 일으키고, 연속적인 것으로 이해했을 때는 신학적 이해와 충돌을 일으킨다. 이것이 신학적 난제다.

6천 년 창조설은 우리가 그리스도를 구주로 믿고 그분의 진리를 살아 천국에 가는 것과 직접적인 인과가 없다. 비켜 가도 되고 넘어가도 된다. 종교가 과학과 싸울 수는 없다. 과학은 전쟁의 대상이 아니다. 자연 계시의 한 방편이기 때문이다. 기독교가 천지창조에 대해 보다 더 유연성을 가져야 하는 이유다.

D) 창조 목적

소크라테스나 플라톤은 만물의 존재 목적을 선(Good)이라고 했다. 만물이 선에서, 선을 위해, 존재한다는 의미다. 선은 악을 만들 수 없다. 따라서 하나님은 악을 위해 천지를 창조하지 아니하셨다는 결론

평신도, 신학생, 목회자를 위한 신학 총정리 핸드북

도 된다. 하나님의 본질이 최고 선이고, 의고, 사랑이기 때문이다. 좋은 것(선)은 나쁜 것(Evil)을 결코 낼 수 없다. "나쁜 나무가 좋은 열매를 맺을 수 없고, 좋은 나무는 나쁜 열매를 맺을 수 없다."

주님의 이런 진리를 창조에 적용하면, 창조의 목적은 단순히 하나님이 창조한 만물을 다스리는 것을 넘어 하나님의 선과 의와 사랑을 구현한다는 결론에 도달할 수 있다. 그것을 기독교적 표현으로 하나님의 영광이라고도 할 수 있다. 하나님의 창조는 그의 영광을 드러내기 위한 것으로 봐야 한다. "철학 핸드북"을 참고하면 이해가 좀 쉬울 것이다.

E) 창조의 결과

플라톤은 모든 만물은 각자 형이상학적 "원형"을 가지고 있고, 그것을 이데아로 표현했다. 에이도스(형상)로도 대신 할 수 있다. 에이도스(형상)를 설계도의 개념으로 해석했을 때, 그 설계대로 만들어진, 그러니까 원형에 가장 가깝게 만들어진 것으로 해석할 수 있다. 이 논리를 천지창조에 대입하면 우주 만물은 그러니까, 빛도, 빛이 지닌 빛의 속성 즉 에너지, 빛 속에 들어 있는 물질, 법칙, 원리도, 하나님이 만들려고 한 작정(설계)대로 창조되었다는 뜻이다.

이런 원리를 인간 창조에 적용하면 하나님이 인간을 창조하신 후 "보시기에 좋았더라."라고 하셨으니, 인간이 자신이 원했던 대로 창조되었다는 사실을 유추할 수 있다. 만일, 모델이 있었다면, 그 모델대로, 설계가 있었다면, 그 설계대로 창조되었다는 의미다. 요즈음 말로 "작품 참 잘 나왔다." "이제 좀 쉬세." 하나님의 창조 결과도 이랬을 것이다.

참고로 한 말씀 덧붙이자면, 철학이란 본질을 탐구해 가는 학문이

169

다. 본질이란 속성이고, 속성이란 현상을 통해 구현된다. 여기서 형이상학, 현상학, 논리학이 펼쳐진다. 예를 들어 섭리를 철학적으로 이해하려면 섭리의 본질을 이해해야 한다. 그리고 소제목으로 섭리의 속성 같은 것이 나와야 한다. 만일 철학이란 용어가 들어간 제목이 나오면 다음 소제목도 철학적 소제목이 나와야 한다.

어떤 글을 봤더니 "하나님의 창조 사역"이라는 주제로 창세기 1장 1절을 인용하고 그다음 소제목으로 창조의 성경적 근거로 역시 창세기 1장 1절을 인용했다. 둘 다 하나님의 창조 사역에 대한 근거다. 제목도 그렇고, 내용도 그렇다. 그렇게 복잡하게 만들어 놓을 필요가 없다는 뜻이다.

특히 루이스 벨코프의 조직신학은 더욱 그러하다. 그 책을 읽다 보면 그 책을 썼다는 벨코프 역시 책을 쓸 때 이해하고 썼을까? 라는 의구심을 들게 하는 곳들이 수두룩하다. 같은 내용을 글자 바꾸기 해 놓은 것들이 너무 많아서다. 물론 글 쓰는 기술이나, 줄이는 능력, 표현 능력에 대한 은사가 없어서 그랬을 수도 있다.

문제는 난해하고 복잡한 고문서를 지금까지도 그대로 사용하고 있는 신학교나 교단이 있다는 것이다. 머리 좋은 신학자들이 많은 한국에서 왜 아직도 그런 책을 쉽고 간편하게 줄이고, 수정하고, 보완하여 사용하지 않는지 궁금증을 갖게 한다.

C. 섭리(Providence)

섭리란 아주 중요한 명제이다. 개혁주의 신학자들은 섭리를 신의 예견(Prediction))과 미리 설정된 배려(Care)라는 두 가지 요소가 포함된 단어로서 신의 뜻을 이루어 가는 의미라고 설명한다. 그래서 섭리를 인간의 구원 교리에 초점을 맞춰 구원론을 풀어나가기도 한다. 그리하여 지금은 섭리가 구원론 차원에서 다루는 주제가 됐다. 그러나 바로 여기서 신학적 문제가 발생한다. 그래서 섭리에 대한 개념부터 다시 점검해 볼 필요가 있다. 섭리의 속성인 예견 때문이다.

비유부터 한 가지 만들어 보겠다. 어떤 사람이 말을 한 마리 키우고 있다. 그 사람은 집 뒤쪽에 넓은 초장을 가지고 있고, 그 초장은 사방에 울타리가 쳐져 있었으므로 말은 대부분의 시간을 그 초장 안에서 평화롭게 풀을 뜯으며 지낸다. 그러던 어느 날, 그 말이 히히! 히히! 소리를 지르고 펄쩍펄쩍 뛰다가 쓰러졌다. 주인은 급히 달려가 말을 살폈다. 말이 독사에 물려 죽어가고 있었다. 주인은 즉시 수의사를 불러 해독 주사를 줘서 말을 살려낸다.

독사가 말을 문 것을 법률 용어로는 'Unforeseeable Intervening Cause(Act)'라고 한다. 전혀 예상되지 않은 제3 자가 일으킨 일종의 변수다. 섭리에 대한 신학의 개념 대로라면 예상 밖에서 제3 자에 의해 일어난 변수까지 섭리라고 해야 한다. 따라서 위의 사건을 두고 전통 신학 아래서는 다음과 같은 질문이 발생할 수 있다.

첫째, 말 주인은 말이 독사에 물릴 것을 알고(예견) 있었을까?

둘째, 알았다고 했을 때, 알면(예견)서도 말 주인은 말을 초장에 넣어 뒀을까? (배려)

셋째, 말 주인은 수의사를 불러 독에 물린 말을 해독해 줄 계획을 언제 세웠을까?

이제 신학자들이 정리해 놓은 섭리에 대해 알아보자.

일부 신학자들은 신의 영광을 나타내는 자유가 허용되어 있다는 점에서 '구원 예정설'과는 다르다고 주장한다. 그러나 본질적인 차이를 설명해 놓지는 못했다. 개혁주의에서는 구원은 사람의 의지나 능력에 의해서가 아니라 절대적인 하나님의 은혜에 의한다고 주장한다.

계몽주의 이후, 이신론은 기계론적인 입장에서 섭리를 부정하고, 역사주의는 인류의 무한한 진보적 입장에서 섭리를 부정한다. 그러나 넓은 의미에서 섭리는, 하나님이 창조 세계를 주관(control)하고 유지(maintain)하시는 수단이 분명하다. 따라서 섭리는 인간에 대한 하나님의 주권에 의한 하나님의 돌보심을 나타내며, 모든 사건과 상황이 하나님의 계획 아래 있음을 보여준다. 이것이 전통 신학의 입장이다.

자동차를 만든 기술자가 자동차를 200마일까지 달리 수 있게 했다. 그러나 운전자에 따라 어떤 도로에서는 60마일로, 어떤 도로에서는 80마일로 달린다. 그럼에도 불구하고 운전자의 과실이나 다른 3자의 과실로 사고가 날 수가 있다. 자동차를 만든 사람이 그것까지 계산하여 자동차를 만들지는 않는다. 운전자의 과실이나 제3 자의 과실은 일종의 변수다. 신학자들의 정의해 논 섭리가 적용될 수 없는 상황이다. 우리 인생의 운전자는 이성이다. 이성은 항상 다른 이성을 상대한다. 그래서 나의 이성이 아니라 타의 이성에 의해 예측 불허의 변수가 발생할 수 있다. 그래서 주님은 항상 깨어 있으라고 했다.

다른 예를 들어 보자. 가룟 유다는 주님의 부름을 받았다. 만일 부름을 받지 않았다면 그는 예수님의 죽음과 인과 될 이유도 기회도 없었을 것이다. 그는 기꺼이 예수님의 부름에 순종했다. 그리고 그는 주님을 은 30에 팔았다.

만일 유다가 주님을 판 행위를 하나님의 섭리라고 가정한다면, 그가 예수님을 판 행위는 큰 그림에서 하나님의 작정과 섭리를 이루기 위한 필수적인 행위였다는 결론에 이르게 된다. 그의 행위가 악으로 판결되어서는 안 될 수도 있다는 말이다. 하나님의 공의 때문이다.

그러나 아닐 수도 있다.

다시 처음으로 돌아가 보자. 예수님이 유다를 부를 때, 그는 예수님의 부름을 거부할 자유가 있었나? 있었다. 그가 12 사도를 파송할 때 거부할 자유가 있었나? 있었다. 그가 예수님으로부터 귀신을 제어하고 병자를 치료할 권세를 부여받을 때 거절할 자유가 있었나? 있었다. 그렇다면 그는 예수님을 팔지 않을 자유가 있었나? 있었다. 그의 생은 모두 그의 자유의지에 의한 선택으로 이루어진 일이었다. 자유의지란 바로 그런 것이다.

무엇이든지 선택할 수 있는 "자유", 선과 악을 선택할 수 있으니 완벽한 자유다. 만일 우리의 자유가 어느 한쪽만 선택하도록 되어 있다면, 그것은 불의하고, 기형적인 자유일 것이다. 그러나 선과 악을 원하는 대로 선택할 수 있으니 완벽한 자유다. "아버지여 나의 뜻대로 마옵시고 아버지의 뜻대로 하옵소서" "자기를 부인하고 자기 십자가를 지고"

신학자들이 개념화시킨 섭리가 절대적이지 않다는 요지다.

a. 섭리의 성경적 근거: 신학에서 제시한 하나님의 섭리에 대한 성경적 근거는 많다. 마태복음 6:28, 골로새서 1: 17절을 비롯하여 바울 서신, 시편 등 너무나 많다. 더 쉽게 사람 개인에게서도 찾을 수 있다. 가장 좋은 예가 바울의 회심이다.

b. 섭리의 과정: 섭리의 과정이란 일종의 절차다. 봄, 다음에 여름이, 여름, 다음에 가을이, 가을, 다음에 겨울이 오는 것처럼, 하나님의 섭리에도 시간이 있고, 계절이 있다. 그리고 그것을 인간은 다 헤아릴 수가 없다. 모든 인간은 각자 자기 계절을 살기 때문이다.

베드로가 예루살렘에서 복음을 전하다가 옥에 갇혔을 때 하나님은 천사를 보내 초자연적인 방법으로 감옥에 있는 베드로를 구했다. 그러나 그 후 베드로는 로마에서 복음을 전 하다 거꾸로 십자가에 매달려 순교하였다. 둘 다 하나님의 섭리다. 하나님의 섭리를 어떤 단면만 가지고 평가할 수 없다는 의미다. 대상에 따라, 각자 시간이 있고, 계절이 있어서다. 하나님은 섭리를 통해 창조 세계를 유지하고 주관하신다. 하나님은 모든 사건과 상황을 주관하시며, 자신의 계획을 이루어 가신다. 그런다고 하나님의 섭리를 보편화할 수는 없다. 섭리가 신의 일이기 때문이다.

c. 섭리의 목적: 하나님은 영원불변, 그리고 완벽하기 때문에 그분의 계획이나, 섭리 또한 완전하다. 여기서 언급한 완전은 '선(Good)'하다의 의미다. 그분의 다스림이 선하시다는 의미다.

자연을 대상으로 한 섭리든, 인간을 대상으로 한 섭리든, 섭리의 목적은 하나님의 뜻(작정)을 이루는 것이다. 앞에서 언급했던 것처럼, 하나님의 뜻은 모두 선한 것이고, 의로운 것이다. 따라서 궁극적으로 하나님의 섭리 목적은 모든 존재의 좋음을 위한 것이다. 신학자들은 하나님은 섭리를 통해 자신의 영광을 드러내시며, 피조물을 돌보신다고 말한다.

신학자들은 하나님의 성질을 연속적이 아니라 즉각적이고, 동시적이며, 지식에 대한 하나님의 이해는 언제나 완전하다고 말한다. 또한 그것은 하나님의 지혜에 기초하고 있고, 그리고 영원하며 효과적이고, 불변적이고, 무조건적이거나, 절대적이고, 보편적이고, 포괄적이라고 말한다.

그렇다면 고대 스토아 철학자들이 지적했던 대로, 우주 만물의 순간순간, 시간 시간이 하나님의 섭리에 의해 흐르는 것이라면, 그리고 하나님의 본질이 선이기에 항상 선한 것만 일어나는 것이라면, 우주에서 일어나고 있는 부정적인 현상, 즉, 천재지변이라고 부를 수 있는 지진, 기근, 전염병 같은 것들은 어떻게 설명해야 할까?

이것들도 하나님의 섭리 가운데서 일어나는 선(좋은 것)이라고 해야 할까? 아니면 하나님의 작정과 섭리 밖에서 일어나는 나쁜 것(evil)이라고 해야 할까?

고대 스토아 철학자 제논은 우주에서 일어나는 현상을 큰 그림에서, 그러니까 전체적으로 놓고 봐야 한다면서 그럴 경우, 모두가 좋은 것을 구성하는 좋은 것이라고 설명했다. 어거스틴이 쓴 신국론의 기본 프레임이다. 예를 들어 큰 그림 속에 들어 있는 어두운 색깔과 같다. 하나님의 섭리란 좋을 것일 수밖에 없다는 논리다.

그러나 이 주제를 더 깊게 들어가면 인간의 자유의지라는 장벽을 만나게 된다. 이는 신학자들이 해결해야 할 난제다.

대부분의 신학자들은 죄에 대해서는 허용적이라고 말한다. 그 말은 지옥도, 허용적이라는 말과 같다. 이는 부모 자녀 관계에서는 성립될 수 없는 논리다. 불 속으로 들어가는 자녀를 허용할 부모는 없을 것이기 때문이다. 신학자들은 섭리에서 하나님은 유한한 인간의 자유의지의 죄악 된 결정을 막지 않으신다고 주장 한다. 이는 그렇게 얼렁뚱땅 넘어갈 문제가 아니다.

만일 죄짓는 문제를 섭리 속에서 빼놓는다면 "섭리-논리" 자체가 무너질 수 있고, 만일 그것을 포함시 킨다면 인간의 죄짓는 행위의 원인이 섭리를 짠 하나님께로 돌아가 버리기 때문이다. 아주 쉽게, 죄도, 구원도, 은혜도, 원맨쇼가 될 수 있다는 의미다. 지금까지 신학자들이 풀어놓은 섭리에 대한 논리는 맞을 수도 있고, 맞지 않을 수도 있음을 가정하라는 것이다.

예를 하나만 들어 보자. 성경을 보면 솔로몬이 하나님께 1천 번제를 드릴 때 하나님이 솔로몬에게 "네가 무엇을 얻기를 원하느냐?"라고 묻는 장면이 나온다. 그때 솔로몬은 "지혜"를 원했고, 그것에 감동한 하나님은 솔로몬이 구하지 않은 부와 영화를 덤으로 주신다.

그럼, 이제 하나님께 지혜와 부와 영화를 선물 받은 솔로몬의 일생을 들여다보자. 그의 일평생은 처음부터 악행의 연속이었다. 우상숭배를 제외하고라도 여자들 치마 속을 더듬으며 일평생을 향락으로 허비했다. 그것을 하나님의 섭리(operation)라고 해야 할까? 물론 그가 지닌 부와 영화가 그렇게 만들었다고 할 수 있다.

어쩌면 그는 친부의 악업(DNA)을 전이 받아 그의 내면에서 솟구치는 쾌락과 향락의 육적(비이성적) 충동을 거부하지 못했는지도 모른다. 향락 속에서 일평생을 허비한 솔로몬은 매독(등창)에 걸려, 그것도 이른 50대에 아주 비참하게 죽었다.

물론, 그는 인생의 무상을 깨닫고, 인간이 하나님을 경외하는 것이 인생의 본문이라는 세기의 잠언을 남기기도 했다. 그러나 몇 마디의 말이 이미 그가 행했던 악행을 선행으로 둔갑시킬 수는 없다. 많은 분들은 그 잠언 때문에 그의 비참한 일생에서 짐짓 봐야 할 것을 놓쳐 버린다.

그의 일생을 성경에서 말한 "심는 대로 거두리라"는 우주의 법칙으로 한번 들여다보자. 객관적인 관점에서 보면 그의 출생은 그의 친부의 배신과 살인과 음행의 열매였다. 그의 삶도 그 열매다운 삶이었다. 그는 왕위에 오르자마자 형을 죽이는 살인부터 시작했다. 그 살인에 여자가 개입되었다. 그는 음탕하게 살다 음탕하게 갔다.

이제 그가 얻었다는 지혜에 대해 상고해 보자. 솔로몬은 어린 자신이 하나님의 백성들을 잘 다스리기 위해 지혜가 필요하다고 했다. 잘 다스린다는 것은 무엇인가? 백성들을 의로, 선으로, 그리고 좋게, 행복하게 살 수 있도록 해준다는 것이 아닌가?

그러나 그가 죽은 후, 12지파 중 무려 10지파나 되는 백성들이 떨어져 나갈 때 10 부족들(지파)이 한 말을 기억해 보자. 그가 얼마나 악독하게 정치를 했는지가 짐작되는 부분이다. 지혜롭게 하나님의 백성을 다스리지 못했다는 증거다.

본래 지혜란 형이상학적인 것이다. 약간 무리한 비유일 수 있지만, 하나님이 주신 지혜를 성령에 비유할 수도 있다. 우리 안에서 상담자, 안내자, 진리에로의 인도자의 역할을 하기 때문이다.

하나님은 거룩한 선이다. 거룩한 선 중의 거룩한 선이다. 거룩한 하나님께 속한 선이라면 당연히 그를 거룩한 선으로 인도 했을 것이다. 거룩하고, 선하게 생각하고, 거룩하고, 선하게 살게 하고, 거룩하고, 선하게 백성들을 다스리게 했을 것이다. 그러나 그의 지혜는 과연 그랬는가?

그렇다면 그의 지혜는 어디서 온 것일까?

약간 무리일지는 모르나, 혹시 그에게 지혜와 부와 명예를 약속한 신이 유대인들이 여호와로 착각(오해)한 루시퍼의 영은 아니었을까?

그 열매 때문이다.

그렇다면, 하나님은 솔로몬에게 지혜와 부와 영화를 약속할 때 솔로몬이 바로 자신이 준 선물 때문에 악인의 삶을 살게 될 것을 알았(예견)을까? 몰랐을까?

솔로몬의 일평생 일거수일투족을 하나님이 준 지혜가 관장(Care)했다고 해야 할까?

솔로몬의 모든 일평생은 하나님의 예견과 섭리 속에서 이루어진 것일까?

참고로, 우리는 복음서에 나온 기록을 상기해 볼 필요가 있다. 예수님께서 광야에서 시험하는 자에게 시험을 받을 때 사탄이 "천하의 영광"을 자신의 것으로 클레임 한 기록이 있다. 예수님이 자신을 경배하면 천하 영광을 다 주겠다고 했고, 그리고 누구든지 자신이 원하는 자에게 줄 수 있는 것이 천하 영광이라고 했다. 예수님도 거기에 반론을 제기하지 않았다.

천하 영광은 땅 위의 것이다. 사탄에게 속했다는 암시다. 그래서 땅 위에서 천하 영광을 누렸던 많은 유명인들이 감옥을 가거나 자살을 하거나 아주 불행한 인생의 결말을 맞이하기도 했다. 그 대표적인 예가 마이클 잭슨이다. 한국에는 너무도 많다.

a) 보편적 섭리 vs 개체적 섭리: 신학자들이 동의할지는 모르지만, 어쩌면 하나님의 섭리를 보편적인 섭리와 개체적인 섭리로 나누는 것이 훨씬 이해에 도움이 될지 모른다. 악한 자와 선한 자에게 똑같이 비를 내리고, 햇빛이 내리는 것 같은 일반 섭리와 특별 섭리, 즉

특정 목적, 예를 들어 특정인의 구원을 이루기 위해 책망이나 채찍, 그러니까"고난"으로 해석되는 섭리는 다를 수 있어서다. 그 근거가 복음서에 나와 있다.

종교 개혁자 마틴 루터는 비 오는 날, 함께 가던 친구가 벼락을 맞아 죽자, 죽음에 대한 공포를 느끼고 수도원으로 들어가 신부가 되었다. 벼락 맞은 친구의 죽음이 그 순간 그에게는 우연히 닥친 고통과 공포였지만, 그것은 그에 대한 하나님의 특별한 섭리로 해석될 수 있다. 그래서 섭리를 보편적 섭리와 개체적 섭리로 나눠서 생각해야 한다고 한 것이다.

그러나 우리가 극히 주의할 점이 있다. 바로 벼락 맞아 죽은 루터의 친구 죽음을 루터를 회개시키기 위한 도구로 사용된 하나님의 섭리로 간주해서는 안 된다는 것이다. 고대 소피스트 프로타고라스가 인간은 만물의 척도라고 했던 것처럼, 모든 것이 자기 자신을 중심으로, 자기만을 위해 존재하는 것 같은 착각 속에 빠질 수 있어서다.

교만이란 자신을 남보다 높거나 귀하게 여기는 마음의 태도다. 사람은 지식으로도, 영성으로도, 그리고 부로도, 명예로도, 권력으로도, 남보다 높아질 수는 없다. 인간과 인간은 서로 비교 대상이 될 수 없고, 비교되어서도 안 된다. 영혼의 세계에는 높낮이가 없다. 우리가 얼마나 하나님(거룩함)께 가까이에 있는지가 중요할 뿐이다. 여기에도 "누구보다"가 있을 수 없다. 하나님은 루터도 사랑했지만, 루터 바로 곁에서 벼락 맞아 죽은 루터의 친구도 사랑하셨다. 그리고 어쩌면 루터보다 벼락 맞아 죽은 친구가 훨씬 더 복 있는 사람일 수도 있다.

일반적으로 신학자들은 자연법을 통해 세계를 유지하시고 주관하신다고 생각한다. 그러나 하나님의 사역을 자연법으로 묶어 놓으면

평신도, 신학생, 목회자를 위한 신학 총정리 핸드북

하나님의 직접적인 사역은 빠지고 법칙만 남게 된다. 하나님은 자연의 법칙을 통해서도 만물을 주관하시지만, 직접 개입하시기도 한다. 하나님의 섭리를 둘로 나눠야 한다는 이유가 바로 그것이다. 섭리는 직접 "일하시다."라는 뜻이 들어 있다.

"참새 두 마리가 한 앗사리온에 팔릴지라도 너희 아버지께서 허락하지 아니하시면 결단코 땅에 떨어지지 아니하리라."

결론적으로 무한한 하나님의 섭리란 유한한 인간 논리에 들어올 수 없다.

기왕에 나온 김에 하나만 더 지적하고자 한다. 개혁주의 신학자들은 인간의 자유의지는 하나님의 섭리와 상호작용한다고 주장한다. 대부분의 교회는 하나님은 인간의 자유의지를 존중하시며, 이를 통해 자신의 계획을 이루어 가신다고 이해한다. 그러나 섭리와 자유의지는 성격상 상반된 의미의 용어다.

섭리에 집착하다 보면 자유의지가 죽고, 자유의지에 집착하다 보면 섭리가 죽는다. 그렇다면 섭리도 살고 자유의지도 살수 있는 방법은 없을까?

있다.

둘 사이에 있는 경계와 역할과 활동 범위를 찾으면 간단히 풀릴 수 있다. 하나님은 질서의 하나님이다. 그러나 그 경계를 보지 않고 섭리나 자유의지만 고집하면 둘 다 사탄의 함정에 빠지게 된다.

루터파는 대체로 작정 교리와 섭리를 하나로 묶어 구원론 적으로 해석한다. 펠라기우스주의자들과 소지니주의자(전적부패를 부인하는 무리)들은 대체로 하나님의 작정 교리를 비성경적이라고 배척한다. 그러나 반 펠라기우스 주의자들과 알미니우스 주의자들은 호의적으로 보지 않지만, 완전히 배척하지는 않아 보인다. 더러는 그것을 전혀 무시하고, 더러는 그것을 반대하기 위해서만 언급하기도 한다.

그 외에 하나님의 예지에 의해 제한되는 작정만을 주장하는 사람들도 있다. 그들은 작정 교리가 인간의 도덕적 자유와 상반된다고 반대하며, 그것은 인간의 노력을 위한 모든 동기를 박탈한다고 반대한다. 그리고 그들은 하나님의 작정이 하나님을 죄의 조성자로 만든다고 주장한다. 그렇다면 주님은 무엇이라고 말씀하셨을까? 그 답이 복음서에 들어 있다.

b. 섭리와 자유의지: 예수님이 십자가에 돌아가시기 전 제자들을 데리고 겟세마네 동산에서 기도하신 적이 있다. 그때 자신이 기도 하는 동안 제자들을 비롯하여 베드로, 요한, 야고보 등에게 기도할 것을 명했다. 그러나 그들은 예수님이 피땀 흘려 기도하는 동안 꾸벅꾸벅 졸고 말았다. 예수님이 두 번이나 깨워주면서 기도를 당부했지만 역시 이들은 졸았다. 이들의 조는 모습을 보면서 예수님이 하신 말씀은 "시험에 들지 않게 기도하라 하였건만"이라는 한탄이었다.

히브리서 12장을 보면 하나님은 자녀들에게 꾸지람과 벌(채찍)을 내리시는 분임을 알 수 있다. 잘못 하도록 섭리하시고, 그 잘못에 대해 꾸짖고, 벌을 내린다는 것은 결코 합리적이지 않다. 유다 입장에서도 "마음대로 꺾었으면 버리지는 말아야지..." 이미자의 노래를 웃길 일이다. "네가 먼저 살자고 옆구리 꼭꼭 찔렀지..." 알았으면(예견)서 왜 불렀냐는 것이다.

그러나 우리는 여기서 잠깐 앞에서 다룬 독사에 물린 말의 이야기로 돌아가 보자. 말이 독사에 물린 것은 일종의 변수다. 말이 독사에 물린 것과 주인과는 아무런 인과 관계가 없다. 오히려 독사의 공격에 부주의한 말에게 인과 관계가 있을 수 있다. 그것은 섭리 밖에서 독사가 일으킨 사건이다.

말 주인이 수의사를 불러 말을 해독시킨 것은 말을 향한 주인의 은혜다. 말 주인은 독사에 물린 말을 그대로 버릴 수 있다. 말이 주인에게 어떤 공로가 있어서 말 주인이 수의사를 불러 말을 살려준 것이 아니다. 아무런 공로가 없어도 독 맞아 괴로워하면서 죽어가는 말이 불쌍해 주인이 구해 준 것이다. 그러므로 주인의 말 구한 행위는 은혜가 된다.

신학자들은 만물이 하나님의 섭리 속에서, 섭리에 의해 그리고 섭리(목적)을 향해 흐르고 있다고 말한다. 그리고 인간이 지은 죄에 대해서도 하나님이 허용하신 것이라고 말한다. 대부분의 신학자들은 동의하지 않겠지만, 철학적으로 죄는 하나님이 허용하실 성질의 것이 아니다. 하나님은 선의 원형이기 때문이고, 하나님은 죄 자체가 없으시기 때문이다. 그렇다고 죄를 사탄이 만들었다는 것도 아니다.

태초의 인간은 하나님처럼 순수한 자유의지를 가지고 있었다. 그런데 뱀이 그 자유의지에 탐욕을 불어넣었다. 그리하여 아무것에도 오염되지 않은 순수한 자유의지가 원형으로부터 멀어지기 시작했다.

원형(중력=하나님의 명)으로부터 멀어지면 자유의지는 힘(중력)을 잃게 된다. 그래서 인간의 자유의지는 탐욕의 소리가 들리기 시작하고, 결국은 듣게 된다. 그것이 유혹이고, 변수다. 그러나 아무리 강한 유혹도 선을 향한 중력이 강하면 문제 될 것이 없다. 중력이 약해졌을 때가 문제다.

육의 본성은 동물적 육체만을 위한 활동을 원한다. 영의 본성은 영혼만을 위한 영적 활동을 원한다. 그래서 주님은 사람이 떡으로만 살 것이 아니요, 하나님의 입에서 나온 말씀으로 산다고 했다. 육과 영의 조화를 암시한 것이다. 영과 육은 항상 싸우는 관계가 아니라 협력의 관계여야 한다.

땅에 속한, 그러니까 육에 속한 삶을 사려면 육의 요구도 들어줘야 한다. 영에 속한 삶을 살려면 영의 요구도 들어줘야 한다. 그러나 영과 육의 존재 목적은 하나다. 아무리 훌륭한 영혼이라도 육체가 없이는 존재할 수 없다. 질료 없이 형상이 존재할 수 없는 것과 같다. 자칫하면 금욕주의자가 되고, 자칫 잘못하면 세속적인 자가 되어 버린다. 둘 다 실패한 경우다.

만일, 인간이 영의 요구를 묵살하고 육의 본성만을 위한 삶을 살아간다면 어떻게 될까? 반대로 인간이 육의 요구를 묵살하고 영이 본성만을 위한 삶을 살아간다면 어떻게 될까? 둘 다 존재 목적을 완성할 수 없을 것이다.

C. 구속

신학자들은 예수님이 이 땅에 오신 목적을 인간의 구원이라고 말한다. 삼위일체의 개념을 떠나, 주님은 그것을 너무너무 분명하게 보여주셨다.

그 과정에서 주님은 또 자신이 홀로 구원의 십자가를 지고 있는 것으로 비춰질 수 있는 그곳에서까지도 하나님이 함께 계신다는 것을 알려줬다. "너희가 다 떠나도 아버지가 함께 있으리니"

인간의 구원을 위해 주님이 인간 세상에 계시는 동안 하나님도 함께 계셨다는 뜻이다. "나를 본 것은 아버지를 본 것이라" 주님의 고난을 아버지가 함께 받으셨다는 암시다. 주님이 지신 십자가를 아버지도 함께 지셨다. 아니면 겪었다는 의미다.

따라서 죄인들을 구원하시기 위해 주님이 행하신 모든 일을 하나님이 하신 구속 사역이라고 할 수 있다. 신학자들은 그리스도를 통한 인간의 구속은 하나님의 사랑과 자비를 나타내는 것이라 말한다. 그들은 구원을 설명하기 위해 인간의 전적 타락을 주장한다. 전적 타락이 있었기에 인간에게는 하나님의 불가항력적인 은혜에 의한 구원이 필요하다는 것이다.

신학자들이 동의할지 모르지만, 인간의 전적 타락을 전재하지 않더라도, 현재 그대로도 자력에 의한 구원은 불가능하다. 외부의 세력에 의해 발생할 수 있는 변수 때문이다. 그리고 그 변수를 처리할 힘이 없기 때문이다. "After desire(greedy) has conceived, it gives birth to sins and sin, when it is full grown gives birth to death"

만일, 어떤 사람이 자신의 일평생을 심판 대위에 세워놓고 재판을 한다고 가정해 보자. 자기 자신에게 무죄를 선고할 수 있는 사람이 몇이나 될까?

율법을 떠나 "내가 새 계명을 주노니 서로 사랑하라" "네 이웃을 네 몸과 같이" "네가 네 잘못을 용서한 것 같이, 네 형제의 과실을 용서하라" 이 아름답고, 가볍고 선한 계명을 다 지켰다고 선언할 수 있는 사람이 과연 몇이나 될까?

"너희 아버지의 거룩하심 같이 너희도 거룩하라." 자신을 거룩하다고 판결할 수 있는 사람이 과연 몇이나 될까? 일평생 동안 우리는 몇 시간이나 온전했고, 몇 시간이나 거룩했을까?

중생은 육적 본성에서의 삶에서 영적 본성을 덧입는 것이다. 영적인 삶은 육의 본성으로 살던 삶의 구습을 버리는 것이다. 경쟁과 미움과 분노와 원망으로 살던 모든 삶의 기술들을 버리는 것이다. 육적 욕망을 이루기 위해 사용하던 모든 연장(도구)들을 버리는 것이다. 그런데 과연 우리는 중생 후 이런 죄의 연장들을 사용하지 않고 살았는가?

영의 본성이란 육을 위한 삶이 아니라 영을 위한 삶이다. 성 프란시스코의 기도처럼 원망이 있는 곳에 용서를 심고, 미움이 있는 곳에 사랑을 심고, 분쟁이 있는 곳에 평화를 심고, 마음이 청결하게, 온유하게, 의롭게, 그리하여 거룩하신 하나님의 자녀답게 사는 삶이다. 그것이 하나님과 가까워지는 삶이다. 그것은 하나님을 향한 사랑과 이웃에 대한 사랑으로 구현된다. 우리의 열조들은 자신의 목숨을 바치면서까지 하나님을 향한 사랑을 구현해 냈다.

우리는 여러 가지 충동 속에 있다. 거짓과 정직의 충돌 속에 있다. 육적 이익과 영적 이익의 충돌 속에 있다. 내 이익과 네 이익의 충돌 속에 있다. 음행과 청결의 충돌 속, 미움과 용서의 충돌 속에서 살아간다. 이런 충돌 속에서 과연 우리는 옛날 우리 신앙의 선조들처럼 그리스도의 진리를 살기 위해, 아니면 양심을 지키기 위해, 영적 본성을 드러내기 위해, 하나님을 향한 사랑을 구현하기 위해 무엇을 손해 본 적이 있는가? 피를 흘린 적이 있는가?

재산을 버린 적이 있는가? 권력을 버린 적이 있는가? 직장을 버린 적이 있는가? 명예를 버린 적이 있는가? 목숨을 포기한 적이 있는가?

185

자존심을 구긴 적이 있는가? 별시를 당해본 적이 있는가?

나의 부족을 채워주는 것이 은혜다. 우리가 최선을 다해도, 완성하지 못한 부분을 그리스의 은혜가 완성 시켜주실 거라는 것이 성경의 가르침이다. 그러나 아무것도 하지 않을 때는 어떻게 될까?

A) 구속의 목적

신학자들은 인간에 대한 하나님의 구속의 목적이 하나님 아버지의 영광과 자신의 사랑을 드러내기 위해서였다고 말한다. 그러나 자녀라는 입장에서 접근하면 "사랑을 나타내기 위해서"가 아니라 "사랑하기 때문"이 되어야 한다.

내가 너를 돕는 것은 나의 사랑을 나타내기 위해서가 아니라 너를 사랑하기 때문이다. 만일 우리 자녀가 정체성을 잃고, 존재 목적도 상실하고, 잠깐 후면 사라질 육체의 탐욕을 따라, 노예처럼, 짐승과 차별할 수 없는 삶을 이어가고 있다면 어떻게 하겠는가?

B) 구속의 과정

뒤에서 구원의 서정을 다룰 때 자세히 다루겠지만 신학자들은 구속의 과정을 하나님의 택하심부터라고 말한다. 그러나 그 택하심이 언제 있었는지는 우리는 모른다. 다만 우리는 하나님의 구속 사역이 죽음, 부활을 통해 완성되었다고 볼 뿐이다. 그때 사망의 독에 중독된 인류를 죄의 독으로부터 해독할 해독약이 완성되었기 때문이다. 인류가 저지른 죄의 값(형벌)을 십자가의 죽으심을 통해 완전히 지불하셨다는 교리다. 하나님의 의를 넘어 인류를 구원할 수 있는 길이 바로 죄 값에 대한 지불 이기 때문이다. 그것이 신학에서 말하는 속죄함의 교리다.

C) 구속의 결과

많은 사람이 의아해하는 것이 있다. 예수님의 희생으로 죄를 속량하신 것이라면 왜, 예수님의 속량 없이는 인류를 구원할 수 없었느냐는 것이다. 맞다. 신학자들이 동의할지 모르지만, 그것은 하나님이 공의 때문이었다. 예를 들면 하나님의 의의 속성이 인과응보다. 바로 그 공의로 우주와 만물의 축대를 삼았기 때문이었다. 공의가 없이는 식물의 세계도, 동물의 세계도, 인간의 세계도 지탱할 수 없다. 짐승의 세계든, 동물의 세계든, 사람의 세계든, 이 축대가 무너지면 다 무너진다. 그러나 하나님의 구속의 결과로 하나님의 의는 이루어졌다.

그러나 신학에서는 여기에 대해 세 가지 답을 제시한다.

첫째는 에덴동산에서 인간이 선악과를 먹었을 때 있었던 삼위일체 하나님 들과의 약속(언약)의 조건을 완성했다는 견해다. 그것을 은혜언약이라고 한다. 지상에서와 같이 삼위 하나님의 미팅에서 주님은 하나님 아버지와 인류를 대신하여 구원 계약의 당사자가 됐고, 그 약속 아래서 하나님 시간으로 잠시 후, 계약을 이행하기 위해 예수님이 동정녀 탄생을 통해 이 땅에 와서 약속을 이행하셨다는 것이다.

그 약속 가운데는 인간은 얼마든지 선악과를 먹게 한 탐욕을 억누를 능력이 있다는 것을 보여주는 것도 포함됐을 수 있다. 그것은 구속을 넘어 하나님이 창조한 인간은 결코 실패작이 아니요, " 보시기에 좋았더라"고 했던 것처럼, 완전했다는 것에 대한 입증이기도 해서였을 것이다.

근거는 예수님이 공생애를 시작하기 전 받았던 3가지 시험이다. 예수님을 시험하던 자는 하와를 유혹했던 사탄의 대표주자였고, 예수님은 인간의 대표주자였다. 이 시험을 통해서 하나님은 하와도 얼마든지 뱀의 유혹을 이길 수 있었다는 것을 보여줬다.

둘째는 에덴동산에서처럼 인간이 행복하게 살수 있는 방법을 가르쳐주셨다는 견해다. 그동안 인류는 오직 육을 위해서만 살아왔다. 그저 육적 본성에 의해, 육적인 욕구를 만족시키기 위해서만 살아왔다. 꼭 짐승처럼 먹을 것을 위해, 남을 제압하기 위해, 더 만족스럽게 즐기기 위해서, 성을 쌓고, 성문을 달고, 그리고 침략을 하고, 침략을 당했다. 그러나 누구도, 어디에도 만족은 없었다. 이 땅에서도 지옥, 저 땅에서도 지옥, 너도 지옥, 남도 지옥이었다. 영과 육은 더러워 질대로 더러워져 거룩하신 하나님 나라는 고사하고, 거룩하신 하나님의 이름조차 부를 수 없게 되었다. 구해 주지 않으면, 그렇게 살다 그렇게 사라진 네안데르타인들처럼 지상에서 조차 스스로 괴멸될 것은 뻔한 일이었다.

주님은 오셔서 인류를 일깨웠다. 우리는 하나님의 잃어버린 자녀라고. 그리하여 자녀답게 자녀들의 삶을 살아야 할 것을 주문했다. 자녀들이 살아야 할 방법대로 살아야 할 것을 주문했다. 그리고 자신을 믿고, 따라서 아버지께로 가자고 외쳤다.

"나는 길이요, 진리요, 생명이니"라고 하신 말씀이 이를 잘 보여준다. 그래서 그분이 가르친 회개와 용서와 사랑과 평화는 이 세상에서도 천국을 살고 저세상에서도 천국을 살 수 있는 진리였다. "누구든지 나로 말미암지 않고는 아버지께로 올 자가 없느니라."

세 번째는 본래부터 하나님의 나라는 거룩한 곳이었다. 그런데 인류는 에덴동산에서 죄를 지어 더러워졌고, 그 죄가 후손들에게 전이

평신도, 신학생, 목회자를 위한 신학 총정리 핸드북

되어 그 후손들 마저 더러워졌다. 인류는 죄의 값을 정산해야 하나 가진 것이 없었다. 처음부터 인류는 아무것도 가지지 않았고, 지금도 그렇다. 그러나 예수는 그렇지 않다. 공의(인과응보)밖에 있었다. 육체를 입었지만 그 육체는 땅에 속하지 아니하였다. 모든 족보와 피(기운)의 흐름으로부터 자유 했다. 땅의 오염으로부터 자유하고, 땅의 죄로부터도 자유 했다. 죄의 전이가 없었다. 인류의 죄 값을 치를 수 있는 유일한 분이었다. 논리적으로 죄를 없앴다는 것은 거룩하게 했다는 것도 된다.

D. 기도를 들으시고.

아직 신학에서는 완성 시킨 주제는 아니지만, 하나님의 사역 가운데 또 다른 하나는 우리의 기도를 들으시는 일이다. 하나님이 우리의 기도를 들어주시는 사역에서 우리는 아주 중요한 사실 하나를 추론할 수 있다. 신학자들이 말한 하나님의 작정과 섭리 논리와 상충 될 수 있다. 그것이 바로 기도의 힘이다. 인간이 기도로 자신의 운명을 바꿀 수 있다면, 다시 말해, 이스라엘이 문설주에 양피를 발라 죽음의 사자를 피할 수 있었던 것처럼, 기도로 하나님의 작정과 섭리의 방향을 바꾸거나 넘을 수 있다면, 지금까지 신학자들이 주장한 작정과 섭리 교리가 절대적이 아니라는 결론에 이르게 된다.

구약을 보면 히스기야 왕이 하나님이 정해놓은 자신의 수명이 다했을 때 기도로 15년을 더 연장받은 기록이 있다. 예수님도 우리에게 작은 겨자씨만 한 믿음이 있다면 산을 옮길 수 있다고 말하신 바 있다. 그러나 참고로, 기도를 통해 자신의 수명을 15년이나 연장받은 히스기야의 최후가 어땠는지 살펴볼 필요가 있다.

산을 옮긴다는 것은 운명을 바꾼다는 것으로도 비유될 수 있다. 인간이 드리는 기도가 하나님의 작정과 섭리를 바꿀 수 있다는 암시다. 물론, 그것까지도 하나님의 섭리와 작정 가운데 들어있는 것이라고 한다면 할 말이 없다.

예수님은 인간은 기도를 통해 자신의 삶을 창조할 수 있다고 가르치셨다. "믿는 자에게는 능치 못할 일이 없느니라." 회개를 할 수 있고, 용서를 할 수 있고, 사랑을 할 수 있고, 의를 행할 수 있다고 했다. 회개와 용서와 사랑과 평화와 의를 심어서, 그 열매들을 거둬들이는 신비한 세계에 들 수 있다고 했다. 기도는 이러한 힘을 가졌다. 그 힘은 사용하는 자에 따라 달라진다고도 했다. 더 강해질 수도, 더 약해질 수도 있다는 의미다.

E. 최후의 심판

하나님의 사역 가운데 최후의 심판 사역은 그리스도인들이 꼭 알아야 할 사안이다. 계시록에 잘 묘사되어 있다. 최후의 심판이란 문자적으로 마지막 심판이라는 의미다. 이 말은 이미 다른 시작과 중간의 심판들이 있었다는 의미다. 맞다.

심판이란 하나님의 의가 집행된다는 암묵적 의미를 담고 있다. 자연의 법칙을 깊이 연구해 보면 인간 세계에는 아주 분명한 심판들이 있다. 최후의 심판이 오기 전에 받는 심판들이다. 오늘 일을 오늘 심판받을 수도 있고 내일 일을 내일 심판받을 수도 있다. 우리는 매일 삶의 씨를 뿌리고 있고, 대부분의 삶의 씨가 어제와 인과 되어 있다. 아마도 생지옥이라는 말이 그래서 생겨났을 것이다. 그래서 주님은 이 땅에서 천국에 들것을 명하셨다.

사람들은 믿는 자는 하나님의 은혜로 구원을 받기 때문에 일단 믿고 나면 만사가 오케이라고 가르침을 받는다. 과연 그럴까? 바울이 고린도 교회에 한 말을 보면 소름이 끼칠 정도다. "너희는 하나님의 성령이 거하시는 전인 줄을 알지 못하느냐. 누구든지 하나님의 성전을 더럽히면 하나님이 그 사람을 멸하시리라." 우리가 칼뱅의 불가항력적인 은혜만 믿고 까불 때 어떤 결과가 올 수 있는지 분명하게 적시된 말씀이다.

믿음이라는 것은 현상을 통해 드러나지 않으면 없는 것이나 마찬가지이다. 믿음은 밖으로 구현되기 전까지는 묻혀있는 진주나 달란트와 같다. 야고보 선생도 행함이 없는 믿음은 죽은 믿음이라고 했다. 그렇다면 믿음은 어떻게 구현되는 것일까?

믿음은 마음으로 시인하고, 입으로 토해내고, 몸으로 드러내야 할 성질을 가졌다. 드러내야만 존재가 되는 실체다. 믿음은 바로 회개와 용서와 사랑과 평화와 의를 통해 구현된다. 날마다 육적인 구습을 벗는 삶, 용서할 수 없는 사람을 용서하는 삶, 사랑할 수 없는 대상을 사랑하는 삶, 불화가 있는 곳에서 평화를 만드는 말과 행동, 바로 이것이 믿음의 현현이다. 미완성 믿음은 행동을 통해 완성된다. 믿음은 자신을 위해 사용되지 않고 남을 위해 구현된다.

뱃속에 잉태된 태아가 세상 밖으로 나와야 사람이 되는 것과 같다. 철학적으로 질료가 형상을 입게 되어 존재가 되는 것과 같다. 행위는 이렇게 만들어지는 것이고, 만드는 것이다. 인간이 이 세상에 쏟아 놓는 행위는 모두 심판의 대상이 된다. 믿음의 열매로 태어나는 행위는 상(reward)으로, 육의 열매로 태어나는 행위는 벌로 결과된다. 그것을 신학에서는 하나님이 모든 인류를 심판하시고, 의인과 악인을 구별하시는 일이라고 한다. 신학에서는 최후의 심판을 통해 하나님은 공의와 정의를 드러낸다고 말한다.

A) 최후의 심판의 성경적 근거

성경에는 심판에 대한 두 가지 근거를 가지고 있다. 이 세상에서 받는 심판과 마지막에 받게 될 최후의 심판이다. 최후의 심판의 성경적 근거는 다음과 같다. 마태복음 25:31-32: 고린도후서 5:10: 요한계시록 20:11-12

B) 심판의 목적

신학자들이 동의할지 모르지만, 심판의 목적은 온 세상을 지키고 유지하기 위해서다. 세상이 주의 의로 조성되었기 때문이다. 신학자들은 인간에 대한 심판은 태초부터 창조 도면에 들어 있던 공의라고 한다. 둘을 개념화하여 구분하기가 쉽지 않지만, 하나님의 사랑에도 이 공의로 주초가 놔졌다고 봐야 한다. 공의는 사랑의 본질을 지키는 법이고, 파수꾼이고, 울타리다. 공의가 없으면 사랑의 본질이 지켜지지 않는다. 그래서 공의는 세상을 지탱하는 기둥이고 축대라고 했고, 기둥이 무너지고, 축대가 무너지면 세상도 무너진다고 했다. 심판의 목적도 그런 맥락이다. 의의 구현이면서 사랑과 인과 되어 있다. 신학자들은 하나님의 최후의 심판은 그의 공의와 정의를 나타내기 위한 것이고 하나님은 최후의 심판을 통해 의인과 악인을 구별하시며, 각기 그들의 행위에 따라 상과 벌을 주신다고 한다.

그러나 예수님께서는 십자가 위에서 숨을 거두시기 전 옆에 있는 강도에게 "오늘 너와 함께 낙원에 있으리라" 하신 적도 있음을 기억해 둘 필요가 있다.

C) 심판의 과정

최후의 심판은 학자들에 따라 달라질 수 있다. 심판의 과정을 단회적으로 보느냐 연속적으로 보느냐도 학자마다 다르다. 다를 수밖에 없다. 법칙을 사용하여 하시는 심판도 심판이기 때문이다. 선을 심으면 선을 거두고, 악을 심으면 악을 거둔다는 말이 여기에 적용될 수 있다.

(6) 신의 존재 증명

사람들은 중세를 교회가 사회를 운영한 시대였다고 말한다. 세계를 상징하는 로마라는 대제국의 사람들은 교회라는 제도권 안에 있었다. 제국으로부터 백성들의 삶을 위탁받은 시대라고 표현해도 될 것이다. 그러나 사회가 교회의 영향권 아래 있었음에도 불구하고 사람들의 자유 정신은 신으로부터 아주 멀어져 있었다. 신학은 보였으나 신앙생활이 보이지 않았다. 이파리는 무성한데 열매가 없는 시대였다. 실체는 있는데, 본질이 없었다. 그래서 일부 사람들은 실체를 의심했다.

칠흑같이 어둡고 캄캄한 혼돈과 혼란 속에 잠겨버린 중세 사람들의 신앙과 정신을 구해내는 일은 무엇보다도 절실한 상황이 되었다. 그런 일들은 교회의 제도권 밖에서 외롭게 진리의 길을 걷고 있던 수도자들을 더욱 괴롭게 했다. 그들은 세상이 아무리 험해도, 의도, 신도, 인이 없어도 하나님은 계신다는 것만은 알게 해야 하고, 믿게 해야 한다고 생각했다. 그 일을 성 안셀무스에 이어, 성 토마스 아퀴나스가 대신했다. 그리하여 아퀴나스는 신의 존재를 5가지로 증명했다. 첫째 부동의 원동자 논리 둘째, 제 1의 원인을 통한 증명 셋째, 완전한 존재 증명. 넷째, 비교 증명. 다섯째, 목적론적 증명이다.

A. 운동을 통한 증명

만물은 움직인다. 그러나 스스로 움직이는 것은 없다. 모두 무엇에 의지하여 움직인다. 물체가 변하고 움직인다면 그 물체를 변하고 움직이게 하는 무엇인가가 있다. 우주 안에서 우주가 변하고, 움직이고, 태양이 변하고, 움직이고, 별들이 변하고, 움직이고, 헤아릴 수 없는 수억의 천체가 변하고 움직인다면 그것들을 그렇게 변하고 움직이게 하는 무엇이 있을 것이다. 만일, 그것이 어떤 법칙에 의해 움직이는 것이라면, 그 법칙을 만든 그 무엇이 있을 것이다. 예를 들어 나무는 흙에 의존한다. 비는 구름에 의존한다. 내가 변하면 네가 변하고, 땅이 변하면 하늘이 변하고, 하늘이 변하면 땅이 변한다. 바다가 변하면 물이 변하고, 그 안의 생물들이 변한다. 이렇게 만물은 의존적이다. 만물은 이렇게 불안전하다.

우연이 모이고 모이면 필연이 된다. 그러나 그 우연을 찾아가 보면 그 우연도 필연에서 왔음을 알 수 있다. 우연이 필연에 의존했다는 의미다. 그러므로 이 또한 있는 것이 아니다. 아무것에도 의존적이지 않고 스스로 있는 존재, 그것이 바로 신이라고 했다. 그렇다면 그것들을, 그렇게, 변하고 움직이게 하는 그 무엇, 그런 법칙을 만든 그것은 무엇일까?

토마스 아퀴나스는 그것을 부동의 원동자로 이름했다. "The unmoved mover"다. 자기는 움직이지도, 변하지 않으면서, 다른 것들을 변하고, 움직이게 하는 존재, 바로 그것이 부동의 원동자고, 그것이 신이라고 했다.

B. 제 1원인(원인을 통한 증명)

세상에는 원인 없는 결과가 없다. 현재는 과거의 결과로써 있는 것이고, 오늘은 어제의 결과로써 있는 것이다. 만물은 어떤 원인에 의해 움직인다. 스스로 움직이는 것이 아니기 때문에 그 스스로가 스스로의 원인이 될 수는 없다. 나의 원인이 엄마라면 엄마도 엄마의 원인이 있다. 그리고 나의 엄마의, 그 엄마의, 원인도 있을 것이다. 그렇게, 그렇게, 쭉 원인의 원인, 원인의 원인을 찾아 올라가면 최초의 원인이 나올 것이다. 이 모든 현상을 있게 한 원인, 그 원인의 원인, 오늘이라는 결과를 만들어 낸 원인, 그것의 원인의 원인을 찾고 찾아서 올라가면 제1 원인이 등장할 것이다. 그는 그 원인이 바로 신이라고 했다.

C. 존재론적 존재 증명(존재 이론을 통한 증명)

존재란 무엇인가? 존재란 있는 것이다. 있는 것이란 무엇인가? 존재론적으로 있는 것이란 절대 변하지 않고, 어제도 있고, 오늘도 있고, 그리고 내일도 있어야 한다. 그러나 지금 우리가 있다고 하는 것은 모두 변하는 것이다. 변하는 것은 있는 것이 아니다. 따라서 지금 있는 것을 있는 것이라 할 수가 없다. 없다가 있는 것은 있는 것이 아니다. 지금 있는데, 지금 있는 이것이 영원부터 있어 왔고, 앞으로도 영원히 있을 것이라면, 바로 이것이 있는 것이다. 따라서 지금 있는데 영원히 있지는 않을 것이었다면 이것도 있는 것이 아니다. 지금 있

평신도, 신학생, 목회자를 위한 신학 총정리 핸드북

는 것들이 스스로 있는 것이 아니라면 있는 것이 아니다. 그러나 전에도 있었고 오늘도 있고 내일도 있는 것이라면 그것이 있는 것이다. 그것이 바로 신이다.

D. 비교 기준을 통한 증명

바위도 시간이 지남에 따라 늙고 부식되고, 소멸 되어 흙으로 변한다. 변한다는 말을 하려면 변하지 않는 어떤 것을 기준 해야 한다. 따라서 불안전한 존재를 정의하기 위해서는 필연적으로 안전한 존재가 있어야 한다. 그것을 측량(measure)하기 위해서는 뭔가 필연적인 완전한 기준 혹은 비교의 축이 있어야 한다. 완전한 존재가 있어야 그것에 비추어 불안전한 존재라고 이야기할 수 있어서다.

우리는 어떤 사물은 다른 사물보다 더 좋거나, 더 나쁘다고 말한다. 그러기 위해서는 비교 대상이 있어야 한다. 더 좋은 것과 좋은 것, 더 좋은 것과 더, 더 좋은 것이 있어야 한다. 좀 더 구체적으로 풀어보면 우리가 느낄 수 있는 것들은 불안전하다. 우리가 경험한 모든 것들은 불안전하다. 왜? 우리 자신이 불안전하기 때문이다. 불안전한 것이 불안전한 것을 느끼니까 더욱 불안전하다. 불안전한 것들은 서로 비교된다.

이 세상에 비교 대상의 축이 되는 최고의 그것, 아무것도 비교될 수 없는 진실, 진실 중의 진실, 아무것에도 비교될 수 없는 선, 선 중의 선. 그것이 무엇일까? 그것이 바로 신이라는 것이다.

E. 목적론적 증명(만물이 가진 존재 목적을 통한 증명)

이 세상에는 생명력이 있고, 감정이 있는 고등 생물들만 있는 것이 아니다. 무생물도 있다. 무생물, 무기물들도 있다. 그리고 이들은 움직인다. 제멋대로 움직이는 것이 아니라 규칙을 가지고 움직인다. 별이 돌고, 달이 돌고, 태양이 돌고, 지구가 돈다. 그런데 절대 부딪치지 아니한다. 너무 신기하다. 중력이고 뭐고, 이런 것들을 떠나서 너무 신기하다. 이것은 우주 안에, 만물 안에 어떤 법이 있다는 증거다. 바로 목적이다. 우주의 모든 개체는 목적을 가지고 돈다.

모든 만물은 목적을 가지고 움직인다, 모래는 왜 있는가? 벽돌을 만들기 위해서다. 따라서 모래는 벽돌의 질료다. 벽들은 모래의 형상이다. 벽돌은 왜 있는가? 벽을 쌓기 이해서다. 벽은 왜 있는가? 담을 쌓기 위해서다. 그래서 아퀴나스의 다섯 번째 논증을 목적론적 신 존재 증명이라고 부른다. 세계 안에 존재하는 모든 사물은 목적을 가지고 운동 혹은 존재하기 때문이다.

생각하는 일이 없는 자연적 물체들도 여러 가지 목적을 가지고 활동하는 것이다. 그런 목적들은 우연적으로 진행되는 것이 아니라 계획에 따라 진행된다. 그것들은 "마치 화살이 궁수에 의하여 어떤 방향으로 겨누어지고 있듯이 지성을 가진 어떤 존재에 의하여, 그 목적을 이루기 위해 움직인다. 그는 이러한 지성적인 존재가 바로 신이라고 했다.

아퀴나스의 신 존재 증명은 안셀무스의 내용과 약간 겹쳐 보이는 것도 있다. 토마스 아퀴나스는 인간의 이성 속에는 하나님의 은총에 의해 주어진 영적 능력이 있다고 믿었다. 그래서 그는 하나님의 은총이 이성 속에 역사해서 그 이성이 구원을 완성하도록 도와준다고 주장했다. 이성 단독으로는 계시 안에 다가갈 수 없고, 하나님께도 다가갈 수 없으나, 하나님의 은총이 이성을 통해 우리를 하나님께로 인도 한다는 것이었다.

그는 보이는 세계 속에 보이지 않는 세계가 내재 되어 있고, 함께 한다고 봤다. 보이는 질료와 보이지 않는 형상이 붙어 있는 것처럼, 보이는 세계 속에 보이지 않는 보편적인 보편의 세계가 같이 있다고 봤다. 그는 이것을 자연신학이라고 했다.

창조 질서 안에 창조주의 형상, 창조주의 모습이 담겨 있다는 취지이다. 신의 은총이 여기서 역사하고 있다는 것이다. 보이는 것이 그냥 움직여지는 것이 아니라 보이지 않는 보편적인 것에 의해 움직여지고 있다는 것이었다.

그러나 근대 신학에선 몇 가지를 덧붙인다. 그것들은 도덕적 논증과 역사적 논증, 미학적 논증 등등이다.

F. 도덕적 논증

인간에게는 동물적 양심과는 다르게 독특한 인간의 양심이 있다. 그것은 생존 본능과도 아무런 상관이 없다. 악을 피하고 싶고 선을 행하고 싶은 욕구다. 아퀴나스는 우리에게 선의 실행을 강력히 요구하는 도덕 법칙의 원천이 있는데 그것이 신이라고 했다.

G. 역사적 논증

모든 민족이 보편적인 현상으로 예배나 제사와 같은 의식을 통해 갖는 신에 대한 감정 즉 종교성(종교의 씨앗)을 갖고 있으므로 신이 존재한다고 생각일 것이다. 그러나 예배나 제사를 넘어서도, 인류의 역사에 들어 있는 신의 손길을 볼 수 있다. 음행을 상징한 소돔과 고모라 그리고 로마의 폼페이는 유황불에 멸망했다. 탐욕을 상징하던 페르시아의 키루스 대왕은 목이 잘려 죽었고, 그의 대도 2대도 못 잇고 끊겼다. 피의 제국 앗시리아도, 거대한 문명의 도시 바벨론, 그리스, 로마, 향락의 아이콘인 솔로몬의 말로가, 모두 모두 역사의 뒤안길에서 신의 불꽃 같은 공의를 전한다. 여기서 신을 만나지 못하고, 여기서 신을 보지 못하고, 여기서 신의 목소리를 듣지 못한다면, 그는 소경이요 귀머거리일 것이다.

H. 미학적 논증

본질적으로 하나님의 선은 좋은 것이고 좋은 것은 아름다운 것이다. 그 좋은 것을 표현하는 것이 예술이고 미술이다. 플라톤의 말대로 어떤 예술은 하나님을 느끼게 하고 어떤 예술은 하나님을 향한 느낌을 방해하거나 막아버린다. 그래서 예술 추방론이 나왔다. 그러나 근본적으로는 미술이 진리가 될 수 있으며, 미를 통하여 신의 존재를 증명할 수 있다. 온 세상에 깔린 것이 신이 흔적이기 때문이다.

I. 지적설계 논증

많은 사람이 지식을 인간이 스스로 창조하는 것이라고 생각한다. 그러나 모든 지식은 우주 만상에 존재하는 법칙일 뿐이고, 인간은 그것을 캐고, 줏어서 사용하는 것일 뿐이다. 예를 들어 보자. 바다의 뻘 속에는 무수한 꼬막이 있다. 그것을 캐서 물로 씻어 바구니에 담아와 요리해 먹는 것이 지식의 사용이다. 꼬막은 신이 창조해 뻘 속에 넣어놓은 것일 뿐이다. 그래서 후험적 지식과 선험적 지식이라는 말이 생겨난 것이다.

J. 믿음 자체에서 유출

오직 성경을 하나님의 말씀으로 받아들일 때 성령의 역사로 하나님의 존재하심을 믿게 되는 방식이다. 아주 쉽게 체험적인 신앙이다. 각자 다름대로 하나님을 체험할 수 있다는 말이다. 어떻게, 왜, 어디서, 그것은 지엽적인 문제다. 믿음은 믿음을 낳고, 신앙은 신앙을 낳는다 믿음은 믿음을 키우고 신앙은 신앙을 키운다는 말이 바로 이래서 나왔을 것이다.

4) 기독론(Christology)

앞에서도 언급했듯이 기독교에서는 하나님의 아들 예수를 삼위 중 제2위의 하나님으로 믿는다. 그러나 유대인들은 그것을 부인한다. 그들이 예수를 부인할 수밖에 없는 이유는 그들이 예수를 처형했기 때문이다. 예수님을 살해한 것은 단순히 예수님 한 분에서 끝나는 일이 아니다. 성부, 성령에게까지 input 된다. 예수님은 삼위 중 제 이 위이시다. 바울이 뭐라 했건, 성경 대로라면 영원히 용서받을 수도, 용서되어서도 안 될 죄를 저지른 것이다.

그들은 예수님은 단지 인간일 뿐이며 하나님의 아들이란 그에게 수여된 영예로운 호칭일 뿐이라고 주장 한다. 신학에서는 예수님이 직무적, 혹은 메시아적 의미에서 삼위의 1위인 영원한 하나님 아버지의 아들이 분명하고, 그 증거로서 성령의 초자연적인 사역에 의한 출생을 든다. 따라서 기독론은 삼위일체 하나님의 제2위인 예수 그리스도에 관한 연구를 총칭한다.

(1) 그리스도의 선재성

선재성이란 예수 그리스도께서 육신을 입고 이 땅에 오시기 전부터 이미 계셨(선재 하신)다는 의미다. 신학에서는 예수 그리스도는 하늘에서 내려오신 분. 당연히 아브라함보다 먼저 계신 분. 창세 전부터 아버지 하나님과 함께 계셨던 분. 알파와 오메가, 처음과 나중, 시작과 끝이 되신다고 설명한다.

예수님은 "세상이 있기 전에" "세상의 기초가 놓이기 전에" 아버지와 함께했음을 공포하셨다. 신학자들은 삼위일체설에 있어서는 그리스도의 선재가 그리스도의 영원성과 신성의 핵심이고, 그래서 초대교회 때 오리게네스도 신자의 영원성을 주장했다고 말한다.

(2) 그리스도라는 의미

우리는 예수를 "주님", "그리스도", "메시아"라고 부른다. 성경에서는 예수를 하나님의 아들, 인자, 그리스도라고 칭한다. 구약을 전공한 학자들은 예수라는 이름이 히브리어 여호수아(Jehoshua, Joshua, 수1:1 슥 3;1) 또는 예수아(Jeshua, 2:2.)의 헬라어 형이라고 주장한다. 그러면서도 여호수아가 "예수아"로 바뀐 경위에 대해서는 설명하기가 어렵다는 이유로 피한다.

신학자들은 똑같은 의미의 예수가 메시아의 사전적인 명칭이라면, 그리스도는 공적 명칭에 해당한다고 말한다. 구약의 마쉬아흐('기름 붓다'의 의미인 마샤흐에서 파생) 와 동격이며, 따라서 "기름 부음을 받은 자"를 의미한다고 한다. 구약시대에 왕과 제사장들이 정기적으로 기름 부음을 받았던 것을 근거로 든다.

그러나 복음서를 근거하면 예수라는 이름은 구약의 여호수아나, 기름 부음이나, 왕이나, 제사장의 의미와 아무런 관련이 없고, 또 관련이 있을 수도 없다. 예수라는 이름은 하나님의 사자가 직접 지어주면서 죄로부터 인간을 구원해 줄 "구원자"라는 그 이름이 지닌 뜻까지 설명해 줬기 때문이다. 전통 신학에서는 그리스도의 이름을 다음과 같이 설명하고 있다. 삼위일체상 제 이 위인(Hypostasis)하나님의 아들, 메시아, 주, 진리, 사랑이다.

메시아라는 이름은, 구약에서부터 예언된 이름이다. 그러나 이 이름이 모세나 여호수아와 같은 인도자를 뜻하는지, 다윗 같은 왕을 뜻하는지는 분명하지 않다. 다만 유대인들은 이 메시아가 바벨론, 페르시아, 시리아, 로마로부터의 완전한 독립과 더불어 온 세상을 다스리는 꿈의 유대 제국의 황제인 세속적 개념으로 이해하고 있었다. 그러나 복음서에는 죄로부터의 구원자라고 밝혀져 있다.

복음서를 깊이 연구해 보면, 예수님 출생 당시 철학자였던 동방박사들은 그리스도를 인류의 "구세주" 아니면 모든 철학 세계와 정신세계의 "왕"의 의미로 이해하고 있었음을 추론할 수 있다. 그렇지 않고서야 유대인도 아니고, 자신들의 속국이었다가 로마의 속국이 된 유대인과 아무 상관이 없는 그들이 예수님의 별을 보고, 그토록 기뻐할 일도, 그리고 예수님께 경배하기 위해, 선물까지 마련해 그 머나먼 길을 걸어 유대 땅까지 찾아올 이유도 없었을 것이기 때문이다.

구약이 만들어지기 아주 오래전부터 동방에는 이름은 다르지만, 고대부터 전해 내려오던 동정녀 탄생에 대한 인류의 메시아 예언이 있었다. 이점을 감안하면, 어쩌면, 이들은 예수 탄생을 그 전설 속의 구세주 탄생으로 믿었을 수가 있다.

(3) 주라는 의미

예수 그리스도라는 이름 외, 주라는 이름이 있는데, 이는 주인

(Lord)이라는 의미다. 이름 대신 경외의 표시로 부르는 호칭으로서 "나의 영과 몸의 주인"이라는 의미로 호칭 될 때 사용된다. 그러나 구약학자들은 '주'라는 이름은 구약 70인 역에서 하나님께 적용되었었는데 여호와와 동격인 아도나이의 번역으로 인간적 경칭을 하나님께 적용한 것으로 보고 있다. 이는 정중하게 존경을 표시하는 인사 형식이다.

(4) 기독론이 다루는 주제들

일반적으로 조직신학에서 기독론의 위치는 신론과 인간론 뒤, 그리고 구원론 앞 사이에 위치 한다. 가장 난해한 조직신학 책을 쓴 루이스 벌코프는 그의 조직신학 책에서 예수의 위격(Hypostasis), 신분(비하, 승귀), 직분(선지자, 제사장, 왕직) 등의 순서로 기독론을 설명한다.

벨코프는 예수의 위격에서 삼위일체로서의 서열을 설명했고, 그리스도의 신분에서는 예수가 인간의 형체를 취하셨을 때(인간 신분)와 다시 본래의 위치로 돌아가셨을 때(신의 신분)의 신분을 설명했다. 직분에서는 그분에게 주어진 업무를 설명했다. 이번에는 그 순서대로 한번 가보겠다.

A. 예수의 위격(본질=Hypostasis)

전통 신학에서는 예수를 삼위일체상으로 제 "이 위"라고 본다. 삼위일체를 구성하고 있는 성부 하나님, 성자 하나님, 성령 하나님 가운데 제 이 위인 성자 하나님이시기 때문이다.

B. 그리스도의 이 위성(Unipersonality)

아차 하면 예수님의 이 위가 권력 서열상의 이 위로 오해될 수 있다. 그러나 신학에서 말하고 있는 이 위성(두 개의 본질)이란 신성과 인성을 말한다. 영어로 Unipersonality이다. 신학자들은 예수님은 완전한 신성과 완전한 인성을 가졌다고 말한다. 그동안 신학자들이 정리해 놓은 예수의 신성과 인성에 대한 설명은 다음과 같다.

A) 예수 그리스도의 신성

예수님은 인간의 형체를 입기 전에는 신이셨다. 신이셨을 때 본질은 신성 하나였다. 그렇다면 그분이 인간의 형체를 입으셨을 때 그분의 신성은 어떻게 됐을까?

신학에서는 성육신이 그리스도의 신성에 영향을 준 것이 아니라 성자가 인성을 취하신 것으로 해석한다. 그분은 무한한 신성으로 인간의 삶을 살지 않으시고, 오직 인성으로 사셨다는 견해다.

성육신은 하나의 인격적 행동(personal act)이었다는 사실을 강조해야 한다는 것이 전통 신학의 입장이다. 말장난으로 들릴지 모르지만, 신성이 인성을 취한 것이 아니라 하나님의 아들의 위격(본질)이 성육신하셨다고 표현하는 것이 바람직하다는 것이다.

성육신의 결과로 신적 구세주가 시험, 고난, 죽음을 당할 수 있게 되었지만, 그것은 그의 신성 안에서가 아니라 인성을 갖추심으로써 파생적으로 그같이 되셨다고 봐야 한다는 것이 신학의 입장이다. 지상에서 인성으로 사셨다는 의미다.

신학에서는 예수님이 하나님의 구원 계획에 있어서 구세주(Redeemer)로 오셨고, 그것 때문에 주님은 완전한 신성을 가진 참 하나님이어야 함은 절대 필수 조건이었다고 주장한다. 구원 계획을 성취할 집행자이기 때문이라는 것이다. 신학에서 예수님의 완전한 신성의 절대적 필요성을 강조한 이유가 바로 이것이다.

(A) 신성의 필요성

신학자들이 정리해 놓은 예수님의 직분 가운데 선지자 작과 제사장직이 있다. 둘 다 우리의 영혼을 위한 직책이다. 우리 영혼의 생사를 가르는 죄는 육에 의해 저질러진다. 따라서 우리의 영혼을 위해서는 육을 통해 일어나는 죄의 충동을 어떻게든 해결해야 한다. 육체는 이 세상에 속했고, 영혼은 저세상에 속했다. 그것을 컴바인 하면 육의 구원이 저세상에서의 구원이 된다. 육에서 나오는 것은 인성이고, 영에서 나오는 것은 신성이다. 바로 이래서 인간을 구원하기 위해서는 신성과 인성 모두가 필요하게 된다.

신학자들은 성육신 후, 신성의 필요성에 대해 그는 자기 몸으로 무한히 값진 희생 제사를 드리고, 하나님의 진노를 감당함으로써, 다른 사람들을 율법의 저주로부터 해방시켰고, 그가 이미 성취하신 사역의 성과를, 믿음으로 그를 영접하는 사람들에게 베푸시기 위해서는 신성이 필요하였다고 주장한다.

또 신인은 기도의 대상이기 때문에 예수님의 신성은 절대적으로 필요하다고 한다. 그 근거는 로고스의 위격(본질)에 있고, 우리가 기도하면 삼위일체 하나님이 받으신다는 것이다. 하나님은 세 위격으로 계시기 때문에, 성자 하나님도 기도를 받으신다는 논리다.

(B) 신성에 대한 증거

a) 구약: 시2:6-12(히1:5); 45:6,7(히1:8,9); 110:1(히1:13); 사 9:6; 렘 23:6 등등

b) 신약: - 요1:1-3, 14,18, 2:24,25, 3:16-18 등등. 요한과 바울은 항상 그리스도의 신성을 가르쳐 왔다.

c) 공관복음: -마5:17, 9:6, 11:1-6, 등등 그의 성품과 사역이 그의 신적 존재성을 증명해 준다. 공관복음서에서 그리스도는 시종일관 초자연적인 인격체로서, 인자이면서 하나님의 아들로 나타나고 있다. 그의 성품과 사역이 그가 신적 존재라는 주장을 정당화해 준다.

d) 예수의 자의식: 예수님은 자신이 하나님의 참 아들임을 알려주셨다.(마7:21, 10:32, 11:27, 12:50, 15:13, 요3;3, 5:17 등등.

위와 같이 복음서의 증언을 받아들이는 사람은 예수께서 자신이 하나님의 참 아들 되심을 의식하고 계셨음을 보여준다. 많은 구절이 예수의 메시아적 자의식을 입증하며, 동시에 하나님의 아들 됨을 자각하셨다는 사실을 입증한다

B. 예수의 인성

신학은 그리스도를 로고스의 현현이라고 주장한다. 난해한 표현 같지만 그리스도(로고스) 안에 오직 인격체인 로고스가 존재한다는 의미다. 성육신을 통해서 그가 인성을 덧입으셨다는 맥락이다. 따라서 성육신 이후, 그리스도는 양성(신성과 인성)으로 이루어진 복합적 인격이 되셨다고 주장한다. 신이면서 인간이라는 의미이다. 그러나 주님은 스스로 자신을 사람의 아들(인자)로 호칭했다. 앞에서도 언급했듯이 신학은 로고스가 인간의 인격을 택하지 않고, 단순히 인성을 취하신 것으로 이해할 것을 주문한다. 신학은 로고스가 인성을 취하

여 자신의 인격적 존재성에 참여하게 하셨다고 말한다.

예수님의 인성에 대한 예를 들면, 모든 것을 할 수 있고, 모든 것을 하지 않을 수 있는, 완벽한 자유의지를 가진 상태다. 그분의 인성 안에는 식욕, 애욕, 명예욕, 표현욕이 있었고 아픔과 고통을 느끼고 체감하는 감각을 다 가지고 있었다. 다른 사람들과 똑같이 육적인 본능 아래 있었다는 의미다.

예수님도 아담과 하와처럼, 유혹을 당했다. 그러나 주님은 모두 이겨내셨다. 그래서 처음부터 완벽했던 그분의 인성은 끝까지 완벽했다.

신학자들이 동의할지 모르지만, 그분이 인간 세상에 33년을 계시는 동안 다른 인간이 1백 년을 살든, 2백 년을 살든, 모든 인간이 자신들의 일평생을 통해 겪을 수 있는 유혹을 다 겪어 냈다. 그리고 마지막으로 십자가의 고난까지 겪어 내셨다.

신학에서는 이 위격적 실존을 의식 및 자유의지와 혼동해서는 안 된다고 조언한다. 신학자들은 그리스도께서 로고스의 신적 인격을 그대로 소유하고 계신다는 사실이 그리스도의 인격적 신비라고 주장한다. 그리하여 영원 전부터 신성을 소유하신 한 신적 인격이, 인성을 취하셨으며, 지금은 양성을 모두 소유하고 계신 일위(Unipersonality)성으로 이해하라는 주문이다.

그러나 인성의 완전성만을 강조하다 보면 인본주의에 빠져 그리스도를 위대한 인간으로만 보게 되고, 신성의 완전성만 강조하다 보면 신비주의에 빠져 기적만 보려고 할 위험성이 있다는 것이 신학자들의 공통적인 지적이다.

그래서 "완전함" 대신 다른 단어를 사용하는 신학자들도 있다. 슐라이마이허는 예수를 지고한 신성의 소유자로, 리츨은 신적 가치를 지닌 인간으로, 벤트는 하나님과 부단히 내면적 사랑의 교제를 나눈 인간으로, 바이쉘락은 신성이 충만한 인간으로, 샌데이는 잠재의식 속에 신성이 관류하는 인간으로 묘사했다.

다 맞는 말 같은 틀린 말이다. 그리스도는 완전한 인간이면서 완전한 신이기 때문이다. 인성을 대표하는 것이 자유의지와 의라면, 신성을 대표하는 것은 거룩함과 사랑이다.

한 발짝 더 나아가 자유주의 학파나 바이스와 슈바이처, 그리고 종말론 학파와 키르솝 레이크로 대표되는 비교 종교학파 같은 데서는 그리스의 참된 신성을 박탈하거나, 축소 시키고, 주님을 단지 위대한 도덕적 스승이나, 묵시적 선지자로 인식한다. 이는 성령(신)으로 잉태된 사실을 암시적으로 부인하는 것이 된다. 신비주의도 마찬가지이다. 아무리 작은 것도 가까이서 보면 크게 보이고, 아무리 큰 것도 멀리서 보면 작게 보인다. 보는 자에 따라서 클 수도 있고 작을 수도 있다. 이것이 인간이다.

적어도 신학을 다루는 분들이라면 모두가 그리스도의 진리를 사랑했던 큰마음이 있었을 것이다. 자유주의든, 보수주의든, 근대 신학이든, 위기 신학이든, 개혁주의 신학이든, 칼빈주의 신학이든, 모두 그리스도를 사랑하는 마음에서 나름대로 더 잘해보기 위한 노력의 일환으로 자기들의 주장들을 펼쳤을 것이다. 그 과정에서 집착이나 탐욕(교만)에 빠져 성경에서 빗나간 주장을 펼쳤을 수도 있다. 그러나 지금은 드러나는 시대고, 감춰졌던 것이 밝혀지는 시대다. 그들의 신학에서 열린 열매가 그들의 오류를 보여줬고, 그 신학의 정체를 밝혀 줬다. 그것이 역사다. 그러나 그리스도의 인성은 옛날이나 지금이

평신도, 신학생, 목회자를 위한 신학 총정리 핸드북

나 그대로다.

(A) 인성에 대한 증거

예수님의 인성에 대한 증거는 무엇보다도 예수님 자신이다. 예수님은 자신을 사람으로 칭하셨고, 다른 사람들도 그같이 불렀다. 가장 일반적인 호칭이 인자였다. 예수님의 호칭인 인자는 그의 진정한 인성을 명시하고 있다. 성경에는 예수께서 일반적인 인간 성장의 법칙과 인간으로서 필요한 것과 고난에 예속되어 있었음을 보여주는 구절들도 있다는 것이 신학의 견해다.

(B) 인성의 필요성

그렇다면 왜 신학에서는 예수님의 인성을 고집하는 것일까? 그것은 그것이 사실이기 때문일 것이다. 예수님은 모든 인간을 대신하여, 에덴동산에서 아담 하와가 실패한 무흠한 삶을 대신 살아내야 할 사명을 가지고 이 땅에 오시었다. 신학자들은 하나님은 그것을 바로 구약적 의미의 제사로 간주하시고, 산 재물로 간주하였다.

주님은 모든 고난의 잔을 피할 수 있는 능력이 있었지만, 그 능력을 전혀 사용하지 않으셨고, 인류의 대표해 대속의 제물로서, 오직 인성으로 무흠하게 그 성업(존재 목적)을 이루어내셨다. 이것이 인성이 절대적으로 필요했던 이유다.

신학자들은 하나님의 신성과 인성이 다음과 같이 교류(작용=work)했다고 설명한다. 그것을 신학에서는 성육신의 결과인 삼중교류라고 표현한다.

평신도, 신학생, 목회자를 위한 신학 총정리 핸드북

C. 삼중 교류

약간 난해한 컨셉이다. 하나의 몸에 머물고 있는 신성과 인성 간의 소통에 대한 설명 같다. 신학자들이 말한 심중 교류란 신성과 신성 간의 교류, 그리고 신성과 인성 간의 교류를 말한다. 신학자들을 이것을 다음과 같이 나눠서 설명한다.

(A) 속성 간의 교류

이는 한 위격 안에서의 신성과 인성의 교류를 말한다. 양성(신성, 인성)의 속성들이 위격의 속성이 되고, 따라서 위격에 귀속되어 있음을 의미한다. 그 위격은 전능, 전지, 편재한다고 할 수 있지만, 동시에 제한된 지식과 능력, 인간적 비참에 얽매여 있다고도 묘사할 수도 있다. 즉, 위격이 인성에 따라서 제한 안에 계신 것으로 표현할 수 있다(겸비). 그러나 신성은 제한될 수 없는 성질이다. 자신을 개체적으로 인성을 거스려 드러내지 않을 뿐이다.

다소 추상적이고 관념적일 수 있지만, 신학자들은 신성과 인성은 위격을 통하지 않고, 직접적으로 교류하지 않는다고 말한다. 신성의 고유한 무엇인가가 인성으로 전해진 것이나, 또한 인성의 고유한 무엇인가가 신성으로 전해진 것으로 오해해서는 안 된다고 조언한다.

(B) 사역의 교류

업적 또는 사역의 교류는 그리스도의 구속 사역과 특히 그 사역의 최종 결과가 신인적 성격을 띤다는 의미이다. 그리스도 사역의 동력(causa efficiens)은 그리스도 안에 있는 하나의 분할되지 않은 위격적 주체(메시아)이다.

구속 사역은 이성(신성과 인성, 즉 제 2위 격과)의 협력에 의해 이루어진다. 신학자들은 그리스도의 피 흘림과 그 효력이 모든 사람을 구원할 만한 효력을 충분히 가지고 있는 것은 인성 때문이 아니라 인성을 취한 위격이 신성을 가지신 로고스이기 때문이라고 말한다. 구원을 예수 안에 있는 메시아(신성)가 이루신 일이라는 의미다.

(C) 은혜의 교류

삼위일체 교리에 의하면 삼위의 역활은 각각 나눠져 있다. 신학자들은 은사를 성령의 속성이라고 말한다. 그리스도의 인성이 처음 존재할 때부터 영광스러운 성령의 각종 은사로 충만해 있었다는 것을 그 근거로 든다. 그래서 처음부터 신격과 결합한 인성은 다른 모든 피조물과 달리 찬미와 영광의 대상이 될 수 있었다고 한다. 동방박사의 경배가 우연이 아니었다는 것이다. 신학자들은 이것을 로고스의 위격과 연합한 은혜(gratia unionis cum persona tou Logou)라고 한다.

그래서 예수 그리스도는 태어나면서부터 성령의 충만성을 지니고 있었고, 지속적인 성령의 충만함이 예수를 떠나지 아니하였으며, 그것으로 인해 영적 각성과 통찰의 탁월성을 가지고 계셨다고 말한다.

a. 루터파의 속성 간의 교류론: 루터파는 위격을 매개로 한 양성 사이에 실제적인 영향이 주어진다고 주장한다. 위격을 매개로 하여 인성이 전능, 편재, 전지의 속성을 가지게 되었다는 것이다. 그들은 그리스도께서 그의 겸비기간 동안 이들 속성을 은밀하게 행사하셨다고 주장하였고, 겸비기간 동안 그 속성들을 정지시켰다고 주장한다.

그들은 인성이 신성에게 영향을 주지 못하는 것은 신성의 우월성 때문이라고 설명한다.

개혁신학자들은 이런 루터파의 교리에 대해 다음과 같은 반론을 제시한다.

첫째 성경적 근거가 부족하다. 만일 이것이 요13:3과 같은 진술에서 유추된 것이라면 일관성을 유지하기 위해서, 당연히 고전 2:8로부터 고난받는 능력이 신성에게 전달되었다는 결론이 도출되어야 할 것이다.

둘째, 신적 속성이 인성에 전달된 경우, 인성 자체가 더 이상 존재하지 않게 된다. 그 같은 전달은 신성과 인성의 혼합을 초래하는데, 성경은 분명 양성을 엄격히 분리 시킨다.

셋째, 그들의 말대로라면, 교리의 모순을 초래하지 않기 위해서 인적 속성도 신성에 전달되어야 한다. 그러나 그들은 감히 그 정도까지 나아가지 못한다.

넷째, 겸비 기간 동안 성육신한 그리스도상과 일치되지 않는다. 복음서가 그리는 상은 편재하거나 전지한 인간의 모습이 아니다.

다섯째, 사실상 성육신 교리를 파괴한다. 그들의 말대로라면 로고스는 말소되게 되며 신성만 남게 된다.

여섯째, 사실상 겸비의 신분과 승귀의 신분의 구별을 철폐시키고 있다.

C. 그리스도의 신분

신분이란 인격과는 달리 주로 직책을 나타낼 때 사용하는 단어다. 신학자들이 정리해 놓은 예수님의 참 신분은 하나님이다. 그렇다면 예수께서 인간의 형체를 입고 인류의 구세주로 자신이 창조한 인간 세상에 오심으로 그의 신분에 변화가 왔다고 봐야 할까?

전혀 아니다. 그분은 어디에 있어도 천지창조에 참여하신 하나님 아버지의 아들이시다. 그것은 마치 자녀들이 부모들을 떠나 잠시 타지에 있어도 아들인 것과 같다. 일단은 이것을 전제로 기독론을 풀어나가려 한다.

A) 비하의 신분.

신학에서 사용하고 있는 비하와 승귀 라는 단어는 국어사전에는 없는 단어다. 비하의 신분은 높은 분이 스스로 하위 신분으로 내려왔다는 의미일 것이다. 신학에서는 성육신을 그리스도의 비하의 일부분으로 간주한다.

루터파는 성육신과 비하를 구별한다. 지상 세계에서 겪은 일을 비하로 보고, 성육신의 단계를 비하의 전 단계로 본다. 그러나 개혁신학은 성육신 자체도 비하의 단계로 본다. 개혁신학에서는 빌 2: 7, 8절을 근거하여 그리스도 비하를 두 요소로 구분한다. 첫째, 케노시스(exinanitio) 둘째, 타페이노시스(tapeinosis)이다.

케노시스는 비움의 행위를 의미한다. 비움이란 예수님이 자신의 신적 지위와 권위를 비우고, 신적 의지(뜻)에 따라 인성으로 사셨음을 의미하는 기독교 신학 용어다. 주로 루터파의 주장을 대표한다. 항상 영광을 누릴 수 있는 성자 예수께서 인성을 취함으로 스스로 물질적인 인간이라는 한계에 갇히셨으니 비하라는 설명이다.

그러나 예수님의 신성은 갇힐 수도 없고, 갇힌 적도 없다. 그래서 케노시스의 의미는 학자에 따라 다양하게 해석된다. 일반적으로는 예

평신도, 신학생, 목회자를 위한 신학 총정리 핸드북

수가 신의 거룩한 뜻에 완전히 순종하게 되었다는 의미이다.

"그는 하나님의 본성을 지니셨으나, 동등함을 주장하려 하지 않으셨다"는 구절을 인용하여 예수가 자신의 신적 지위를 일부러 사용하지 않았다고 본 것이다. 그러나 이 해석은 예수의 신적 권능을 지나치게 축소 시킨다는 비판도 끌어들인다.

신약 성경에서는 명사형 '케노시스'는 사용되지 않지만, 동사형 '케노오'가 다섯 번 사용된다(로마서 4:14; 고린도전서 1:17, 9:15; 고린도후서 9:3; 빌립보서 2:7)고 말하면서 신학자들은 이 중에서도 빌립보서 2:7이 기독교의 케노시스 개념에서 가장 중요한 구절로 여겨야 한다고 주장한다.

개혁파는 케노시스 대신 타페이노시스를 사용한다. 위격이 인성을 통하여 비하의 상태를 겪고 있다는 주장에서다. 그리스도께서 율법의 입법자임에도 불구하고 스스로 율법의 요구와 저주에 굴복하시고, 수치스럽게 죽기까지 일생을 고난으로 순종하신 것을 의미한다. 따라서 예수께서는 율법의 저주 아래서 우리 죄를 법적으로 책임지게 되었다.

전자는 그가 우주의 주권적 통치자로서의 신적 위엄을 포기하고, 종의 형체를 취하신 것을 의미하고, 후자는 율법의 요구와 저주에 굴복하시고, 수치스럽게 죽기까지 한 그분의 생을 의미한다. 그러나 참고 할 것은 위의 케노시스와 타페이노시스 모두 인간의 관점에서 돌출된 개념이라는 것이다.

그래서 루터파 신학은 그리스도의 비하를 보통 8가지로 나눠서 설명하고 개혁파에서는 5단계로 설명한다. 개혁파의 5단계는 다음과 같다. 성육신, 고난, 죽음, 장사 지냄, 음부에 내려가심이다.

(A) 성육신 (출생)

신학에서는 예수님의 성육신 사건은 삼위일체 하나님의 공동 사역으로 이해할 것을 주문한다. 성부께서는 예수 그리스도를 보내시기로 작정하셨고, 성령께서는 예수 그리스도의 동정녀 탄생을 관장하셨고, 로고스께서 자발적으로 성육신 사역에 참여 하셨다는 논리다. 하나님 편에서 보면 모두 뜬 구름 잡는 일일 수도 있다.

형이상학적 존재가 현상학적 존재가 되는 과정은 현상학적인 표현 방법으로 초자연적이다. 신학에서는 인간적 수단에 의하지 않고 성령의 능력으로 동정녀 마리아의 태중에 잉태되었음을 확인하고 있다고 설명한다. 그리고 신의 아들 로고스가 성육신하는 과정에서 동정녀 마리아를 선택했던 이유에 대해 마리아의 순결성을 이유로 든다.

어쩌면 그것은 예수 그리스도의 일평생이 그랬듯이 마리아도 그때껏 육적인 본성에 이끌려 살지 않았다는 의미고, 그것은 곧 죄에 물들지 않았다는 말이기도 하다. "거룩함"은 "거룩함"을 입어야 한다. 귀한 것은 귀한 그릇에 담아야 하듯이 깨끗한 것을 깨끗하게 보존하는 방법은 깨끗한 그릇에 담는 것이다. 바울도 자신을 깨끗하게 하는 이가 거룩한 이에게 거룩하게 쓰임 받을 것이라고 했다. 자신을 더럽게 하는 자가 더러운 이(사탄)에게 쓰임 받는 것처럼 말이다.

예수님의 탄생에 있어서 가장 중요한 것은 성령의 초자연적인 역사이다. 성령의 초자연적인 역사로 동정녀 탄생이 이루어졌다. 그래서 신학에서는 성령의 역사를 이중적이라 한다. 자유주의자들 사이에는 간혹 동정녀 탄생이 교리상으로 중요한 주제인지에 대한 의문을 제기한다.

참고로, 자유주의 신학(Liberal Christianity or Liveral Theology)이란 성경을 인간의 이성에 근거하여 해석하는 신학운동이다. 18세기 계몽주의, 경건주의, 그리고 낭만주의의 영향을 받아 등장하였다. 처음 자유주의의 문을 연 사람은 독일의 신학자 프리드리히 슐라이어마허다. 자유주의 자들은 성경을 인간의 이성, 감성, 경험으로 이해하였고, 또한 도덕적이며, 역사적이며, 문화적인 관점에서 이해하였다. 진보주의, 역사주의, 인본주의를 강조하며 성경에 나오는 기적들을 이성과 자연의 원리, 과학과 심리학 등을 바탕으로 해석하였다.

19세기 말에서 20시기 초에는 다윈주의(Darwin)와 성경 비평학, 사회 복음주의를 수용한 신학으로 널리 알려졌다. 1960년대에 해방신학이 등장하며 자유주의 신학은 사신신학, 과정신학, 민중신학, 퀴어신학(동성애), 포스트 모던신학 등을 태동시켰다. 대부분의 개혁주의 보수 신학자들은 자유주의 신학과 근대주의 신학을 같은 류로 몰아서 취급하는 경향이 있는데, 자유주의와 근대주의는 출생 배경부터가 다르다.

자유주의 신학에 비하면 근대 신학은 아주 양반이다. 근대신학자로 알려진 칼 바르트는 동정녀 탄생의 기적을 인정했다. 다만 죄의 유전이 부계를 통해서 진행됨으로 그리스도가 인간 아버지가 없기 때문에 죄의 유전을 면할 수 있었다고 주장하였을 뿐이다. 크게 틀린 말은 아니지만, 동정녀 탄생에는 동정녀 탄생 그 이상의 교리적 목적이 있다. 만일 그리스도께서 다윗의 핏줄을 받아 나셨다면, 그 자신은 인류의 원죄에 포함된 일개 인간에 불과했을 것이다. 그러나 그의 주체, 자아, 인격은 아담에게서 유래하지 않았으므로 행위 언약에 포함되지 않고, 죄책(아담으로부터 물려받는)으로부터 자유로우셨다고 볼 수 있다는 것이 신학의 견해다. 그러나 자유주의는 신학의 축이 없다.

평신도, 신학생, 목회자를 위한 신학 총정리 핸드북

개혁신학에서는 그리스도의 동정녀 탄생을 비하로 해석한다. 성육신의 주체, 즉 인성을 취하신 분을 제2위의 격인 로고스 이셨다는 것이다. 전통 신학에서는 하나님이 인간이 되셨다는 표현보다는 말씀이 육신이 되셨다는 표현이 더 적절하다고 가르친다.

a. 성육신으로 초래된 변화: 요한은 예수님의 성육신을 말씀(로고스)이 육신이 되었다는 말로 표현했다. 신학자들은 이 말이 로고스가 천상에서 향유 했던 지위를 포기하셨다는 의미가 아니라고 주장한다. 맞는 말일 것이다. 본질적인 면에서 로고스는 성육신 이전이나 이후에나 동일하다고 봐야 하기 때문이다. 성육신을 통해 그리스도는 인간 세계의 일원이 되었다. 신학에서는 그리스도는 그의 모친의 실체로부터 자신의 인성을 취하셨음을 인정하고 그것을 신앙으로 고백한다.

b. 성육신의 결과: 예수님의 신적 상태란 무죄한 상태다. 조상으로부터 그 어떤 것도 전이되지 않았다는 의미고 조상들의 과거에 오염되지 않았다는 의미다. 따라서 예수님은 죄 없이 왔고, 죄 없이 살다가, 죄 없이 가실 수 있었다.

앞에서도 언급했듯이 예수님의 인성엔 죄가 묻어있지 않다. 조상으로부터 전이된 죄도 없다. 예수는 음란과 간음과 살인으로 범벅이 된 다윗의 피를 전이 받지 아니하였다. 성령에 의해 동정녀로 잉태하셨기 때문이다. 아마도 이것이 예수가 동정녀를 통해 탄생해야 할 이유였을 수도 있다. 그래서 예수 그리스도는 그 어떤 조상의 죄(원죄)도 전이 되지 않은 완벽한 "무죄 인간"이었던 것이라고 신학에서는 말한다.

재세례파의 지배적 견해도 주께서 그의 인성을 하늘로부터 가져오

평신도, 신학생, 목회자를 위한 신학 총정리 핸드북

셨다는 것에 동의한다. 그러나 그들은 마리아는 단지 그것이 통과한 도관이었다고 주장한다. 그러나 그것은 아주 쉽게 예수님이 마리아의 뱃속에서 육체를 형성했던 모든 생물학적 활동을 부정한 것이 된다.

참고로, 재 세례란 그리스어 ana+baptiso이다. 4세기에는 이단, 또는 교회가 로마로부터 박해를 받을 때 배교 했던 성직자로부터 세례를 받은 자는 다시 세례를 받아야 한다고 주장한 자들을 지칭한다. 보통은 16세기에 유아세례의 타당성을 부정하는 종교개혁의 분파를 가리켰다. 이들은 자녀가 자주적으로 성사의 중요성을 판단할 수 있을 때 세례를 받아야 한다고 주장 함으로써 사실상 유아세례를 인정하지 않았다.

개혁파는 재세례파의 주장에 반대하며 그리스도가 모친의 실체(Substance)로부터 인성을 취하셨다고 확신한다. 합리적인 주장이다. 따라서 그리스도와 마리아 사이에는 인성적 연속성과 연결성이 있게 된다. 예수 그리스도는 아담 이후, 모든 인류의 후손들과 형제가 됨으로써 생물학적 관계가 형성되었다.

(B) 예수의 고난과 죽음

신학에서는 그리스도의 고난과 죽음을 비하로 간주한다. 성육신에서 시작된 고난은 그의 생애 끝에 십자가에서의 죽음을 향한 수난에서 절정을 이룬다. 그는 육신과 영혼으로 고난을 받으셨다. 이것은 예수께서 하나님의 관계성으로 인한 고통을 의미한다. 신학에서는 그때 죄에 대한 하나님의 진노 일체가 그의 일신에 지워졌다고 주장한다.

고난의 원인은 다양했다. 첫째 우주의 주재였던 분이 비천한 지위, 심지어 종이나 노예의 지위에 처해야 했고, 또한 선천적 명령권을 가지신 분이 복종의 의무 아래 놓이셨다는 사실이다. 둘째, 순결하고 거룩한 분이 죄악 되고 오염된 환경 속에서 날마다 죄인들과 교제해야 했고, 그가 짊어져야 했던 엄청난 죄책을 끊임없이 기억하셨다는 사실이다. 셋째, 그가 생의 초기부터 마지막에 그에게 엄습할 극한적 고난을 완전히 알았다는 사실이고, 넷째, 생활의 빈곤, 마귀의 시험, 동족의 증오와 배척 및 그가 당해야 했던 냉대와 박해를 무극의 마음으로 받아내야 한다는 사실이다.

(C) 장사 지냄

그리스도는 죽은 후 땅속에 묻히셨다. 그가 묻힌 곳은 아리마대 출신 요셉이라는 사람의 묘지였다. 주님은 무려 3일 동안을 그 무덤 속에 계셔야 했다. 자신이 가르쳐 온 영생의 진리(나를 믿는 자는 죽어도 살고 살아서 믿는 자는 영원히 죽지 아니하리라)를 현상적으로 증명해 보여주기 위함이었다. 신학자들은 이것을 비하로 간주한다.

(D) 음부로 내려가심

일부 신학자들은 예수님이 음부에 내려가셨다고 주장하며 그것을 비하의 한 모습으로 해석한다. 그러나 혹시 외경에는 있는지 모르겠으나 성경에는 주님이 음부로 내려가셨다는 기록이 없다.

B. 그리스도의 승귀

아마도 "승귀"란 지위가 높여졌다는 의미일 것이다. 신학자들이 동의할지 모르지만, 엄밀하게 따지면 이는 주님께 붙일 수도 없는 단어다. 주님은 자신이 이루어야 할 임무를 완성하시고, 본래의 자리로 돌아가셨기 때문이다. "본래 상태로의 복귀"라는 의미로 이해하면 쉬울 것 같다.

(A) 승귀(Exaltation)의 주체와 성질

무엇이 그리스도의 승귀의 주체냐는 것이다. 그리스도의 인성이 승귀를 했느냐 아니면 그리스도의 신성이 승귀를 했느냐이다. 루터파와 개혁파 신학에서는 그리스도의 신분의 주체에 대한 견해차가 있다. 전자는 비하와 승귀 신분의 주체는 로고스가 아닌 그리스도의 인성이라고 주장한다. 그들은 제일 먼저 음부에 내려가셨을 때 승귀의 신분이 하계(Low world)에 나타났고, 더 나아가 부활과 승천에서 현세에 드러났으며, 하나님 우편에 앉으셨을 때에 완성되었다고 주장한다.

앞에서도 언급했지만, 복음서에는 주님이 음부에 내려갔다는 기록이 없다. 주님을 따라갔다는 사람도 없다. 모두가 추론 혹은 상상이 만들어 낸 산물이다. 다만 단테의 신곡을 보면 이를 추론할 수 있는 부분이 잠깐 나온다. 그러나 복음서에는 없다. 서신서, 심지어 계시록에도 없다.

반면에 개혁파 신학에서는 신인적 중보자의 위격을 승귀의 주체로 간주하면서도 승귀가 일어난 것은 인성이었다고 주장한다. 철학적으로는 훨씬 합리적인 말이다. 인성과 신성의 일치가 신의 경지이기 때문이다.

그러나 그리스도의 부활은 인성은 어떻고, 신성은 어떻고 할 성질의 것이 아니다. 이미 자신의 나라, 자신의 자리로 복귀하셨기 때문에 유한에 갇혀있는 인간이 왈가왈부할 수 없게 됐다는 의미다.

평신도, 신학생, 목회자를 위한 신학 총정리 핸드북

베이컨의 말을 빌리면 인간을 어리석게 하는 4개의 우상이 있다. 종족의 우상과 동굴의 우상과 시장의 우상, 극장의 우상, 모두가 여기에 해당할 것 같다. 예수님은 신이다. 신이 인간으로 사시다가 신의 상태로 다시 돌아가셨다.

신학적으로 다른 견해가 있을 수 있지만, 그리스도는 처음부터 하나님의 아들이었다. 삼위일체라는 용어가 이를 증명한다. 그분은 창조자였고, 하나님과 함께 우주 만물을 운영하신 운영자였다. 처음부터 만물은 그분의 발아래 있었다. 높아질 것도, 낮아질 것도 없다. 그분이 부활과 승천을 거쳐 하나님 우편에 앉은 것은 자기 자리로 복귀하신 것일 뿐이었다.

C. 그리스도의 3 직분

그리스도는 우리의 구세주로서 인류를 죄에 빠진 인류를 구원하는 것을 주요 목적으로 성육신하신 분이고, 그 목적을 이루셨을 뿐 아니라, 자신을 통해 구원받은 사람들이 어떻게 살아야 하는지, 어떻게 사는 것이 구원받은 자의 삶인지, 그 생의 지침까지 심어놓고 가신 분이다. 또한 지금은 하나님의 우편에서 우리를 지켜보며 성공적으로 성도의 삶을 살도록 도우시는 분이다. 주님의 이런 사역을 두고 전통 신학에서는 그리스도의 신분과 직분을 구별하고, 그리스도의 직분을 다음과 같이 이야기한다. 선지자직, 제사장직, 왕직이다. 모두 구약적 방법으로 분석한 내용이다.

A. 선지자 직

선지자는 하나님으로부터 메시지를 받아 백성들에게 전하는 사람을 일컫는다. 그 예가 요나, 이사야, 예레미아, 이사야 등등이다. 구약에서 선지자는 하나님이 직접 파송했다. 따라서 선지자의 임무는 하나님의 뜻을 백성들에게 드러내는 것이었다. 하나님의 뜻이란 가르침, 훈계, 약속, 혹은 책망, 경고, 등등이 포함될 수 있다.

신학적으로 견해가 다를 수 있으나, 엄밀하게 따지면, 주님은 선지자라 할 수 없다. 그분이 하나님의 뜻이고 진리였기 때문이다. 뜻이 스스로 자신을 드러냈고, 진리가 스스로 자신을 드러냈다. 전달자가 아니라 메시지 자체였다. 그래서 그분을 말씀(로고스)으로 칭했다. 그분은 말씀의 주체였고 말씀의 현현이었다.

B. 제사장직(The Priestly Office)

구약에서 그리고 이방 종교에서 제사란 인간이 신께 드리는 화해의 의식이다. 신학에서 이야기하는 제사는 속죄제를 의미한다. 속죄제란 죄를 용서받기 위해 드리는 희생 제사다. 이방 종교나 구약에서는 쭉 이런 속죄 제사를 드려왔다. 그러나 예수님은 단 한 번도 이런 종류의 속죄제를 집행한 적도, 드리라고 권한 적도 없다. 그렇다면 어떻게 신학자들은 우리 주님의 직책을 제사장으로 생각하는 것일까? 아마도 히브리서의 기록 때문일 것이다. 그러나 과연 그것이 적절한지는 주님이 가르쳐준 진리에 물어봐야 할 일이다.

C. 속죄 사역

속죄라는 말은 속량이라는 말과 같다. 인류의 죄를 예수 그리스도가 탕감해 주기 위해 죄의 값을 자기 육체로 치렀다는 것이 사전적 설명이다. 그러나 구약의 제사는 죄를 없애주는 것이 아니라 형벌을 유예 시키는 효과를 지녔을 뿐이었다.

A) 속죄의 의미

신학에서 설명한 속죄의 의미는 다음과 같다. 첫째, 그리스도의 능동적 순종이다. 속죄의 의미 안에는 그리스도의 능동적인 순종이 암시되어 있다. 중보자 되신 그리스도가 죄인을 위하여, 그리고 그들의 영생을 획득하기 위해, 아담이 완전한 상태에서 가졌던 계약 관계에 들어가셨다는 설명이다.

둘째는 그리스도의 수동적 순종이다. 신학자들은 중보자 되신 그리스도는 또한 인간을 대신하여 죄의 값을 지불하기 위해 율법에 대한 형벌적 관계에 들어가셨다고 주장한다. 그의 수동적 순종은 그 자신의 고난과 죽음으로 죄의 값을 치르사 그의 온 백성들의 채무를 탕감하는 데 있었다고 한다.

B) 속죄의 종류(속죄의 범위)

이 이슈는 앞 서론 부분에서 자세히 다룬바 있다. 기억을 위해 개요만 잠깐 설명하면 속죄에는 두 가지가 있다. 제한적 속죄설과 무제한적 속죄설이다.

(A) 제한적 속죄론

제한 속죄란 예수 그리스도의 구원은 오직 하나님이 선택한 자에게만 해당 된다는 견해다. 제한 속죄에 따르면, 그리스도는 선택된 자만을 위해 죽으셨고, 유기된 자들에게는 십자가의 속죄가 주어지지 않았다는 것이다. 어떻게 보면 맞고, 어떻게 보면 틀린 논리다. 성경

평신도, 신학생, 목회자를 위한 신학 총정리 핸드북

에 둘 다에 대한 기록이 있어서다.

a. 제한적 속죄론에 대한 반론: 주님의 속죄를 인류를 위한 속죄로 보는 견해다. 그리스도께서 온 세상을 위해 죽으셨다는 성경 구절들이 있다. 본 구절들에 근거한 반론은 여기서 사용된 세상이란 단어의 의미가 인류를 구성하는 모든 개인으로 보는 가정에서부터 출발한다. 그러나 개혁주의에서는 모든 이나 모든 사람은 오직 그리스도 안에 있는 사람들만 가리킨다고 주장한다.

(B) 무제한적 속죄

보편적 속죄, 또는 만인 속죄설이다. 이 교리는 예수가 모든 인류를 위하여 화목제물로 죽었다는 것이다. 이 주장은 제한적 속죄설을 주장하는 칼빈주의 교리와 상반된다. 칼빈주의 5대 교리 중 4대 교리를 믿는 중도파 칼빈주의로 알려진 아미라우트주의는 가정적 만인 구원설을 주장한다. 가정적 만민 구원설(Hypothetical universalism)이란 그리스도가 만민을 위해 죽으셨지만 그 죽음은 구원에 예정된 사람들만을 위한 것이라는 주장이다.

(C) 속죄의 목적과 속죄의 시간

신학에서는 속죄의 목적을 인간의 신분 회복이라고 말한다. 그것을 구원이라고도 말할 수 있다. 인간과 하나님과의 단절된 관계 회복이 속죄의 목적이다. 그러나 아직 신학에서 정리해 놓지 않은 것이 있다. 그것은 바로 대속의 시간이다. 2천 년 전에 예수 그리스도를 통해 인류의 죄를 대속하실 때를 기준으로 그 죄가 언제부터 탕감되었느냐는 것이다. 현재적인지, 미래적인지, 구분이 불투명하다. 예수께서 십자가의 죽으심과 부활을 통해 인류의 대속을 완성하셨다고 한다면, 지금 인류는 어떤 상태냐는 것이다.

죄인의 상태?

무죄한 상태?

예수님 부활, 이후에 태어나는 사람들은 죄인으로 태어나는지, 아니면 의인으로 태어나는지?

아담 때부터 전이되기 시작한 죄업이 예수님 이후에도 계속 전이되는지, 아니면 전이되지 않는지?

예수님이 어린아이들을 품고 "누구든지 어린아이와 같지 아니하면 하나님 나라에 들 수 없다고 한 말씀"이 혹시 죄의 전의성에 대한 소멸을 암시한 것은 아닌지?

아니면, 성화가 죽는 순간 완성되듯이, 속죄도 죽는 순간 이루어지는지?

아니면, 모든 인류는 예나 지금이나 그리스도의 진리를 믿고 따르는 순간 구원이 시작되고 그리스도의 진리를 살았을 때 구원이 육체의 수명이 다하는 순간, 완성되는 것인지?

그리고 혹시 구원을 완성해 가는 과정에서 어떤 변수에 의해 구원이 미완성으로 실패할 수 있는지?

(D) 속죄의 효과

신학자들은 속죄의 효과에 대해 다음과 같이 이야기한다. 첫째, 속죄는 죄인의 구원을 가능하게 하였을 뿐만 아니라 이를 실제로 성취하였다. 둘째, 속죄는 속죄 받은 자들을 위해 다음과 같은 유익을 확보하였다. 첫째, 칭의를 통한 정당한 사법적 지위, 둘째, 중생과 성화를 통한 신자들과 그리스도의 신비적 연합. 셋째, 예수 그리스도를 통한 신자들과 그리스도의 신비적 연합. 넷째, 예수 그리스도를 통한 하나님과의 친교, 개인적 영화, 그리고 새롭고 완전한 세계에서의 영생을 향유하는 그들의 최종적 복락이다. 인간의 죄를 그의 희생 제사로 덮어서 신의 진노가 비켜 지나가게 한 것이다. 이 역시 구약에서 유추한 논리다. 유대인들이 구약을 통해 등장시킨 하나님은 유대인들에게 분노와 진노로 뒤덮인 하나님이기 때문이다.

(E) 속죄의 성격(성질)

속죄란 죄를 없앤다는 뜻이다. 속죄가 이루어지려면 죄에 상응한 값이 지불 돼야 한다. 따라서 속죄의 성질은 전당포에 담보된 물건을 찾을 때 정한 가격을 지불해야 하는 것처럼, 빚을 갚는다는 concept이다.

그러나 구약의 제사 개념은 일반적으로 신의 분노를 달래기 위한 의미였으므로 속죄의 의미와는 약간 다를 수 있음을 주지해야 한다. 히브리어 카페르는 죄나 형벌을 가림(cover)으로서 죄를 보이지 않게 한다는 개념이다. 희생 제물의 피가 하나님과 죄인 사이에 흐르면(개입하면) 이를 보시고 하나님의 진노가 비켜 지나가신다는 concept이다. 바울이 지적했던 것처럼 구약의 제사는 죄를 없애지 못했기 때문이다.

대속을 이해함에 있어서 구약을 뛰어넘지 않으면 바로 이런데 갇히게 된다. 구약을 넘어 복음서를 기준으로 생각하면 주님은 하나님의 잃어버린 자녀들을 구하기 위해 오셨다. 원수 인간이 아니라 하나님의 사랑하는 자녀들에게 오신 것이다. 다만 죄로 인하여 하나님과의 교류가 끊겨버려서 희망 없이 멸망의 지옥 열차 안에서, 죄악(죄업)을 먹고 마시는 불쌍한 자녀들에게 오셨다는 것이다.

전통 신학에서는 구약의 제사에 관해 다양한 해석을 제안하고 있다. 첫째, 선물설이다. 하나님을 기쁘게 하고 감사를 표명하며 그의 진노를 달래기 위한 예물이었다는 것이다. 둘째, 성례적 교재설이다. 본질상 인간과 하나님과 친교를 상징하는 제사 양식이었다는 주장이다. 셋째, 숭배설이다. 죄의 가증함을 고백하기 위해 하나님께서 지정하신 수단이었다는 것이다, 넷째, 상징설이다. 대속 관념을 구체화한 실제적 순종 대신, 드리는 제사를 통해, 하나님께서 죄인을 받아들인다는 상징적 표현이었다는 설이다. 다섯째는 속죄설이다. 희생 제사를 속죄제로 간주하는 학설이다. 성경은 이스라엘이 드린 모든 동물 제사가 속죄 적이었다고 말한다.

다행히 신학은 속죄나 그 성질에 대해 그렇게 확대하여 논하지 않았다. 신학은 속죄 교리를 형벌에 대한 대속과 만속으로 나누어 논한다.

a. 대리적 속죄 개념에 대한 반논: 그러나 대리적 속죄에 반대하는 신학자들이 있다. 그들은 다음의 이유로 대리적 속죄를 반대한다. 첫째, 형벌 문제를 대신함은 불법이다. 둘째, 무죄한 사람이 악인을 위해 대신 고난 받고 있다. 셋째, 성부께서 불공정의 죄를 범하셨다. 넷째, 대리적 속죄를 정당화할 만한 연합이란 존재하지 않는다.

(F) 속죄의 동인(Motive=이유)
신학에서도 속죄의 동인(motive)은 대리적 속죄로서 죄인을 구원

평신도, 신학생, 목회자를 위한 신학 총정리 핸드북

하려는 하나님의 뜻이라고 말한다. 어떤 의미에서 이는 당연한 답이다. 만물은 하나님의 뜻 아래서 살아가기 때문이다. 그러나 좁혀 말하면 속죄의 동인은 하나님의 사랑이다.

(G) 속죄의 필요성

신학에는 속죄의 필요성에 대한 두 가지 견해가 있다. 속죄가 필요하다는 견해와 필요하지 않다는 견해다. 첫째, 속죄는 상대적으로 혹은 가설적(hypothesis 가정, 추측)으로 필요했다는 견해다. 아타나시우스, 어거스틴(아우구스티누스), 아퀴나스와 같은 우수한 교부들은 속죄의 절대 필요성을 부인하지 않고, 단지 가설적 필요성만을 인정하였다. 칼빈은 우리의 중보가 참 하나님이자, 참사람인 것은 우리에게 너무나 중요하다. 그것은 일반적인 필요성 때문만은 아니고 필요성을 넘어 우리의 구원이 신적 작정으로부터 기원 됐음을 드러낸 것이기 때문이고, 우리에게 무엇이 최선인지는 자비로운 천부께서 결정하셨다는 뜻이기 때문이라고 말했다.

속죄는 절대적으로 필요했다. 이미 초대교회의 이레네우스가 속죄의 절대적 필요성을 가르쳤고, 중세의 성 안셀무스는 그의 "왜 하나님은 인간이 되셨는가?"에서 이 입장을 역설했다. 일반적으로 개혁파 신학은 이 견해로 확고한 편향성을 보이고 있다.

a. 속죄 필요성의 증거: 어떤 사람이 맹독에 중독되었다면, 그리고 그 맹독이 자체적으로 해독이 안 된다면, 해독제를 투여받는 것은 당연한 일이다. 이것은 일종의 자연의 법칙이다. 이 법은 우주에 공정하게 적용되는 것이며, 그 법을 깰 수 있는 순리는 존재하지 않는다.

그 법이 곧 사랑에서 입법화되었기 때문이다. 하나님 아버지도 자신의 법을 보호하기 위해 독생자 예수를 인간 구원의 희생 제물이 되게 했다. 모두 사랑 안에서 왔다 갔다 한 일이다. 따라서 신학에서는 속죄의 증거를 다음과 같이 설명한다.

첫째, 하나님이 그의 신적 의와 거룩함으로 인해 그의 무한한 위엄에 대한 도전을 단순히 묵과하실 수 없고 죄를 반드시 처벌해야만 한다는 것은 성경의 자명한 교훈으로 여겨진다. 중요한 것은 하나님의 공의가 유지되어야 한다는 사실이다.

둘째, 하나님의 본성 속에 내재 된 신적 율법의 위엄과 절대 불변성으로 인해 그는 죄인에게 대가를 요구하시지 아니할 수 없다.

셋째, 속죄의 필요성은 진리의 신이시며 거짓말하실 수 없는 하나님의 정직성에 기인한다. "하나님은 인생이 아니시니 식언치 않으시며 인자가 아니시니 후회가 없으시도다."

넷째, 동일한 결론이 죄의 성질로부터 돌출될 수 있다.

다섯째, *하나님께서 직접 예비하신 희생 제물의 경이적인 위대성도 역시 속죄의 필요성을 함축하고 있다.

b. 속죄의 불필요성에 대한 견해: 다음은 속죄는 불필요했다는 주장이 있다. 원죄의 전이성을 부인한 아리우스, 펠라기우스 그리고 중세의 오컴을 비롯하여 유명론자들은 이를 순전히 전횡적인 것으로 간주했다. 둔스 스코투어에 의하면 그것은 본질상 필연적인 것이 아니며 하나님의 전횡적인 의지에 결정되었다는 것이다. 하나님은 다른 형태의 속전을 받으시거나 심지어 속전의 요구함 없이도 구속 사역을 시행할 수 있다는 추론에서란다.

크로티우스, 소지니, 알미니안 주의자들도 하나님께서 그 은혜를 드러내시는데 법에 의거해야 할 필요성을 부인했고, 보상 요구 없이도 죄를 사하실 수 있다고 주장했다. 예를 들면 어차피 인간은 죄인인데, 그리고 은혜 없이는 하나님께 가까이 갈 수도, 영원한 세계에 들 수도 없는데, 그래서 은혜를 주셔야만 한다면, 무슨 속죄가 필요하겠느냐는 것이다. 이는 하나님의 은혜론을 주장한 이들을 비웃으면서 내놓는 반론이었다.

D. 중보 사역

중보의 본질은 화해다. 하늘과 땅, 하나님과 인간 사이에서 하나님과 인간의 관계를 완충시킨다는 의미다. 선악과 사건 후, 오랫동안 하나님과 인간 사이는 완충되지 아니하였다. 둘의 사이가 죄로 가로막혀 교류할 수 없었다. 하나님과 인간 사이에 있는 죄를 소멸시켜 하나님과 소통되게 하였다는 의미다.

구약학자들은 대부분 그리스도의 제사장 사역은 십자가 위에서 자신을 희생 제물로 바쳐지신 일에만 국한 시키려는 경향이 있다. 오늘날도 보좌에 앉으신 제사장으로서 아버지와 우리 사이의 중보자가 되신다고 주장한다. 그들은 천상에 계시는 그리스도의 중보 사역이 그가 이미 이루신 제사 사역에 근거하고 있고, 오직 그 기초 위에서만 용납될 수 있음을 명백히 보여준다고 주장한다.

그러나 복음서엔 분명히 그리스도의 희생으로 하나님의 잃어버린 자녀들의 친권이 회복되었다고 말한다. 신학자들이 동의할지는 모르지만, 주님이 부활하신 후 제자들에게 나타나 "나의 하나님, 너희 하나님, 나의 아버지, 너희 아버지"라고 칭했음이 근거다.

신약 성경엔 그리스도의 중보 사역에 대해 파라쿨레토스라는 용어를 사용한다. 이 용어는 오직 요4:16, 26, 15:26, 7, 요일2;1에만 나오는 단어다. 우리의 대언자 이신 그리스도가 고소자(accuser) 사탄에 맞서, 성부 앞에서 신자들의 소송을 변호한다는 요지다. 또한, 이에 비해, 성령은 세상에 대해 신자들의 소송을 변호하실 뿐만 아니라 신자들에게 그리스도의 큰 뜻을 간곡히 부탁하고, 그들에게 지혜로운 조언을 베푸신다는 뜻으로 파쿨레토스라는 단어를 사용했다고 신학자들은 주장한다.

A) 그리스도의 중보 사역의 성질

구약적 의미로 그리스도의 중보 사역의 성질은 화해고 구원이다. 그리스도의 모든 행적은 하나님과의 화해와 구원과 연결되어 있다.

속죄와 마찬가지로 중보에도 법적 요소들이 포함되어 있다. 그리스도는 속죄를 통해 율법의 모든 정당한 요구를 만족시키셨고, 따라서 그가 '속전'을 대신 지불하셨다. 율법은 유대인들이 종교적, 정치적으로 유대인 스스로를 가둬놓고, 잘 다스리기 위해 만든 유대인의 실증법이다. 거기다 하나님의 이름을 덮어씌웠다. 그런데 왜 신학자들은 그런 율법에서 벗어나지를 못하고, 모든 것을 율법으로 묶어놓으려 하는지, 그 목적을 알 수 없다.

그리스도의 중보 사역은 우리의 법적 지위에 관계될 뿐 아니라 우리의 도덕적 상태, 즉, 점진적 성화와도 관련이 있다. 우리가 그리스도 이름으로 성부께 기도할 때, 그리스도는 우리가 드리는 기도를 거룩하게 하신다. 거룩해야 하나님께 올라갈 수 있기 때문이다.

B) 그리스도의 중보기도

중보기도에 대해 신학자들은 다음과 같이 설명한다. 그리스도께서는 중보할 많은 기도 제목을 가지고 계신다. 그는 아직 선택받은 자 중 자신에게 나오지 않은 자들이 하나님의 은혜의 신분으로 들어가도록, 그리하여 칭의의 열매가 맺히도록, 신자들이 사탄의 참소와 시험에서 보호되도록, 그들이 천국과의 영적 교통이 지속되도록, 하나님의 백성들의 봉사가 열납 되도록, 그리하여 마침내 영원한 천국 기업을 받게 되도록 기도한다.

여기서 한 가지 주지할 것이 있다. 그것은 중세 때 문제가 됐던 중보기도가 이상한 형태로 되살아나 일부 교회에서 행해지고 있다는 점이다. 예수님의 중보기도가 교황에게로 확장돼 교황 무오설이 나왔고, 그것이 더 확장돼 청결하게 살았던 성자(죽은 교부들)에게 기도를 부탁하던 기도 문화로 정착했다. 중보기도는 합심 기도나 남을 위해 기도를 해주는 컨셉과는 완전히 다르다.

중보란 중간에서 사이를 이어준다는 뜻이다. 하나님과 사람의 중간에서 무엇을 중재한다는 컨셉이다. 따라서 일단 남을 대신해 중보기도(청원)를 해 주려면 기본적으로 거룩함을 포함하여 중재권(Authority)을 가져야 할 것이다. 그러나 돼지우리 같은 세상에서 돼지처럼 먹을 것, 즐길 것만 탐하며, 꿀꿀거리다가 금요일이나, 특정 요일에 모여 남을 위해 중보기도를 한다는 것은 글쎄, 어쩐지 부적절해 보이기만 한다.

물론 두세 사람이 기도하면 반드시 응답해 주시겠다고 말씀하신 기록이 없는 것은 아니다. 그러나 그것은 중보기도의 근거로 삼을 수 있는 성경이 아니다. 가정이나, 특정 단체나, 교회의 주요 프로젝이나,

목표를 놓고 함께 기도하는 기도에 적용되는 성경이다. 그것을 합심 기도로 이름할 수 있다.

E. 그리스도의 왕직

왕이란 다스리는 자, 보호하는 자, 인도하는 자, 통치하는 자를 말한다. 그러므로 그리스도의 왕 직은 그리스도인들의 정신(양심)과 영혼의 왕을 의미한다. 정신과 영혼의 통치자란 의미다. 신학에서는 그리스도의 왕 직은 은혜의 왕국, 곧 그의 백성과 교회에 대한 그의 통치를 의미한다고 주장한다. 그것은 영적 왕국과 관련이 있음으로 영적 왕직이라고 한다.

많은 사람이 그리스도의 왕직에 대해 실질적으로 받아들이지를 않고 있다. 그리스도의 왕 직은 장차 그리스도께서 재림을 하시든 아니면 천상에 이르렀을 때에나 이루어질 것으로 오해하고 있다.

그리스도의 왕 직은 바로 지금이다. 바로 지금 나의 왕이 그리스도이시다. 바로 나의 영혼과 정신의 관할권과 지배권을 가진 나의 왕이고, 너의 왕이고, 우리의 왕이다.

"네가 왕이냐? 그렇다. 내가 그 때문에 이 세상에 왔느니라." "그러나 나의 왕국은 다른 세계에 있느니라."

주님은 2천 년 전에 자신의 왕국을 건설하기 위해 오셨고, 그리고 건설하셨다. 따라서 2천 년 전에도, 어제도, 오늘도, 이 세상의 모든 정신세계 그리고 영혼의 왕이다. 다만, 우리가 그분의 왕권을 인정하지 않고 있을 뿐이다.

오늘은 나의 왕을 하지 말고, 나 죽은 다음에나 왕을 하라는 식으

평신도, 신학생, 목회자를 위한 신학 총정리 핸드북

로 행동한다. 그리하여 우리 마음에서 밀어내고, 우리 정신에서 밀어내고, 우리 영혼의 세계에서 밀어내 버린다. 예수님은 유대인의 왕이 아니라 바로 나의 왕이다. 나의 왕이 되기 위해 오신 나의 왕이다.

내가 지금 바로 이 순간 섬겨야 하고, 바로 이 순간 온 마음을 다하고, 정성을 다하고, 뜻을 다하여 모셔야 하고, 지금, 이 순간 내가 통치받아야 할 나의 왕이다. 만일 주님을 지금, 이 순간, 바로 여기서, 나의 왕으로 인정하지 않고, 받아들이지 않고, 모시지 않으면 죽은 후에도 나의 왕이 될 수 없다.

A) 왕직의 성격

우리는 권능의 왕국이라는 용어를 신인(God-man)인 예수 그리스도께서 우주 만물을 섭리적, 사법적으로 통치하신다는 의미로 이해한다. 그러나 우주는 이미 창조주이신 삼위 하나님의 주권 가운데 있다. 그렇다면 그리스도의 왕권을 나에게 적용한다면 어떤 결론이 나올까?

바로 나의 정신세계, 나의 양심, 나의 영혼을 지배하시는 분이라는 의미가 아닐까? 우리의 정신과 마음과 영혼이 그분의 통치를 받는다면 어떻게 될까?

그분의 법도를 따르고, 그분의 지시를 받고, 그분을 섬겨야 한다는 것이 아닐까?

믿음으로 구원을 받네, 안 받네, 전적 부패, 무조건적인 은혜, 어쩌고저쩌고 가 아니라 그분의 통치를 은혜로 여기고, 무조건 그분의 법도를 지키는 것이 아닐까?

육적인 욕망을 이루기 위해 발버둥 칠 것이 아니라, 육적인 향락과 쾌락의 사슬에서 벗어나기 위해, 그리고 그리스도의 진리를 수행하

평신도, 신학생, 목회자를 위한 신학 총정리 핸드북

기 위해 발버둥 쳐야 하지 않을까?

주의 명대로 회개하고, 날마다 새로워지는 옷을 입고, 용서와 사랑과 평화를 구현해야 하는 것이 아닐까?

B) 그리스도가 통치하시는 왕국의 특징

신학자들이 설명하고 있는 이 왕국의 특징은 다음과 같다. 첫째, 이 은혜의 왕국은 하나님의 창조 역사에 기원하지 않기 때문에 그의 구속적 은혜에 기원하고 있다. 둘째, 이 왕국은 영적 왕국이다. 셋째, 이 왕국은 현재 적이고 미래적인 왕국이다. 넷째, 교회와 완전히 일치되지 않지만, 밀접한 관련이 있다. 그 왕국의 시민권은 무형 교회의 회원권과 같다.

C) 왕직의 기간

그리스도의 사역에서 왕직을 다루는 것이 성경적으로 적절한지는 신학자들이 대답할 문제다. 복음서에 우리에게 알려준 그리스도의 왕직은 영원하다. 그분은 지금도, 다음에도, 이생에도, 다음 생에도, 우리의 왕이다. 부드러운 표현으로 목자라는 의미다.

신학은 성도들의 신앙생활에 많은 도움을 줬던 것은 사실이다. 특히 성경을 접할 수 없던 시기에는 더더욱 그러했다. 그러나 그 어떤 신학도 무오한 것은 없다. 아우구스티누스의 신학도, 그의 신학을 계승한 칼빈의 신학도 무오하지 않다. 그런데 교단이 그 사람의 외적 위치에 편승하여, 즉자적으로 '무오'한 것처럼 권위를 주어 왔다. 왜 벌거벗은 임금님을 보고 벌거벗었다는 말을 못 하는지?

일-이 년 전 성결교 교단 신학교에서 어떤 교수가 6천 년 창조설에 반하는 내용의 강의를 했다는 이유로 교수직에서 파면했다는 기사를 읽은 기억이 난다. 지금은 모든 과학에서, 심지어 유대인들 조차도 암묵으로는 6천 년 창조설은 실패한 invent로 간주하고 있다. 고고학 때문이다.

성경은 우주 만물의 백과사전이 아니다. 성경은 인간이 하나님을 알고, 영생하기에 필요한 진리가 수록된 책이다. 성경 밖에 존재하는 무수한 법칙이나 원리, 혹은 성경에서 생략되거나 아직 드러나지 않은 지식이 있다. 그것들은 정한 때가 되면 필요에 따라 과학이나, 고고학, 아니면 다른 수단을 통해 하나님께서 알려주시고, 채워주신다. 그것을 신학적 용어로 자연 계시라고 한다.

그런데 하나님의 자연 계시를 무시하고, 그리고 해가 뜬 줄도 모르고 깨진 만든 자도 버린 골동품에 절대적인 권위를 주는 것이 신앙인지는 신학자들에게 묻기에 앞서 초등 학생에게 한 번 물어볼 주제다. 변하고 흐르는 것은 내 탓이 아니다. 흐르고 흐르다가 드러난 진실을 거부하는 것은 신앙도 미덕도 아니다. 그것을 인정하는 것 또한 결코 자유주의가 아니고, 수치도 아니다. 개혁은 진실과 진리로 더 가깝게 다가가는 것이지, 멀어지는 것이 아니다. 바로 그것이 신앙이다. 참 신앙은 계속해서 오류를 찾고, 오류를 고쳐가는 것이다. 자, 이제 신학자들의 주장으로 되돌아가 보자.

D) 왕국의 시작

철저한 전천년주의자들은 그리스도의 형제적인 중보자 적 왕 직을 부정하고 그가 재림하여 왕국의 도래를 선포하신 후에야 중보자로서 보좌에 앉으신다고 믿는다. 그리고 소지니주의 자들은, 그리스도는 승천하기까지는 제사장도 왕도 아니었다고 주장한다. 교회가 일반적으로 용인하는 입장은 그리스도께서 영원 전부터 왕으로 임명되셨고, 타락 직후부터 왕으로서 사역을 시작하셨다는 것이다. 그러나 비록 그가 성육신 이전부터 중보자로서 통치하시도록 허락을 받으셨어도 그는 승천하여 하나님 우편에 앉으시기까지는 공개적으로, 또한 정식으로 그의 보좌에 앉아 그의 영적 왕국을 출범시키지 아니하셨다고 주장하는 분들도 있다.

5) 성령론(삼위일체의 제 3위)

우리는 마이클 잭슨이 해외에서 공연할 때, 마이클 잭슨이 무대 위에 나타나기도 전, 분위기가 불처럼 뜨거워졌고, 그가 나타남과 동시 수십 명이 쓰러지기까지 했다는 이야기를 들은 적이 있을 것이다. 어떻게 그런 일이? 바로 그것이 영의 능력이다.

영도 성령과 똑같이 사람을 뜨겁게 하고, 감정을 흥분시키고, 때론 병도 낫게 하고, 성령의 역사와 비슷한 기적을 일으키기도 한다. 단 거룩한 성령의 열매가 열리지 않을 뿐이다.

성령의 열매가 없는 "성령 캠프" "성령 파티" "성령 축제" "성령 폭발" "성령 잔치"_"성령 댄스" 등 세속적, 관능적, 자극적, 오락적인 표현이 바로 성령의 이름을 망령되이 일컫는 것이고, 성령의 참 역사를 왜곡하는 행위라고 해석할 수 있다. 거룩한 성령의 본질이 폄하되고 훼손되기 때문이다.

존재는 본질과 존재 목적을 탐구해야 파악할 수 있다. 주님은 분명하게 성령의 본질, 성령의 존재 목적, 그리고 그분이 하실 일까지 세세하게 알려 주셨다. 그러나 성령 운동을 한다는 일부 지저분한 무

평신도, 신학생, 목회자를 위한 신학 총정리 핸드북

당-목사들은 주의 가르침을 건너뛰어 자신들이 원하고, 바라는 대로 성령의 사역을 창안하여, 그것이 마치, 성령의 진짜 본질이요 진짜 사역인 것처럼, 성령 팔이를 하고 있다. 심지어 전통시장의 품바처럼, 기도원이나, 교회에 모여 거룩한 성령, 그 거룩한 이름에서, 거룩함이 자신들의 발밑에 깔린 줄도 모르고, 춤을 추고, 노래하면서, 싸구려 마당극을 펼치고 있다. 교인들은 귀신들이 성령의 이름으로 펼치는 공연에 취해, 귀신을 부둥켜안고 입을 맞추고 논다.

성령 춤을 추는 무당 목사도, 그들에게 속아 귀신들과 음행을 즐긴 자신들도, 흥분이 가라앉으면 쓸쓸함만 남아 수가성의 여인처럼 여전히 목이 마를 텐데, 성령의 열매라고는 찾아볼 수 없는 오산리로, 용문산으로, 광화문으로, 대전으로, 심지어 Las Vegas까지 몰려다닌다. 신학자들은 입으로, 몸으로, 독성 죄를 짓고 있는 그들을 침묵으로 일관해 버린다. 오히려 구경꾼이 되어 있다.

불같은 성령! 성령을 주시옵소서! 이런 괴성을 지를 때마다 귀신들이 무더기로 몰려온다. 전에는 성령으로 둔갑(Masquerading)을 해 나타났는데, 지금은 둔갑할 필요도 없는지 귀신 그대로 나타난다. 사람들은 치마가 올라가고 바지가 내려간 줄도 모르고, 몸을 흔들고, 손을 흔들고, 입을 흔들고, 아멘, 할렐루야. 약간만 이상한 일이 일어나면 그곳은 흥분의 도가니가 되어 버린다.

성령의 역사와 관련 우리가 주목해야 할 성경이 기록이 있다. 요한복음 20장 22절이다. 부활하신 예수님으로부터 제자들이 성령을 받는 장면이다. 성령을 받은 제자들의 상태를 살펴보자. 바람이 어디서 와서 어디로 가는지 알 수 없는 것처럼, 더는, 아무 일도 없었던 것과 같았다.

성령이 제자들의 심령에 심어진 것만은 분명하다. 그러나 우당탕 탕이 없었고, 우룰룰루나, 랄랄랄랄라도 없었다. 예언도 없었고, 신유도 없었다. 오늘날 한국 무당-목사들처럼, 제자들이 성령을 받았다며, 혹은 성령이 내렸다며, 뜨겁다며, 춤을 추던가? 뛰던가? 몸을 흔들던가? 마당극을 하던가? 바퀴약 맞은 바퀴벌레처럼 땅바닥을 데굴데굴 뒹굴던가?

(1) 어원

'영'(Spirit)을 나타내는 단어는 히브리어 루아치(ruach), 헬라어는 프뉴마(pneuma)다. 양자는 라틴어 '스피루스'(spiritus)와 같이 '숨을 쉬다.'는 뜻을 가진 어근에서 유래 되었다. 이 말은 '호흡'이나 '바람'으로 번역될 수 있다. 여기에 Holy가 붙어져 성령, 즉 거룩한 영이 됐고, 따라서 "거룩한 숨." "거룩한 호흡", "거룩한 바람"이 된다.

성령이라는 용어는 성자라는 용어만큼 인격성을 암시하지는 않는다. 한 번도 성령의 인격은 성자의 인격처럼 사람들 가운데서 명백하게 인식될 수 있는 형태로 나타나지 않았다. 그래서 오늘날엔 성령의 인격성을 부인하기도 한다. 그러나 우리가 성령의 인격성을 믿는 것은 주님이 알려준 성령의 속성이 인격성으로 채워져 있어서이다. 성령은 영이시다. 그러나 주님은 친히 성령의 정체성(Identity)에 대해 자세하게 설명해 주셨다. "보혜사(Counselor), 진리의 영(The Spirit of truth)," "인도하시고, "알려주시고, 깨닫게 해주시고" 등 모두 "인격적 성질"이다.

더하여, 주님은 그분이 왜 오실 것이며, 오셔서 어디 계실 것이며 (dwelling place), 그리고 무엇을 하실 것인지에 대해 모두 설명해 주셨다. 그러므로 성령을 이해하려면, 절대적으로 복음서를 기초해야 한다. 짝퉁 성령 때문이다. 바울이 이를 분명히 했다. It is not surprised that the evil spirit(Satan) can masquerade as Holy spirit or as a Servant of Jesus or as an Angel of God or as a Servant of righteousness.

킹 제임스 성경을 비롯하여 옛날 영어 성경엔 성령이 Holy Ghost로 되어 있었다. 영과 성령은 "거룩함"의 차이뿐이다. 더러운 귀신(ghost) 들도 본질상 충분히 기적이나 이적 같은 것들을 일으킬 수 있다. 다만 열매가 열리지 않을 뿐이다. 방언이나 예언, 귀신-댄스, 귀신- 파티, 귀신- 축제, 귀신-캠프, 귀신 -안수, 귀신-치유도 할 수 있다. 이방 종교에는 흔히 일부 한국 교인들이 열광하는 야상한(?) 기적을 일으키고, 그것을 인터넷에 뿌려놓기도 한다. 그들도 점도 보고, 병도 고치고, 예언도 하고, 기적도 일으키고, 예수도 전하고, 축복도 한다. 사람을 흥분시키고, 뜨겁게 하고, 이성을 마비 시킨다. 영의 열매들도 억수로 많이 열리게 할 수 있다. 다만 그 열매가 거룩하지 않을 뿐이다.

그들은 결코 그리스도의 진리로 인도하지 못한다. 오히려 그리스도의 진리를 잊게 하고, 진리에서 치우치게 하고, 하나님 대신 다른 것에 관심을 갖게 하고, 다른 것들을 숭배하게 한다. 그렇다면 이런 영들의 정체를 어떻게 알 수 있을까?

바로 열매를 통해서다. 성경의 궁극적 목적은 구원의 완성을 돕는 것이다. 따라서 성령의 열매는 회개, -용서, -사랑,- 평화,- 감사-를 일으키고 바울이 고전 13장에 규정해 놓은 성령의 열매를 맺게 한다.

자신 앞에 서 있는 목사가 귀신 들린 목사인지, 성령 들린 목사인지 구별하는 방법은 그들의 말이나 행동이 아니고, 그들의 삶이고, 삶의 열매다. 그리고 그들과 파티를 즐긴 자들의 삶이고, 삶의 열매다. 귀신들이 일으키는 기적과 이적에서는 절대 성령의 열매가 열리지 않는다.

신학자들은 성경은 성령의 인격성은 충분하게 나타내 주고 있고, 성령은 인격성에 적합한 행동들을 실행하신다고 말한다. 형이상학적 위격(본질)으로서 성령은 찾으시고, 말씀하시고, 증거하시고, 명령하시고, 계시하시고, 노력하시고, 창조하시고, 간구하시고, 죽은 자를 일으키시는 등의 일을 하신다고 말한다. 여기서 어떤 열매가 맺히겠는가?

이 모든 일은 단순한 능력이나 감화일 수 없다. 인격이어야만 가능하다. 성령은 자신의 인격성을 의미하는 바 다른 인격들과 관계를 맺고 있는 분으로 나타난다. 기독교 신학에서는 성령론(pneumatology)을 성령에 관한 연구라고 말한다. 성령론은 일반적으로 성령의 인격과 성령의 역사에 대한 연구를 포괄한다. 그러나 성령에 대한 이해는 교파에 따라 신학적 접근방식이 다르다.

(2) 개혁주의 성령론

청교도 신학자인 오언, 그리고 아브라함 카이퍼, R.A. 토레이, 마틴 로이스 등은 성령론에 대해 다음과 같이 말한다. 첫째, 고전 12장에 나오는 은사들은 초기 교회 시대 이후에는 더 이상 성도들에게 주어지지 않는다. 특히 예언과 방언에 관한 은사는 중단되었다. 둘째, 성령 세례는 인생에서 단 한 번만 주어진다.

그러나 이분들의 주장과는 상관없이 웨슬리는 성령의 능력을 힘입어 영국을 비롯하여 죽어가던 유럽의 신앙을 살려냈고, 약 100년 이상 유럽교회를 수호한 열매가 결과되었다. 이 역사를 부인할 자유는 있지만 이 역사를 지울 수는 없을 것이다.

성령 사역에 대한 한 가지 다른 예가 있다. 이 시대 마지막 남은 세계 최대 보수 신학교라고 하는 웨스터 민스터 신학교의 한 교수의 부인이 암으로 사형선고를 받았다고 한다. 성령의 사역은 특별계시 시대와 더불어 끝났다는 신학적 견해를 가지고 있는 그였기에 부인 쪽 친척들이 그 몰래 죽어가던 그의 부인에게 안수를 받게 한다. 그러나 그 안수는 오산리 귀신의 굴혈이나 갈멜산의 바알의 사도들 같이 요란하지 않게 이루어졌다고 한다. 그 안수를 받고 난 후, 그 부인의 암은 흔적도 없이 사라져 버렸다. 성령의 사역이 초대교회를 정점으로 끝났다는 그의 신학이 절대적인 것이 아니라는 증거를 그의 눈으로 확인한 셈이다. 그는 성령의 사역은 신학으로 한정 지을 수 없다는 것을 깨닫는다. 오언이나 개혁주의 신학자들의 견해가 틀렸다는 것은 아니다. 그러나 성령의 사역은 누구도 한정 지을 수 없다는 것이다.

(3) 성령의 사역

일반적으로 신학에서는 성령의 사역을 둘로 나눠서 설명한다. 일반 사역과 특별 사역이다.

A. 성령의 일반 사역

성령의 일반 사역이란 구원을 제외한 모든 창조와 생명과 생활과 관련된 하나님의 사역을 총칭한다. 창세기 2장에는 하나님의 영(호흡)을 불어넣어 하나님의 인간 창조 사역을 완성시킨 장면이 나온다.

평신도, 신학생, 목회자를 위한 신학 총정리 핸드북

신학자들은 이것을 성령의 일반 사역으로 간주한다.

신학자들은 지적인 통찰력, 섬세한 손기술 즉 성막을 만드는 일이나 제사장 옷을 짜는 기술 등을 성령의 조명에 기인한 것으로 서술한다. 그러나 어떤 사람에게 성막, 혹은 성막과 관련하여 필요한 물건들을 만들 수 있는 탁월성을 성령의 능력으로 간주한 것은 신학적으로는 어쩔지 모르나, 예수님이 알려준 성령의 사역에는 부합하지 않는다.

B. 성령의 특별 사역

신학자들이 정립해 놓은 성령의 특별 사역은 모두 인간의 영혼 구원에 초점이 마쳐져 있다. 성경에 기록된 대로 성령은 하나님의 창조 사역뿐 아니라 구속 사역에도 관여한다. 그리스도의 가르침을 생각나게 하고, 진리를 알게 하고, 진리를 가르쳐주시고, 인도해 주시는 것이 성령의 특별 사역이다. 그리스도는 자신이 생명을 바쳐서 구원한 사람들이 좌우로 치우치지 않고, 영생의 삶을 살고, 진리의 길을 걸을 수 있도록, 돕는 것이 성령의 특별 업무라고 선포하셨다. 따라서 성령은 구속의 영역에서 성도로 하여금 구원의 열매를 맺게 하며 발전하도록 인도하신다.

6) 인간론(Doctrine of man)

인간이란 무엇인가?

이는 신학이 있기 전에 고대부터 전승되어 온 철학적 명제이다. 철학에선 인간론을 본질적 탐구에서부터 시작한다. 기독교의 인간론은 죄인이라는 전제하에 시작한다. 인간은 어떻게 창조되었는가(기원)?

평신도, 신학생, 목회자를 위한 신학 총정리 핸드북

인간은 무엇인가(본질론)? 인간은 어떻게 죄인이 되었는가(죄론)? 인간은 어떻게 구원이 되는지(구원론)? 등등이 그 예다.

(1) 인간의 기원

세상에는 인간에 대한 두 가지 기원론이 있다. 진화론과 창조론이다. 창조론은 신이 인간을 창조했다는 이론이다. 철학에서는 태초에 신이 이미 존재한 창조-원소를 재료로 사용하여 인간을 포함 만물을 창조했다고 주장한다.

창세기는 "흑암이 깊음 위에 있고, 하나님의 신이 수면에 운행 하시니라"로 시작한다. 흑암(darkness)은 무(nothing)가 아니라 밀도가 꽉 찬 어둠이다. 그렇다면 그 흑암은 언제부터, 어떻게 있게 되었던 것일까? 하나님이 운행하신 수면은 "무엇으로, 언제, 어떻게, 왜, 창조하셨을까?"라는 질문이 발생한다. 인간의 창조 원소였던 흙(dust)은 "언제, 어떻게, 무엇으로 창조했을까?"라는 질문도 발생한다.

인간, 그리고 우주, 혹은 천하 만물에 대한 창조를 꼭 창세의 문자로 빗장을 채울 수 없는 이유다. 어차피 기록 자체가 압축이기 때문이다.

천체물리학에서는 빅뱅이 시작된 후, 약 4억 년 동안 우주가 흑암에 있었다고 말한다. 그다음에 기체(dust) 구름에서 핵융합 작용이 일어나 빛이 창조됐다고 말한다. 과학은 아무것도 없는 무에서 눈으로도 볼 수 없을 만큼 작은 점 같은 우주가 갑자기 획! 나타나 펑! 하고 팽창하기 시작했다고 설명한다. 그러나 그 현상 뒤에서 그 현상을 일으킨 실체에 대해선 언급한 적이 없다. 아마도 하나님의 창조로 결론지어지지 않게 하기 위해서였을 것이다.

그렇다면 진화론은 또 어떨까? 진화론을 처음 주장한 찰스 다윈은 1856년 갈라파고스 제도에 5주간 머무르면서 12종류의 핀치새 부리에 대한 관찰과 연구를 통해 진화론을 완성했다고 전해진다. 여기에 동원된 것은 귀납적 방법과 연역적 방법이었다.

합리론 자들이 경험론 자들을 비판한 비판의 근거가 첫째, 인간은 불안전하고, 둘째, 불안전한 인간이 알아낸 것 또한 불안전할 수밖에 없고, 셋째, 그래서 인간은 경험을 해도 그 경험이 완전할 수 없다는 것이다. 아무리 실험을 하고, 경험을 해도 세상을 다 실험할 수 없고, 또 경험의 주체인 인간 자체가 완벽하지 않기 때문에 불안전한 인간이, 불안전한 방법으로, 불안전한 대상을, 완전하게 결론 낼 수 없다는 의미다.

가장 쉬운 예가 양자역학이다. 빛이 입자인지, 파동인지는 관찰이나 실험으로 알아낼 수 없다. 관찰하는 순간 입자가 파동으로, 파동이 입자로 변해버리기 때문이다. 또 하나의 예로 검은 백조를 들고 있다. 경험론 자들은 수 없는 경험과 관찰을 통해 백조는 흰색을 띤 목이 긴 조류라고 생각했다. 그래서 백조라는 이름까지 붙였다. 그런데 호주에서 검은 백조가 발견된 것이다. 인간이 100을 경험하고 실험해서 어떤 진리를 돌출했다고 해도, 세상을 다 경험한 것이 아니기 때문에 그것은 바뀔 수 있고, 틀렸을 수 있다는 것이 과학의 입장이다.

종교적인 견해를 떠나 진화론은 처음부터 지극히 제한적인 우매한 자만이 우길 수 있고, 우매 자만이 귀를 기울일 수 있는 아주 미개한 코메디 같은 주장이었다. 그렇다고 그가 발견해 낸 핀치새의 부리가 먹이 활동을 위해 진화(변형)되었다는 것이 오류라는 말은 아니다. 그것은 맞을 수 있다.

그러나 핀치새를 창조한 하나님은 핀치새뿐 아니라 모든 개체적 종이 그 종의 영역에서 그 종의 생활환경에 따라, 그 환경에 적응될 수 있도록, 독특하게 진화하고, 변하도록 창조하였다. 예를 들어 일반 곰이 어떤 이유로든 북극으로 이주해 북극에서 살게 된다면, 그 털이 추운 북극 환경에 잘 적응되도록 변할 것이다. 초식하는 반달곰의 주둥이는 둥글고, 물고기를 잡아먹는 곰의 주둥이는 길게 튀어나온 것이 그 예다.

어떤 비둘기 한 마리가 자기 무리 들과의 싸움에서 크게 부상을 입었다. 그런데 그 비둘기가 온천 옆을 날다가 온천에 빠졌다. 그것을 발견한 집주인이 얼른 그 비둘기를 건져서 작은 종이상자에 담아 정원의 나무 그늘에 놓아줬다. 먹이도 담아 줬다. 얼마 후 그 비둘기가 갑자기 날개 짓을 시작하더니 그 박스를 빠져나와 바로 옆에 있는 레몬 나무 밑 흙 위에 몸을 눕혔다. 잠시 후, 혹시 그 비둘기가 살았나 확인하기 위해 가 봤더니 비둘기는 이미 죽었고, 비둘기의 몸엔 거의 육안으로 볼 수 없을 만큼 작은 노란색 벌레 떼들이 비둘기의 몸을 덮고 있었다. 비둘기는 흙 위에서 죽기 위해 마지막 에너지를 쏟은 것이었다. 그렇다면 여기에 등장한 미세한 노란 벌레(개미?)들은 어떻게 생겼던 것일까? 그것은 무엇의 진화였을까?

물론 우주에는 어떤 환경이 주어지면 새로운 생명체가 창조되도록 깔려 있는 수많은 원리와 법칙이 있다. 그 미세한 벌레(개미)도 그런 원리에 의해 창조되었을 것이다. 진화가 아니라 창조라는 말이다.

그런 자연의 법칙을 한 종에서 다른 종으로의 진화로 확대하여 바다의 작은 아메바 박테리아균에서 시작한 생명체가 여러 가지 진화를 거쳐 돼지가 되고, 늑대가 되고, 원숭이가 되고, 네안데르탈인, 그리고 호모 사피언스를 거쳐 결국 인간이 되었다고 외칠 수 있겠느냐는 것이다. 더는, 왜 진화가 인간종에서 중단되었느냐는 것이다.

소설도, 만화도 구성과 스토리의 합리성이 있어야 한다. 그러나 진화론은 미개한 시대에는 어땠는지 모르나 과학의 파수를 받고 있는 지금의 눈으로 보면 구성도, 스토리도, 쓰레기 행이다. (철학 핸드북 참조)

생물학적 세계를 떠나 인간 가운데도 수많은 종류의 인간이 있다. 껍질은 인간이 맞는데, 도저히 인간이라고 할 수 없는 인간도 있고, 외형은 인간이 맞는데, 내면은 아직 늑대나 독사의 단계, 혹은 돼지의 단계에서, 진화하지 못한 인간들이 수두룩하다. 우리는 그들을 짐승 인간으로 부른다. 그것이 인간의 특수성이다.

인간에게는 짐승으로부터 진화될 수 없는 이성(정신) 능력이 있고, 양심이 있고, 영혼이 있다. 양심이나 영혼은 시대와 환경을 초월하여 인간의 행동을 견제하여 인간을 인간으로, 선하게, 더 선하게 살게 한다. 따라서 불안전한 한 인간이 "5주 동안의 12종류의 핀치새 종류에 대한 관찰과 실험"을 통해 인류 생명체의 기원을 찾아냈다는 것 자체가 3살 먹은 어린아이도 "자신을 무시한다고" 집어던질 쓰레기다. 그럼에도 불구하고 진화론이 사람들의 관심을 끌었던 것은 무엇 때문일까?

아마도 "필요"에 의해서였을 것이다.

양심 없이 살고 싶은 사람들, 마음대로 살고 싶은 사람들, 누구의 눈치도 보지 않고, 자기가 자기의 축이 되어 자기를 중심으로 살고 싶은 사람들에겐 신은 너무나도 귀찮고 성가신 존재일 수 있다. 그래서 이들은 신을 믿지 않고 싶을 것이다. 신을 믿지 않으려면 신의 창조도 믿지 않아야 한다. 따라서, "도 올 똘 - 아이"의 대표주자 같은 이

들에겐 쓰레기 같은 진화론이라도 있어야 창조론을 믿지 않을 명분
이 되기 때문에 귀가 번쩍 열렸을 것이고, 무조건 추임새를 넣었을 것
이다. 아이러니 한 일이지만 악한 자나, 어리석은 자, 그리고 얼굴이
사기꾼(공자) 혹은 돌이나 괴물같이 생긴 자일수록 본성적으로 신을
믿지 않으려는 경향이 강하다.

좀 더 연구해 볼만 한 주제지만 이들은 할 수만 있다면 모든 수단
과 방법을 동원하여 본성적으로 신을 부정하려고 하고, 신을 대적하
려고 한다. 정신병자에 의해 탄생한 악마의 축 공산주의가 신을 거부
하는 이유도 이 때문일 것이다.

아마도 신을 믿거나, 품고는 악한 짓을 할 수 없기 때문일 수도 있
다. 그것을 종교적으로 풀면 그 안에 사탄의 영(본성)이 있어서다.

성경은 인간 기원에 관하여 이중적으로 서술한다. 하나는 창 1:26
절이며 다른 하나는 창 2: 21-23 절이다. 고등 비평에 의하면 창세
기 기록자는 두 개의 설화, 즉 창 1:1, 2:3과 창 2: 4-25을 짜 맞추
었는데, 이 두 기록은 독립된 것이요, 모순된 것이라고 주장한다. 맞
을 수도 있고 맞지 않을 수도 있다. 두 주장 모두 구약의 뒷 받침을
받고 있다. 그러나 그 주장들이 맞고, 틀리고는 하나도 중요하지 않
다. 그것을 믿고 안 믿고 와 그리스도의 구원의 진리를 사는 것은 별
개의 문제이기 때문이다.

일부 신학자들은 창 2: 4절의 "여호와 하나님이 천치를 창조하신
때에 천지를 창조한 대략이 대충 이러하니라."에 등장하는 '대략이 이
러하니라'가 창세기에서 번번이 쓰이는 것임을 고려할 때 2장의 기
록이 1장의 그것과는 다른 내용을 담고 있음을 알 수 있고, 이 표현
은 언제나 기원 또는 시작을 가리키기보다는 가족의 역사를 가리킨

다고 볼 수 있음으로 첫 번째 기록은 만물의 창조를 그 일어난 순서대로 기록한 것이고, 두 번째 기록은 피조물과 인간의 관계를 다루고 있다고 말한다.

그러나 우리는 천지창조를 주장함에 있어서 구약까지 동원할 필요가 있는지 생각해 봐야 한다. 우리가 만일 신을 믿으려고만 한다면 온 세상 만물에서 신을 볼 수 있고, 믿지 않으려고 한다면 예수님이 다시 나타나도 믿지 않을 것이기 때문이다. 특히, 고고학이나 역사철학으로도 인류의 창조를 확실히 알 수 있고, 볼 수 있기 때문이다. 고대 철학자 아리스토텔레스가 "있는 것을 통해 있음"을 증명해 낸 것이 좋은 예다.

A. "우리의"의 의미

하나님은 인간을 창조하실 때 "우리의 형상대로 사람을 만들고---"라고 하셨다. 일반적으로 신학자들은 "우리"란 삼위일체 하나님을 자칭한다고 말한다. 그러나 일부 다른 학자들은 "우리"를 위엄(majesty)의 복수로 간주하였고, 또 다른 학자들은 천사들까지도 포괄하는 교제의 복수로 해석했다. 그러나 두 번째, 세 번째 해석은 받아들이지 않는 것이 전체적인 그리스도교의 입장이다.

B. "형상"의 의미

어원상으로 형상은 고대 그리스어 에이도스(Eidos)에서 유래했다. 형태적인 의미도 있지만 가장 이상적인 상태, 가장 이상적인 상태를 만드는 "원리"라는 뜻도 있다. 아리스토텔레스는 형상은 사물이 무엇인지를 나타내 주는 것이라고 했다. 예를 들어 인간이 무엇인지는 형상을 통해 알 수 있다는 의미다. 그는 또 형상을 보편자(신)를 인식할 수 있는 "원리"라고 설명했다. 그는 형상은 사물이나 개체의 본질을 알려줄 뿐만 아니라, 질료가 도달할 목적지라고 했다.

A) 형상의 철학적 의미

철학적으로 하나님의 "형상"은 "영원성"과 "거룩성"이다. (철학 꼭 핸드북 참조) 인간의 "이성 능력"과 "흙(질료)"으로 결합 된 인간에게 영원성과 거룩성이 덧입혀졌다. 그리하여 하나님이 영원하신 것처럼 하나님의 형상을 입은 인간도 에덴동산에서 영원히 살 수 있는 상태가 되었다. 죽음이 없었으니 두려움이 없었다. 하나님이 거룩하셨던 것처럼 하나님의 형상을 입은 인간 또한 거룩했었다. 그래서 벌거벗었으나 부끄러움이 없었다.

B) 신학적 의미

루터는 하나님의 형상을 자연적인 재능과 원인이라고 불리는 영적인 자질, 곧 참된 지식, 의, 거룩 등을 포함한다고 주장하였다 그는 인간이 범죄 할 때 그것들이 완전히 상실됐다고 봤다.

칼빈(칼뱅)은 하나님의 형상을 아담이 부여받은 완전성, 명료한 지성, 적절히 통제된 감성, 그리고 창조주가 부여한 모든 탁월하고 찬탄할 만한 재능을 가리킨다고 했다. 그러나 "형상"과 "모양"은 동의어적으로 사용되고 있기 때문에 두 개의 다른 실체를 가리키지 않는다고 주장하는 사람도 있다. 이분들은 창 1: 26절에서는 두 단어가 다 사용되지만 27절에서는 형상만 사용되었다는 것이다. 이것은 한 단어만으로도 전 개념을 표현하기에 충분하다는 뜻이다. 이것은 인간이 하나님의 모양으로 창조되었으며 이 모양은 그가 후천적으로 부여받은 어떤 것이 아니라는 것을 의미한다. 또한 하나님의 형상은 일반적으로 "원의"라고 불리는 것, 좀 더 구체적으로 말해서 지식과 의와 거룩함을 내포한다고 말하는 분들도 있다.

(2) 인간의 구성

아리스토텔레스는 식물은 뿌리로 영양분을 흡수하며, 줄기와 잎으로 광합성을 통해 생명 활동을 이어가는 "영양 섭취 능력"이 있고, 동물은 식물이 가진 "영양 섭취 능력(식물 본성)" Plus "감각하고, 욕구하고, 이동하는 능력(동물적 본성=정신)"이 있다고 했고, 인간은 이 둘에 더하여 추가적으로 "이성 능력(양심+사유본성+영혼)"이 있다고 했다. 그리고 인간의 이성 능력의 역할 중 하나는 하위의 "식물의 영양 섭취 능력"과 "동물의 감각, 욕구, 이동 능력"을 적절하게 콘트롤 하는 것이라고 했다.

또한 이성(Logos) 능력은 어근(Legein) 상으로 " 말"과 관련이 있고, "논리적 능력"과도 같고, 따라서 인간은 이성의 기능을 잘 발휘할 때 최상의 인간이 된다고 했다. 그는 잘 발휘하는 것을 아레테(덕목, 탁월성)라고 했고, 거기에는 두 가지가 요구되는데, 첫째는 성품 혹은 성격의 탁월성, 둘째는 지적 탁월성 혹은 지적 사유 능력이라고 했다.

신학에서는 인간의 구성에 대한 세 가지 주장이 있다. 일원론과 이분설, 그리고 삼분 설이다.

A. 일원론

일원론은 몸과 혼을 원초적인 동일한 실체로 구성되어 있다고 가

251

정하는 이론이다. 가장 쉬운 예가 현대 유물론의 조상 격인 고대 그리스 철학자 데모크리토스가 주장한 원자론이다. 유물론에 따르면 이 원초의 실체는 물질이요, 영은 물질의 산물이라고 한다. 절대적 관념론과 유심론에 의하면 원초의 실체는 영이요, 이 영이 물질 안에서 스스로 객관화한다는 것이다.

그렇다면 어떻게, 왜, 물질인 우리 몸은 스스로 그런 일을 해낼까? 그렇게 하도록 되어 있는 원리에 의해서일까? 그렇다면 그렇게 작용하도록 한 원리는 누가 창조하였을까?

같은 일원론 안에서도 몸과 혼은 서로 환원될 수 없는 다른 개체라고 주장하는 반론도 만만치 않다.

B. 이원론

인간은 육체와 영혼으로 구성되었다는 이론이다. 여기에도 세 가지가 이론이 있다. 기회 이원론과 병행 이원론, 그리고 실제론적 이원론이다. 그러나 우리는 육체가 어떻게 생성되는지는 안다. 그러나 영혼이 언제 어떻게 생성되어 인간의 육체와 합일이 되는지는 아는 바가 없다.

A) 기회 이원론(Occasionalism)

인간은 몸과 영혼으로 구성되어 있다. 그러나 물질(육체)과 영은 각기 독립된 법칙(영은 영의 법칙, 육은 육의 법칙)에 따라 작용하며, 이 법칙들은 서로 워낙 판이한 것이어서 어떤 협동 행위의 가능성도 있을 수 없다는 것이다. 조금 어려운 논리 같지만, 기회 이원론을 주장한 데카르트는 정신과 육체 사이의 모든 상호작용은 송화체를 통해

평신도, 신학생, 목회자를 위한 신학 총정리 핸드북

신(God)이 매개한다고 봤다. 따라서 연장을 갖지 않은 정신과 연장을 가진 육체는 직접 상호작용하지 않으며, 직접 상호작용하는 듯한 현상은 신에 의해 나타나는 단순한 현상일 뿐이라고 했다.

신은 정신의 의지가 작용하는 것을 기회로 육체를 움직이고, 육체가 다른 물질 대상과 부딪치는 것을 기회로 정신에 생각을 불어넣는다고 것이다. 예를 들면 어떤 사람이 사과를 집고 싶다는 욕구를 행동으로 옮길 경우, 정신이 육체에 직접 작용하는 것이 아니라, 그가 행위 하려는 의지를 기회로 삼아 신이 그의 팔을 뻗게 한다는 것이다. 또한 그의 손이 사과를 집을 때 사과는 그의 정신에 직접 작용하지 않고 그와 사과의 접촉을 기회로 신이 그에게 사과의 차가움과 부드러움에 관한 생각을 준다는 것이다. 역시 인간의 영혼이 언제 어떻게 창조되어 인간에게 있게 되는지에 대한 논의가 건너뛰어져 있다.

  B) 병행 이원론

인간은 몸과 영혼으로 구성되어 있다는 주장이나 데카르트 주장과는 다르게 인간의 정신과 육체는 인과(Cause)관계 없이도 완벽하게 조화를 이룬다는 이론이다. 이것을 심신 평행론(psychophysical parallelism) 혹은 심신 병행론이라고도 부른다. 병행 이원론은 라이프니치에 의해 주장되었다.

라이프니치는 정신과 신체에 의해 일어나는 사건의 상관관계는 긍정하면서도 정신과 신체 사이의 직접적인 '원인과 결과'라는 관계를 부정했다. 그는 정신적 사건과 육체적 사건을 분리하여 생각하였다. 그러나 스피노자는 인간의 정신과 물질은 상호 작용을 하지 않고 하나로 움직이는 유일한 실체, 즉 신의 무한한 속성 중 인간에게 상속된 두 가지라고 주장했다.

이 견해에 따르면 정신적 현상(철학)과 육체적 현상은 동전의 양면처럼 독립적이면서도 분리될 수 없다고 설명했다. 그러니까 데카르트는 심신 이원론으로 마음과 신체가 분리, 독립된 개체로 취급하였으며, 스피노자는 마음과 신체는 분리할 수 없다는 심신 평행론을 주장한다. 역시 영혼이 언제 어떻게 창조되는지에 대한 설명이 Omitted 되었다.

C) 실재론적 이원론

실재론이란 중세철학의 가장 중요한 주제로서 보편이 물질에 실재한다는 이론이다. 고대 플라톤, 아리스토텔레스로부터 시작되어 어거스틴-안셀무스-토마스 아퀴나스로 이어지는 실재론은 인간의 육체 밖에, 아니면, 안에 보편을 상징하는 신이 실재한다는 이론이다. 따라서 실재론적 이원론은 인간은 몸과 영혼으로 구성되어 있고, 인간의 몸과 혼은 상호작용이 가능한 독특한 두 실체라는 이론이다. 역시 영혼이 언제, 누구에 의해 어떻게 창조되었는지에 대한 설명이 없다.

C. 삼분설

삼분설이란 인간은 영(spirit)과 혼(soul)과 육체로 구성되어 있다고 주장하는 이론이다. 이는 바울의 편지에 근거하고 있다. 어떤 사람들은 혼을 마치 이성 능력, 영을 하나님과 교감하는 GPS 개념으로 이해하고 따라서 영이 생의 핸들을 잡고 혼에게 How to를 지시해야 하는데 그러지 못하는 것이 문제라고 말하는 분들도 있다. 이 또한 합리성도 논리성도 결여 된 추상적인 산물일 일뿐이다. 아마도 정신(Sprit)을 혼으로, 성령의 역활을 영(Soul)의 역활로 오해한 데서 비

롯됐을 수 있다. 성경에는 구체적으로 영의 역할과 혼의 역할 등 3개
체의 상호 협력관계 등에 대한 설명이 없다. 이는 심리학과 정신과학
(칼 융) 다룬 장르다.

(3) 죄는 어떻게 만들어지나?

이 이슈는 앞에서 이미 다룬바 있다. 그러나 머리에 각인이 되어도
될 것 다시 한번 설명하려고 한다.

죄란 무엇인가?

죄의 창조자는 누구일까?

악마일까?

하나님일까?

아니면 누구일까?

사람의 모든 행위는 본성에 의해 이루어진다. 본성은 두 가지다.
육의 본성과 영의 본성이다. 육의 본성도, 육이 살아가는 데 필요하기
때문에 심어놨을 것이다. 식욕(물욕), 애욕(성욕), 명예욕(살아갈 의
욕) 표현욕 등이 육의 본성에 속한다고 할 수 있다. 육은 우리가 미워
해야 할 대상이 아니고 사랑하고 아껴야 할 대상이다. 주님은 이 본
성을 결코 죄라고 한 적이 없다. 만일 그랬다면 하나님이 죄를 창조
한 것이 되었을 것이다.

영의 본성은 중생한 사람들이 가지는 본성이다. 영이 살아가는데
필요해서 주셨을 것이다.

사람이 행하는 모든 행위에는 경계가 있다. 그 경계는 필요한(허
락된) 만큼이다. 필요한 만큼을 허락된 만큼으로 바꿀 수 있다. 애욕
이 됐든, 식욕이 됐든 명예욕이 됐든 표현욕이 됐든, "필요의 영역

(boundary)"를 넘어 "필요 이상"을 갈망하게 되면, 탐욕이 된다. 필요에서 탐욕으로 Nature가 바꿔 진다. 사랑이 미움으로 바꿔지는 것과 같다. 탐욕은 반드시 죄를 만들어 낸다. 그렇다면, 그 탐욕은 어디에 있을까? 바로 우리 마음이다. 그렇다면, 누가 탐욕을 심어놨을까? 가라지 비유에 그 답이 나와 있다. 바로 사탄이다.

결혼을 한 사람이 다른 사람을 상대로 음욕을 품는 것은 탐욕이다. 그것은 음행이 될 수 있고, 죄가 될 수 있다. 필요 이상을 구한 것이기 때문이다. 만일 90년을 살 사람이 천년, 아니, 자손 대대로에 필요한 양식을 구한다면, 그것은 탐욕이고, 죄가 될 수 있다. 그런 죄의 본성을 다스리는 것은 이성이다. 양심이고, 신앙이다.

약간 모순이 있어 보이는 말이지만, 선도 마찬가지이다. 허락된 범위를 벗어나면 죄가 된다. 탐욕은 필요 이상을 욕심부리게 하기 때문이다.(철학 핸드북)

바울은 육적 욕망, 즉 육적인 정욕을 Sinful nature라고 했다. 따라서 죄는 우리 자신이 만드는 것이지 사탄이 만드는 것도, 하나님이 만드는 것도 아니다. 결코 하나님이 허용한 것으로 볼 수 없다. 하나님은 탐욕을 심어놓지 않았다.

영적인 본성도 죄를 지을 수 있다. 영적 본성에도 경계가 있다. 필요 이상을 갈망할 때 죄가 된다. 그래서 우리는 성령의 도움을 받아야 한다.

복음서를 자세히 상고해 봐도 죄는 탐욕 때문에 일어나는 것임을 알 수 있다. 탐욕은 본성을 자극하는 환각제 같은 마약이다. 깊이 상고해 보면 아담의 직접적인 타락 원인은 탐욕 때문이었다. 탐욕은 곡식 가운데 뿌려진 가라지다. 강한 힘(중력)을 가지고 있다.

탐욕은 자기 밥상 앞에서 남의 밥상을 더 부러워하게 만든다. 제 아내를 두고 남의 여인을 탐하게 만든다. 50 Kg 무게밖에 질 수 없는 사람이 100 Kg 을 지려고 끙끙댄다. 남자가 여자가 되려고 한다. 노인이 젊은이처럼 살려고 한다. 없는 자가 있는 자처럼 살려고 한다. 남자가 남자를 향해 음욕을 품고, 여자가 여자에게 음욕을 품는다. 이것이 탐욕의 역활이다. 탐욕은 자기를 위한 많은 변명을 가지고 있다. 바로 이것이 탐욕의 본성이다. 이것이 죄를 일으킨다. 이런 탐욕이 시험에 들게 하고, 미움을 일으키고, 원망을 일으키고, 분노를 일으키고, 시기, 질투를 일으킨다. 탐욕이 우리를 죄로 인도한다.

뱀도 하와를 유혹할 때 탐욕을 일으켰다. 사탄도 예수님을 시험할 때 탐욕을 일으키는 질문을 던졌다.

죄를 출생하는 것은 절대 하나님이 심어주신 본성이 아니다. 본성이 없으면 실체는 존재가 할 수 없다. 하나님은 악을 창조하지 않는다. 모든 본성은 하나님의 위대한 창조 작품이다. 중생한 인간은 영의 본성을 얻게 되는데, 탐욕은 이 영적 본성도 건든다.

어느 본성에서나 탐욕이 들면 죄가 일어난다. 가장 좋은 예가 루시퍼다. 필요 이상을 탐하면 바로 죄는 잉태되고, 그것을 소멸시키지 않으면 죄가 출생한다. 죄는 내가 낳는 것이고, 내가 만드는 것이지, 하나님도, 마귀도 아니다. 내 죄는 내가 잉태하고, 내가 출생한다. 내가 만들었기 때문에 내가 책임져야 한다. 율법도, 마귀도, 그 누구도 책임져 주지 않는다.

태초의 사건을 기억해 보자. 선악과를 자기가 따먹어 놓고 "저 뱀이" 하와의 변명은 통하지 않았다. "저 여자가" 아담의 변명도 통하지 않았다. 탐욕은 우리 죄를 책임져 주지 않는다.

앞에서도 언급했지만 뱀의 유혹은 어디에나 있다. 태초에도 있었지만, 그 후에도 있었고, 예수님 시대에도 있었고, 지금도 있다. "너는 여인의 후손의 발꿈치를 상하게 하리라"

탐욕을 어떻게 다스리는지는 예수께서 잘 보여주셨다. 우리가 그리스도의 말씀을 주인으로 모시고 있으면, 그리고 그 말씀에 집중하고 있으면, 탐욕은 아궁이에 들어갈 마른 풀잎에 불과하다. 우리의 적수가 되지 못한다.

여기서 우리는 가룟 유다의 삶을 생각해 볼 필요가 있다. 그는 예수님의 제자로 선택되었다. 그는 12 사도로 파송을 받기도 했다. 그도 사도로 파송을 받을 때 예수님으로부터 병을 치료하고 귀신을 쫓아낼 권세(Authority)를 받았다. 그도 천국 복음을 전하며 이적과 기적을 행했다. 그런 그가 은 30에 예수님을 팔았다. 은 30이 필요해서가 아니었다. 바로 탐욕 때문이었다. 물론 사탄이 그 탐욕을 외화 하도록 충동질했다.

신학에서는 죄를 두 가지로 나눈다. 원죄와 자범죄다. 자범죄에도 두 가지가 있다. 의도적인 자범 죄와 비의도적인 죄다. 의도적인 자범죄도 두 가지가 있다. 용서받을 수 있는 자범죄와 용서받을 수 없는 자범죄다.

A. 원죄

원죄의 개념은 창세기의 아담과 하와의 이야기에서 유래하고 있다. 원죄란 태어날 때 가지고 태어난 죄를 말한다. 아담과 하와에게 전이된 죄란 의미다.

참고로, 한가지 질문만 하고 지나가려 한다. "하나님은 왜 선악과 나무를 에덴에 심어 인간에게 죄를 짓게 했을까?"

어떤 호수가 있다. 거기에 어느 부자 집 3 대독자 외아들이 물에 빠져 죽었다. 그 아들의 아버지가 하늘을 향해 이런 질문을 던질 수 있다. 왜 이곳에 이런 호수를 만들어 내 아들이 빠져 죽게 했나요?

왜 세상을 만들어 나를 있게 했나요?

선악과는 결코 죄가 아니다. 아담은 선악과 때문에 선악과를 따먹지 않았다. 탐욕 때문에 따 먹었다. 만일 아담이 탐욕에 물들지 않았다면 그것은 아무것도 아니었다. 그저 에덴동산에 있는 아름다운 과일 열매 중 하나였을 뿐이었을 것이다. 선악과는 식용이 아니었다. 그에 대한 경고도 있었다. 식용으로 허락되지 아니한 열매를 먹은 것은 인간이었다. 그것은 여자를 두고, 마치 남자가 남자에게 음욕을 품는 것과 같다. "그것이 바로 당신이 만든 저 여자가" "당신이 만든 저 뱀이" 이런 핑개를 만들어 낸다.

하나님은 선악과를 먹지 말라고 했다. 그러나 뱀은 하와를 유혹하여 선악을 알게 하는 나무의 열매를 먹게 했다. 아담도 하와에게 이끌려 열매를 먹고 말았다. 결과적으로 두 사람은 하나님과의 친밀한 교제(화해)를 잃었으며, 영원한 생명을 잃고, 자연과의 완전한 조화도 잃게 되었다. 하나님은 아담과 이브가 선악과를 먹은 것 때문에 에덴동산에서 추방 시켰다.

두 사람의 죄의 결과는 그 자손에게도 이어지게 되었다. 그 부모의 타락한 정신적, 생물학적 상태의 성질을 그대로 이어받게 되었다는 뜻이다. 이것이 어거스틴의 논리다.

우리가 여기서 정리해야 할 것이 있다. 인간의 영혼이 언제 만들어지는지에 관한 것이다. 인간의 영혼이 하나님께로부터 오는 것으로 가정했을 때 하나님이 그 영혼을 언제 창조(낳았)했느냐는 것이다. 엄마의 뱃속에서 육체가 형성될 때 영혼이 만들어지는지?, 아니면 이미 창조된 영혼이 어딘가(천국?)에서 대기하고 있다가 인간의 육체가 형성될 때 보냄을 받아 와서 육체와 합치를 이루는 것인지?, 더하여 영혼이 원죄를 가지고 오는지?, 아니면 무죄한 상태로 오는지?, 등등이다. 그에 따라 예정, 은총, 구원, 등 지금까지 신학자들이 떠들었던 모든 신학적 갑을 논박이 바람을 잡는 행위가 될 수 있기 때문이다.

서기 1세기에서 2세기에 쓰여 진 "디다케", "헤르마스의 목자", "바나바의 편지"는 어거스틴과 반대로 이야기했다. 모두 아이들이 죄 없이 태어났다고 보았다.

같은 시기에 활동했던 로마의 클레멘스와 안디옥의 이그나티오스는 인류 전체에게 보편적인 죄가 있음을 인정했지만, 이것이 어떤 누구의 잘못에서 기인한 것이라고 설명하지는 않았다.

2세기 기독교 변증학자이자 철학자요 신학자요 순교자인 유스티노는 원죄에 대한 개념을 주장하지 않고, 죄의 잘못은 그 죄를 범한 사람에게 주어진다고 보았다.

이레네우스는 아담의 죄가 후대가 인식하는 것만큼 심각하다고 믿지 않았고, 그 죄가 초래한 결과에 대해서도 명확히 남긴 바가 없다. 이와 같이 4세기 이전의 초대교회에서는 원죄에 대한 구체적인 교리를 가지고 있지 않았다.

앞에서 이미 다룬 바 있지만 펠라기우스도 죄의 전의를 부인 했다. 펠라기우스는 인간은 본래 선하다는 성선설을 주장하였다. 이것은 어거스틴의 성악설과 정반대된다. 사람은 자기 행동에 대한 책임을 스스로가 져야 하며, 선을 행할 능력 또한 모두에게 내재 되어 있다고 주장했다.

로마서 5장 12-19에서 바울은 '모든 인류에게 임한 사망의 원인이 바로 죄의 결과'이고 죄가 아담에게서 이 세상에 들어왔고, 그 결과로 사망이 모든 인류에게 임했다고 했다. 아담의 죄가 우리 모든 인류 안에 있다는 의미이다.

원죄의 개념은 신약 성경이 작성된 후 수 세기 동안 초기 교회 교부 들의 저술을 거치며 점진적으로 발전했다. 마르틴 루터와 칼빈 등 종교 개혁자들은 원죄는 욕정의 근원이라고 주장 했다. 그리고 세례 이후의 인간에게서도 그 원죄의 상태가 유지되며, 따라서 자유의지의 전적 타락으로 인하여 자발적으로는 선한 행동을 할 수 없게 되었다고 말한다.

그런 주장의 옳고, 그름을 떠나 복음서에서는 그런 근거를 찾을 수가 없다. 물론 펠라기우스의 주장에 대한 근거도 찾을 수가 없다. 생물학적으로 인류가 타락한 아담 하와의 후손이라면 그분들의 본성을 유전 받는 것은 지극히 자연적인 현상이다. 이는 성경이 아니라 자연 계시가 말해준다.

그렇다고 어거스틴(아우구스티누스)의 주장이 모두 맞다는 것도 아니다. 만일 그의 주장대로라면, 조상의 죄도 없고 자유의지가 손상을 입지도 않은 상태에서 아담 하와는 왜 선악과를 따 먹었을까? 라는 질문에 답해야 하기 때문이다.

로마 가톨릭교회에서는 세례시 원죄 역시 사해진다고 본다. 이러한 견해는 사도 바울이 처음 제안한 것인데, 사도 바울은 아담의 죄 때문에 죄와 죽음이 인류의 자연스러운 운명이 되었다고 보았다.

아우구스티누스는 신정론에서 악이 그 자체로서 존재한다는 생각을 거부하고, 그 대신에 인간이 자유의지를 남용하여 선함을 잃고, 타락했기 때문이라고 본다. 아우구스티누스는 죄에 대한 벌로서 지옥이 실재한다고 믿었지만, 예수 그리스도의 구원을 받아들임으로써 천국에 이를 수 있다고 주장하였다.

13세기의 신학자 토마스 아퀴나스는 신은 선하며 그 안에 악이 없다고 보았다. 아퀴나스는 악이 존재하는 것은 인간의 실책 때문이라고 주장하였다.

칼뱅은 악이 자유의지의 산물이며 죄가 인간을 전적으로 타락시키기 때문에 도덕과 구원의 길잡이를 주는 신의 은총을 구하여야 한다고 주장하였다. 이것이 신학자들이 정리해 놓은 원죄론이다.

그러나 다시 한번 부언하지만, 태초의 인간이 죄가 없을 때에 타락했던 점에 주목해야 한다. 또한 가룟 유다의 배신도, 가룟 유다의 자살도, 베드로의 배신도, 베드로의 회심도, 어거스틴의 회심도, 루터의 회심도, 더하여 초대교회의 무수한 성도들의 순교도 모두 모두 자유의지의 산물이었음을 상기해야 한다. 죄는 조상의 죄(전이) 때문이 아니라 나의 탐욕 때문에 짖는다는 것이다.

B. 자-범죄

자-범죄(actual sin)는 악을 행하거나(위임 죄) 선을 행하지 아니하는(부작 죄) 등 하나님의 뜻과 법에 어긋나는 행위를 총칭한다. 이는 "필멸의" 또는 "소멸적인" 것일 수 있다.

이 자-범죄에는 용서받을 수 있는 죄와 용서받지 못하는 죄가 있는데, 용서받지 못하는 죄는 성령 훼방 죄이다. 성령 훼방 죄란 성령을 비난하거나, 그분의 사역을 방해하는 것을 말한다. 성령의 사역을 방해 한다는 것은 성령의 존재 목적을 왜곡하는 것도 포함한다.

그렇다면 이 죄들을 어떻게 해결할까? 신학자들은 주님이 인간의 죄 문제를 해결해 준 것은 언약 때문이라고 말한다. 그 언약에 대한 설명은 다음과 같다.

(4) 언약

언약이란 구약적 개념이다. 신학에서는 언약을 두 가지로 나눠서 설명한다. 행위 언약(Covenant of Work)과 은혜 언약이다. 그동안 신학자들이 정리해 놓은 언약에 대한 설명은 다음과 같다.

A. 언약의 개념

"구약적 의미로 언약은 히브리어는 베리트인데, 앞에서도 언급했던 것처럼, 베리트의 어원은 확실하지 않다. 그러나 다만 쌍방 간에 자발적으로 이루어지는 합의 또는 약정을 의미한다. 여기서 '함께'는 카리트(맺다) 베리트 (언약)도 함께 쓰일 뿐만 아니라 라벨(-에게)과도 함께 쓰였다."

학자들은 70인 역에서 베리트는 신9:15(마리투리온)과 왕상11: 11(엔토레)을 제외한 모든 본문에서 디아데케로 번역되었다고 말한다. 헬라어 용법에서는 언약을 가리키는 단어로 사용되지 않고, 단지 하나의 약정, 곧 양도 계약서, 유언장처럼 일방적인 성격을 띤다는 것이다. 그러나 여러 가지 상황을 고려, 유언보다는 언약이란 의미로 해석하게 되었다는 것이다.

B. 언약의 본질

언약이란 약속이다. 법적인 의미로는 계약이다. 전통 신학에서는
언약의 본질에 대해 아래와 같이 나눠서 설명한다.

A) 행위 언약

신학자들은 언약이 태초부터 존재했다고 주장한다. 에덴동산에서
맺어진 행위 언약은 첫째, 하나님이 맡겨주신 에덴동산을 잘 다스리
는 일이었다. 둘째, 생육하고 번성한 일이었고, 셋째, 하나님이 먹지
말라고 한 선악과를 먹지 않는 일이었고, 선악과만 먹지 않으면 결코
죽음을 맛보지 않는 언약이었다고 설명한다.

그러나 태초의 인간은 죽음을 맛보지 않고 영원토록 살도록 창조
되었다. "죽음을 맛보지 않는 상태"는 계약 법상 Preexisting Right
에 해당한다. 계약의 조건이 될 수 없다. 또한 "생육하라 번창하라"도
일종의 축복행위다. 계약의 조건이 될 수 없다.

신학자들은 모든 언약은 하나님이 인간을 상대로 한 계약을 직접
주도 하셨다고 주장한다. 쉽게 인간은 불가항력 적으로 하나님으로
부터 계약 당했다는 논리다. 신학에는 여기에 대한 두 가지 견해가
있다. 아담과 하와뿐 아니라 그 후손들이 태초에 맺은 계약의 계승자
가 된다는 견해와 오직 하나님이 선택한 자들만 계약의 계승자가 된
다는 견해다. 또한 그들은 아브라함과 노아와의 언약 역시 태초의 그
언약 안에서의 후속적인 reaffirm 형태의 언약이었다고 주장한다.

행위 언약이란 언약의 본질(nature)상 후손들에게 계승될 수 없게

된 계약이다. 그 언약이 파기(Breach)되었기 때문이다. 그리고 그 벌(결과)로 아담 하와는 에덴동산에서 쫓겨났고, 노아도, 아브라함도 언약이 없는 에덴 밖에서 태어났기 때문이다.

그렇다면 에덴동산에서 추방된 인류는 어떤 언약 아래서 살아왔던 것일까?

(A) 교부들의 견해

이레네우스는 언약을 3세대로 구분했다. 첫째 언약은 마음에 새긴 율법(양심) 언약이요, 둘째는 시내 산에서 주어진 외적인 명령으로서의 율법이 그 특징을 이룬다는 언약이요, 셋째는 성령의 작용에 의하여 마음속에서 회복된 언약(아마도 신앙 양심)이다.

코케이누스도 율법 이전의 세대, 율법 아래의 세대, 율법 후의 세대로 구분했다. 요지는 하나님의 언약이 양심에 있었다는 논리다. 그러나 인간이 양심대로 사는 조건으로 무엇을 얻는 것인지에 대한 설명이 없다. 또한 이는 어거스틴, 칼빈의 전적 부패 신학과 정면으로 충돌하는 논리다.

(B) 세대 주의의 견해

스코필드는 언약의 세대를 7개로 구분한다. 무죄의 시대, 양심의 세대, 인간 통치의 세대, 약속의 세대, 율법의 세대, 은혜의 세대, 그리고 천국의 세대이다.

이 역시 어거스틴, 칼빈 신학에 반하는 주장이다. 따라서 이 같은 견해는 다음과 같은 반론을 일으킨다고 신학자들은 주장한다.

첫째, 성경에 등장하는 세대가 여기서는 비성경적으로 사용하였

평신도, 신학생, 목회자를 위한 신학 총정리 핸드북

다. 이 단어는 청지기의 입장에서 하는 관리 정돈, 운영을 의미하는 것이지 시험 또는 시련을 의미하지 않는다.

둘째, 이와 같은 구분은 매우 자의적인 것이다. 이 사실은 세대 주의자 자신도 번번히 세대들이 중복된다고 말하고 있는 사실에서도 분명해진다.

셋째, 이 이론에 따르면 인간은 끊임없는 하나님의 시험 속에 있는 것이다. 인간이 시험 아래 있다는 것은 은총의 교리를 뿌리째 뒤흔드는 통속적인 오류이다.

넷째, 이 이론은 성경의 유기적 연관성을 깨뜨림으로써 파멸적인 결과를 초래 한다.

B) 은혜 언약

신학자들은 타락한 인류를 위해 예수님과 하나님이 맺은 언약을 은혜 언약이라고 한다. 행위 언약이 깨지자, 성자 예수께서 구원에 필요한 모든 조건을 이행하시는 것을 조건으로 하나님과 구원 계약을 체결했다는 주장이다. 따라서 신학자들은 성부 하나님이 그리스도의 공로를 인간에게 연합시켜 인간의 죄를 사하시고, 인간을 구원하시기로 하셨다는 것이다. 그렇다면 행위 언약이 깨진 후 맺어진 은혜 언약 기간은 언제부터 언제까지로 해야 하는 것일까?

C. 구원 언약

은혜 언약과 같은 뜻이지만 신학자들이 정리해 놓은 구원 언약의 내용은 다음과 같다. "첫째, 여자의 몸에서 태어나 인성을 취하고 현세에 들어온다. 둘째, 그 자신을 율법 아래 복종시킨다. 셋째, 죄의 삯

평신도, 신학생, 목회자를 위한 신학 총정리 핸드북

을 그렇게 지불한다. 넷째, 보상으로서 그가 그 자신을 죄의 값으로 지불한 모든 자에게 영생을 획득하게 한다. 다섯째, 완전한 죄 사함을 얻은 그 백성들은 성령의 도우심과 인도하심을 받게 한다. 그리하여 기쁨과 성화를 통해 그들의 삶을 하나님께 드릴 수 있게 한다. 성부께서는 그 일을 하는데, 필요한 은사와 은혜를 주신다. 사망의 권세에서 구원하여 주신다. 사탄의 지배를 깨뜨리고 하나님의 나라를 세우는데 가능하게 하실 것이다. 성령을 내려 주실 것이다. 수많은 씨를 주실 것이다. 하늘과 땅의 모든 권세를 주심으로서 교회를 다스리게 하실 것이다."

그런데 여기에는 몇 가지 알아야 할 주장들이 있다. 그것이 언약의 수혜자들에 관한 것이다.

D. 언약의 수혜자

개혁파 신학자들은 그 계약의 수혜자들이 하나님의 택한 자들, 또는 그리스도 안에서 택함을 입은 자들이라고 말하며, 따라서 주님을 믿는 자들만 하나님과 죄인들을 대신한 예수님과의 언약 관계에 들어간다고 말한다.

그러나 다 같은 후손인데, 어떤 후손이 왜, 계약의 수혜 자격에서 버려지는지에 대해서는 합리적인 설명이 없다.

신학에서는 은혜 언약의 수혜자가 성도들이라고 말한다. 그들은 믿음과 고백을 통해서 자발적으로 이 언약에 들어갈 수가 있다고 말한다. 성인들의 경우, 그들의 고백이 거짓된 고백만 아니라면, 법적인 언약 관계에 들어가는 것과 생의 친교로서 언약에 들어가는 것은 서로 일치한다고 말한다. 그렇다면 아직 인지능력이나 이해 능력 그리

평신도, 신학생, 목회자를 위한 신학 총정리 핸드북

고 고백 능력이 없는 어린아이들은 어떻게 될까?

(A) 언약에 있어서의 신자의 자녀

신학자들은 성도들의 자녀들도 은혜 언약의 수혜자들이라고 주장한다. 신학자들은 언약은 단순한 구원을 제공했다는 것뿐만 아니라 복음을 믿으라는 약속과 더불어 구원을 제공한다는 것 이상의 의미를 가진다고 말하면서 언약의 자녀들은 언약의 교제에 반하는 삶을 살지 않는 한 언약의 삶 안에 있는 것으로 추정해야 한다고 주장한다. 그렇다면 믿는 부모를 가지지 않는 어린아이들은 어떻게 될까?

(B) 언약 안에 있는 거듭나지 아니하는 자

신학에 의하면 지금까지 전개해 온 논리에 따르면 거듭나지 아니한 자들도 언약 안에 들 수가 있다. 그들은 언약 안에 있지만 언약에 속한 것은 아니라고 한다. 그것은 그들도 하나님의 약속을 주장할 수 있다는 말이다. 그들은 언약에 대하여 순종해야 한다는 의미에서 언약 안에 있다는 것이다. 그들은 언약의 요구의 삶을 살도록 끊임없이 권고받는다는 것이 신학의 입장이다. 그러나 이 또한 칼빈의 신학과 정면으로 대치되는 주장이다.

7) 교회론(Doctrine of The Church)

처음 선교사들이 복음을 가지고 우리나라에 들어왔을 때, 교회는 예배당으로 불러 졌다. 좀 촌스럽게 들릴지는 모르지만, 하나님께 순수 예배만 드리는 곳이라는 의미였을 것이다. 그러나 지금의 교회는 예배만 드리지 않는다. 춤도 추고, 공연도 하고, 잔치도 하고, 정치 강연도 하고, 거짓도 팔고, 성령도 팔고, 못 파는 것이 없고, 못하는 것이 없다. 마을 회관, 만물상 같은 곳이 됐다.

예배의 형태도 처음 예배와는 많이 달라졌다. 처음에는 예배를 드릴 때 하나님이 보고 계신다는 생각으로 두렵고, 떨리는 마음과 경건하고, 엄숙하고, 가능하면 거룩하게 예배를 드리려고 노력했고, 또 그렇게 예배를 드렸다. 그러나 지금은 그런 예배 문화는 전설이 됐다. 그때의 눈으로 보면 개판 예배를 드린다. 옷도 개판, 마음도 개판이다.

도대체 누구를 위해, 누구에게 드리는 예배인지 혼란을 일으킬 정도다. 어떻게 보면 연예인 컴플렉스에 걸린 삼류 연예인들의 공연도 같고, 어떻게 보면 스트레스를 풀기 위해 박수를 치고 뜀뛰기를 하는 운동실 같기도 하고, 또 어떻게 보면, 장터에서 성령의 이름을 조롱하는 무당들의 개그쇼도 같기도 한다. 감정만 부풀리고, 흥분만 하려고 하고, 흥분만 시키려고 한다.

교회의 본질이 사라졌고, 교회의 축이 사라졌다. 그런 교회에 어찌 부흥이 있을 수 있겠는가?

어둠으로 충만한 교회, 교회라고 할 수 없는 교회, 하나님이 받으실 예배가 없는 교회에서 어찌 세상을 밝힐 빛이 나겠는가?

아마도 이런 교회가 주님이 원하는 교회의 모습은 아닐 것이다. 이곳에서 드려지는 예배도 주님이 기뻐하는 예배는 아닐 것이다.

교회를 운영하려면 주님과 다음을 상의하고, 주님께 다음을 맡겨야 할텐데, 오히려 주님과 적대 상태인 세속문화와 상의하고, 가증한 세속적 영의 도움을 받고자 한다. 숫자에 미쳐있고, 그것을 부흥으로 착각한다. 설령, 그렇게 해서 1백 명이 불어나고, 천명이 불어났다고 하자. 그런 교회가 몇 년이나 살 수 있을까? 천 년? 백 년? 십 년? 독일을 보고, 유럽을 보자. 큰 숫자, 큰 사이즈가 교회의 본질을 말해주는 것은 아니다.

주님이 하실 일이 없다. 성령님이 하실 일도 없다. 주님이나 성령님은 그저 이름만 도용당하고 있을 뿐이다. 자기가 알아서 하는데 무엇을 도우란 말인가. 그렇다면 주님이 원하는 교회, 주님이 원하는 예배는 어떤 예배일까?

(1) 교회론의 어원

교회론의 어원은 그리스어 에클레시-올로기아(κλησιολογία)이다. 에클레시-올로기아는 회중, 만남을 뜻한다. 고대 그리스어 '에클레시아'(ἐκκλησία,)와 "말", "이해", "논리"를 뜻하는 '로기아'(-λογία)의 합성어다. 라틴어와 영어의 교회론을 의미하는 단어도 헬라어에서 유래했다.

(2) 교회의 명칭

교회의 명칭에 대해서는 두 가지 측면에서 생각할 수 있다. 어원적인 측면과 계시적 측면, 즉 의미적인 측면이다. 어원적으로는 구약과 신약을 나눠서 생각할 수 있고 계시적으로는 신약에 기록되어 있는 성경을 중심으로 생각할 수 있다.

A. 구약의 명칭

히브리어에는 '카알'이라는 단어가 있다. 집회(assembly) 또는 회중(congregation)을 뜻한다. 그리고 역시 히브리어에는 '에다' 라는 단어가 있다. 만나다, 혹은 정해진 장소에서의 모임을 뜻한다. BC 3-2세기에 번역된 그리스어 역 구약성서(LXX : 70인 역)에서는 유대인의 총회나 율법을 듣는 종교적 모임(신명9 : 10, 18 : 16)을 가리킬 때 이 낱말을 사용했다고 한다.

B. 신약의 명칭

교회를 뜻하는 그리스어 에클레시아(ekklēsiā)는 원래 고대 시민들의 공식 모임을 가리켰다. 신약 성경에서는 그리스도를 믿는 성도 전체(마16: 18)와 특정 지역에 있는 성도들(행 5 : 11), 그리고 성도의 집에서 갖는 가정교회 형태의 모임까지도 교회라는 이름을 사용하였다.

복음서와 서신서, 그리고 계시록에는 교회에 대해 여러 가지 비유적 개념들이 기록되어 있다. 첫째는 그리스도의 신체(몸)요, 교회의 머리 되신 그리스도였다. 포도나무 비유에서도 같은 의미를 찾을 수 있다. 교회는 그리스도의 몸(지체)으로서 그리스도의 사역을 이어야 한다는 의미다.

다음에 그리스도의 신부라는 표현이 있다. 교회(성도)의 순결성, 청결성, 그리고 충성을 강조하는 표현이다. 교회는 절대로 싸구려 공연장이 될 수 없다는 암시다.

다음에는 교회를 하나님의 성전이라는 했다. 하나님이 거하시는 거주처로서 신성 불가침성에 대한 표현이다.

다음으로 새 예루살렘이라는 기록이 있다. 하나님과의 만남의 장소라는 표현일 것이다.

다음으로 진리의 기둥이라고 표현한 기록이 있다. 교회는 반드시

평신도, 신학생, 목회자를 위한 신학 총정리 핸드북

그리스도의 진리만을 축으로 삼아야 한다는 의미다.

다음으로 교회를 성령의 전이라고 표현한 기록이 있다, 거룩한 영의 전이라는 말이다. 교회의 거룩성을 강조했음을 알 수 있다. 심지어 바울은 성전을 더럽히면 하나님께서 멸하시리라, 고까지 했다.

신부, 성전, 신부, 새 예루살렘, 진리의 기둥, 성령의 전, 모두 거룩성과 관련이 있다. 교회의 형태가 어떻든, 무형교회든, 유형 교회든, 성도의 마음에 건설된 교회든, 천상의 교회든, 지상의 교회든, 교회는 어떤 식으로든, 어떤 일이 있어도, 한 명이 모여도, 두 명이 모여도, 백 명이 모여도, 천명이 모여도, 숫자와 상관없이, 일단, 거룩, 거룩, 또 거룩해야 한다는 의미다.

(3) 교회의 본질

교회라는 어원이 그렇듯이, 신학자들은 교회의 본질을 성도의'모임'이라고 정의한다. 그러나 그냥 모임이 아니다. "거룩한 무리(성도)의 모임"이다. 거룩함이 빠지면 교회는 극장이나, 마을 회관, 공연장 같은 만남의 장소, 그 이상도, 그 이하도 아니다. 앞에서 언급했듯이 교회와 세상을 구별 짓는 벽은 거룩성이다.

니케아에서 열린 381년에 열린 콘스탄티노폴리스 공의회(381년)에서 니케아 콘스탄티노폴리스 신경을 제정하면서 니케아 신조에 4가지의 교회의 본질을 설정했다. 공의회가 설정한 4가지 교회의 본질은 첫째, 단일성, 둘째, 거룩성, 셋째는 보편성, 넷째는 사도성이었다. 이것을 교회의 속성으로도 표현할 수 있다.

첫째로 단일성이란 본질적으로는 모든 교회는 하나라는 의미다. 모두 하나의 원통(머리)인 거룩하신 그리스도께 속해 있다는 의미다.

신학자들은 교회는 모든 세례받은 사람들로 이루어졌기 때문에 교파에 상관 없이 단일한 몸을 형성한다고 주장한다.

둘째로 거룩성인데, 여기에는 두 가지 이견이 있다. 성경에서 신자들을 성도로 호칭한 것을 근거로 거룩한 무리의 모임이기에 거룩하다는 의견과 비록 신자들은 거룩하지 않다고 할지라도 교회의 머리 되신 그리스도께서 거룩하고, 교회를 세운 성령이 거룩하기 때문에 교회는 거룩하다는 의견이다.

셋째로 보편성이다. 가톨릭(보편성)이라는 말은 원래 지역 교회와 구분되는 보편적 교회를 의미했으나, 마침내는 로마 교회를 의미하게 되었다. 그러나 개신교의 보편은 무형 교회다.

넷째로 사도성이다. 사도들이 예수 그리스도의 사역을 이었으므로 교회는 예수의 지상 생활과 연속성을 갖는다는 의미다. 그러나 현재 개신교 신학자들은 신교와 구교가 교회의 본질에 대해 확연히 다른 견해를 가지고 있다고 한다. 구교는 주교, 대주교, 추기경, 교황과 같은 고위 성직자와 함께 사제들로 구성되고 있는 외부적이고, 유형적인 조직체로서의 교회에서 그 본질을 찾고, 반면에 신교는 교회의 본질을 내면적, 혹은 영적 교통에서 찾는다는 견해다. 그들은 교회는 모든 세대를 초월하여 그리스도의 몸이며 이 외에는 구원이 없다고 주장한다. 교회는 불신자가 참가할 수 없는 예수 그리스도의 영적인 지체라는 견해다.

희랍정교회의 교회관은 로마 가톨릭의 교회관과 유사하다. 그러나 참된 교회는 로마 가톨릭이 아니라 자기들이라고 주장한다. 강조점은 역시 외적인 기관으로서의 교회에 둔다.

(4) 교회의 유형

전통적으로 개혁 교단에서는 교회를 무형 교회(보이지 않는 교회)와 유형 교회(보이는 교회)로 나눠서 생각한다.

A. 무형교회(invisible)

무형교회는 육안으로 식별할 수 없는 불가견적인 교회이기 때문에 무형교회라 부른다. 플라톤 철학으로 이데아 교회다. 다른 말로 보편 교회라고도 부른다. 지상에 살고 있는 신자들뿐만 아니라 이미 죽어서 영혼이 천국에 가 있는 신자들, 그리고 아직 태어나지 않은 신자들 모두가 예수 그리스도 안에서 하나의 몸(교회)을 이루고 있다는 concept이다.

이러한 "보이지 않는 교회"의 개념은 아우구스티누스 이후 신학적으로 정체되어 있다가 종교개혁 이후, 보이는 교회인 로마 가톨릭교회와 차별하기 위한 논리로 전용되기 시작하였다. 그 당시엔 로마 교황이 지상에 있는 교회, 즉 보이는 교회의 수장이라고 생각했다. 그러나 개혁주의는 보이는 교회와 보이지 않는 교회의 수장은 예수 그리스도라고 생각했다. 예수 그리스도가 무형교회를 직접 통치하듯이, 유형 교회 역시 대리자(교황) 없이, 오직 성령을 통해 예수님이 직접 통치한다고 주장한다.

B. 유형 교회(visible)

유형 교회는 구원받은 신자들의 단체다. 신자들의 신앙고백과 행위, 그리고 말씀과 성례에서, 그리고 조직과 정치에서 유형화된 교회를 말한다. 그러나 교회론에서는 보이지 않는 교회와 보이는 교회를 서로 다른 집합으로 인식하는 학자들이 있는가 하면 같은 집합으로 보는 시각이 있다. 그들의 견해에 대해 사전에 다음과 같이 설명되어 있다.

첫째, 보이지 않는 교회는 오로지 구원받은 신자들로만 구성되어 있지만, 보이는 교회에는 구원받지 못한 사람들도 들어와 있다고 보는 견해다. 이는 어거스틴이 지적한 이슈다. 그러나 루터교에서 발생한 피에티즘(Pietism)은 '교회 안의 작은 교회라는 개념으로 확대되었다. 또한 어차피 구원받지 못한 교인은 어디에 있건, 그리스도와 한 몸을 이룰 수 없기 때문에 교회의 구성원으로 countable 하지 않고, 있으나 마나 한, 참 교회 밖의 사람으로 간주했다.

둘째, 위에서 서술했듯이 보이는 교회의 구성원이 누구인가를 판별하려는데 중점을 둔다. 그러나 보이는 교회와 보이지 않는 교회를 하나의 보편적 교회의 두 가지 다른 속성으로 이해하는 시각이 있다.

이들은 보이는 교회를, 그 구성원이 누구냐로써 규정하는 것이 아니라, 보이지 않는 교회가 이 땅에서 나타내 보이는 실증(모사)으로서 파악하려고 한다. 이에 대해 윌리암슨은 다음과 같이 말한다 "우리가 참된 교회를 볼 수 있게 되는 것은 그 구성원을 통해서가 아니라 그 현존을 통해서라고 말할 수 있다. 그리스도의 참된 교회(택정함을 입은 사람들로 구성된 그의 몸)는 그 스스로를 나타내는데, 누가 그 택정함을 입었느냐를 알리는 방식이 아니라, 참된 신자들이 (위선자들과 섞여 있는 가운데서도) 하는 표지를 통해서다. 그들은 죄를 고백하고, 말씀에 대한 신실함을 유지하며, 성례전과 권징을 시행하는데, 이러한 것들은 참된 보이는 교회에 요구되는 일이다. 택함을 받은 백성들이 행하는 이러한 일들이 나타남으로 그리스도의 몸은 명백해진다."

(5) 교회론의 역사

예수 그리스도가 십자가에 못 박히고 부활한 뒤 그의 제자들은 복음을 전하라는 명령에 따라 개종자들을 위한 편의시설을 개발했다. 모두가 언제나 모여 기도할 수 있는 장소, 음식을 나눌 수 있는 장소, 도움을 주고받을 수 있는 장소, 말씀을 보고 들을 수 있는 장소, 간증을 주고받을 수 있는 장소, 함께 기도할 수 있는 장소였다.

그것을 성도의 교회(에클레시아)로 칭했고, 최초의 장소는 예루살렘에 있었다. 그 운영은 사도들이 임명한 7 집사가 맡았다. 그러다가 갑자기 성도들이 기하급수적으로 늘어나자, 각 지역에서 예루살렘 교회를 모델로 한 지역 교회들을 만들었다. 그러나 성격은 예루살렘 교회와 같았다. 이렇게 출발한 공동체는 점차 감독직에 기반을 둔 행정 체계를 이루게 되었다.

A. 교부 시대

교회론에 대한 신학자들의 설명은 다음과 같다. 복음서를 보면 예수님께서 베드로를 칭찬하면서 음부(사망)의 권세가 침범하지 못할 교회를 세우게 될 것을 예언하셨다. 처음 등장한 교회의 이름이다. 그러나 그때는 교회의 개념이 정의되지 않는 상태였다 그 후, 바울이 교회의 개념을 정리하기 시작하였다. 성도들의 모임 바로 그것이었다.

속사도 교부들과 변증가들은 보편적으로 교회를 "성도의 교통(communio canctorum)"으로 이해했다. 로마의 클레멘트는 교회를 성도의 모임, 그리스도의 양떼, 그리고 하나님의 소유로 칭했다. 이들은 교회는 한 분 하나님과 한 분 그리스도와 한 분 은혜의 성령과 한 소명을 가진다고 하였으며(일체로서), 헤르마스 (Hermas)는 교회는 하나의 탑처럼 그리스도와 더불어 하나의 돌이 된다고 하였다. 이렇게 교회는 유기적인 면과 통일성을 가진 것으로 이해되었다. 교회의 속성들이 하나씩 정리되기 시작한 것이었다.

초대 교부들은 오직 구원은 교회 안에서, 교회와 더불어서만 가능하다고 생각했다. '교회밖에는 구원이 없다'는 것이었다. 이 점은 오리겐(Origenes)에 있어서도 마찬가지였다. 클레멘트의 제자들에게 있어서도, 그리고 카르타고의 감독이었던 키프리아누스(Cyprianus)에게 있어서도 동일 했다. 교회가 곧 그리스도요, 그리스도가 곧 교회라는 컨셉(신앙)을 가졌기 때문이었을 것이다. 그리스도의 이름으로 성령이 세운 교회라면, 교회밖에 구원이 없는 것은 당연한 일일 수도 있다. 아마도 포도나무 비유에 근거했을 수도 있다.

그러나 2세기로 넘어가면서 교회 개념에는 큰 변화를 맞는다. 2세기에는 다양한 분파들과 이단들이 동시다발적으로 속출하였기 때문에 어느 교회가 참된 교회인지 구별하기조차 어렵게 되었다. 이에 교부들은 참된 교회는 "전체와 더불어 머무는 교회, 보편적인 교회와 교통을 유지하는 교회"라고 정의했다. 이그나트루스 (Ignatlus)는 보편 교회를 '가톨릭'이라고 이름했다.

그 후, 교회는 속화되고 부패 일로로 나아가게 되었다. 이 같은 영적 현실에 대한 반작용으로 그 교회의 순결성을 주장한 극보수의 종파들이 발생하였는데, 그 가운데 대표적인 예가 2세기 중엽, 아시아 지방에서 일어난 몬타니스파(Montanism=)와 3세기 중엽에 일어난 노바시안파(Novatianism와 다음으로 4세기 초에 발생한 도나투스

평신도, 신학생, 목회자를 위한 신학 총정리 핸드북

파 (Donatism)였다.

이에 대하여 어거스틴은 교회의 규율을 인정하면서도 그리스도의 절대적인 순결성은 지상에 있는 교회가 이를 수 없다고 봤다. 오히려 카르타고의 감독 키프리아누스는 "한 하나님과 한 주께서 계시듯이 하나의 교회가 존재하며, 하나의 양 떼, 하나의 어머니가 있으며, 거기서부터 모든 성도는 태어나며, 그곳 밖에서는 구원이 없다. 빛들은 태양으로부터 분리될 수 없으며, 가지는 나무로부터, 시내는 원천으로부터 분리될 수 없다"고 주장하며 교회의 단일성만 옹호하였다.

B. 중세 시대

교부 시대 키프리아누스와 어거스틴에 의해 정립된 교회론은 중세기에 접어들면서 안정을 찾았다. 그들에 의해 수립된 교회론적 체계가 절대에 가까울 정도의 영향력을 행사했기 때문인지, 교회론에 관하여 이론적인 논의가 더 이상 시도되지 않았다.

교회론적인 문제가 다시 진지하게 신학적으로 논의되기 시작한 것은 최초로 성경을 번역한 죄목으로 유골이 화형당한 위클리프(Wyclif)에 의해서였다. 후스 (Hus) 같은 종교개혁 이전의 개혁자들과의 논쟁을 통해서였다는 게 신학적 견해다.

그들은 "그리스도 안에 신성과 인성이 있듯이, 그리고 모든 인간 속에 영혼과 육체가 있듯이, 교회 안에 가견적인 면과 불가견적인 면이 있고, 교회의 가견성은 말씀의 화육(化肉)에 근거한다. 그리스도는 교회를 존재케 한 원인이요, 표본이요, 완성이 되신다. 그는 교회 안에서 성령을 통하여 선지자로, 제사장으로, 왕으로, 거하시며, 그의 은혜를 교회 안에 부어 주신다. 그리하여 구원의 순서(ordo salutis)

평신도, 신학생, 목회자를 위한 신학 총정리 핸드북

는 하나님께서 그의 말씀을 통하여 인간을 교회로 인도하시는 것이 아니라, 반대로 교회를 통하여 성경으로, 그리스도께로 나아가게 되는 것이다"라고 주장했다.

동방교회, 곧 희랍정교회는 교회론에 관해 로마 교회와 일치하는 면들을 많이 보였다. 그럼에도 교황의 수반권에 대해서는 늘 반대하였고, 교회의 절대적인 통일과 절대 보편성을 추구하는 일에 대해서도 항상 반대 의사를 표명하였다.

C. 종교 개혁기

종교개혁은 원리적으로 로마 가톨릭의 교회 개념을 와해시킨다. 16세기 종교개혁의 중심 원리를 두 가지로 집약할 수 있는데, 형식적인 원리와 실질적인 원리이다. 형식적인 원리(formal principle)는 권위의 원천을 성경에 두는 원리다. 개혁자들은 오직 성경(Sola Scriptura)으로라는 원리를 가지고 로마교회의 카톨리시즘에 대항하였으며 교회 안에 팽배해 있던 잘못된 신비주의와 이성주의에 맞섰다. 개혁자들은 하나님의 말씀 외에 그 어떠한 권위도 인정하지 않았다.

게다가 로마교는 성경 속에 외경(Apocryphal Books)을 포함 시켰으나 개혁자들은 오직 397년에 결정된 신구약 66권의 권위만을 인정하였고, 로마교는 성경을 해석할 권리가 가르치는 교회에만 있는 것으로 보았으나 개혁자들은 모든 신자들이 하나님의 말씀을 해석할 권리를 가지고 있다고 주장했다.

개혁자들은 성경 속에 있는 객관적인 계시는 신앙과 행위에 있어서 절대 유일의 규범이라고 주장했다.

종교 개혁자들은 이성주의에 대해서도 이성은 하나님의 말씀인 성경의 권위에 복종해야 한다고 주장하였다.

개혁자들은 신자가 의롭게 되는 것은 오직, 하나님의 은총(믿음)으로만 가능하다고 주장 했다. 이와 같은 형식적 원리와 실질적 원리가 교회론의 형성에 영향을 미쳤다는 것은 아무도 부인할 수 없는 사실이다. 제사장직, 교황제도, 성례 개념 등이다. 이 모든 것들이 종교 개혁자들에 의해 거부 되었다.

A) 루터파

초기에 루터는 사제와 성찬, 수도 생활과 무오류의 교회 제도, 마술적으로 역사하는 성례를 배격하고, 그리스도의 참 자유를 선포하였다. 그는 교회의 본질을 신자들의 모임으로 다시 정의함으로써 초대 교부들의 견해를 회복하였다.

교회는 거룩한 신자들의 모임, 즉 신앙을 통한 사죄의 경험을 생생하게 가진 자들의 모임이라는 것이었다. 이는 사죄의 경험과 이신득의를 강조한 결과라고 할 수 있다.

그도 교회는 불가견적(무형)인 면과 가견적인 면을 가지고 있다고 했다. 이런 구별은 쯔빙글리(Zwingli)에 의해 처음 시도된 것으로 알려져 있으나, 제이베르크(Seeberg)에 의하면 루터에 의해서라고 한다. 이것은 보편에 대해 실재론적인 경향의 어거스틴의 관점과의 차이다. 루터에게는 오히려 이단 옥캄의 유명론적 경향이 농후했다고 한다.

B) 개혁파

근본적으로는 개혁파는 루터파와 같은 교회관을 가진다. 양자는 모두 교회의 본질을 무형적인 면에서 찾으려 했다. 그런 점에서 둘 사이에는 근본적인 일치점이 존재한다.

C) 강조점의 차이

루터파에 의하면 선택된 자들이 교회의 모임 밖에서는 결코 존재할 수 없었으나, 반면에, 칼빈을 중심한 개혁파의 견해는 그리스도께서 교회라는 제도 밖에 있는 사람들에게도 구원을 베푸신다는 것이었다. 구원의 가능성은 유형 교회라는 울타리 밖에서도 있을 수 있다는 것이었다.

D. 해석상의 차이

개혁파는 교회를 선택과 매우 밀접하게 연결 시키기 때문에 불가견성에 관하여 루터파와는 다르게 이해했다. 쯔빙글리는 불가견적인 교회(ecclesia invisibilis)를 회집 된 선택받은 자들로 이해하였다. 그러나 그것은 재림 시에 가견적이 된다고 이해했다.

칼빈은 1543년 판 기독교강요에서 처음으로 불가견적 교회라는 표현을 사용하였다. 그는 교회를 오직 하나님께서만 아시는 선택받은 자들로 이해하였고, 세 가지 관점에서 교회가 불가견적인 것으로 불러 질 수 있다고 생각했다. 다음이 그 세 가지다.

첫째, 보편적 교회(ecclesia universalis)로서의 교회는 불가견적이다. 왜냐하면 어떤 특정한 사람이 다른 장소와 다른 시대에 있는 교회를 볼 수 없기 때문이다.

둘째, 예수의 재림 시에 처음으로 완전하여지고 가견적이 될 선택

평신도, 신학생, 목회자를 위한 신학 총정리 핸드북

받은 자들의 모임(coetus electorum)으로서의 교회는 현재 불가견적이다.

셋째, 부름을 받은 피택자의 모임(coetus electorum vocatorum)으로서의 교회는 불가견적이다. 왜냐하면 우리가 교회에서 외식하는 자들을 참된 신자들로부터 구별할 수 없는 까닭이다.

(A) 라버디파와 경건파

재세례파와 동일한 이원론적 원리를 가진 종파들 가운데 라버디파와 경건파가 있다. 쟝 드 라버디(Jean de Labadie; 1610-74)는 네덜란드 서남부에 위치하고 있는 미덜부르크(Middelburg)에 회중 교회를 세워 참 신자는 거기만 속한다고 주장하였다.

경건파는 일반적으로 유형 교회를 무시했고 신자들만이 교회를 찾는다는 견해였다.　그들은 기독교의 실천적인 면을 강조하나, 둔세(Seclusion)적 경향을 지니며 때로는 세상 자체를 죄의 조직체로 간주하기도 하였다. 이들에 의하면 참된 교회는 성령의 내적인 빛으로 인하여 신앙고백과 생활이 일치하는 자들의 교제라고 생각했다.

진젠도르프(Zinzendorf)는 1729년 8월 12일 자신의 영지에 모라비안 교회(보헤미안 선교단체)를 조직하였는데, 여러 점에서 라버디의 회중과 일치하였다. 그러나 이들의 헌신적인 선교 활동과 신앙은 당시 최고의 부흥사로 알려진 요한 웨슬리를 충격에 빠뜨리게 했고, 그리하여 회개를 하게 하여, 영국과 유럽을 살리는 웨슬리로 만들 만큼 "신앙과 생활의 일치"를 보여줬던 인물로 알려져 있다.

(B) 18세기 이후의 경향

18세기에는 합리주의(이성주의)가 교회론에 많은 영향을 미쳤다.

이 같은 사상적인 영향의 배경을 살펴보려면, 17세기 네덜란드로 거슬러 올라가야 한다. 네덜란드는 17세기 급진적인 자유주의의 출발점이었다. 데카르트(Descaretes, 1596-1650)와 그와 동시대인인 스피노자(Spinoza, 1632-1677)는 합리성을 강조하여 이성을 철학적 사상체계의 포인트로 삼았다.

이와 같은 합리주의 사상이 영국으로 건너가 이신론(Delsm)으로 발전되고, 프랑스로 건너가 자연주의로 발전되고, 독일로 건너가 이성주의로 발전되었다.

18세기 당시 나타난 이 모든 사상적인 흐름을 통칭하여 계몽주의(Aufklaerung)라고 한다. 이와 같은 사상적 흐름은 교회론에 영향을 미쳐 신앙 문제에 대해 무관심하게 만들었고, 그 결과 교회의 세속(사회)화 현상이 자연스럽게 나타나게 되었다. 그리하여 교회는 인간 사회의 어떤 결사단과 같이 여겨지게 되었다.

감리교 운동(Methodism)이 이러한 합리주의적인 경향에 대한 경건주의적인 반동으로 나타나게 되었으나, 교회론에는 별 공헌을 남기지는 못했다는게 학자들의 평가다. 이성주의자들은 교회는 예배를 수행하며 도덕성을 증진시키기 위한 인간의 결사로 보았다. 따라서 신학자들은 이성주의자들이 그리스도께서 교회를 세우셨다는 사실 자체가 설 자리를 잃게 만들었다고 봤다.

슐라이에르마허 (Schlelermacher)는 교회를 본질적으로 기독교 공동체로 보았다. 즉 동일한 정신을 가진 신자들의 단체로 보았던 것이다. 그는 교회의 본질을 그리스도인의 교제 정신에서 찾았다.

슐라이에르마허에게 있어서의 중생은 어떤 불가사의한 변화가 아니었다. 중생이 일종의 윤리적인 쇄신이었기 때문에 중생한 자 중에도 여전히 세상적인 것들이 남아 있기 마련이었다. 따라서 그는 교회 속에는 남아 있는 것과 변하고 사라진 것 사이에 구별이 있어야 한다고 생각했다. 이와 같은 구별에다가 슬라이에르마허는 불 가견적인 교회와 가견적인 교회 명칭을 적용 시켰다. 이상이 신학자들이 정리해 놓은 교회론의 역사다.

(7) 교회의 표지(Signe or Symbal)

교회의 표지란, 교회가 교회인 것을 알아볼 수 있게 하는 외형적인 표식을 의미한다. 아주 쉬운 표현으로 교회라는 증거다. 따라서 교회의 표지에 대한 개념화는 유형 교회에만 적용된다는 사실을 유념해 둘 필요가 있다. 쉬운 예로 교회 앞에 세워진 십자가를 들 수 있다. 그러나 어디까지나 그것은 외형적인 한가지 예에 불과하다.

A. 참된 말씀 전파

신학에서 정리해 놓은 교회의 표시의 첫 번째 조건은 그리스도의 진리를 전하는 것이다. 진리의 본질은 사랑이다. 구원을 위한 사랑이다. 구원은 회개에서 시작하여 용서와 사랑과 평화와 감사로 완성된다. 이런 그리스도의 진리가 축으로 된 말씀을 전하느냐, 아니면 기복 같은 땅의 것, 육을 위한 것들이 축으로 만들어진 말씀을 전하느냐에 따라 참 교회와 거짓 교회가 구분된다. 성경 해석이 복음의 존재 목적에 부합해야 하며 생활의 변화를 할 수 있는 감화력이 있어야 한다는 것이다.

B. 성례(Sacramentum)

성례란 거룩한 예식이라는 말이다. 교단에 따라 차이가 나겠지만 일반적으로 기독교는 세례, 성찬, 족발식, 등을 성례라고 부른다. 교회의 표지로서 성례에 대해 신학자들은 다음과 같이 설명한다.

기독교 성례(성사)는 눈에 보이지 않는 하나님의 은혜가 눈에 보이는 방법으로 전달되는 방편, 쉽게 말해서 하나님의 은혜를 받는 기독교의 예식 가운데 하나다. 형태적으로 삼위일체 하나님의 이름으로 행해지는 교회의 가장 중요한 표지이다.

A) 성례의 기원과 어원

신학자들은 성례전 또는 성사는 약 200년경 초대 교부 테르툴리아누스가 그리스어 '뮈스트리온 (μυστριον), 즉 '신비'라는 말을 라틴어 사크라멘툼(Sacramentum='성별 된 것', '성별 된 행동', 혹은 '성스러운 것')으로 표기하여 사용하였는데, 이것이 유럽어에서 성례전을 뜻하는 단어로 발전한 것으로 보고 있다.

그러나 일부 신학자들은 성례라는 단어는 원래는 소송시 피고가 보석금 형식으로 예치하는 공탁금을 가리키는 것이었고, 법원의 판결 후 승소자의 돈은 반환되고, 패소자의 돈은 몰수된다고 하면서, 이 단어가 이런 의미를 가리키게 된 이유는 이 공탁금이 제신에게 드리는 일종의 화목제물을 가리키는 말로 사용되었기 때문이라고 주장한다. 그들은 다음과 같은 경위를 통하여 그 단어가 기독교에 들어왔다고 설명한다.

첫째, 처음 이 단어가 군사적인 용법으로 사용될 때 군인이 지휘관에게 엄숙히 선서하는 서약을 의미했다. 둘째, 특별히 종교적인 의미로 사용된 것은 불가타 라틴어 성경인데 이 단어는 헬라어 뮈스테리온(신비)의 번역이다. 이 헬라어 단어가 성례를 지칭하는 단어로 사용되었을 가능성이 높고, 이유는 성례가 희랍의 종교 신비 가운데 일부와 유사하기 때문이다.

신학자들은 성례는 3부분으로 구성된다고 가르친다. 첫째는 외적인 혹은 기사 적인 표현이다. 모든 성례는 감지될 수 있는 물질적 요소를 가지고 있고, 이 물질적인 요소만을 성례라고 부르는 경우도 있다. 포괄적인 의미로 표징과 상징되는 것을 가리킨다.

둘째, 성례는 내면적인 영적 은혜이다. 성경은 이를 다양한 방법으로 말하는바, 은혜 언약, 믿음의 의, 죄 사함, 믿음과 회심, 그리스도의 죽으심과 부활에 참여하는 것 등이다. 로마 가톨릭은 이 요소를 성화시키는 은혜로 간주한다. 이 은혜가 인간의 본성에 첨가되어 인간으로 하여금 선행을 하게 하고 하나님을 보는 경지에 이르게 한다는 것이다. 따라서 표징과 인으로서의 성례는 은혜의 방편이라고 한다.

셋째는 표징과 표징이 의미하는 것 간의 성례적 연합이다. 이것은 통상적으로 성례의 본질이라 불리는데, 그 이유는 성례를 구성하는 것이 정확히는 표징과 표징이 의미하는 것 간의 관계이기 때문이라는 견해다.

개혁주의 입장에 따르면 첫 번째로, 이것은 로마 가톨릭교회가 주장하는 것처럼, 물질적인 것이 아니고 둘째, 루터파가 말하는 것처럼, 장소적인 것도 아니고 셋째, 이것은 영적 혹은 도덕적이고 관계적이어서 믿음을 통하여 성례를 받아들이는 곳에서만 하나님의 은혜가 나타난다.

B) 구약과 신약의 성례 비교.

다음이 신학에서 정리해 놓은 성례에 대한 비교다.

평신도, 신학생, 목회자를 위한 신학 총정리 핸드북

(A) 본질의 차이

로마 교회는 구약의 성례를 모형적으로 생각한다. 성례는 의식을 통하여 참여자를 성화시키지 못하지만, 참여자 자신의 작용(움직임)을 통해서, 곧 믿음과 사랑으로 받을 때 성화가 된다는 입장이다. 사실상 구약의 성례와 신약의 성례 사이에 본질적인 차이가 없다는 게 개혁신학의 견해다.

(B) 형식의 차이

첫째, 이스라엘에서 성례는 국가적 의무적 의미를 두고 있었다. 둘째, 성례와 더불어 이스라엘은 다른 많은 상징적인 규례들, 예컨대 성례와 일치하는 제사 규례와 정결 의식을 가지고 있었던 것과는 대조적으로 신약에는 오직 성례만이 존재한다. 셋째, 구약의 성례는 그리스도를 예시하며 장차 누리게 될 은혜를 인치는 역할을 하는 반면, 신약의 성례는 그리스도와 그리스도의 완성된 구속의 제사를 회고한다.

(C) 성례 예식의 해석

성례에 대해서는 두 가지 이해 방식이 있다. 객관주의적 이해 방식과 주관주의적 이해 방식이다. 객관주의적 이해란 성사가 합법적으로 집행됨으로써 자동으로 효력을 발휘한다는 주장이다. 그것을 사효론(ex opere operato) 이라고 부른다. 주관주의적 이해란 성례는 집례자의 영적, 도덕적, 상태에 의해 영향을 받는다는 주장이다. 그것을 인효론(ex opere operantis)이라 부른다.

주관주의적 이해에 따르면 성사는 하나님의 은혜에 대한 일종의 '

극적 표현'이므로 그 자체로서는 효력이 없고, 오직 신앙에 의해 받아들여질 때만 효력을 발휘한다. 따라서 이 입장에 따르면 유아세례는 불가능하다. 가톨릭교회와 동방교회는 유아 세례를 제외하고 주관주의 입장을 보여 준다. 학자들은 객관주의와 주관주의는 적절히 절충되고 조화될 필요가 있으며 이를 위해서 더욱 진지하고 지속적인 대화가 필요하다고 한다.

(D) 성례 예식의 필요성

로마 가톨릭은 성례는 구원받는 모든 사람에게 절대적으로 필요하며, 세례받은 후에 죄를 범한 자는 고해 성사가 필요하다고 말한다.

개신교회에서는 성례가 구원에 절대적으로 필요한 것은 아니지만, 하나님의 명령에 비추어서 의무적이라고 하면서 그 근거를 다음과 같이 설명한다. 첫째, 복음 시대의 자유롭고 영적인 성격을 말할 수 있는바, 하나님은 어떤 외적인 형식만을 통하여 자신의 은혜를 전달하지 않는다. 둘째, 성경은 오직 믿음만을 구원의 도구적인 조건으로 말한다. 셋째, 성례는 믿음을 일으키는 것이 아니라 그것을 전제로 하는 것이며 믿음이 받아들여진 곳에서 시행된다. 넷째, 많은 사람들이 실제 적으로 성례를 사용하지도 않고도 구원을 받는다.

(E) 말씀과 성례와의 관계

a. 말씀과 유사점: 첫째, 하나님은 두 가지를 모두 은혜의 방편으로 제정하셨다. 둘째, 내용에 있어서 그리스도는 두 가지 모두의 중심적인 내용이다. 셋째, 죄인이 말씀과 성례를 통하여 제공된 은혜에 참여하는 유일한 길이다.

b. 차이점: 첫째, 필연성에 있어서 말씀은 필수 불가결한 것이지만, 성례는 그렇지 않다. 둘째, 목적에 있어서 말씀은 믿음을 일으키고, 강하시키는 반면, 성례는 다만 믿음을 강하시킬 뿐이다. 셋째, 범위에 있어서 말씀은 온 세상을 향하여 나아가는 반면, 성례는 오직 교회 안에 있는 자들에게만 시행된다.

(F) 성례의 수

성례의 숫자는 교단마다 다르다. 그러나 일반적으로 신학자들은 성례의 수에 대해 구약시대와 신약 시대를 나눠서 생각한다. 구약시대에는 할례와 유월절이다. 할례는 언약의 징표고 유월절은 이집트에서의 탈출 전 문설주에 양피를 발라 죽음을 면했던 날을 기념하기 위한 것이었다.

신약의 성례는 세례와 성찬이다. 그러나 대부분의 교회가 간과한 것이 하나 더 있다. 그것이 바로 예수님이 유월절 전에 보여주신 발 씻김이다.

a. 세례: 세례는 두 가지가 있다. 요한의 세례와 예수님의 세례다. 일반적으로 세례는 예수를 자신의 구주로 영접하고, 육적 본성을 따라 살던 구습을 버리고 영적인 구습을 따라 살겠다는 회개(맹세)의 표시로 받는 예식이다.

a) 세례의 제정: 세례는 신적인 권위에 의하여 제정되었다. 세례는 그리스도께서 화목 사역을 마치신 후에 제정하셨으며, 그리스도의 부

활시에 하나님의 승인을 받았다고 신학자들은 말한다.

b) 세례의 역사: 사실 세례 예식이란 기독교에만 있는 것이 아니다. 고대 그리스에도 있었고, 이름만 다를 뿐이지 이방 종교를 비롯하여 무속신앙에도 있는 예식이다. 그것이 세례요한을 거쳐 예수님께로 와서 초대교회의 제자들에 의해 기독교의 주요 의식으로 자리를 잡았다. 신학자들이 시대별로 나눠놓은 세례의 역사는 다음과 같다.

(a) 종교개혁 이전: 초대 교부들은 세례를 교회에 들어가는 의식으로 간주했고, 통상적으로 세례가 죄 사함 및 새 생명의 전달과 밀접한 관계가 있는 것으로 간주했다. 성인들의 경우, 영혼의 올바른 성향과 별도로 세례가 효력을 갖는 것으로 간주하지 않았으며, 새 생명으로 들어가는 데 세례가 절대적으로 필요하다고 보지 않고, 다만, 세례를 갱신의 과정의 완성적인 요소로 보았다.

(b) 종교개혁 이후: 루터파의 종교개혁은 로마 교회적인 성례 개념을 완전히 벗어나지 못했다. 루터는 세례 시에 사용되는 물을 신적인 권능을 가진 말씀을 통하여 은혜로운 생명의 물, 중생의 씻음이 된 물이라고 생각했다. 본래적으로 신적인 권능을 가진 말씀을 통하여 성례는 중생을 유발한다고 생각했다.

칼빈을 중심으로 개혁파 신학자들은 세례란 신자들을 위하여 제정된 것이며, 새로운 삶을 이루어 내는 기능을 발휘하는 것이 아니라 그것을 강화 시키는 것일 뿐이라는 가정 위에서 세례론을 전개했다.

소지니주의자, 알미니우스주의자, 재세례파, 그리고 합리주의의 영향을 받은 많은 교파는 세례가 신적인 은혜의 인(Seal)이라는 사실을 부인하고 단지 인간이 하는 신앙고백 정도로 간주하였다. 하나의 형식으로 전락하고 만 것이다.

c) 세례의 올바른 양식: 세례에는 몇 가지 양식이 있다. 침례교는 완전 침수 후 물에서 건져내는 방식을 세례 표지의 본질로 간주한다. 이 방식을 포기하는 것은 세례 그 자체를 포기하는 것과 같다고 생각한다.

개혁파 신학에서는 세례의 본질을 '정결케 함'이라고 말한다. 이 같은 씻음이라는 생각은 구약의 모든 정결 규례와 요한의 세례에 있어서 핵심을 이룬다. 이 같은 관점에서 볼 때 예수님의 세례는 요한의 세례와 완전히 일치한다. 성경은 세례가 영적인 정결 또는 씻음을 상징하는 점을 분명히 밝힌다. 성경은 바로 이 점을 강조한다.

침례 교단을 제외한 교파에서는 일반적으로 세례의 근본적인 본질을 씻음(저결케 함)이라는 것에 견해를 같이한다. 세례의 양식은 중요하지 않다. 세례의 양식은 침수를 통하여서도 시행될 수 있고 물을 부음으로도 시행될 수 있다. 그리고 뿌림을 통하여도 시행될 수 있다.

d) 세례를 시행할 자격이 있는 자: 가톨릭은 사제뿐 아니라 비상시에는 조산원들도 세례를 줄 수 있도록 허용하였다. 개혁 교단에서는 말씀의 선포와 성례의 시행이 같은 범주에 속한 것으로 보고 장로나 목사가 유일한 세례 시행자라는 원리를 견지했다. 세례는 개인적인 일이 아니고 교회의 규례이기 때문에 신자들이 공적으로 모인 자리에서 시행되어야 한다고 주장했다.

b. 유아세례: 개혁교회와 침례교회 간의 가장 중요한 차이는 유아세례에 대한 해석이다, 침례교회 입장은 호비 박사가 이를 요약했다. "다만 그리스도를 믿는 자들만이 세례를 받을 자격이 있으며, 그리스도에 대한 신뢰할 만한 증거를 댈 수 있는 자들만이 세례를 받아야 한다." 유아세례를 인정하지 않는 이유이다.

개혁교회 신학자들은 벨기에 신앙고백서 34조, 어린이도 어른과 같이 하나님의 언약과 교회에 속하고 있기 때문에 유아세례를 받을 수 있다고 주장한다. 신약에서는 할례 대신에 세례가 제정되었다고 주장한다.

트로트 신조는 신자의 자녀들은 선천적으로가 아니고 그들의 부모와 함께 받고 있는 은혜 언약에 근거하여 거룩하다는 것을 증명하는 하나님의 말씀으로 하나님의 뜻을 판단해야 하기 때문에 경건한 부모는 이 세상에서 유년 시절에 불러내기를 좋아하시는 하나님이 그들의 자녀들을 또한 택하시고 구원하실 것에 관해 의심의 여지가 없다고 말한다.

그러나 성경에는 유아들에게 세례를 주었다는 명시적인 기록이 없다. 그래서 신학자들은 다음과 같은 사례에서 유아세례의 근거를 찾는다.

첫째, 아브라함의 언약은 주로 영적인 언약이다. 이 영적인 언약의 표징과 인은 할례였다. 이 언약의 성격은 이 언약의 약속에 대한 신약의 해석 방식에서 입증된다. (롬4:16-18, 갈 3: 8,9, 히 8;10) 그리고 할례가 명백히 영적인 의식을 가진 의식이었다는 사실과, 언약의 약속이 복음으로까지 불러 졌다는 사실에서 추정한다. 둘째, 이 언약은 지금도 효력을 발휘하는 것으로서 현시대의 새 언약과 본질적으로 동일하다.

셋째, 유아들은 하나님의 명령에 의해 언약의 유익을 나누어 가졌으며, 그래서 그들은 할례를 상징과 인으로 받았다.

넷째, 또 시대에 들어오면서 할례는 신적인 권위에 의하여 세례로 대치되어 은혜 언약에 들어오는 상징과 인의 역할을 세례가 담당하기 시작했다. 성경은 할례가 그 자체로서 그 이상 의미가 없다는 것을 강조한다. (행15:1,2, 갈2; 21-22) 그러나 그리스도는 분명히 할례를 세례로 대치하셨다.

세례와 할례는 영적인 면에서 같은 것이다. 할례가 죄를 끊고 마음을 변화시키는 것을 지칭하듯 세례도 죄 씻음과 영적인 갱신을 상징한다. 특히 마지막 본문은 세례를 할례와 같이 연관시키면서 그리스도의 할례, 곧 육신의 할례가 상징하는 마음의 할례는, 세례 곧 세례가 상징하는 내용에 의하여 성취되었다고 가르친다. 어린아이를 언약으로부터 제외시키려면 성경적 증거가 필요한데 성경은 오히려 그 반대로 말하고 있다.

다섯째, 신약의 언어는 아이들의 할례를 요구하였던 언약을 계속 유기적으로 완전하게 시행하고 있음을 보여준다.

b. 성찬(εὐχαριστία에 우카리스티아): 성찬(The Holy Communion) 은 영어 "유커리스트"(Eucharist)로서 '감사하는 마음을 갖다'를 의미하는 고대 그리스어 "에우카리스테오"(εὐχαριστέω)의 파생 명사인 "에우카리스티아"(εὐχαριστία)에서 나온 전례 용어라고 한다.

성찬이라고 부르는 "주님의 만찬"은 기독교의 성례(성사) 중 하나이며, 최후의 만찬 때 그리스도가 자신의 죽음을 기념하여 빵과 포도주를 나누라고 하신 복음서 말씀을 따르는 성례전 또는 성사이다.

그 외에도 성찬, 성찬례, 성만찬, 성찬식, 성체 성사, 성체 성혈 성사, 영성체, 주님의 만찬(Lord Supper), 파스카($\pi\alpha\sigma\chi\alpha$, 유월절), 성찬의 제사, 감사제 등 다양한 표현이 있다.

교단에 따라 차이가 있지만 개신교회에서는 일반적으로 세례를 받고 신자가 된 성인, 또는 유아세례를 받은 뒤 성인이 되어 신앙고백을 한 사람만 성찬에 참여할 수 있다고 한다. 성공회에서는 개신교이든, 천주교이든, 정교회이든, 보편 교회에서 세례를 받은 기독교인이라면 성만찬 또는 영성체에 참여할 수 있다. 신학자들이 정리해 놓은 성찬에 대한 설명은 다음과 같다.

a) 종교개혁 이전 시대: 사도 시대에는 성찬의 거행에는 애찬이 뒤따랐다. 애찬시에 가져온 음식들을 봉헌물과 희생 제사의 성격을 띠게 되었고 감사 기도를 통하여 이 요소들은 거룩히 성별 되었다. 일부 초대교회 교부들은 (오리겐, 바실, 그레고리)은 성례의 상징적인 혹은 영적인 개념을 유지했다. 그리스도의 몸과 피가 모종의 방법으로 성례의 빵과 포도주와 연합된다는 주장을 견지했다. 어거스틴은 오랫동안 성찬론의 실제적인 발전을 저해했다. 그는 빵과 포도주를 그리스도의 몸과 피라고 말하면서도 상징과 상징이 의미하는 것을 구분하였고, 본질의 변화를 믿지 않았다. 그는 악인이 빵과 포도주를 받을지라도 몸을 받는 것은 아니라고 말하고, 성찬의 기념적 성격을 강조했다. 중세 시대에 어거스틴의 견해는 점차 화체설로 대처 되었다.

b) 종교개혁 시대와 이후 시대의 변화: 종교 개혁자들은 제의적 성

찬론과 중세의 화체설을 반대했다. 루터는 성찬을 제정한 말씀을 문자적으로 해석하고 성찬 시에 그리스도께서 육체로 임재하신다는 점을 강조했다.

쯔빙글리는 성찬 제정의 말씀을 하나의 비유로 해석했다. 그는 성례를 주로 기념행사로 보았다. 그러나 그는 성례 안에서 그리스도께서 신자의 믿음에 대하여 영적으로 임재한다는 사실을 부인하지 않았다.

칼빈은 중립적인 입장을 취하였다. 그는 성례에서 주께서 몸으로 임재하신다는 사실을 부인했다. 그러나 쯔빙글리 와는 달리 성찬에서 주의 임재는 비록 영적이지만 실재적임을 강조하면서 그리스도의 임재가 영적인 덕과 효력의 원천이라고 주장했다. 많은 중도파 신학자들은 루터파에 속해 있으면서도 공재설을 포기하고 성찬 시에 그리스도께서 영적으로 임재한다고 주장하는 칼빈의 견해에 가까운 입장을 보였다.

c) 신학적 해석들: 기독교 역사상 교파와 신학 사조에 따라 성찬에 대한 다양한 신학적인 해석을 갖고 있으며, 특히 성찬 때 예수께서 함께 한다는 의미에 대한 해석에 대해 신학자들은 다음과 같이 나눠서 설명한다.

(a) 기념설: 현재 개신교 대부분이 따르고 있는 성만찬 해석으로, 공재설(성찬식 동안 그리스도의 몸과 피의 실체가 현존하는 빵과 포도주의 실체와 나란히 존재한다는 주장)과 상징설 등을 합쳐 가리키는 개념이다. 기념설은 종교개혁으로 마르틴 루터의 공재설, 칼뱅의 영적 임재설, 츠빙글리의 상징설(기념설)을 통해 재조명되었다.

평신도, 신학생, 목회자를 위한 신학 총정리 핸드북

기념설에 따르면 성찬은 예수 그리스도의 최후의 만찬을 상징적으로 기념하는 것일 뿐이며, 실제적이고, 실체적으로 본질상 그리스도의 몸과 피로 변하지는 않는다는 주장이다. 다만 공재설을 받아들이는 루터교회에서는 그리스도가 빵과 함께, 위에, 그리고 빵 속에 실재한다고 본다. 성찬을 먹으면서 그리스도의 영적 요소가 신자에게 깃든다(공재)고 가르친다. 영적 임재설을 받아들이는 장로교회는 성만찬 때 그리스도가 영으로 함께 하신다고 본다.

(b) 화체설: 화체설이란 성찬식 때 먹는 빵과 포도주가 그리스도의 몸과 피로 변한다는 학설이다. 이런 '화체설'(또는 실체변화, 성변화론)은 처음 천주교회에서 정립한 신학적 개념이다.

화체설을 교리화한 것은 교회 대분열 이후 서방교회에서 이뤄졌다. 서방교회 신학자인 12세기 토마스 아퀴나스의 성찬 변화 개념을 13세기 라테란 공의회를 통해 교리화하였다. 성찬례에 사용되는 빵과 포도주가 사제의 축성(거룩함을 기원함)을 통해 질료로써의 빵과 포도주로 남아 있으나, 빵과 포도주의 형상, 곧 본질은 예수의 살과 피로 변한다는 교리이다. 복음서에서 예수가 스스로를 하늘에서 내려온 살아있는 빵이라 한 것과 최후의 만찬에서 빵을 스스로의 몸이라 하고, 포도주를 스스로의 피라고 한 것을 문자적으로 해석한 것에서 유래한다.

d) 성찬에 관한 성경의 명칭: 성경을 중심으로 성찬에 대한 여러 가지 이름들이 있음을 알아둘 필요가 있다. 첫째 주의 만찬 고전 11: 20. 2)이다. 둘째, 주의 상이다. (고전 10:21. 3) 셋째, 떡을 떼다(행 2: 42_)이다. 이는 성찬만이 아니라 여러 가지 애찬 까지도 성찬으

로 간주했다는 신학자들의 추론이다. 넷째, 축사(고전 10: 16 11: 24, 마 26: 26, 27)이다. 축사와 축복이 함께 사용되고 있으며 축사를 함께 지칭하고 있다.

e) 성찬이 의미하는 것들: 신학자들은 성찬의 의미를 다음과 같이 설명한다. 첫째, 성찬은 주의 죽음을 상징적으로 표현한다. 둘째, 성찬은 신자가 십자가 위에서 못 박힌 그리스도의 고난에 참여하는 것들을 상징한다. 셋째, 성찬은 믿음의 대상으로서의 그리스도의 죽으심과 신자를 그리스도께로 연합시키는 믿음의 행동을 표현할 뿐 아니라 영혼에 생명과 힘과 기쁨을 주는 이 행동의 효과도 아울러 표현한다. 넷째, 마지막으로 신자들 상호 간의 연합을 상징하기도 한다.

f) 성찬이 인치는 것들: 다음이 신학자들의 설명이다. 성찬은 상징일 뿐만 아니라 '인(Seal=도장)이기도 하다. 두 가지 특성 곧 표지와 인은 서로 밀접한 상관성이 있다. 첫째, 성찬은 참여자에게 그리스도께서 신자들을 위하여 수치스럽고 비참한 죽음에 자신을 내어 주셨다는 사실에 대한 그리스도의 위대한 사랑을 인쳐 준다. 둘째, 구속 사역 안에서 구주로서 그들을 위하여 자신을 주신 그리스도의 사랑과 은혜를 약속해 줄 뿐만 아니라 모든 언약의 약속들과 복음의 모든 풍성한 은혜가 거룩한 선물로서 그들의 것이 되었고 그들이 그 선물을 요구할 수 있다는 개인적인 확신도 아울러 심어준다. 셋째, 성찬은 복음의 풍성한 약속을 줄 뿐만 아니라 구원의 복이 실제로 그의 소유가 되었다는 사실을 확신시켜 준다. 넷째, 상호적인 성격을 가진다. 성찬은 참여하는 자가 하는 신앙고백의 표지이기도 하다.

d. 권징

세 번째로 교회의 표지는 권징이다. 권징이란 일종의 책벌을 의미한다. 조직이 형성되고 그 조직이 보호되고 유지되기 위해서는 반드시 있어야 하는 것이 권징이다. 자칫 사랑의 의미와 상충 될 수 있어 보인다. 그러나 그것을 결코 아니다. 사랑에는 언제나 하나님의 의가 녹아져 있어서다. 사랑의 순결성이 지켜져야 해서다. 그래서 구원이 있고 책벌이 있다.

하나님의 의는 누구를 벌하기 위해서가 아니라 보호하기 위해 있다. 사랑의 한 방편이라는 의미다. 아마도 벌레잡이로 이해해도 될 것이다. 과수원 지기가 과일에 벌레가 붙어 있으면 잡는 행위와 비유될 수 있다. 따라서 권징은 교리의 순수성 유지, 성례의 거룩성 수호, 교회의 성결, 보존, 범죄자의 회개 촉구에 매우 필요하다. 그러나 이런 권징에 대해서는 교파들 마다 약간씩 다른 견해를 가지고 있다. 다음은 신학에서 정리해 놓은 권징에 대한 설명이다.

a) 권징의 이중적인 목적: 첫째, 그것은 회원을 받아들이는 것과 축출하는 것에 관한 그리스도의 법을 실행하는 것을 목적으로 한다. 둘째, 그것은 그리스도의 법에 순종하는 것을 보장함으로써 교회 회원들의 영적인 덕을 증진 시키는 것을 목적으로 한다.

(a) 개혁파와 루터파와의 차이: 개혁파가 교회의 참된 표지에 기독교적인 권징을 첨가한 것은 루터파와는 세 번째 구별되는 점이다. 선택은 교회의 초석이지만 그것은 반드시 신앙과 선행으로 나타나야 한다.

평신도, 신학생, 목회자를 위한 신학 총정리 핸드북

개혁파는 참된 교회의 표지를 순수 말씀의 전파와 합법적인 성례의 집행에서 뿐 아니라, 회원들의 기독교적 행위와 하나님의 말씀에 따른 교회의 권징에서 찾았다. 이는 개혁파가 교회의 본질을 양면적인 것, 즉 유기적인 면과 제도적인 면에 의존되는 것으로 이해했다는 사실을 함축한다. 이로써 개혁파는 도타투스와 어거스틴의 양극단을 극복하는 입장에 서게 됐다.

(b) 소시니안파와 17세기의 항론파(저항파): 일반적으로 말해 루터파와 개혁파는 교회의 유형적인 면과 무형적인 면 사이에 정당한 관계가 유지되도록 힘썼다고 할 수 있다. 그러나 재세례파와 로마 가톨릭교회는 둘 중 한 면을 희생시키고 말았다. 재세례파는 무형적인 면을 위해 유형적인 면을 희생시켰고, 로마교는 유형적인 면을 위해 무형적인 면을 회생시켰다.

여기서 소시니안파는 무형 교회에 대해 언급하기는 했으나, 실제로는 거의 망각해 버렸고, 기독교를 지상의 기관으로 받아들일 수 있는 교리 체계를 만들어 버렸다. 일명 알미니안주의로 불려지기도 하는 17세기의 항론파(Remonstranten)는 교회를 유형적인 결사(結社)로 보았다.

그들은 국가에 권징권을 양보하고 오직 복음 선포와 교인 훈계권만 가지기를 원했다. 이것이 1618년 도르트 노회에서 주장된 항론파의 입장이었다.

(c) 재세례파: 소시니안파와 재세례파는 같은 전제에서 출발하여 다른 결론으로 나아갔다. 양자는 모두 자연과 초자연은 화목 될 수 없다는 전제에서 출발하였으나, 전자는 자연주의로, 후자는 초자연주의로 떨어졌다.

재세례파는 창조와 재창조, 자연과 은총, 세상과 하나님의 나라 사이의 관계를 완전한 대립으로부터 출발한다. 신자들은 거듭남으로 완전히 다른 존재가 된 사람들로 보았고, 따라서 세상과는 분리하여 살아야만 하였다. 그들의 계획은 개혁이 아니고, 분리였다.

재세례파는 하나의 분리된 교회를 추구하였다 참된 교회에 대하여, 개인적으로 신앙고백을 한 후, 세례를 받고, 전쟁이나 정부의 관직에 관여하지 아니하고, 음식과 음료 그리고 의복에 있어서 모든 세상적인 일을 버리고, 타인과의 교제에 있어서 구별된 거룩한 자들의 교회가 참된 교회라고 주장한다.

(8) 교회의 권위(Authority)

어느 단체나 개인을 막론하고 모든 존재는 권리와 의무가 있고, 그것을 있게 한 뿌리가 있다. 개혁 교단에 신학적 기반을 제공한 루이스 벌코프는 교회의 권세는 근본적으로 지 교회 당회에 있다고 주장하면서 다음의 다섯 가지를 언급한다.

첫째, 그리스도는 교회의 머리이며 모든 교회의 권위의 원천이다. 로마 교회는 교회에 대한 교황의 수위권을 주장하는데 역점을 둔다. 개혁파는 그리스도가 교회 특히 유형 교회의 유일한 머리라는 사실을 강조한다. 그리스도는 교회를 제정하셨다(마16: 18). 은혜의 방편 곧 말씀과 성례를 제정하셨다. (마 28: 19) 그리스도는 교회의 헌법과 직원들을 주시고 그들을 신적인 권위로 옷 입히신다고 한다.

둘째, 그리스도는 말씀이라는 방편을 통하여 권위를 행사하신다. 그리스도는 세상 왕처럼 힘으로 다스리는 것이 아니라 주관적으로는 교회 안에서 역사하시는 성령을 통하여, 객관적으로 권위의 표준인 말씀을 통하여 다스리신다.

셋째, 왕인 그리스도께서 권세를 주셨다. 교회 권세의 일차적이고 적법한 주체는 누구인가? 로마 가톨릭교회는 성직자에게 주었다고 말한다. 독립파들은 교회에 주었다고 말한다.

넷째, 그리스도는 대표적 기관들에 의해 이 권세가 특별히 행사되도록 정하셨다. 그리스도는 전체로서의 교회의 권세를 위임하셨지만, 이 권세가 교리, 예배, 권징의 유지를 위하여 특별히 세우신 대표적인 기관들을 통해 행사되게 하셨다.

다섯째, 교회의 권세는 근본적으로 지 교회의 당회에 있다. 교회의 권위 또는 권세가 일차적으로 교회의 총회에 있는 것이 아니고, 지 교회의 당회에 있다는 것이다.

신학자들은 교회가 가진 권위의 성질에 대해 2가지로 나눈다. 영적 권세와 사역적 권세다.

A. 영적 권세

영적이라함은 철학적으로 형이상학적이다. 주로 영적인 문제를 취급할 때 필요한 Authority이다. 교회에 영적 권위가 없다면 음부의 권세를 이길 수 없다. 감히 사탄이 직접 교회를 공격하지 못하는 것은 영적 권세 때문이다. 그래서 사탄은 간접적인 방법을 통해 교회를 건든다.

신학자들은 교회의 권위는 성령에 의해서 주어졌다고 가르친다. 따라서 이 권리를 그리스도의 이름과 성령의 능력을 통해서만이 행사될 수 있으며, 신자들만 대상으로 하며, 도덕적이고 영적인 방법으로만 행사될 수 있다고 주장한다.

A) 은사의 사역권

그리스도는 사도들과 70명의 제자들을 파송하면서 그들에게 천국 복음을 전하라고 명령하셨을 때, 귀신을 쫓아내고, 모든 종류의 질병을 고치는 권세를 함께 주셨다. 따라서 초대교회 성도들 가운데는 신유의 은사를 받은 자들과 이적을 행할 수 있는 자들이 있었다. 그러나 대부분의 신학자들은 신유의 은사는 모든 세대에 계속되리라고 한 성경적 근거는 없다고 결론 내리고, 따라서 특별계시의 시대가 끝나면서 이적들도 자연히 끝나게 되었다고 주장한다. 그러나 만일 그런 기적들이 일어났다고 한다면, 첫째, 상상의 질병이 아니라 구체적인 질병이나 육체적인 결함이 치유된 것, 둘째, 실제적인 치유와 관계되어 있는 것, 셋째, 치유가 실제로 물질적이든, 정신적이든, 자연적인 방법의 결과가 아니라 초자연적인 방법으로 행해진 것이 사실이었다는 것을 증명해야 한다고 조언한다.

B. 사역적 권세

사역적 권세는 예배다. 칼뱅주의는 예배의 규정적 원리에서 예배를 성경, 기도, 찬송, 헌상(Presentation), 성찬과 세례와 더불어 하나님께서 그분의 백성들에게 특수한 은혜를 내리시기 위해 정하신 방도라고 본다. 이것들을 은혜의 방도라고 부르는데, 어떠한 것들이 은혜의 방도인지에 대한 것뿐만 아니라, 그 방도들을 사람이 어떻게 대해야 하는가 또한 성경에 계시 되어 있다고 보는 것이 칼뱅주의의 특징이다.

예를 들어 예배할 때 예수님이라고 상상하여 만든 그림이나, 조각상을 사용하지 않는다는 것이 대표적인 규정적 원리 중 하나다. 그 원

평신도, 신학생, 목회자를 위한 신학 총정리 핸드북

리들이 구체적인 내용에 대해서는 칼뱅주의 신학자들 사이에도 이견이 있다. 그러나 칼뱅주의를 표방하는 교파별로 이러한 규정적 원리를 갖고 있다는 것은 공통적이다.

사역적 권세는 예배 말고도 여러 가지 유형이 있다. 가장 중요한 것은 자선의 권리이다. 자선은 예배 다음으로 중요하다. 다음으로 교리권, 가르치는 권세, 교회의 질서유지를 위한 치리권, 그리스도의 법(교회법, 노회법, 총회법 포함)을 집행하는 집행권, 교회의 헌장이나 법을 작성할 권세, 교회의 순결을 유지하기 위한 교회 보호 권한 등으로 이어진다.

(A) 자선 사역 권세: 견해가 다를 수 있지만 자선은 목사의 설교만큼 중요하며 자선이 없는 교회는 믿음이 없는 교회고, 믿음이 없는 교회는 구원이 없는 교회일 수도 있다. 자선은 믿음의 질료고 본질이다. 행함이 없는 믿음을 죽은 믿음이라고 했듯이 죽은 믿음은 구원을 주지 못한다. 자선은 하나님을 대신한 사랑의 구현(display or demonstration)이요, 또 성도의 양식(food)이다. 자선이 없는 이웃 사랑은 종이 사랑이고, 죽은 사랑이다.

자선은 선교와도 다르다. 자선은 먼 아프리카에서 시작하는 것이 아니다. 월남이나, 중국에서 시작하는 것도 아니다. 주님이 가르쳐주신 자선은 가장 가까이에 있는 형제부터다. 가족, 친척, 자신의 출석 교회에서부터 시작해야 한다. 교회의 자선은 그리스도를 위해, 그리스의 이름으로, 그리스도를 대신해서 내가 가지고 있는 것 가운데 형제가 필요로 한 것을 주는 것이다.

(9) 조직과 정치

교회 정치란 하나님의 몸 된 교회를 어떻게 다스려 갈 것인가, 어떻게 이끌어 갈 것인가에 대한 이론이다. 따라서 교회의 조직과 정치는 교단에 따라 다르다. 교회론을 전공한 신학자들은 교회의 조직과 정치에 대해 다음과 같이 설명한다.

A. 감독제도

교회의 머리가 되시는 그리스도께서 교회의 운영을 직접, 그리고 전적으로 사도들의 후계자들인 고위 성직자들 또는 감독들에게 위임하셨으며, 이 감독들을 구별되고 독립적이며 무제한으로 계속할 수 있는 성직으로 만드셨다고 말한다. 특별히 사도들 가운데서도 수위를 차지하는 베드로의 후계자들이 포함되어 있다고 강조한다.

B. 회중파 제도

이 제도는 이른바 독립파의 제도라고 불린다. 각 교회 또는 회중은 독립된 완전한 교회라는 견해다. 교회의 치리권은 독점적으로 자신들의 일을 규정할 수 있는 교회의 회원들에게 있다고 한다.

C. 국자 교회 제도

지방 교회 제도를 대신하여 합동교회 제도라고도 불리는 이 제도는 파프에 의하여 독일에서 발전하였고, 후에 네델란드도 도입하였다. 이 정체는 교회가 국가에 상응하는 자발적인 결사라는 전제하에 전개된다고 한다.

D. 개혁파 혹은 장로교 제도

개혁파는 그들의 교회 정치 제도가 교회의 근본 원리들에서 직접 인출된 것이라는 견해를 가지고 있다. 개혁교회는 많은 세부적인 항목들이 편의와 인간의 지혜에 의하여 결정되었다는 것을 인정한다. 첫째, 그리스도는 교회 머리이며, 모든 교회의 권위의 원천이다. 둘째, 말씀이라는 방편을 통하여 권위를 행사하신다. 셋째, 또 교회의 머리 되시고 우리의 왕인 그리스도께서 교회에 이 권위를 주셨다. 넷째, 그리스도는 대표적 기관들을 통해 이 권세가 특별히 행사되도록 하셨다. 그러나 교회의 정치나 제도를 완전히 거부하는 그룹도 있다. 그들의 주장은 다음과 같다.

E. 퀘이거파와 다비파

퀘이거파와 다비파는 교회의 무정치 무제도를 주장한다. 그들은 모든 교회의 정치를 원리상 거부한다. 이들은 모든 외형적인 교회의 형성은 필연적으로 부패하여 기독교 정신과는 반대되는 결과를 초래하게 되어 있다고 말하면서 이 형성은 신적인 것을 희생시키면서 인간적인 요소를 높인다고 주장한다. 그것은 하나님이 부여하여 주신 은사들을 무시하면서 은사를 인간이 제정한 직분으로 대체한다고 했다.

F. 에라스투스주의

에라스투스주의는 국가가 교회 위에 있다는 사상을 말한다. 그들은 교회는 국가가 제정한 법규에 따라 존재하고, 교회의 직원들은 단지 말씀을 가르치고, 선포하는 자들로서, 시민 정부의 지도자들로부터 위임받은 권한을 제외하곤 그들에게는 다스릴 권한이나 능력이 없다고 주장한다.

(10) 교회의 직원

교회의 직원들은 교단과 교회에 따라 다를 수 있다. 그러나 일반적으로 교회의 직원은 두 유형으로 나눈다. 비상 직원과 통상 직원이다.

A. 특수(비상) 직원(Extraordinary Officers)

아주 쉽게 교회에서 풀타임으로 일을 하고, 사례비를 받는 직원들이다. 비상 직원 대신 문맥상으로 필수 직원으로 대신하는 것이 더 적절해 보인 이름이다. 교회론이 정립되기 전, 초대교회에서 의미한 비상 직원이란 사도, 선지자, 전도자 등을 의미했다.

A) 사도

지금은 교회에서 완전히 사라진 직책이다. 대신 목사라는 호칭으로 대치되었다. 본래 사도라는 명칭은 예수님이 선택하신 열두 제자들과 바울에게만 적용된 용어였다. 그러나 속 사도시대까지는 바울의 사역을 돕고 사도적 은사들과 은혜를 받은 일부 사도적 인물들에게 적용되었다. (행 14:4, 14: 고전(;5,6, 갈1:9)

그러나 사도의 자격, 그러니까 사도로 칭함을 받으려면 사도직에 요구되는 조건에 충족되어야 하는데, 그 조건들은 다음과 같다. 첫째, 예수님께 직접 사도로 부르심(사명)을 받아야 한다. 둘째, 그리스도의 삶과 죽음, 그리고 부활을 직접 목격한 증인이어야 한다. 셋째, 그의 모든 가르침이 성령에 의해 영감 된 것임이 (순간적, 감정적, 충동적이 아닌) 현상적인 열매를 통해 드러나야 한다. 이것이 사도의 본질이다. 그런데, 그 사도 가운데 가룟 유다가 있었음을 기억해 둘 필요가 있다. 참고로, 지금 시대에는 "사도"란 있을 수가 없다. 제사장이 없는 것과 같다.

대신 목사가 사도직을 대신하고 있다.

B) 선지자

신약 성경에도 선지자에 관하여 말하고 있다.(행11;28, 13: 1, 2, 15: 32, 고전 12:10) 선지자 역시 하나님으로부터 직접 부름을 받고, 하나님의 메시지를 세상인 특정 대상들에게 전하는 사람을 일컫는다. 신학자들은 인간의 구원에 필요한 모든 메시지가 그리스도를 통해 모두 주어졌(성경)으므로 더 이상 선지자가 필요하지 않는 시대라고 주장한다. 주님께서 남겨주신 진리를 성령께서 때와 대상에 따라, 그리고 필요에 따라 알려주시고, 깨우쳐 주셨는데, 그 일을 중점적으로 하는 사람들이 목사다. 목사라는 직책에 선지자의 의무가 연합되었다고 이해하면 된다.

C) 전도자

사도와 선지자 외에도 사도행전에는 전도자들이 언급되어 있다. 여기에 언급된 전도자란 그리스도의 진리를 전하는 자들을 말한다. 일반적으로 지금은 전도사로 대칭된 직분이다. 그러나 한국도 기독교가 막 들어와 정착기에 들었을 때는 전도사도 부족한 시절, 정식 신학교를 못 다닌 신앙 좋은 사람들을 전도자란 이름으로 시골교회 같은 곳을 돌보게 했다.

D) 목사, 강도사, 전도사

교단에 따라 목사는 담임목사, 은퇴 목사, 부목사(교육, 심방, 행정 목사 등등 포함) 강도사, 전도사가 있다. 여기에 강도사는 목사 고시를 합격하고 목사 밑에서 목사 훈련을 받는 사람들을 일컫는다.

B. 통상 직원

아주 쉽게 통상 직원이란 교회에서 사례금을 받지 않는 직원들을 의미한다. 장로 또는 감독, 권사, 안수 집사 서리 집사, 교사, 성가대 직원 등등이다.

A) 장로

교단을 막론하고 장로 또는 감독은 가장 중요한 직분이다, 교단에 따라 약간씩 차이가 날 수 있지만 장로는 실질적으로 교회의 운영자다. 초대교회 시대에는 감독이라는 표현을 썼다. 장로의 자격에 대해서는 바울 서신에 잘 나와 있다. 교회를 지키는 자, 운영하는 자다.

장로교회에서는 장로를 두 종류로 나눈다. 설교 장로와 교회 운영 장로다 설교 장로는 목사를 가리킨다. 그러나 일부 교회에서는 설교 장로가 교회 운영까지 다 해버린다. 성경에서 정해놓은 교회 운영 장로의 역활을 설교 장로가 빼앗아 버린 것이다. 자기들의 직분을 빼앗기고도 주일날 대중 기도 한번 시켜준 것만으로 만족해야 한다.

B) 교사

초대교회에는 교사는 가르치는 사람들을 일컬었다. 그러나 요즈음은 주일 학교를 비롯하여 중고등부 대학부 학생들을 가르치는 사람들을 교사라 칭한다. 교회에 따라 다르긴 하겠지만 교사는 월급을 받지 않는 직책이다.

C) 권사

여성이 장로가 될 수 없는 교단에서 남자라면 장로 자격이 충분히 나이가 든 여자 성도들을 투표로 선출하여 목사가 결정한다. 그러나 장로처럼 위임 안수는 하지 않는다. 그러나 교단에 따라서는 장로 다음 서열로 남자도 권사가 될 수 있다. 그리고 권사가 장로 역할을 하는 교단도 있다.

D) 집사(안수집사 서리 집사)

교단에 따라 다를 수 있지만 집사는 두 종류가 있다. 안수 집사와 서리 집사다. 성경에 개념화되어 있는 집사의 사역은 자선이다. 요즈음 몇몇 교회에서 형식적으로 하는 자선 외에는 교회에서 사라져 버린 교회의 요소가 됐지만, 교회는 규모에 상관 없이 자선을 해야 하고, 그 일은 집사가 맡아야 한다.

E) 기타 성가대 직원과 피아노 반주

교회의 규모에 따라 다르겠지만 교회의 성가대 지휘자나 반주자, 모두 통상 직원에 해당 한다. 반주자나 성가대 대원 그리고 성가대 지휘자가 연주비를 받는 일은 없었다. 실제, 우리나라 초대교회 시절에는 그랬다. 모두 하나님께 받은 재능이기에 하나님의 영광을 위해 드려야 한다고 생각했다.

그렇다면 여기서 질문이 생길 수 있다. 목사나 전도사는 왜 월급을 받는가?

본래, 목사나 전도사 아니면 교회 다른 직원들이 받는 돈은 월급 concept이 아니라, 생활비의 concept이었다. 이분들은 자신의 일생을 하나님께 송두리째 산 제사로 드려버린 분들이어서 교회가 이분들의 생활을 책임지는 것은 당연하기 때문이다. 그러나 장로나, 교사나, 성가대 지휘자나, 대원들은 교회 밖에서 생계를 위한 자신들의 직장을 가질 수 있고, 가져야 하기에 교회에 부담을 줘서는 안 된다.

(A) 통상 직원의 소명

통상 직원의 이 소명은 이중적이다. 교회론 학자들은 그것을 내적 소명과 외적 소명이라고 말한다.

첫째, 내적 소명이 있어야 한다. 교회의 직분은 하나님이 주신 통상적이고, 특별한 섭리로 이루어진다. 여기에는 3가지 요소들이 요구된다. 하나님에 대한 사랑, 그리고 하나님을 위해서 하나님 나라의 특별한 과제를 담당하도록 강권함을 받고 있다는 자의식이다. 이런 의식이 없으면 대가를 원하게 된다. 그래서 자신이 주관적으로나, 객관적으로, 어느 정도 지적으로, 영적으로, 직분을 맡기에 합당한 자질을 갖추었다는 확신이 있어야 한다. 하나님의 분명한 목적에 이르는 길을 준비하고 계신다는 체험이 있어야 한다.

둘째는 외적 소명이 있어야 한다. 교회라는 매개체를 통하여 오는 소명이다. 이 소명은 지교회에 의해서 이루어진다. 교회가 꼭 필요로 해야 한다는 의미다.

C. 직원의 취임

직권의 취임에 대해서는 두 가지 의식이 있다. 그 하나는 임직식이

다. 임직 후보자가 부르심을 받고, 시위(허가)를 받은 후에 이루어진
다. 이 의식은 노회가 행한다. 다음은 안수식이다. 임직 식에 보통 안
수가 뒤따르는 것이 상례이다. 사도 시대에는 양자가 병행했다.

(11) 교회의 회의

교회의 회의도 교단에 따라 다르다. 일반적으로 개혁교회는 상향
식, 하향식 구조를 가진 교회의 회의 체계로 구성되어 있다. 이 회의
들은 공동의회, 제직회, 당회, 노회, 대회 그리고 총회이다. 제직회는
집사들과 목사로 구성되어 있다. 당회는 목사와 장로들로 구성된다.
노회는 일정한 지역에 있는 각 지 교회에서 파송한 한 명의 목사와 한
명의 장로로 구성된다. 대회는 각 노회에서 파송한 같은 수의 목사와
장로들로 구성된다. 총회는 각 노회에서 파송된 목사들과 장로들의
대표로 구성된다. 일반적으로 그들을 총대라고 부른다.

(12) 은혜의 수단(방편Means)으로서 교회

하나님께서 교회를 통해 은혜를 부어 주신다는 컨셉이다. 신학자
들은 교회는 그리스도의 은혜가 내리는 방편이라고 주장한다. 그러
나 우리는 여기서 한 발짝 물러서서 생각해 봐야 할 것이 있다. 넓은
의미에서 하나님께서 인간에게 비를 내리실 때 방편을 사용하시냐는
것이다. 은혜도 이와 같지 않겠느냐는 것이다. 하나님은 만물을 은혜
보내는 송유관처럼 사용하실 수 있다. 언제, 어디서나, 필요하다고 판
단되면 필요한 은혜를 내리시는 분이 하나님이시다. 때로는 감옥이
은혜의 방편이 될 수 있고, 때로는 질병이 은혜의 방편이 될 수가 있
다. 때로는 사나운 이웃이 은혜의 방편이 될 수 있다.

유대인들이 예루살렘 교회를 축복의 방편으로 간주했던 것처럼 교회의 개념을 유형 교회에 맞춰, 만들어 낸 견해 같다. 그런데, 불행하게도 요즈음은 예배다운 예배를 찾을 수 없는 교회가 수두룩하다. 일반적으로 교회는 예배를 통해 하나님께 자신의 마음을 표현하고, 하나님의 메시지를 받는 곳이다. 그 메시지로 자신을 들여다보고, 고치고, 청소한다. 적어도 그런 차원에서 은혜의 방편이어야 할 것 같다.

A. 은혜의 방편의 개념

신학자들은 은혜의 방편이라는 개념은 성경에는 없다고 말한다. 아마도 하나님께서 교회(예배)를 통해 자기 백성들에게 은혜를 베푸신다는 의미로 쓰였을 것이다. 그러니까 교회가 하나님의 은혜를 주시는 송유관(수단)이라는 뜻이다. 그래서 신학자들은 교회가 중요한 은혜의 방편이라고 말한다. 성령을 통하여 영감을 주시고, 빛을 밝히시고, 그리고 또 주님께서 이 방편을 이용하여 택한 자들을 모으시고, 의로 교육하시고, 책망하시며 자신의 영적인 몸을 세우신다는 것이다.

B. 은혜의 방편으로서 하나님의 말씀.

하나님의 말씀은 절대적인 은혜의 송유관(방편)이다. 몇몇 음모론자들은 로마 가톨릭은 하나님의 말씀을 은혜의 방편으로 인정하지 않는다고 하나 이는 사실과 다르다. 가톨릭뿐 아니라 정교회까지도 하나님의 말씀이야말로 은혜의 방편 중의 방편이며 더 나아가 은혜 그 자체라고 말하기도 한다. 그들은 교회도 죄인을 위한 크고 충족한 은혜의 통로라고 주장한다. 모든 방편은 교회에 종속된다고 보기도 한

평신도, 신학생, 목회자를 위한 신학 총정리 핸드북

다. 또한 그들은 하나님께서 교회의 재량에 맡긴 두 가지의 중요하고 강력한 방편은 기도와 성례라고 주장한다. 개신교에서는 처음부터 하나님의 말씀을 은혜의 방편으로 생각했다. 그리고 하나님 말씀의 구성요소 가운데서 율법과 복음을 구분했다. 그러면서도 구약에도 율법과 복음이 있고, 신약에도 율법과 복음이 있다고 봤다.

C. 은혜의 방편으로서의 복음

불편한 진실이지만, 많은 사람이 복음에 대한 확실한 개념을 가지지 못하고 있다. 복음이 무엇이냐는 질문 앞에서 아주 간단명료하게 대답할 사람이 몇이나 될까?

진리에 대해서도 그렇다. 바로 그것 때문에 우리는 날마다 그리스도의 진리를 들으면서도 그 진리를 벗어나 다른 길을 걸어가고 있다.

A) 복음(Good News)이란 무엇인가?

복음서엔 "복음, 즉 기쁜 소식"이라는 말이 등장한다. "Good News"라는 용어는 철학사를 통해서도, 종교사를 통해서도 세상에 등장한 적이 없다. 천사들이 목동들에게 예수님의 탄생을 알릴 때 처음 사용한 용어다.

천사들이 "복음"이라며 알려준 복음의 "본질"은 평화의 왕으로 오신 예수의 탄생이었다. 예수님이 기쁜 소식이었다.

다음으로 세례요한과 예수님도 기쁜 소식이라는 말을 사용했다. 세례요한과 예수님이 전한 복음의 "본질"은 천국이 가까이 왔다는 것이었다.

주해 적으로 풀면 천국은 예수님을 상징한다. 예수님이 전한 복음

(기쁜 소식)의 본질은 사랑이다. 그것을 속성으로 처리하면 첫째 하나님이 사랑의 하나님이라는 것이고, 둘째, 그 사랑의 하나님이 우리를 사랑하고 있다는 것이고, 셋째, 우리가 바로 그 하나님의 잃어버린 자녀라는 것이고, 넷째, 그 하나님이 우리를 애타게 찾고 있다는 것이다.

기쁜 소식의 본질은 그때까지 철학적으로도, 신학적으로도, 개념화되지 않았던 이슈였다. 지금도 많은 사람은 기쁜 소식을 인류에 대한 구원의 소식 정도로 이해하고 있다. 그러나 복음은 그 이상이다. 주님의 본질이 철학적으로 복음이기 때문이다.

당시 시대는 소망이 없는 시대였다. 그 어디도 빛이 보이지 않은 어둠뿐이었다. 어둠에 대해서는 요한복음에 자세한 기록이 있다. 사람들을 옥죄고 있는 사회 제도와 인간과 인간 사이에 쳐진 계급(카스트)의 장벽, 그리고 거기에 맞물린 가난은 끝이 없어 보였고, 실제 그들에게는 그 생의 굴레를 벗어날 길이 없었다. 이런 어둠 속에 태어난 예수가 기쁜 소식이라면, 기쁜 소식이란 용어 속에서 어떤 의미를 추론해 낼 수 있을까?

평화다. 평화는 근심 걱정이 없는 상태다. 그 안에는 더 많은 속성이 들어 있다. 평화의 반대는 불화고 불화의 속성은 "고"다.

천사는 예수 탄생이 온 땅의 기쁜 소식이라고 선언하며 평화의 노래를 불렀다. 기쁜 소식인 예수는 인간 세상에 오셔서 비참한 상태에 처한 인간이 "하나님이 사랑의 하나님이라는 사실을 알려줬다. 자신들이 알고 있는 " 분노, 오기, 복수, 보복의 하나님이 아니고, 사랑의 하나님이라고 알려준 것이다. 하나님에 대한 공포에서 해방 시켜준 것이다. 다음으로 예수님은 우리가 그 "하나님의 자녀"라는 사실을 알려 주셨다.

인간의 정체성과 직결된 아주아주 중요한 정보였다. "너는 구구인가? 나는 누구인가? 라는 질문 앞에서 나는 하나님의 자녀다"라고 답할 수 있다면, 나의 위상은 어떻게 되겠는가?

인간이 우연히 있게 된 흙덩어리가 아니고, 하나님이 낳은 하나님의 자녀라는 것은 인간의 정체성을 찾아주기에 충분했다. 적어도 인간이 만물의 영장이라는 사실을 확신시켜 준 소식이었다. 이는 철학과 종교를 초월하여 온 세상이 깜짝 놀랄만한 기쁜 소식 중의 기쁜 소식이었다.

더더구나 그 하나님이 지금도 우리를 찾고 있고, 기다리고 있다는 것이었다. 그리고 그 하나님께 갈 수 있는 길이 바로 자신이라고 알려줬다. 이보다 더 큰 기쁜 소식, 복음이 있겠는가?

하나님과 인간의 차이는 어마무시 하다. 인간이 하나님의 자녀라는 사실은 고대 철학에서도 그리고 고대 종교에서도 상상도 하지 못했던 정보였다.

자신들만이 마치 하나님의 자녀인 것처럼 족보까지 만들어 거들먹거리며 사람들을 지배하는 도구로 사용하던 산헤드린. 더더구나 그들은 하나님을 향해 벌벌 떨어야 할 만큼 무서운 존재로 포장하여 사람들을 겁주고, 협박하고, 백성들을 갈취해 먹고 살고 있었다. 그런데 주님이 주신 정보는 전혀 다른 차원의 아버지와 자녀의 관계였다.

주님이 알려준 기쁜 소식은 철학에도, 종교에도 존재하지 않은 정보였다. 타락하고, 더러워져, 스스로 하나님과의 관계를 단절한 인간, 그 인간을 아직도 사랑하고 있다니. 우주 만물을 창조한 거룩한 신 중의 신이, 우리 개인 개인을 일일이 사랑하고 있다는 사실은 그동안 한

번도 들어본 적도, 주장된 적도 없는 정보였다. 이 역시 온 세상이 충격을 받을 만한 기쁜 소식이었다.

버러지처럼, 노예로, 아니면 노예처럼 미움과 멸시와 천대 속에서 살고 있는 인간이 하나님의 사랑의 대상이라고 알려줬으니 이 얼마나 감격적이었겠는가? 거기다 주님은 하나님의 자녀로서의 삶의 지침(명)까지 주셨으니, 고대부터 전해진 인간에 대한 숙제가 모두 풀렸다고 할 수 있다. 바로 이것이 당시의 기쁜 소식이요 복음이었다.

인간은 과연 무엇인지? 인간은 왜 살아야 하는지? 인간은 어떻게 살아야 하는지?

이 모든 명제는 고대 철학에서부터 전승된 숙제였다. 몇몇 현자들에 의해 희미하게나마 그 해답이 나오긴 했지만, 그것들은 충분한 해답이 될 수 없었다. 그런데 예수 그리스도가 그 모든 난제 들을 해결해 버렸다.

정리하면 첫째, 예수가 Good News고, 둘째, 그분이 가져온 메시지(우리가 하나님의 자녀라는 것)가 Good News고, 셋째, 그분이 이루어 주신 구원이 Good News였다.

(14) 율법과 복음의 차이

한 이발사가 당나귀 귀를 가진 임금님의 이발사로 불려 갔다. 그리하여 임금님의 귀가 당나귀 귀라는 사실을 알게 되었다. 그러나 이발사는 그 사실을 아무에게도 발설할 수가 없었다. 발설하는 날에는 죽어야 했기 때문이었다. 국민 학교 교과서에 나왔던 동화다.

신학자들과 주장은 잠시 접고, 실질적으로 말하면, 율법과 복음의 차이는 하늘과 땅처럼 다르다. 율법의 핵심은 동해 보복법이다. "이는 이로 눈은 눈으로다.” “원수의 목전에서 내게 상을 베푸시고 기름으로 내 머리에 바르셨으니 내 잔이 넘치나이다” 다윗의 기도가 그 예다.

복음은 예수다. 그분은 진리다. 그분이 드러낸 진리를 요약하면, 원수를 사랑하고, 왼 뺨을 때리면 오른뺨을 내밀고 겉옷을 뺏으려고 송사하면 속옷까지 벗어주라는 것이다. 더 있다. “저주하는 자를 축복하고, 괴롭히는 자를 위하여 기도하고, 악하게 구는 자를 선대하고” 이것이 율법과 복음의 차이다. 하늘과 땅보다 더 차이가 난다.

율법은 육체의 정욕을 드러내게 하고, 복음은 영의 본성을 드러내게 한다. 목적이 다르다. 율법은 땅에서 살다 땅에서 끝나는 진리고, 복음은 천국으로 인도하는 천국 진리다. 율법의 끝은 죽음과 멸망이고, 복음의 끝은 영생이다. 율법을 살면 지옥을 가고, 복음을 살면 천국에 간다.

율법을 넘어 복음으로 들어오는 방법은 중생이다. 중생은 회개를 통해 이루어진다. 주님이 율법을 상징하는 니고데모에게 직접 해주신 말씀이다.

구약은 구약이고, 복음은 복음이다. 구약이 성경인 것은 그 책 속에 복음의 실체인 그리스도가 예언되어 있기 때문이다. 그러나 율법과 복음의 차이를 두고 구약학을 전공한 학자들은 별 차이가 없다고 말한다. 더하여 그들은 구약에도 복음이 없다고 말하는 것은 비성경적이라고까지 말한다. 후손의 약속에, 의식법에, 선지자들의 선포에, 복음이 있었다는 것이다. 그들은 구약 전체에 복음의 물결이 면면히 흘러나오다가 메시야 예언에 이르러서 정점에 도달한다고 주장한다.

결국 그들의 주장은 구약에 예수(복음)가 예언되어 있었다는 것이 아닌가? 그러나 그것은 예언이지 율법(삶의 지침)이 아니지 않는가?

구약만 파지 말고 복음서를 파보면 더 충격적인 사실들도 발견할 수 있을 것이다.

어떤 의미에서 그리스도인은 율법으로부터 자유 해야 한다. 성경은 율법을 항상 같은 의미로 사용하지 않는다. 때때로 율법을 상징적으로, 비유적으로 사용했다.

그러나 일부 구약학자들은 행위 언약에서 영생을 성취하는 조건이었다고 해석한다. 그러나 태초의 행위 언약이 맺어질 때는 영생은 이미 주어져 있는 상태였음을 전재로 해야 한다. 인간은 그 조건은 실패했고, 그 결과로, 율법을 (언약의 조건)을 충족시킬 수 있는 능력을 상실했을 뿐만 아니라 지금은 본질상 저주의 선언 아래 있게 된다고 그들은 주장한다.

그가 뭐래도 복음과 율법은 다르다. 물과 기름처럼 다르다. 주님도 너무나 확실하게 율법을 헌 옷에 비유했고, 복음을 새 생배 조각에 비유했다. 헌 포도주 자루와 새 포도주로 비유했다. 결코 율법과 복음은 하나가 될 수도, 조화될 수도 없다는 것을 분명히 하셨다.

(15) 율법과 성령과의 관계

복음과 같은 것도 같고, 틀린 것도 같은 율법과 성령에 대해 신학자들이 설명해 놓은 설명은 다음과 같다.

A. 율법주의의 입장

인간은 성령의 사역을 다 헤아릴 수가 없다. 따라서 성령의 사역을 신학을 포함한 어떤 한계 속에 가둘 수도 없다. 성령의 사역은 무한하고 신비하다.

평신도, 신학생, 목회자를 위한 신학 총정리 핸드북

신학은 율법주의가 유대주의 펠라기우스주의, 반 펠라기우스주의, 알미니우스주의에 의해, 신율법주의와 합리주의 형태로 나타난 사상이라고 말한다. 그들은 말씀을 통한 성령의 초자연적인 역사를 믿지 않는다. 율법은 인간의 죄를 상기시킴으로써, 회개를 일깨우고, 따라서 복음은 구원의 믿음을 일깨운다고 봤다. 그러나 가슴을 조금만 펴고 생각해 보자. 율법은 절대로 회개를 일으키지 못한다. 오직 성령의 힘만이 회개를 일으킨다.

회개는 율법의 축인 동해 보복법을 버리는 것일 뿐만 아니라 거기서 발출된 삶의 기술과 연장들을 확 버리는 것인데, 어찌 율법이 회개를 일으킬 수 있겠는가? 그렇다고 율법을 폐기해야 한다는 것은 결코 아니다. 율법도 우리에게 필요하다고 판단해 하나님이 경전으로 사용하라고 주셨기 때문이다. 하나님이 주신 것은 소중하지 않은 것이 없다.

B. 율법 폐기론자

반면에 율법 폐기론은 외적인 말씀의 필요성을 전면적으로 거부하면서, 내적인 말씀 또는 내적인 조명으로부터 혹은 성령의 직접적인 역사로부터 모든 것이 나오기를 기대하는 신비주의의 입장이다.

그리스도인은 율법을 미워할 필요도 좋아할 필요다. 그리스도의 진리는 율법 위에 있는 상위의 천국 진리이기 때문이다. 그리스도의 진리를 살면, 자연히 율법 위에서 살게 되므로 율법에 가치를 둘 필요도 없게 된다. 필요할 때 참고하고, 사용하고 필요 없을 땐 잊고 있어도 된다. 구원의 진리는 율법에 있지 않기 때문이다. 이는 바울의 당부다. 그리스도의 진리가 오묘하고 신비함은 바로 이런 것 때문이다. "나의 멍에는 쉽고 가벼우니."

C. 개혁자들의 입장

종교 개혁자들은 이와 같은 두 견해에 반대하면서 성령도 통상적으로 말씀과 분리하여 역사하지 않기 때문에 구속 사역에서 말씀은 성령과 함께 역사한다고 말한다. 루터파는 처음부터 성령이 방편으로서 말씀을 통하여 역사한다고 주장한다. 반면, 개혁파는 말씀과 함께 역사한다고 말한다. 여기서 말씀은 신구약 전체를 의미한다. 그럼, 여기서 율법이 어떤 용도로 사용되는지 신학자들이 정리해 놓은 설명을 들어보자.

(16) 율법의 삼 중적 용도.

신학자들은 율법의 효율성을 강조하기 위해 율법이 삼 중적 용도를 가졌다고 주장한다. 그들이 말한 율법의 삼 중적 용도란 아래와 같다.

A 정치적 혹은 세속적 용도

율법은 죄를 억제하고 의를 증진시키는 일을 돕는다. 율법은 적어도 세상에서의 하나님의 보통 은혜의 목적을 돕는다.

B. 몽학선생(Guardian)으로서의 용도

율법은 인간에게 죄에 대한 확신을 심어줌으로써 자신이 율법을 시행할 능력이 없음을 깨닫게 해주는 데 목적이 있다.

C. 규범으로서의 율법

율법은 신자들의 삶의 규범으로서 신자들에게 의무를 확신시켜 주고 생명과 구원의 길로 인도한다. 과연 그럴까? 구원의 길, 생명의 길로 인도하는 분은 오직 성령이시지 않을까?

D. 루터파 견해

루터파는 교회에서도 성례에서도 은혜의 방편을 말씀으로 옮겨갔다. 가장 강력한 방편으로 말씀을 강조 했다

E. 루터파와의 차이

루터파와 개혁파 무 두 양쪽 다 받아들이고 있으나 루터파에서는 두 번째 용도를 강조한다. 개혁파는 율법의 두 번째 용도를 충분히 인정하면 율법을 통하여 죄 인식이 온다고 말한다. 동시에 율법이 구속의 필요를 인식하게 한다고 말한다.

F. 로마 가톨릭교회의 견해

교회를 성골과 성상들도 은혜의 방편으로 간주했으나, 특별히 교회에서 이루어지는 말씀과 성례를 은혜의 방편으로 생각했다. 그런 관점에서, 반대로 생각했을 때 예배가 부정을 타고, 성례가 세속의 문화에 부정을 탄다면, 오히려 교회는 하나님의 노여움과 형벌을 끌어들이는 장소가 된다는 해석도 나온다.

G. 신비주의자들의 견해

신비주의와 재세례파는 사실상 하나님이 자신의 은혜를 주실 때 특정 방편을 사용하신다는 것을 부인 했다

H. 개혁파의 견해

개혁교회는 원래 종교개혁의 원리를 유지 했다. 하나님만이 유일한 구원의 원인이다. 하나님은 자신의 은혜로운 목적을 달성하기 위하여 자유롭게 방편들을 사용하신다. 교회도 그리고 교회 밖의 것도 은혜의 방편으로 사용하신다는 견해다.

조금 더 구체적으로 들어가면 개혁파의 은혜 방편 교리의 특징은 첫째, 하나님의 특별 은혜는 오직 은혜의 방편이 작용하는 영역서만 역사하신다. 둘째, 새 생명을 심는 일에 있어서는 하나님은 이 방편을 사용하지 않고도 직접 작용한다. 셋째 하나님의 은혜는 대개 간접적으로 역사하지만, 이 은혜는 신(Divine)적 기탁물로서의 방편들에 본래부터 있는 것이 아니라 이 방편들의 사용과 함께 임하는 것이다. 넷째 하나님의 말씀은 결코 성례와 분리되어서는 안 되며 동반되어야 한다. 다섯째 하나님의 은혜를 받은 자가 획득한 모든 지식은 말씀이라는 방편을 통하여 그 사람 안에서 역사하며 말씀에서 비롯된다.

8) 구원론

조직신학에서 구원론은 꽃과 같다. 가장 중요한 핵심 교리가 구원론이다. 구원에는 여러 가지가 있다. 흔히 말하는 영혼 구원, 육체 구원, 정신 구원, 등등. 신학에서 다루는 구원론은 영혼 구원에 초점이 맞춰져 있다.

정통 신학에서는 구원은 하나님의 전적 주권에 속한다고 믿는다. 구원에 대한 고유 권한이 하나님께 속했다는 의미다. 신학뿐 아니라 모두는 하나님은 인간의 이성으로 알 수도, 이해할 수도 없을 만큼 광대무변하다고 믿는다. 그분의 하시는 일을 인간이 다 알 수도, 헤아릴 수도 없다는 뜻이다. 그럼에도 불구하고 인간에 대한 하나님의 구원 사역을 마치 수학 공식처럼 순서를 정해놓고, 그것이 절대적인 것처럼 빗장을 채워 가르치고 있는 것이 신학적 아이러니이다.

특히 루이스 벨 코프의 조직신학을 교과서로 삼고 있는 신학교에서는 구원의 서정, 혹은 순서(여정)를 절대적인 것처럼 가르친다. 물론 그것들이 전부 틀렸다는 것은 아니다. 그러나 군대 훈련소 훈련 절차처럼, 구원의 과정이 모든 사람에게 일괄적으로 같이 적용되는 절차라고 하는 것은 성경적이지도 않고, 합리성도 떨어 질뿐 아니라 신학생들의 장래를 망칠 수도 있다.

어떤 왕이 혼인 잔치를 열어놓고 초대된 사람들을 부르러 보냈을 때, 그들이 잔치 참여를 거부하자, 다른 데서 사람을 데려다가 잔치의 빈자리를 채웠다는 비유가 있다. 양과 염소의 비유도 있다.

예수님과 함께 사형선고를 받고 십자가에 매달려 죽어가던 강도는 한순간의 고백으로 구원을 이루었다. 구원의 순서 절차를 거치지 않았다. 탕자의 비유도, 혼인 잔치 비유도 이를 뒤 받침 한다. 구원은 인간이 신학으로 묶을 수 있는 성질의 것이 아니다.

(1) 은혜(은총)

쉬운 접근을 위해 독사 물려 죽어가던 말을 한 번 더 생각해 보자. 주인이 돈을 들여 수의사를 불러 말을 살린 것은 순수한 말 주인이 말에게 베푸는 자비요, 은혜였다. 아마 아니라고 할 사람은 없을 것이다. 독으로 죽어가던 말이 요청한 것도, 아니고 어떤 의무나 빚이 있어서 그런 것도 아니고, 말을 살려주면 말한테 무슨 대가를 받을 수 있어서 그런 것도 아니었다. 오직 불쌍함 때문이었다.

은혜란 무엇인가? 은총이란 문자 그대로 ’아무런 대가 없이 거저 주다' 이다. 은혜라는 뜻의 영어 단어 'grace'는 흔히 그리스어 'charis'를 번역한 것인데, 이것은 신약 성경에 약 150번 나오고 이중 2/3 정도가 바울이 사용했다고 신학자들은 말한다. 신학자들은 이 용어가 때로는 다른 방식으로 번역되었을 지라도 신약 성경과 그 이후의 신학에서 사용된 기본적인 뜻은 디도에게 보낸 편지 2장 11절에 내포되어 있다고 말한다.

앞에서 언급했던 것처럼, 사전적 의미의 은총이란 순수한 호의와 자비로써 거저 베풀어진 혜택을 뜻하며, 이것을 신앙에 적용하여 영적인 은혜로 해석한다.

교단에 따라 사용하는 용어가 약간씩 다르긴 하지만, 일반적으로 기독교에서는 하나님의 은혜, 혹은 하나님의 은총을 두 가지로 나눈다. 일반은총과 특별은총이다. 칼빈은 일반이란 용어 대신 보통이라는 단어를 사용하여 하나님의 은혜를 보통 은혜와 특별 은혜로 명명했다. 이것을 생명 은총과 도움 은총으로 바꿔서 부르는 이도 있다.

A. 보통(일반) 은총(common grace)

칼빈은 보통 은혜라고 하는 일반 은총(도움 은혜)은 기독교, 비기독교인을 막론하고 모든 사람에게 차별 없이 주시는 하나님의 보살핌과 사랑이라고 말했다. 신학자들은 중생하지 못한 자가 설명할 수 없는 의와 선을 행할 수 있고, 고결한 삶을 살 수가 있는 것은 하나님의 보통 은혜가 있어서라고 말한다. 악인과 선인에게 차별 없이 비가 내리고, 햇빛이 내리는 것도 하나님의 보편 은혜의 한 종류라는 것이다.

그러나 세상에는 모든 사람에게 적용되는 삶의 법칙이 있지만, 적용이 안 되는 법칙도 있다. 대표적인 법칙이 "심는 대로 거두는 법칙"

이다. 인과응보라고도 표현한다. 그 법칙 아래서 모든 인간은 살아간다. 그 법칙도 일반은총으로 해석해야 하는지 정리된 설명이 없다.

그 법칙은 스스로 법을 집행한다. 범법자를 스스로 처벌한다. 그 법칙 아래서 진선미의 삶이 발생하기도 하고, 소멸하기도 한다. 보통 은혜라는 논리가 부비고 들어가 앉아 있을 자리가 없다.

어떤 이들은 허름한 외형적 삶의 모습과는 다르게 남모르게 천국을 살다 천국으로 가기도 하고, 어떤 이들은 독버섯처럼, 잠시, 외부에 드러난 화려한 모습과는 다르게 세상에 해를 끼치면서 남모르는 지옥을 살다 지옥으로 떨어지기도 한다.

물론 그리스도인은 회개하고 중생한 순간, 그 법칙을 벗어나 그리스도의 특별한 은혜의 법안으로 들어간다고 말한다. 그러나 복음서를 자세히 연구해 보면 꼭 그렇지만도 않다. 그리스도의 진리는 성도로 하여금 율법이나 인과응보의 법칙을 훨씬 넘어서서, 그 위에서 살 것을 권하기 때문이다. 그 진리를 따라, 회개와, 용서와, 사랑과, 평화의 삶을 살면 감히 율법도, 인과응보도 건들지 못할 뿐만 아니라, 오히려 '선 업'에 대한 보상이 쏟아질 것이라는 귀 띔도 있다. 그렇다면 이런 상황에서 보편 은혜의 자리는 어디일까?

A) 어거스틴의 견해

어거스틴은 이방인들도 칭송받을 만한 행동을 하고 선을 행할 수 있으나 중생하지 못한 사람들의 이러한 행동들은 하나님에 대한 사랑의 동기나 신앙으로부터 유래된 것이 아니며, 따라서 올바른 목적, 즉 하나님의 영광에도 부합되지 못하기 때문에 죄라고 선언했다. 그러나 어거스틴의 주장은 다음의 성경 기록과 정면으로 부디 친다. "

평신도, 신학생, 목회자를 위한 신학 총정리 핸드북

좋은 나무는 나쁜 열매를 맺을 수 없고 ---열매를 통해 나무는 인정을 받느니라.”

어거스틴 때는 선한 행동과 율법이 구분되지 않은 때였다. 따라서 논쟁의 조연 역할을 했던 행위가 율법을 상징했는지, 아니면 그리스도께서 권고하신 회개와 용서와 사랑과 평화를 상징했는지 결정 내릴 수는 없다.

어거스틴이 알고 있던 선한 행위의 축은 육을 위한, 육에 속한, 그리고 육적인 ’의와 인과, 신‘이었다. 남의 것을 탐하지 않고, 도둑질하지 않고, 거짓말하지 않고, 살인하지 않고, 부모를 공경하고, 등등 모두 육에 속한, 육적인 삶을 위한, 세속적인 법이다.

이런 덕목들은 아무리 잘 지켜도 구원을 받을 수 없다는 것이 바울, 어거스틴을 비롯하여 모든 교회의 입장이었다. 그 모델(샘플)이 바리새인들이다.

예수님이 천국에서 가져오신 덕목은 용서와 사랑이었다. 그리고 그 덕목에서는 반드시 영생의 열매가 맺히고, 사랑의 열매가 맺히고, 평화의 열매가 맺힌다고 했다. 그런데 그 덕목을 수행하려면 누구나 회개를 해야 한다고 했다.

“회개하라!” 바로 육적인 덕목으로 살던 삶의 구습을 버리라는 소리다. 삶의 축을 의와 인과 신에서 그리스도의 사랑으로 바꾸라는 것이고, 본성적으로 육적인 것에서 영적인 것으로 Upgrade 하라는 것이다.

어떤 분들은 회개는 주님의 특별한 은혜 없이는 불가능한 작업이라고 한다. 그러나 주님은 우리에게 불가능한 것들을 하라고 하지는 않았을 것이다.

“용서하라!”. 이 역시 주의 특별한 은혜를 입지 않고는 불가능한 작업이다. 용서의 무게가 만근이 넘어서 혼자 힘으로는 도저히 들을 수가 없다. 집어 던질 수가 없다. 사랑에 이르러서는 더욱 그러하다. 평화도 그렇고, 감사도 그렇다. 모두 성령의 특별한 도우심을 받아야만 행할 수 있는 덕목들이다.

B) 중세 시대의 견해

중세 시대에는 '죄와 은혜'라는 대비가 중심적 위치를 차지한다. 타락의 결과 인간은 초자연적 은사를 상실했지만, 인간의 실제적 본성은 여전히 남아 있거나 극히 일부분만 영향을 받았을 뿐이라는 것이 신학자들의 견해였다.

신학자들은 자연과 초자연적 대비와 관련하여 로마 교회는 도덕적 덕목들과 신앙적 덕목들을 구분했다. 어거스틴은 도덕적 덕목이란 겸손, 순종, 온유, 관용, 절제, 순결, 근면 등으로 규정했다.

그들은 이것들은 인간의 노력과 하나님 은혜로 스스로 획득할 수 있는 덕목들이라고 말한다. 그리고 신학적 덕목들이란 믿음, 소망, 사랑 등, 성화적 은혜에 의해 인간에게 주어지는 덕목들이라고 말한다. 이것들은 하나님의 특별 은총을 받아야만 이룰 수 있다는 입장이다.

C) 종교 개혁자들과 개혁파 신학자들의 입장

칼빈 신학의 뿌리 역할을 한 어거스틴은 인간의 의지는 시민적 의무를 행하고, 이성이 도달할 수 있는 것들을 선택할 수 있는 자유를 가진 의지라고 말한다. 그는 인간의 의지는 하나님의 의를 절대로 이룰 수 있는 능력이 없는 상태라고 했다. 어거스틴의 신학을 승계한 칼빈도 자연인은 스스로는 어떤 선도 행할 수 없다는 어거스틴을 옹호하면서 구원 은혜의 특수성을 강력하게 주장했다.

그는 특별은혜 개념과 병행해서 보통 은혜론을 전개했다. 그러나 어거스틴이 의도한 "시민적 의무", "이성이 도달할 수 있는 것들을 선택할 수 있는 능력"이 무엇인지가 애매모호하다. 더는, 이 말이 그의 주장을 무너뜨릴 수도 있다.

칼뱅은 보통 은혜는 모든 사람에게 공유되는 은혜지만, 인간 본성을 용서하지도, 정화시킬 수도, 그리고 죄인을 구원할 수도 없다며, 보통 은혜의 한계를 설정했다. 그는 보통 은혜는 파괴적인 죄의 세력을 억제하고, 우주의 도덕적 질서를 유지 시키며, 질서 있는 삶을 살아가도록 도와준다고만 했다.

어거스틴과 마찬가지로 칼뱅도 "의지"의 한계만 선언했을 뿐, "스스로는 절대로 행할 수 없다는 선한 행위에 대해서는 설명해 놓지 못했다. 인간이 가진 의지의 능력으로는 할 수 있는 "선한 행위"와 할 수 없는 "선한 행위"를 규명해 놓지 않았다.

따라서 그것은 마치 칸트가 형이상학적 신이나 인간의 정신을 "물자체"로 묶어 그것은 인간이 알 수 없는 것이라고 탐구의 세계에서 쫓아내 버린 것과 같다. 인간이 가진 이성 능력, 즉, 의지의 능력은 칼빈이 생각한 것만큼 나약하지 않다. 그런 증거는 너무나 많다. 인간은 이 세상에서 살아가기에 충분한 이성 능력과 선택 능력과 힘을 가졌다. 복음서 전반에 깔려있다. "할 수 있거든이 무슨 말이냐 믿는 자에게는 능치 못할 것이 없느니라." "누구든지 제 목숨을 구원코자 하면 잃을 것이요 누구든지 나와 복음을 위해 제 목숨을 잃으면 구원하리라."

D) 보통 은혜의 열매

이미 우리가 다룬 보통 은혜 안에 들어 있는 내용이지만 신학자들이 좀 더 구체화 시켜놓은 보통 은혜의 열매는 다음과 같다. 첫째, 하나님은 모든 죄인에게 이미 죽음(사형)을 선고하였으나 그 집행이 유예된다. 둘째, 바울이 지적한 죄를 향한 죄의 욕구(Sinful nature갈 5:19)가 보통 은혜의 역사로 인해 억제될 수 있다. 세 번째로는 보통 은혜로 인해 인간의 진, 선, 미에 대한 분별력이 보존되며 종종 놀랄 정도로 이들의 진가를 드러내며 진리 도덕, 심지어 일정 종교에 대한 열망까지 드러낸다. 네 번째로, 보통 은혜는 소위 시민적, 종교 문제에 있어서 올바른 것과는 구분되는, 세속사 혹은 통상적인 사건에서 의로운 일, 사회적 관점에서 자연적 선행들, 비록 영적인 특성은 결여되어 있지만 하나님의 법과 이면적 조화를 이루는 일들의 "의" 수행을 가능하게 한다. 다섯째는 인간이 현 세상에서 받는 모든 자연적 복들은 보통 은혜에 기인한다.

A. 특별 은혜(총)

특별은총은 구원받은 성도들에게 내리는 은총이다. 그래서 특별은총을 생명 은총이라고도 부른다. 하나님이 잃어버린 자녀들에게 주시는 구원과 직접적인 관련이 있다. 비례적으로, 도움 은총이 우리의 지상 생활과 관련하여 주시는 은총이라고 한다면, 특별은총은 구원과 관련하여 선택된 자에게 주시는 초자연적인 은총이라고 신학자들은 말한다. 보편적인 은혜의 영역이 아니라, 하나님의 특별한 의지와 섭리로 선택받은 사람들에게 내리는 선물이라는 것이다,

회개를 통해 죄를 용서받고, 예수 그리스도의 뜻을 살아가는 삶 전

반에 걸쳐서 부어지는 특별한 은총이라는 것이다. (_ 회개_용서_
사랑 평화 감사_)

하나님의 책망이나 혹독한 채찍도 포함할 수 있다. 그러나 눈을 크
게 떠 보자. 내가 숨을 쉬는 것이 은혜고, 아침을 맞는 것이 은혜고,
밤을 맞을 수 있는 것이 은혜다. 눈을 뜨면 곁에 있는 가족이 은혜다.
나이 들어 주님께로 갈 수 있는 것이 은혜고, 천국에 대한 소망을 품
을 수 있는 것이 은혜다. 하나님의 은총이면 은총이지 무슨 특별은총,
일반은총이 있느냐는 것이다

A) 은총 논쟁

안타깝게도 하나님께서 선물로 주시는 이런 은총을 놓고도 신앙의
선조들은 초대교회 시절부터 논쟁해 왔다. 약간만 마음을 넓히면 이
해되고 포용 될 수 있는 내용이다. 교회사를 다루는 신학자들은 최초
은총론의 논쟁은 도미니코 회와 예수회 학파 간에 있었던 "도움에 관
한 논쟁"에서 시작되었다고 말한다.

한쪽은 하나님의 은총이 아무리 값없이 내려 주는 하나님의 선물
이라고 해도, 그 선물의 수용 여부가 인간에게 달렸다는 견해였고,
다른 쪽은 하나님의 은총은 인간이 거부할 수 있는 성질의 것이 아
니고, 인간의 의지와 상관없이 무조건 관철되는 것이라는 견해였다.

부모가 아기에게 약을 먹이려 할 때, 아기가 입을 꼭 닫고 몸을 비
틀며 거절해도 부모는 손발을 틀어잡고 억지로라도 입을 벌려서 약
을 입속에 집어넣는다는 컨셉이다.

신학자들은 전자를 "충족 은총" 후자를 "효능 은총"이라고 불렀다.
곧이어 영지주의가 등장하여 충족 은혜론을 옹호하며 구원을 위

한 행위, 즉, 극도의 금욕 생활의 필요성을 강조했다. 이에 이레닝스와 오리겐이 성령의 내주와 그리스도의 현존을 강조하면서 맞받아쳤다. 또한 성령의 신성을 공격한 마체 도니우스주의의 대해서는 바질과 니사의 그레고리가 성령이 성화자 이심을 들어 논박했다. 앞에서 언급했던 것처럼, 자유의지의 역할을 강조하면서 펠라기우스가 등장하자 아우구스티누스가 구원에 있어서는 절대적인 하나님의 은총뿐이라는 논리로 맞받아쳤다.

교회는 성도의 '업적'은 구원을 얻기 위한 수단이 아니라 이미 받은 은총을 드러내기 위한 수단이라고 은총의 무상성과 실재성을 강조하기 시작했다. 은총은 항상 하나님의 자비이기 때문이어서였다.

그러나 이들이 말한 업적이 중생 전의 업적을 말하는지, 중생 후의 업적을 일컫는지에 대해서는 정리된 설명이 없다. 십자가의 강도처럼 회개하고 즉시 죽어 천국에 갈 것이 아니라면, 회개 후 이 세상에서 사는 동안 저질러질 죄에 대해서도 설명이 있어야 한다.

루터도 구원에 있어서 인간의 자유의지를 무시했다, 인간은 범죄로 말미암아 그 본성이 완전히 부패 되고, 자유마저 상실되었으므로 하나님의 은총으로만 구원을 받을 수 있고, 그 구원이란 하나님과 새로운 관계일 뿐, 인간의 내면을 변화시키는 것이 아니라고 주장했다.

본래 교회는 원죄나 은총이 인간의 자유를 구속하거나 박탈하지 않는다고 가르쳐 왔다. 그리고 인간이 범한 죄와 관계 없이 구원은 하나님의 은총이 있어야 한다는 점을 강조해 왔다. 펠라기우스 문제를 해결하는 과정에서 트리엔트 공의회는 인간이 하나님의 은총에 협력할 필요성도 있다는 것을 인정했다.

그러나 하나님의 '은총에 협력하는 것'이 무엇을 의미하는지에 대한 설명은 간과 되었다. 하나님이 내미는 구원의 손길에 "우리가 손을 내미는 행위"가 무엇이냐는 것이다. 혹시 그것을 "순종"을 말하는 것인지, 그것에 대해서는 설명이 없다.

예를 들어 보자. 물 위를 걸어오시는 예수님을 향해, 물 위를 걸어 가던 베드로는 갑자기 곁에서 밀려오는 거대한 파도를 보고 겁을 먹고 물속에 가라앉기 시작했다. 그는 즉시 "주여, 구원하소서!"라며 예수님께 구원을 청했다. 그러자 예수님이 손을 내밀었고, 베드로는 그 손을 잡았다.

여기서 베드로의 행동은 두 가지다. 첫째, "주여, 구원하소서!" 둘째, 예수님의 손을 잡은 것이다. 이것을 순종이라고 해야 할까? 협력이라고 해야 할까?

이 두 가지를 어거스틴과 칼빈의 은총론에 적용한다면 이 사건이 적용될 수 있을까?

정통 그리스도교는 하나님과 인간 사이 은총의 관계에서 항상 하나님 편에 있는 것이라고 가르쳐 왔다. 하나님이 은총을 내리면 인간은 무조건 응답해야 하고 아울러 (잔치에 초대받은 사람) 그 관계를 지속시킬 책임이 있다고 했다. 은총과 공로 개념이 상호 배타적이긴 하지만 어거스틴이나 오직 은총에 의해서만 의롭게 된다는 교리를 옹호한 칼뱅 그리고 프로테스탄트 신학자들도 은총의 관계에서 공로에 대한 보상이라는 문제를 피할 수 없게 되었다.

사실, 신약 성경의 일부 구절은 은총을 보상이라는 뜻으로 사용되었다. 은총에 대한 로마 가톨릭 신학은 은총의 선물로 창조된 삶의 타고난 특성(모범적인)을 강조한다. 따라서 "공로(선한 행동)"를 하나님의 법에 복종하는 것으로 해석한다. 고전적인 프로테스탄티즘은 인간의 역할을 은총 개념에 포함 시킨다. 그리고 회심 후, 상호 작용하는 은총에 대해 이야기 한다. 그런다고 그것이 인간이 은총에 복종함으로써 무엇인가를 얻을 수 있다는 것은 아니다. 은총은 선물이고 선물은 그냥 받는 것이다.

B) 은혜론에 대한 반론

(A) 알미니우스주의: 알미니우스주의 자들은 보통 은혜에 만족하지 못한다. 칼뱅의 보통 은혜 교리는 충분히 전개되지 못했다고 생각한다. 때때로 보통 은혜에 관한 개혁주의 신학적 교리가 보편 속죄 교리를 포함하고 있으며, 오히려 알미니우스 진영에 속한다고 주장한다. 이 교리가 하나님께 유기된 죄인들에게도 호의적인 성향을 가지고 계시다는 것을 전제로 한 것이다.

(2) 구원의 서정(순서)

독일어권에서는 구원의 계획, 화란어 권에서는 구원의 수단, 영어권에서는 구원의 방법이란 뜻으로 사용되고 있는 '구원의 순서'란 그리스도 안에서 이루어지는 구원이 죄인의 삶에 주관적으로 실현되는과정을 서술하는 용어다.

문자적으로 설명하면 구원의 순서(Order of Salvation)는 구원에대한 과정(단계)들이다. 어떤 단계는 순간적으로 일어나지만, 어떤 단계는 점진적으로 일어난다. 구원의 서정을 독력주의에서는 객관적으로 오직 하나님에 의해서 행해지는 것으로 보는 반면, 신인 협력설에서는 인간과 신의 협력으로 일어나는 주관적 형태로 본다.

독력주의(monergism)는 구원은 절대적으로 성령을 통한 하나님의 역사에 달려있다는 사상이다. 그 반대가 협력주의다. 개혁교회의 불가항력적 은혜 교리와 밀접한 관련이 있다. 칼빈주의는 독력 주의를 주장하는 반면 알미니우스주의는 개인의 노력과 하나님의 역사가 협력하여 구원을 이룬다는 협력설을 주장한다.

그러나 앞에서도 이미 언급했던 것처럼, 하나님과의 "협력"에 있어서 인간의 역할이 무엇인지? 협력이 율법을 지키는 것에서 출발한다는 것인지? 율법적으로, 혹은 도덕적으로 의로운 삶을 사는 것에서 시작한다는 것인지? 회개하고 그리스도를 구주로 받아들이는 과정에서 무엇까지가 협력에 해당하는 것인지? 그리스도의 명에 순종하여 그리스도의 진리를 사는 것도 협력으로 보는지, 순종은 무엇이고 협력은 무엇인지, 이 점이 모호하다는 것이다. 바로 이런 모호성 때문에 오해가 생기고, 신학적 논쟁과 분쟁이 일어날 수 있다.

A. 소명(calling)

소명이란 "부름 받은" "초정 받은" 이란 뜻이다. 신학에서는 소명에 대해 다음과 같이 설명하고 있다.

A) 소명에 대한 정의

신학자들은 소명이란 그리스도에 의해 이룩된 구원을 수납하도록 사람들을 초청하시는 하나님의 은혜로운 사역(롬 8:30)이라고 해석한다. 신학자들은 이 소명을 두 가지로 나눈다. 외적 소명과 내적 소명이다. 외적 소명의 특징은 일반적이고, 보편적인 소명을 칭하는데, 이 소명은 주의 말씀을 듣는 모든 사람에게 임한다는 논리다.

외적 소명의 특징은 외면적이고, 자연생활에 영향을 준다고 말한다. 반면에 내적 소명은 각 개인에게 적용되는 유효성을 특징으로 가지고 있고, 그것 또한 영원한 불변적 성령의 사역이라고 설명한다. 그리고 그것은 숭고하고, 신성하고, 천계적이라고 설명한다.

신학자들은 외적 소명과 내적 소명의 공통점은 첫째, 그 발령자가 하나님이시라는 것이고, 둘째, 그러나 외서와 내소의 공작자는 성령님이시라는 것이고 셋째, 외소와 내소의 기구는 하나님의 말씀이라는 것이다.

여기서 한가지 유념해야 할 것이 있다. 소명이란 신학자들이 정리해 놓은 방법 밖에서도 얼마든지 일어날 수 있다는 것이다.

예를 들면, 어떤 무당이 산에 있는 신당에 들어가 신력을 위한 기도를 하다가 갑자기 나타난 커다란 십자가를 보고, 신주 단지를 버리고 스스로 교회를 찾아갔고, 목사 사모까지 된 일이 있다. 날마다 책 속에 묻혀 사는 학자들에게는 약간 불편하게 들릴지 모르지만, 성령은 살아있는 신물이고, 영물이다. 성령의 역사는 공식이 없고, 형식이 없다. 정해진 길이 없고, 정해진 방법이 없다. 어제는 사도행전에서 일하셨던 것처럼, 오늘은 전혀 다른 방법으로 일하신다. 구원도 바로 이렇게 이루어진다. 개인 개인의 형편에 따라, 개인, 개인의 성격에 따라, 때론 병상에 누었을 때, 때론 죽어가고 있을 때, 때론 실패로 절망에 떨어졌을 때, 때론 모든 소망을 잃었을 때, 하나님은 부르시고, 찾아오신다.

신학자들은 소명을 내소와 외소로 구분하고 다음과 같이 설명한다. 첫째 외적 소명은 하나님의 말씀을 듣는 모든 사람에게 임하나 내적 소명은 오직 피택 자에게만 임한다. 둘째, 외소는 외면적 사죄와 구원에 관한 약속을 제시하고, 내소는 구원에 이르는 효과를 가진다. 셋째, 외소는 사죄와 구원에 관한 약속을 제시하고 내소는 구원에 이르는 효과를 가진다. 넷째, 성령의 공작에 의하여 외소는 발생하고, 내소에서 유효하게 된다.

B. 중생(conversion)

중생이란 무엇인가? 그동안 이상한 사람들이 나타나 중생이라는 종교 비즈니스를 했던 까닭에 상당수의 개혁교회는 중생이란 단어를 향한 거부감을 가지고 있다. 중생이란 순복음이나, 일부 사이비 교회에서 전용되는 용어쯤으로 생각한다. 그러나 주님은 그 어떤 사람도 중생하지 못하면 절대로 영생할 수 없음을 분명히 했다.

복음서에는 중생을 Rebirth로 표현했다. 영혼의 Rebirth를 의미한다. 영혼의 본질이 이성이니 이성의 Rebirth로도 된다. 여기서 한 가지 주목해야 할 것이 있다. 거기에는 출생 후의 성장이 암시되어 있기 때문이다. 중생이 전부가 아니라는 의미다.

태어나자마자 죽는 아이도 있고, 소년기에 죽는 아이도 있고, 청년 때 죽는 아이도 있다. 그리고 몸 관리, 마음 관리 잘해서 아주 오래 장수하기도 한 사람도 있다. 중생한 사람들도 이와 같을 수 있다. 중생 후 중생한 영혼이 죽을 수도 있고, 병들 수도 있다. 주님이 씨뿌리는 비유를 통해 잘 설명해 주셨다. 그렇다면 중생 후의 성장은 무엇을 의미할까?

그리고 만일 그 성장이 이루어지지 않거나, 어느 단계에서 아예 멈춰버린다면 어떻게 될까?

그런 분들도 하나님의 무조건적인 은혜로 구원받을 수 있을까? 그리고 그들도 하나님의 자녀로 간주해야 할까?

구원받을 수 없다. 그것은 복음서를 비롯하여, 서신서 전반에 널려 있다. 그리고 그것이 하나님의 공의에도 부합하고, 심는 대로 거두는 법칙에도 부합하다. "열매 맺지 않은 가지마다 잘라 불에 태워 버리리라"

바울은 "날마다 새로워지는 자아를 입는 것(put on newself which is being renewed)"을 중생이라고 했다. 그런데, 바울 서신으로 만든 설교는 주일마다 쏟아져 나오는데 왜 사람들에게서는 새로워지는 일이 일어나지 않을까?

불편한 진실이지만, 벌거벗은 임금님을 향해 "벌거벗은 임금님!"이라고 외친 아이의 눈으로 본다면 목사부터 평신도에 이르기까지, 예수님 시절, 독사의 새끼, 거짓 영의 자식, 회칠한 무덤으로 칭함을 받던 바리새인들의 모습과 혼동을 일으키기에 충분하지는 않은지?

왜, 예수님은 독사의 자식, 마귀의 자식이라고 한 바리새인들과 사두개인들은 하나님의 무조건적인 은혜로 구원해 주지 않았을까?

이들이 마귀의 자식들이라 하나님이 은혜가 미칠 수 없었던 것은 아닐까?

왜 이 사람들은 거부조차 불가능한 은혜를 받을 수 없었을까?

모두가 한 가지 간과한 것이 있는 것 같다. 칼뱅주의에 의한 불가항력적인 은혜가 무조건적인 선택안에 들지 않은 자에게는 조건적인 은혜가 될 수 있다는 점이다. 칼뱅의 논리가 칼뱅의 논리에 의해 무너져 버리게 된다.

복음서, 그리고 서신서를 자세히 살펴보면, 주님의 무조건적인 은혜에는 후속 조건이 있음을 알 수 있다. 그것은 세상의 멍에를 벗고,

주의 멍에를 매는 것이다. 중생한 자들은 주의 명을 따라 산다는 암묵적 새 계명 아래 놓이게 된다는 사실이다. 그리고 그 조건을 충족시키지 않으면 씨뿌리는 비유에서처럼, 잘려지고, 버려진다는 것이다. 그래서 바울은 "두렵고 떨림으로 너희 구원을 이루라"라고 조언했다.

날마다 교회를 다니는 사람들, 중생했다고 하면서도, 날마다 새로워지지 않는 사람들, 바울은 그들을 무엇이라고 칭할까?

날마다 새로워지지 않아도 그러니까, 영적으로 성장하지 않아도, 하나님의 은혜로 구원받았다고 선언해 줄까?

견해 차이가 있을 수 있지만, 복음서의 기록을 바꾸지 않는 한 그런 사람은 죽은 사람, 혹은 아버지가 다른 사람, 지옥 자식, 아니면 지옥에 갈 사람들로 선언될 것이다.

윌리엄 퍼킨스는 중생이 "사람 안에 새 생명의 원소를 심고, 영혼의 주관적 성향을 변화시키는 하나님의 행위(요 3:3-5)다."라고 설명한다. 그러나 중생은 예수님의 말씀처럼 회개를 통해 물과 성령으로 다시 태어나는 출생(rebirth)이다. 이것을 재창조로 보는 신학자도 있다.

A) 중생의 성질

사실, 우리가 바로 앞에서 다룬 중생이란 무엇인가라는 주제에 들어있는 내용이다. 그러나 신학자들은 중생의 성징에 대해 다음과 같이 이야기한다. 첫째, 영적 새 "생명의 심어 들임"과 주관적 성향의 변화이다. 근본적 변화로서 전인격에 그 영향이 미친다. 둘째, 홀연 적 변화이다. 즉각적 변화로서 중간 계단이 없다. 셋째, 비밀하고 헤아릴 수 없는 변화이다. 순간적으로 자신이 의식하지 못하고, 변화된 다음에야 의식하게 된다. 중생이란 이렇게 영혼에 일어나는 변화를 중심으로 하고 있다. 즉 겉 사람이 아닌 속사람을 말한다.

인간은 안과 겉으로 이루어졌다. 안이 변하면 겉이 변하고, 겉이 변하면 안이 변한다. 안은 마음을 의미하고, 겉은 행동을 의미한다. 결코 둘을 떼어서 생각할 수가 없다.

B) 중생의 필요성

최초로 중생의 필요성을 강조한 분은 다른 분이 아니라 예수님이다. 야밤에 찾아온 율법 학자 니고데모에게 한 말이다. 그러나 예수님은 그 이유에 대해선 자세하게 설명해 놓지 않았다. 이에 신학자들은 중생의 필요성에 대해 다음과 같이 말한다.

첫째, 인간은 전적으로 부패했기 때문이다. 둘째, 영혼의 전성향(全性向)을 갱신하기 위해서는 근본적인 내적 변화가 필요하기 때문이다. "사람이 거듭나지 아니하면 하나님 나라를 볼 수 없느니라"

그러나 중생에 필요성은 그보다 더 깊은 뜻이 있다. 아리스토텔레스는 인간은 동식물이 가진 본성적 비이성 능력 플러스 이성 능력이 있다고 했다. 그 이성 능력은 땅에서 사는 데 필요한 능력으로 설정되어 있다. 그러나 주님은 공생에 후반기부터는 천국을 살 것을 주문했다. 삶의 방향이 죽음 너머까지 확장된 것이다. 중생이 필요한 이유는 죽음 너머의 삶을 살 수 있는 능력을 덧입어야 해서다. 땅의 삶을 위해 설치된 이성 능력만으로는 죽음 너머의 삶을 위한 삶을 살 수 없기 때문이어서다.

C. 회심(Repent or Regeneration)

철학적으로 분석하면 중생의 본질이 회심이다. 탕자의 비유를 보면 탕자의 회심 장면이 나온다. 자신의 잘못을 뉘우치는 장면이다. 뉘우치려면 먼저 철저한 자각이 있어야 한다. 자각 없는 뉘우침이 없기 때문이다. 다른 용어로 깨달음이다. 죄와 거룩함의 중간 지대에서 서서 죄로 얼룩진 과거를 볼 수 있어야만 가능하다. 성령님의 도우심이 필요한 단계다. 윌리엄 퍼킨스는 회심이 "죄인이 죄에서 떠나 하나님께 돌아가는 의식적인 변화(요일 1:9)"라고 주장한다.

그러나 왜 회개(repent)를 회심이라고 번역했는지는 모른다. 그러나 회개는 단회적이면서, 지속적인 성질을 가졌다는 것을 기억해야 한다.

회개는 죄를 뉘우치고 고백하는 것뿐이 아니라 육의 본성으로 살 때 만든 생의 구습을 벗겨내는 것을 의미한다. 구습은 양파껍질 같다. 한 번으로 다 벗길 수 없다. 회개는 신학자들이 독립적으로 취급한 "돌아서는 행위(Turn from evil thing or past polluted by evil)"까지 포함한다. 따라서 죄를 고백하고, 그 죄를 버리고, 죄로 만든 구습을 벗겨내는 행위, plus 하나님의 의를 향해 돌아서는 행위가 성경이 해석해 놓은 회개다. 요나의 경고를 받자마자 회개에 돌입한 앗수르의 수도 니느웨 사람들이 회개의 샘플이다.

가슴을 치는 회개, 후회, 고백과 돌아섬이 회개의 본질이요, 속성이요, 회개의 구성요소(질료)다.

이 중 하나만 빠져도 회개가 될 수 없다. 그것은 미완성 회개다. 성경의 가르침이 참이라면, 미완성 회개는 구원을 주지 못한다. 구성요소가 미달 되어서다.

A) 특징

신학자들은 회심의 특징에 대해 다음과 같이 설명한다. 첫째, 구원 과정의 한 부분이다. 둘째, 재창조의 동작이다. 셋째, 각성 의식에서 되어진다. 넷째, 단회적 변화이다. 다섯째, 하나님의 초자연적 사역이다.

신학자들은 회심은 사람에 따라 변화되는 차이가 있다고 부언한다. 그 예로 바울, 디모데, 마틴 루터를 예로 든다. 그들은 그 차이를 돌연적 회심과 점진적 회심으로 부른다.

B) 회심의 3대 요소

우리가 앞에서 다룬 개요 부분에서 충분히 설명된 부분이지만, 신학생들을 위해 신학자들이 말한 회심의 3대 요소를 다음과 같이 옮긴다. 첫째, 지성적 요소다. 죄를 죄로 인식하는 것이 중요하다. 둘째, 감정적 요소다. 죄를 슬퍼하는 절절함이 있어야 한다. 셋째, 결의적 요소다. 죄에서 떠나는 방향 전환적 결심과 행동이 뒤따라야 한다.

C) 회심의 조성자

신학자들은 회심의 조성자 즉 회심을 일으키는 분을 첫째 하나님이시고 둘째, 사람은 협력자일 뿐이고 셋째, 회심은 속사람과 관계된 하나님의 사역이라고 말한다. 약간 고쳐서 이야기하면 회심은 성령님의 특별 사역에 속한다는 뜻이다.

D. 신앙(Faith)

신앙이란 다른 말로 '신뢰하다', '의지하다.' 이다. 믿고, '의탁하다'의 의미도 있다. 그러나 '믿다.' 와는 약간 차이가 있다. 믿음이 마음

평신도, 신학생, 목회자를 위한 신학 총정리 핸드북

의 문제라면, 신앙은 행위의 문제다. 신앙은 인간의 순수 삶에 종속되었다. 신학자들이 정의해 놓은 신앙에 대한 정의는 다음과 같다. 신앙이란 죄와 죄의 결과로부터 구원을 얻기 위해 그리스도를 받아들이는 영혼의 운동으로서 하나님의 약속을 성심으로 신뢰함이다.

이에 대해 칼빈은 신앙은 "우리를 향한 하나님의 자비를 확고하고, 확실하게 인식함이다."라고 했고, 루이스 벌코프는 "그리스도 안에 있는 하나님의 약속에 대한 성심적 신뢰"라고 했다. 따라서 신앙은 그리스도께 의지 된 생활이다.

복음서를 보면 첫째, 예수 그리스도를 하나님의 아들로 믿는 것이 신앙이라고 하였고, 두 번째, 그분의 가르침을 하나님의 말씀으로 믿는 것이 신앙이라고 하였다. 주님은 하나님을 향한 신앙을 죽음으로 보여주셨다. 따라서 하나님의 진리를 사는 것이 신앙이다. 가르침대로 사는 것, 이것이 신앙을 완성시키는 에테르다. 그래서 야고보 선생은 행함이 없는 믿음은 죽은 믿음이라고 선언했다.

그러나 예수님은 십일조 생활을 하고 금식하면서 기도 생활을 포함하여 경건한 신앙생활을 아주 잘하고 있는 바리새인들을 의와 인과 신을 버렸다고 지적했다. 의와 신과 인은 정의와 신의와 자비심을 말한다. 그들의 외형적 의로운 행위가 "위의 진리"에 동인 되지 않았다는 뜻이다.

주님은 그들에게 독사의 자식, 천국 문을 가로막은 자들이라고 질책했다. 그렇다면 오늘날, 바리새인들을 모델 삼아 살아가고 있는, 아니, 그들을 꼭 닮은 목회자들, 그리고 그 아래서 그들의 종노릇 하는 사람들에게는 무엇이라고 말씀하실까? 하나님의 무조건적인 은혜로 구원받은 "내 새끼들이여!"라며 천국으로 데려갈까?

A) 신앙의 종류

신학자들은 다음과 같이 신앙을 나눈다. 첫째, 역사적 신앙이다. 이 신앙은 역사적 사실만을 인식한다. 둘째, 임시적 신앙이다. 이는 열매를 맺지 못하는 신앙이다. 셋째, 이적의 신앙이다. 개인의 확신이나 구원을 동반할 수도 있고, 그렇지 않을 수도 있다. 넷째, 진정한 구원적 신앙이다. 하나님의 약속에 대한 절대적 신뢰이다.

E. 칭의(Justification)

칭의란 의롭다고 칭해진다는 말이다. 우리가 마음과 몸을 통해 우리의 믿음이 완성될 때 우리를 의롭게 여겨주신다는 의미일 것이다. 율법 이상의 경지에 이르러야 이루어지는 일이다. 그러나 칭의가 언제 이루어지는 지는 아무도 모른다. 회개하고 주님을 믿는 순간 의롭게 되어 의의 삶을 살기 시작하는지, 아니면, 육체를 벗어난 순간 하나님 앞에서 선언되는 것인지, 복음서에는 그런 것을 추론할 만한 기록이 없다.

A) 칭의의 성질

신학자들은 칭의의 성질에 대해 다음과 같이 설명한다. 첫째, 은혜성이다. 그리스도의 의에 기초한 하나님의 사랑이다. 둘째, 법정 성이다. 하나님의 법정적 결정이다. 셋째, 선언 성이다. 죄인에 대해 의롭다고 선언하심이다. 넷째, 완전 최종성이다. 반복되지 않는 최종 확정이다.

B) 칭의의 구성요소

신학자들은 칭의의 구성 요소에 대해 다음과 같이 설명한다. 첫째,

그리스도의 공로에 의해 과거, 현재, 미래의 모든 죄에 적용되어 모든 죄책과 형벌의 제거를 다 포함한다.(사 43:24, 롬 5:21) 둘째, 하나님의 자녀가 된다.(요 1:12, 롬 8:15) 셋째, 하나님의 후사로서 영생을 기업으로 받는다(롬 8:17, 벧전 1:4)

F. 입양(Adoption)

남의 아들을 양자로 입양하는 것을 영어로 Adoption이라고 한다. 유대교의 영향권에 있는 신학자들은 복음서를 무시하고 유대교적으로 인간의 구원이 영적 유대인에 편입되는 식으로 해석한다. 견해에 따라 다를 수 있지만, 이는 하나님이 유대인만을 창조했거나, 혹은 자신 백성으로 선택했다는 유대주의 논리를 그대로 받아들였을 때 나오는 교리다. 예수님이 가르쳐주신 복음 정신과 다른 교리다. 하나님은 온 인류와 만물의 아버지이시다. 그분으로부터 만물이 시작되었다.

학자마다 견해가 다를 수 있지만, 성도에게 양자 논리를 적용하는 것은 적절치 않다. 유대인의 관점에서, 유대인만을 하나님의 자녀로 선택되었다는 논리를 벗어나면, 전혀 다른 해석이 돌출되기 때문이다.

G. 성화(Sanctification)

죄가 없는 상태를 성화라고 한다. 아마도 성도가 거룩한 상태가 되는 것을 의미할 것이다. 철학적으로 질료가 자신이 지닌 완성태에 이른 상태, 즉 형상과 하나 되는 상태를 말한다. 인간의 형상이 거룩 성과 영원성이라고 했을 때, 바로 그 경지에 도달한 상태를 성화의 상태라고 말할 수 있다.

A) 성화의 필요

철학적으로 성화가 필요한 것은 그것이 진료의 존재 목적이요 존재 이유이기 때문이다. 신학자들은 인간에게 있어서 성화가 필요한 것은 첫째, 하나님의 거룩 때문이고 둘째, 성화 생활의 의무 때문이다. 셋째, 죄가 남아 있기 때문이라고 말한다. 다시 말하면 그동안 거룩한 경지에 이르지 못했기에, 완성태의 경지가 자신의 현재태이기 때문에 성화가 필요하다는 것이다.

B) 성화의 실체

신학자들은 성화의 실체에 대해 다음과 같이 설명한다. 첫째, 여죄가 있을지라도 그 죄가 우리를 주관하지 못하기 때문에 성화의 생활은 가능하다. 둘째, 원칙상 성화 되기 때문이다. 셋째, 성령에 의하여 성화는 계속되는 것이다.

아마도 이는 글쓴이가 성화의 실체를 이해하지 못했기 때문에 이런 설명을 한 것 같다. 성화란 완성의 단계다. 따라서 성화는 진행형이 아니고 완료형이다. 만일 성화를 동사로 이해했다면, 이해가 간다. 그러나 성화는 우리가 완성해야 할 목표 점이다. 따라서 성화의 경지는 죄가 없는 경지다. 의의 경지고, 평화의 경지고, 사랑의 경지다.

C) 성화의 시기

성화의 시기에 대해 신학자들은 다음과 같이 설명한다. "성화는 내세에서 완성되는데 영혼은 사별의 순간, 혹은 그 직후에, 그리고 신체는 부활 때다."

그러나 누가 무엇에 근거해서 이런 결론을 냈는지 모른다. 탕자의 비유를 보면 방탕한 아들이 돌아왔을 때 몸을 씻고, 새 옷을 입히고, 신발을 신기고, 반지를 끼워준 장면이 나온다. 탕자가 돌아와 아버지 품에 안기는 순간을 성화의 순간으로 해야 하는지, 아니면 씻기고 새 옷을 입는(중생) 순간, 아니면 육체가 죽는 순간으로 해야 하는지에 대한 설명이 더 필요하다.

주님도 제자들에게 "너희는 내 말을 들었으므로 이미 깨끗하여졌느니라." 고 말씀하신 바 있고, 또 "이미 목욕을 한 자는 발만 씻으면 된다." 고 했다.

조금 앞서서 생각한다면, 회개의 순간을 거쳐 중생의 순간부터 거룩해지기 위한 삶이 시작된다고도 해석할 수도 있다. 그러나 전통적인 신학에서는 인간이 죽는 순간 성화가 완성(이루어진다)된다고 가르친다.

H. 성도의 견인(Perseverance of Saint)

견인이란 이끌다, 끌고 가다. 라는 의미다. 너무 좋은 말이다. 하나님은 어떤 일이 있어도 구원을 이루어 주신다는 의미로 받아들일 수 있어서다. 그러나 이 또한 개체적임을 잊어서는 안 된다. 바울도 있었지만, 가룟 유다도 있었기 때문이다.

"너희도 회개치 아니하면 이같이 멸망하리라" "내게 있어 과실을 맺지 아니하는 가지는 아버지께서 이를 제해 버리시고" 견인 논리를 정면으로 무력화시키는 성경 기록이다.

A) 성도의 견인에 대한 추론적 증명

신학자들은 첫째, 하나님의 선택은 불변적이어서 피택자의 구원을

평신도, 신학생, 목회자를 위한 신학 총정리 핸드북

확실케 한다고 추론한다. 이것을 선택의 교리라고 한다. 둘째, 구속 언약의 교리를 추론한다. 성부 성자가 당사자이면서 성자가 중보이심으로 성도의 견인은 확실하다는 견해다. 셋째, 성령과 말씀의 역사에 의해 추론된다는 논리다. 성령이 우리로 하여금 말씀에서 떠나지 않도록 역사하신다는 것이다.

I. 영화(Glorification)

사람이 영화롭게 된다는 의미다. 신학에서는 "재림으로 이루어지는 구원의 완성이(롬 8:30)"라고 말한다. 영화를 철학적으로 풀면 성화의 개념과 같다. 신학자들이 한 가지 ommit 한 것이 있어 보인다. 그것은 주님이 자신의 골고다의 고난 그리고 십자가의 죽음을 영화로 표현했던 점이다. 이 땅에서의 고난의 절정이 하나님 나라에서 영화가 됐다는 것은 장차 신학자들이 많이 연구해 볼만 한 주제다.

(3) 구원의 순서에 대한 학자들의 견해

A. 칼빈의 견해

구원의 순서를 놓고 그동안 많은 논쟁이 있었으나 칼뱅은 구원의 순서의 다양한 항목들을 체계적인 방법으로 분류한 최초의 인물이다. 소명 신앙 중생 회심 성화 칭의 예정 부활이다.

B. 개혁파의 견해

맥코이, 컴리, 카이퍼 1세와 2세는 구원의 순서를 중생이 아니라 칭의에서 시작된다고 말한다. 그러나 개혁파는 칼뱅의 신학을 받아들여 오직 이신칭의만을 논하고 있다. 이신칭의를 통해 하나님과 인간의 관계가 회복하고 성령의 은총 속에서 회심과 회개, 갱신, 그리고 성화의 단계가 시작된다고 말한다. 개혁파에서 구원의 순서를 논의할 때 주의해야 할 몇 가지 사항을 권고하고 있다.

그 첫 번째는 모든 용어가 항상 동일한 의미로 사용되지 않는다는 점이다. 일반적으로 칭의는 이신칭의에 대한 것이지만 어떤 경우에는 예수 그리스도의 부활 시 선택된 자에 대한 객관적인 칭의와 언약에서 그리스도의 의의 전가를 표현하기 위해 사용되기도 한다고 한다.

둘째, 여타의 구분들에도 주목해야 한다. 우리는 하나님의 법적인 행동과 재-창조적인 행동, 즉 전자는 칭의로서 신분을 변환시키는 것이며, 후자는 중생 및 회심으로서 죄인의 상황을 변화시킨다는 것이다.

셋째, 구속 사역의 적용에 있어서 다양한 운동을 고찰할 때 우리는 먼저 하나님의 법적인 행동이 재창조 적 행동의 기초가 되며, 따라서 칭의는 다른 모든 것 보다 시간적으로 우선하지 않을지라도 논리적으로 우선한다는 것, 잠재 의식에 있어서도 하나님 은혜의 사역이 의식 영역에서의 은혜의 사역보다 선행한다는 것, 즉 중생이 회심보다 선행한다는 것, 하나님의 법적인 행동은 항상 의식에 전달되며 하나님이 재 창조적인 행동 중에 중생은 잠재의식 속에서 일어난다는 것을 기억해야 한다는 것이다.

C. 로마 가톨릭의 견해

로마 가톨릭의 견해는 다음과 같다. 충족 은혜 협력 은혜 주입 은혜(성례) 죄를 혐오함 하나님의 계명을 순종하겠다고 결단함 영세를 희망함 등이다.

D. 알미니우스주의의 견해

그들은 하나님은 인간을 위해 구속의 가능성을 열어 놓았지만, 그 기회의 이용 여부는 인간에게 달려있다고 주장한다. 따라서 구원의 순서가 불필요하다는 견해다.

E. 루터의 견해

루터는 개혁주의 구원의 서정과는 다른 견해를 피력한다. 첫째, 소명 둘째, 조명 셋째, 회심 넷째, 중생, 다섯째, 신앙, 여섯째, 칭의, 일곱째, 신비적 연합, 여덟 째, 갱신(renovation), 아홉째, 보전(conservation)이다.

F. 펠라기우스의 견해

펠라기우스의 구원의 서정은 아주 간단하다. 회개(죄인의 자력으로)와 순종이다. 18세기에는 알미니언 주의를 계승한 요한 웨슬리가 합력설을 주장하였음에도 불구하고 칼뱅 신학은 무소불위의 신학이 되었다. 대부분의 개신교 교단은 칼빈 신학을 절대적인 신학으로 높이고, 즉자적인 교수들은 성경의 권위만큼, 아니면 성경의 권위보다 더 높이기를 주저하지 않는다. 그래서 그의 신학은 침해 법권 신학이 되었다.

비유적인 표현을 쓰면 동성애 목사도, 점쟁이 목사도, 무당 목사도, 가짜도, 진짜도, 칼빈 주의로 옷을 입고 다닌다. 칼빈주의는 유행을 타지 않는 옷이 되었다. 저승사자도 "칼빈주의" 하면 피해 갈 정도다.

현대의 조직신학 뼈대는 칼빈 주의다. 구원론에서 더욱 그렇다. 그렇다면 정말 칼빈 주의는 문제가 없을까? 이는 신학자들이 잘 알 것이다.

그러나 복음서의 조언대로 그의 열매를 살펴보면 상당히 충격적인 사실들이 목격된다. 칼빈은 기독교강요를 스위스에서 시작하여 독일에서 완성했다. 칼빈주의의 종주국은 독일이다. 다음은 하란이고, 그 다음이 스위스다.

그렇다면 그 나라에서 칼빈 주의는 어떤 열매를 맺었나? 견해가 다를 수 있지만, 아이러니하게도 무조건적인 선택(구원), 불가항력적 은혜로 충만했던 독일은 칼빈이 죽은지 얼마 되지도 않아 세계의 자유주의 신학의 산실이 되었고, 칸트, 니체, 같은 Evil 철학자들을 배출하여 인간의 정신과 영혼을 좀먹게 했고, 결국은 유물론-공산주의라는 악마 사상을 잉태한 모태가 되었다. 하란은 또 어떨까? 동성애를 넘어 수간까지 자행하는 나라가 됐다.

가톨릭교회를 불사르고 빗장을 채웠던 독일은 텅텅 빈 신전 같은 거대 교회당만 덩그러니 남아 있을 뿐이다. 다행히 어떤 곳은 일주일에 한두 번 드나드는 몇 명의 노인들이 있어 교회의 명맥을 유지한다. 이미 술집으로 변한 교회도 수두룩하다.

한국 교회는 또 어떤가? 칼빈 신학을 축으로 삼은 장로 교단의 열매를 보라. 진리의 열매는 고사하고, 의와 인과 신의 열매도 찾을 수 없는 것은 욕심이 과해서일까? 아니면 눈이 나빠서일까?

지 교회나, 교인들에게서는 회개가 없고, 용서도 없고, 사랑도 없고, 평화도 없고, 감사도 없다. 모든 정신과 마음이 땅에 집중되어 있다. 교회도 땅을 위해 다닌다. 땅이 전부인 것 같다. 교회의 모든 프로그램도 땅을 위해 창안(Invent)된 땅의 것들이다. 예배도, 설교도 땅을 위한 창작(Invent)물이다.

나이트를 다녀온 사람들처럼 붕 떠 있기는 한데, 영적으로도, 신앙적으로도, 도덕적으로도, 신앙인의 모습 같지 않다. 더러워도 너무 더럽다. 그래도 구원은 따 놓은 당상처럼 여긴다. 구원은 오직 믿음, 오직 은혜로만 받는다는 세뇌된 믿음 때문인 것 같다. 정말 굳센 금순이 신앙이다.

그러나 무엇이 믿음이지, 믿음의 본질이 무엇인지, 무슨 믿음이 구원을 주는 믿음인지에 대해서는 무지하다. 믿음이면 다 같은 믿음이지, 무슨 구원을 주는 믿음이 따로 있으냐는 식이다. 어디서나 볼 수 있는 칼빈주의 신학의 열매다.

전적 타락, 전적 무능, 무조건적인 은혜, 구원 신학과 관련이 있다. 칼빈이 보면 가슴을 칠 일이다.

주님은 나무의 실체는 그 열매를 통해 알 수 있다고 했다. 이는 철학적으로도 합당한 방법이다. 현상은 본질의 구현이기 때문이다.

그렇다면 칼빈의 그 좋은 신학은 왜, 왜, 시간이 지나면서 힘을 잃었을까? 주님이 맺어야 한다고 한 진리의 열매를 맺지 못할까?

왜, 그렇게 완벽한 신학은 가슴을 치는 회개를 일으키고, 용서를 일으키고, 사랑을 일으키고, 평화를 일으키지 못할까?

왜 그처럼 숭배받는 신학은 성화를 일으키지 못하고, 성도를 거룩한 아버지의 진리를 살도록 인도하지 못할까?

회개가 없어도, 용서가 없어도, 사랑이 없어도, 길이고, 진리고, 생명인 예수 그리스도를 따라가지 않아도, 출석만 잘하고 돈만 많이 내면 천국에 갈 수 있는 새로운 계명이 내렸단 말인가?

아니면, 인간의 모든 악행이 저절로 지워지는 새로운 시대가 도래했단 말인가?

9) 종말론(Doctrine of the Last Things)

성경을 깊이 연구해 보면, 메시지의 내용이 크게 서너 가지로 나눠진다. 신학자들은 구약은 예수님이 이미 예언된 인류의 메시아라는 사실에 초점을 맞춰 풀어나간다. 그러나 복음서는 메시아로서 인간의 구원을 이루시는 예수님의 행적에 초점이 맞춰 져 있고 서신서는 구원받은 성도들의 삶에 초점이 맞춰져 있고, 그리고 계시록은 심판에 초점이 맞춰져 있다. 다시 말하면 구약은 예수에 대한 예언이 들어있고, 복음서는 예수의 구원 사역과 성도들의 구원 후, 이 땅에서의 삶에 대한 지침이, 서신서 및 묵시록에서는 구원받은 자들의 이 땅에서의 이루어야 할 삶의 결과와 재림과 심판이 들어있다. 종합적으로 성경은 예수님의 구원과 진리를 보좌하고 있다.

신학자들이 동의할지는 모르지만, 모든 성경은 이 땅에서의 삶에 집중하여 적용하여야 한다. 여기서 주를 믿고, 이 땅에서 회개하고, 그리고 이 땅에서 그리스도가 명한 명을 지키며, 하나님의 자녀로서의 삶을 시작하여야 한다. 이 땅에서 그리스도의 의를 이루고, 이 땅에서 소금과 빛이 되고, 하나님께 영광도 이 땅에서 드려야 한다. 천국에서의 상벌도 이 땅에서의 삶에 의해 결정되기 때문이다. 이것이 우리가 예수를 믿는 이유고, 이 땅을 사는 이유다.

어떤 마음으로?

바로 오늘이 나의 종말인 것처럼, 초음을 아껴서 진지하고, 신실하고, 청결하고, 충성스럽게, 자기에게 할당된 시간을 살라는 것이다.

다른데 한눈팔지 말고, 그리스도가 여기 있다 저기 있다, 종말이 오늘이다. 내일이다. 하여도, 마음 팔지 말고, 오직 그리스도의 진리에 집중하여, 자신에게도 진실하게 남에게도 진실하게 주님께도 진실하게 살아야 한다는 것이다. 날마다 육을 위해, 산술적 육의 본성으로 살던 삶의 묘기와 기술을 버리고, 중생한 영의 본성으로 그리스도가 살라고 한 대로 살라는 것이다. 그래야 그토록 원하던 구원은 완성되고, 이 땅에서도 행복, 저 땅에서도 행복하게 된다.

재림, 심판, 천년 왕국, 다 좋은 말이다. 그러나 내가 여기서 그리스도를 잘못 믿어 구원을 얻지 못하면, 그것이 나와 무슨 소용이 있겠는가? 오히려 재림이 나에게 재앙의 날이 되지 않겠는가?

주님은 분명 천국과 지옥을 말했고, 자기 행위에 대한 심판도 말했다. 우리가 여기서 주님을 영접하고, 그리스도의 의(Justice)를 이루고, 진리를 사는데, 더 무엇이 필요하며, 더 알아 무엇을 하려는가?

오늘 내게 주어진 나의 시간으로도 그리스도의 의(righteousness)를 이루기에도 시간이 부족한데 필요하지 않은 것까지 욕심낼 여유가 있겠느냐는 것이다. 그동안 "심는 대로 거둔다"는 공의의 심판을 소홀이 했다면, 지금이라도 두려워하라는 것이다.

종말론이 그리스도를 자신의 구주로 영접한 성도들이 그리스도의 진리를 사는데, 얼마나 도움이 될지는 모르나, 이 시대를 사는 성도들에게 오늘, 바로 지금, 아니면, 오늘 밤, 종말을 맞이해야 할 사람처럼 살아야 한다고 했던 주님의 뜻을 헤아리고, 또 헤아리라는 의미이다.

도독님 심뽀나, 혹은 사기꾼 심뽀로 종말의 날을 계산하여 그동안 마음대로 살다가 종말의 때가 가까이 될 것 같으면, 그때 가서 후다닥 진리의 삶을 살려고 하지 말라는 것이 열 처녀 비유를 통해 알려주신 주님의 당부다. 그리스도의 사랑을 두려워하고, 그리스도의 은혜를 두려워하라는 의미다. 주님의 사랑과 은혜가 돌처럼 굳어진 우리 마음을 녹이기 위해 무슨 일을 하실지 모르기 때문이다.

(1) 종말이란 무엇인가?

문자적으로 종말은 마지막 혹은 멸망을 뜻한다. 그러나 기독교 종말론은 인간의 육체적 죽음과 죽음 후의 상태, 예수 그리스도의 재림, 죽은 자의 부활, 천 년 왕국, 마지막 심판, 천국과 지옥 순으로 전개된다. 한편의 파노라마 같다.

죽음에서 천국이나 지옥에 갈 때까지의 전 과정을 다루는 것이 종말론이다. 그러나 이러한 논리를 뒷받침할 만한 on point 성경 기록은 없다. 모두 상상력이 풍부한 신학자 그리고 귀신 들린 목사, 이 사람, 저 사람이 성경 여기저기서 추론해 구성하고 Invent 한 스토리다.

(2) 영혼도 종말이 있는가?

고대부터 철학에서도 영혼의 불멸을 주장해 왔다. 피타고라스를 비롯하여 소크라테스, 플라톤, 아리스토텔레스, 제논, 등 고대 철학자들은 인간의 영혼은 죽지 않고 영원히 산다는 전제하에서 본질을 탐구했다.

스토아철학에서는 연속적인 세계 순환을 이야기하고, 불교에서는 세계 영겁을 말하면서, 이 세계의 순환과 영겁 속에서 각각 새로운 세상이 나타나고, 다시 사라져 간다고 했다.

근대 철학자들도 영혼의 불멸을 믿었다. 범신론자로 취급받고 있는 스피노자도 영혼의 불멸을 믿었고, 라이프니츠는 영혼 불멸 이론을 옹호하였다. 철학의 방향(인식의 대상)을 형이상학에서 물질로 바꿔버린 그리하여 유물론이 태어날 보금자리를 틀어준 칸트도 감히 영혼의 불멸을 부인하지는 못하였다.

거짓 종교들, 원시적인 종교, 좀 더 발전된 종교, 교세가 크든, 작든, 형태가 있든, 없든, 모든 종교는 나름의 종말론을 가지고 있다. 박명호의 돌나라, 이만희의 신천지, 박태선의 신앙촌, 이슬람의 감각적 낙원, 인디언들의 행복한 사냥터 등 영혼의 종말이 없는 종교는 없다.

불교의 종말론은 일체중생이 자신의 과거나, 현재의 공덕에 따라 깨달음을 얻어(열반), 윤회의 수레바퀴를 벗어나는 것을 의미한다. 열반이 죽음을 뜻하지만, 불교에서는 해탈이라고 한다.

힌두교도 존재, 죽음, 재탄생, 일체의 순환을 고통으로 해석하고, 잃어버린 빛을 찾고, 영원한 존재와 일체를 이루는 것에 종말을 대입한다. 이슬람이나 유대교도 종말론이 있다. 구약에도 종말론이 있고, 신약에도 종말론이 있다.

학자들은 구약에 들어 있는 종말론은 구원사 개념과 밀접하게 결합되어 있다고 말한다. 유대 민족은 여호와가 다스리는 세상을 이루기 위해 선택된 도구이며, 자신들과 맺은 하나님의 약속이 성취될 때, 유대민족은 세계 사람들의 구원을 위한 수단이 된다고 주장한다. 쉽게 세계의 모든 민족이 그들의 지배하에 놓이게 된다는 암시다.

복음서에는 두 가지 종말이 들어 있다. 그중 하나는 마태복음 24장에 나오는 유대 민족을 상징하는 예루살렘의 멸망이다. 예수님이 십자가에서 처참하게 죽음을 맞이했던 것처럼, 예루살렘이 처참하게 멸망 당하는 모습을 담고 있다. 다음으로는 세계를 상징하는 고대 로마제국의 종말이다. 예루살렘은 60년대 후반에 시작하여 70년에 완전히 멸망했고, 세계를 상징하던 로마는 계시록 예언처럼 멸망했다.

그렇다면 영혼의 끝은 있는가? 없는가?

영혼의 멸망이 복음서 여러 곳에 들어 있다. "영원한 지옥 불에서 당할 영혼과 육의 죽음"이다. 예수님이 가르쳐주신 멸망은 이중적이지 않다. 형벌적인 의미에서 단일하다. 복음서엔 영혼이 지옥의 고통 속에서 던져지는 것으로 멸망을 설명했다. 그 다음이 없다.

그러나 21세기의 기독교 종말론은 판타지나 추리소설처럼 여러 갈래로 나눠져 있다. 장차 올 구세주, 또는 심판자, 그리스도의 천년 왕국 등등. 1차 종말 이후에 맞이할 2차 종말이다. 1차 종말, 2차 종말 모두 이중적이다. 계시록 때문이다.

(3) 종말론 명칭의 유래

종말론이란 명칭은 말일(사2:2 미4:1), 말세(벧전1:20), 마지막 때(요일2:18) 등에 언급된 성경 구절에 근거했을 것이다.

위의 구절들을 자세히 살펴보면 종말이 시간적인 개념으로 찰라나, 어느 순간을 의미하지 않는다는 것을 알 수 있다. "말일"이라는 것도 그렇고 "때"라는 것도, 그렇고, "마지막 때"라는 것도 그렇다. 시대나, 어느 시기로 해석될 수 있기 때문이다.

개혁주의 신학에서는 종말론을 죽음(육체적), 죽음 후의 상태, 예수 그리스도의 재림, 죽은 자들의 부활, 천년 왕국, 마지막 심판, 천국과 지옥 순으로 설명해 나간다. 그러나 한가지 ommit 된 이슈가 있다. 종말을 우주적인 종말로 볼 것인지, 개인적인 종말로 볼 것인지, 인류 전체의 종말로만 볼 것인지, 아니면, 유대인의 종말, 혹은 지구의 특정 부분의 종말로 볼 것인지에 대한 통일된 개념이 없다.

기독교에서 말하는 종말이란 예수 그리스도의 재림과 믿는 성도들의 부활, 그리고 최후의 심판과 새 하늘과 새 땅으로 이어지는 종말의 전체적 진행 과정을 밝히는 것을 목표로 한다. 새 하늘과 새 땅이 현재의 우주에서 내린다는 것인지, 아니면 그것을 다른 Dimension에서 나온다는 것인지에 대해서도 통일된 개념이 없다.

A. 과거 주의 종말론(Preterism)

일부 학자들은 종말론을 철저한 종말론, 실현된 종말론, 시작된 종말론, 미래의 종말론 등으로 구분한다. 실현된 종말론을 과거 주의 종말론이라고 부르는데, 이는, 부분 또는 완전히 일어났던 종말 사건을 일컫는다.

과거 주의에서는 다니엘서의 예언을 기원전 7세기에서 기원후 1세기에 일어난 사건, 요한계시록의 예언은 기원후 1세기 로마를 대상으로 일어났던 사건, 즉 이미 성취된 사건으로 본다. 종말에 대한 컨셉에 따라 다를 수 있지만 어떤 면에서 세계를 상징하던 로마제국의 붕괴는 당시의 눈으로 보나, 지금의 눈으로 보나 인류 멸망으로 해석될 수 있다. 당시는 로마제국이 인류를 상징했기 때문이다.

B.역사주의 종말론(Historicism)

성경의 예언을 역사적인 인물, 국가, 사건과 연관(apply)시켜 해석하는 종말론이 있다. 이 종말론을 역사주의 종말론이라고 부른다. 이 종말론의 특징은 성경 시대부터 그리스도의 재림이 일어날 미래에 걸쳐 일어날 점진적이고, 지속적인 종말을 의미한다. 종말은 이미 시작되었고, 지금도 진행형이고, 아직 끝점에는 도달하지 않았다는 견해다. 종교개혁 이후 19세기까지 대부분의 개신교 개혁자들은 이 관점을 따랐다.

C. 미래주의 종말론(Futurism)

미래주의 종말론은 이 시대와 세상의 끝에 일어날 사건을 집중하여 점을 치는 종말론이다. 일부 역사적 사건을 인정하기도 하지만, 대부분의 종말에 대한 예언이 아직 성취되지 않았다고 믿는다. 그래서 이 종말론을 미래주의 종말론이라고 부른다. 대부분의 예언은 대환란이라는 전 세계적 혼란 시기 중에, 또는 그 이후에 종말이 이루어질 것이라는 점괘를 가지고 있다.

D.이상주의 종말론(Idealism)

학자들에 따르면 르네상스 이후 계몽주의 사상가들은 천국의 전통적 개념을 의심하였다. 성경 기록대로 예수님도 재림하지 아니하였고, 그렇다고 성경에 기록된 예수님의 재림이 거짓말은 아닐 테고, 그래서 그들은 천국이 지상에 세월질 가능성이 있다고 봤다. 이런 지상 천국의 실현을 기대하는 자들의 종말론이 바로 이상주의 종말론이다.

(4) 교회사 속에서의 종말론

사실 건전한 교회라면 교회에서 가장 피하고 싶은 주제가 종말론이다. 신학적 깊이가 얕고 성경을 잘 모르는 교인들에게 어떻게 가르쳐야 할지 그 방법이 조율되지 않아서다. 또한 계시록이 코에 걸면 코걸이 귀에 걸면 귀걸이처럼 너무 비이성적이고, 비합리적인 판타지 같기 때문이었을 것이다.

개혁교회에서는 혼동을 피하고, 쉬운 이해를 위해, 종말론 사상을 크게 세 단계의 역사적 시기로 구분하였다.

A. 사도 시대로부터 5세기 초엽까지

교회는 초창기에도 기독교적 소망의 개별 요소들, 예를 들면 육체의 죽음이 영원한 죽음은 아니라는 것, 죽은 사람의 영혼은 계속 해서 살아남는다는 것, 그리스도께서 재림하신다는 것, 하나님의 백성에게 복된 부활이 있다는 것, 그리고 그 후에는 대 심판이 있어서 악인은 영원한 형벌에 처해지고 경건한 사람은 영원한 영광으로 들어가 상을 받게 되리라는 것 등에 대해서는 매우 잘 의식하고 있었다. 대부분 바울이 정리한 내용이다.

종말에 대한 예수님의 가르침이 없는 건 아니었지만, 예수님의 가르침은 모두 비유였고, 매일, 매일 종말처럼 살라는 당부였을 뿐이다. 종말이 한 시대를 빗겨나가고, 또 다른 시대를 빗겨나가도 그것에 마음을 두지 말고, 바로 오늘, 지금의 삶에 집중하라는 명이었다.

그러나 하루하루의 생활이 힘들고, 고통스러웠던 옛 시대 성도들은 예수님의 가르침을 차라리, 문자적으로 해석하며 위안을 받으려 했고, 그나마 그렇게 해서 하루하루를 버틸 수 있었다.

오늘 밤이라도, 내일이라도 예수님이 재림하시기를 학수고대하는 마음으로 하늘을 처다 보며 낮에나 밤에나 /눈물 머금고 /우리 주님 오시기를 고대합니다. 라는 마음으로 길고 긴 박해기를 견디었다. 어떤 형태로든, 예수님의 재림이 이들의 유일한 위안이었고, 소망이었고, 삶을 지탱해 주는 끈이었다.

예수님도 제자들에게 자신이 그들이 거할 처소를 예비하러 가고, 처소가 예비 되면 와서 그들을 데려가겠다고 말씀하신 바가 있다. 더더구나 예수님이 행적을 묻고 조사하여 누가가 쓴 사도행전에는 승천하시는 예수님을 바라보는 사람들에게 "너희가 본 예수는 너희가 본 그대로 오시리라"라고 한 천사의 말이 적혀있다.

여기서 등장한 문장은 이들의 살아생전 곧 이루어질 일임을 추론하게 한다. 사도행전에 보면 예수를 영접한 성도들이 자신의 집과 땅을 팔아 사도들에게 바친 일이 있다. 이 또한 예수님이 금방 재림하실 것이라는 종말 신앙 때문이었을 수 있다. 바울이 고린도 교회에 보낸 서신을 보면, 바울도 바로 그런 종말 신앙을 가졌음을 추론할 수 있다. 만일, 주님이 곧 오실 것이라는 종말 사상이 없었다면 기독교는 이렇게 번창할 수 없었을도 모른다.

그러나 그 많은 성도의 기대와는 다르게 예수님은 재림하지 않았다. 당시, 교부들이나 신학자들은 재림에 대한 다른 해석을 내놔야 할 난처한 처지에 처하게 된다. 물론 "그 시와 때는 오직 아버지만 아신다."는 예수님의 분명한 말씀이 없는 것은 아니었다. 그러나 그것도 예루살렘의 멸망을 설명하는 과정에서 나왔기 때문에 아무데나 갔다 붙일 수 있는 성질의 것이 아니었다.

이렇게 해서, 신학자들은 복음서를 다시 더듬기 시작했고, 그렇게 해서 찾아낸 것이 이미 주님이 우리와 함께 계신다는 사실이었다. 복음서 곳곳에 널려 있다. 그리하여 교회에서는 종말에 대한 새로운 해석을 내놓기 시작했다. 주님이 통치하는 시대가 이미 시작됐다는 견해였다. 그렇게 해서 나온 것이 무천년설이다.

그렇다면 왜 그 당시에는 그런 기록이 보이지 않았을까? 마음이 비어있지 않아서 였을 것이다. 신학자들이 동의할지 모르지만, 그것이 하나님의 오묘한 뜻이었을 수 있다. 앞에서도 언급했듯이 만일 예수님이 곧 자신들이 본 모습 그대로 다시 오실 것이라는 확실한 믿음이 없었다면 오늘의 기독교는 존재하지 못했을 수도 있다.

B. 5세기 초엽부터 종교개혁 때까지

시간에 따라 성도들의 관심도 예수님의 재림에서 현재의 삶으로 옮겨져 갔다. 따라서 천년 왕국설도 점차 성도의 관심 밖의 일이 되고 말았다. 교부들의 노력이 컸다. 신학자들은 오리겐과 어거스틴의 영향 아래서는 반(AGAINST) 천년 왕국적 관심이 교회를 풍미하게 되었다고 말한다.

C. 종교개혁에서 현재까지

종교 개혁자들은 그리스도의 재림, 부활, 최후의 심판, 그리고 영생이라는 관점에서만 초대교회의 가르침을 받아들였다. 그동안 보편교회가 저질러 온 과오 때문에, 옳고 그름을 떠나 교회의 전통이나 가르침을 무조건 거부하려는 경향이 있어서였다. 따라서 그들은 당시 극보수주의로 취급받던 재세례파에서 주장하던 천년 왕국설도 거부하였다.

그 후, 경건주의에서 천년 왕국설이 다시 나타났으나 관심을 받지 못했다. 신학자들은 18세기 합리주의 시대에는 종말론이 무미건조한 영혼 불멸의 의미로 전락했다고 말한다. 죽음 이후 영혼은 그저 살아남기만 할 뿐이라는 초라한 개념이 되고 말았다. 그마저 자유주의 신학에 이르러서는 무시를 당해버렸다.

그들은 예수님의 윤리적 가르침만 중요시하였고, 예수님의 종말론적 가르침을 외면했다. 예수님의 진리가 사람의 취향 따라, 입맛 따라, 골라 먹는 부패 음식이 되어 버린 것이다. 귀가 좋아하는 것만 찾아다니는 시대가 된 것이다. 이것을 이미 바울이 예언해 놓은 바 있다.

그러나 현대에 이르러 천년 왕국설의 새로운 흐름이 등장하였고, 종파와 관계없이 현대의 몇 교회가 그것을 받아들였다. 이것을 주장한 사람들은 다니엘서와 계시록 에 근거를 뒀다. 옛날에도 그랬지만, 사실, 종말론은 언제나 교회에서 장사하기가 가장 쉽고 좋은 아이템이다. 실제 재미를 본 사람들이 많다

(5) 죽음

앞에서 이미 언급되었지만, 성경에는 죽음을 육체적 죽음, 영적 죽은, 영원한 죽음, 등 세 가지가 있다고 가르친다. 육체적 죽음과 영적 죽음은 자연히 죄 교리와 관련하여 다루어지고, 영원한 죽음과 일반적 죽음은 종말론에서 다루어진다. 다음은 신학자들이 정리해 놓은 죽음과 관련된 내용이다.

A. 육체적 죽음

생물학적 견해와 다르게 성경에서 말하는 육체의 죽음이란 몸과 혼의 분리에 의한 육체적 생명의 종결이다. 신학자들은 죽음은 결코 소멸이 아니고, 존재의 중지도 아니고, 생명과 자연과의 단절일 뿐이라고 말한다. 삶과 죽음은 존재와 비존재로서 대립하는 것이 아니라. 서로 다른 존재의 양태로서 대립하는 것이라는 견해다. 그러면서도 신학자들은 죽음이 무엇인지 말한다는 것은 거의 불가능하다고 말한다. 왜냐하면 거기에는 생명이 무엇이냐는 또 하나의 질문이 생겨나기 때문이란다.

B. 영혼의 죽음

사람이 죽으면 어찌 되는 것일까? 욥14:14. 죽은 자의 영혼은 어찌 되는 것일까? 복음서에 영원한 유황불 호수에 던져져 고통받는 영혼이 있고 하나님 나라에서 행복을 즐기는 영혼이 있다고 말한다. 영혼의 불멸을 직, 간접적으로 암시한 내용이다. 계시록에는 사망까지 삼키는 죽음이 있고, 그것을 두 번째 죽음이라고 칭했다. 영혼의 죽음이 두 번째 죽음이라는 의미일 것이다. 그러나 성경에서 말한 죽음은 소멸이 아니라 존재다. 형벌도 존재로 이루어지기 때문이다.

A) 죽음에 대한 역사적 논증

신학자들은 인간 존재의 지속성을 부인하는 불신 학자들이 있어 왔지만, 일반적으로 영혼 불멸성에 관한 믿음은 문명의 단계와 관계없이 모든 종족, 모든 민족에게서 발견된다고 말한다.

B) 형이상학적인 논증

이 논증은 인간 영혼의 단일성에 근거를 두고 거기에서 영혼의 해체, 불가능성을 추론하고 있다. 죽을 때 물질은 각 부분으로 해체된다. 그러나 영적 실체인 영혼은 다양한 부분들로 이루어진 것이 아니어서 분리되거나 해체될 수가 없다.

C) 목적론적 논증

칼빈이 기절할 일이지만 신학자들은 인간은 거의 무한한 능력을 부여받았는데, 이 능력은 하나의 생으로는 결코 충분히 개발될 수 없을 만큼 무한하다고 봤다. 하나님께서 이런 능력과 재능을 주신 것은 분

명 인간이 삶의 열매, 즉 미래적 생존을 준비해 주신 것이 틀림이 없
다는 것이 목적론적 논증이다.

　　D) 도덕적 논증

　인간의 양심은 정의를 실현하는 우주의 도덕적인 통치자의 존재를
증거 한다. 그런데 정의에 대한 요구는 현세에서는 만족 되지 않는다.
선악의 균형은 심한 불평등과 부당함으로 기울어져 있다. 악인은 점
점 부유하고, 번성해지며, 삶의 풍성한 기쁨을 누리지만 경건한 사람
은 종종 가난하게 살고, 고통스럽고, 부끄러운 역경을 만나며, 많은
괴로움을 겪는다. 따라서 현재의 부당함이 시정되는 미래의 한 상태
가 있어야만 한다는 것이다.

C. 영혼 불멸성에 대한 성경적 증거.

　신학자들이 구약에 드러났다고 한 불멸 교리는 다음과 같다. 첫째,
하나님과 인간에 관한 교리에서 불멸설에 대한 이스라엘의 소망은 창
조주와 구속 주 그리고 그들을 결코 실망시키지 않으실 언약의 하나
님으로서의 하나님을 향한 믿음에서 찾을 수 있다.

　둘째, 구약은 우리에게 죽은 자를 스올(sheol)로 내려간다고 가르
치고 있다. 사람은 스올에서 구원을 받을 때에 완전한 복의 상태로 들
어간다. 이러한 구원에서 우리는 복된 불멸성에 대한 구약 적 소망의
핵심에 이른다. (시16: 10,49: 14, 15.)

　그러나 여기에는 너무 중요한 사실이 간과 되었다. 당시 스올의 개
념은 오늘날 모든 사람들이 사용하는 지옥의 개념과 같이 사용되는
일반적인 용어였다는 점이다. 야곱도 그런 뜻으로 사용했고, 욥도 그

런 뜻으로 사용했다. 시편에 나오는 것도 같은 맥락이다. 그것에 의미를 줘서는 안 된다는 것이다. 사울이 이스라엘 백성을 이끌기가 너무 힘이 들어 한 여자 점쟁이를 찾아간 일이 있었다. 사울은 그 점쟁이에게 사무엘을 불러달라고 한다. 이때 점쟁이는 백발이 휘날리는 한 노인이 스올에서 올라오고 있는 모습을 본다. 그것을 근거로 스올 교리를 말하는 학자들도 있다.

그렇다면, 한국에서 점을 치는 점쟁이들이 불러들이는 조상들의 영들은 어떻게 처리할 것인가? 과거 처녀 때 극비리에 유산시킨 것까지 들추어내는 할머니 영, 할아버지 영, 자동차 사고로 죽은 고모 영, 그들도 귀신의 장난이 아니라 그리스도의 모든 가르침을 깨부수고 죽은 자가 스올에 있다가 올라온 것이라고 말할 것인가? 잘못하면 내로남불이라는 소리를 들을 수 있는 이슈다.

셋째, 성경은 죽은 자의 영을 불러내거나 묻는 자에게 죽은 자의 메시지를 전달할 수 있는 능력을 가진 자를 자주 경고한다. (레19:31, 20: 27, 신18;11, 사8:19, 29:4)

넷째, 그리스도께서는 나는 아브라함의 하나님, 이삭의 하나님, (마22: 32, 출3:6)이라고 하셨는데, 이 말씀 속에 부활이 암시되어 있다고 하면서 유대인들이 이 점을 이해하지 못했다고 했다. 그러나 이슈는 부활이 아니라 부활 때의 성별이었다. 따라서 여기서 언급된 부활의 때는 상징적으로 천국에서 혹은 영의 세계에서로 해석할 수도 있다. 부활의 교리가 다음 구절들에서 명시적으로 가르쳐주고 있다.(욥 19:23-27, 시 16:9-11, 사26: 19, 단 12;2)

다섯째, 죽은 후 하나님과 교제하며 누릴 신자들의 복에 대해 말하고 있는 구약의 놀라운 구절들에서 부활을 알 수 있다.

그러나 신학자들이 어떻게 주장하든지, 유대인 자신들은 바벨론 유수기까지는 부활을 믿지 않았고, 그것도 사두개파는 예수님 시대까지도 부활을 믿지 않았다.

(6) 중간 상태(연옥 교리)

중간 상태란 인간이 죽으면 육체를 떠난 영혼은 바로 천국이나 지옥으로 가는데 천국으로 바로 올라가지 못한 영혼이, 마지막 심판 때까지 대기하는 상태개념이다. 천국과 이승의 중간 지점에 머무는 상태로 이해하면 될 것 같다. 단테의 신곡을 읽으면 이해가 쉬울 것이다.

A. 역사적으로 본 중간 상태의 교리

초기 기독교에는 중간 상태에 대한 교리가 전혀 없었다. 그러나 앞에서 언급했던 것처럼, 예수님께서 즉시 재림할 것으로 믿었던 신앙이 깨지고 예수님의 재림이 불분명해졌을 때, 초대교회 교부들은 어떻게든 그 문제를 해결해야 할 숙제를 안게 되었다.

문제는 개인적인 심판, 및 보응을 부활 후에 있을 전체적인 심판, 및 보응과 어떻게 조화시키느냐 하는 것이었다. 그것은 성도들의 현세적 삶과 연결되어 있어서였다. 그들은 대부분 죽음과 부활 사이에 분명한 중간 상태를 가정함으로써 이 문제를 해결하려고 했다. 이렇게 해서 나온 것이 연옥 교리다. 그러나 복음서에는 이런 중간 상태가 없다.

B. 유아 람보(The Limbus Infantun).

이것은 세례받지 못하고 죽은 모든 어린이의 영이 거한다는 처소다. 세례받지 못한 어린이는 천국에 들어갈 수 없다는 교리를 비롯하여 여러 다른 견해가 있으나 지배적인 견해는 "감각의 고통"을 겪지 않은 채 그저 천국의 복락에서만 제외되어 있을 뿐, 그들도 자연적인 능력으로 하나님을 알고 사랑하며 충만한 행복을 누린다고 한다. 역시 근거를 찾을 수 없는 논리다.

C. 선조 보림 (The Limbus Patrum)

중세에는 라틴어 림부스(주변) 라는 단어가 지옥의 주변 혹은 가장자리에 있는 두 장소, 즉 선조 보림과 유아 람보를 가리키는 말로 쓰였다고 한다. 구약시대 성도들의 영혼이 죽은 후부터 주의 부활 때까지 기다리는 장소라는 개념이다.

그리스도께서 십자가에 돌아가신 후 선조들의 거처로 내려가서 그들을 잠정적인 구금에서 풀어주시고 그들을 하늘나라로 데리고 가셨다는 추리다.

하데스는 몸과 분리된 영혼을 위한 거처로서 의인과 악인을 위한 장소로 나누인다. 악인이 거하는 처소는 그리스신화에 나오는 지하세계 하데스고 의인의 영이 거하고 있는 곳은 선조 림보인데, 이곳이 유대인들에게 아브라함의 품(눅16:23) 그리고 낙원(눅23:43)으로 알려졌다는 것이 신학에서 정리해 놓은 설명이다.

D. 중간 상태에 대한 성경의 견해.

개혁교회의 일반적인 주장은 신자들의 영혼은 죽음 후 하늘의 영광으로 들어간다는 견해다. 웨스트민스터 요리 문답은 악인들은 죽으면 지옥에 던져져 고통과 완전한 어둠 아래서 대 심판의 날까지 머묻다고 했다. 몸과 분리된 영혼들을 위한 두 장소, 천국과 지옥 외에는 아는 바가 없다고 말한다.

(7) 스올 -하데스 교리.

현대 신학에서는 '스올-하데스'(sheol-hades)에 관한 성경적 개념을 몇 가지로 나눠 설명한다.

첫째, 신약의 하데스에 상응하는 구약의 스올 개념은 지하 세계에 대한 이방 사상으로부터 빌려 온 것이다. 스올이란 사람이 죽으면 내려가는 무서운 그늘과 망각의 땅이다. 그곳은 약화 된 의식, 흐물거리는 정체적 장소로서, 삶의 모든 관심을 잃어버리고 삶의 기쁨이 슬픔으로 변해버리는 장소다. 구약에서 추리하여 구성한 유대인들의 추리소설 같은 이야기다. 구천 같은 곳을 말하는 것 같다.

야곱이 "흰머리로 슬피 스올로 내려갈" 위험이 있고 삼상. 28; 14절에 사무엘은 걷 옷을 입은 노인으로 올라오고 있으며 요압은 "백발로' 스올로 끌려 내려가야만 했다.(왕상2:6) 그러나 죽은 자의 모든 것, 즉 육신과 영혼이 전부 스올로 가버린다면 스올과는 다른 장소라고 말할 수 있는 무덤 속이 아닌가?

신학자들은 스올과 하데스라는 단어가 성경에서 항상 지역을 말하는 것은 아니며 종종 죽음의 상태나 몸과 영혼의 분리를 지칭하는 추상적인 의미로 쓰이기도 한다면서 삼상2:6은 평행 구에 의해서 그 구절의 의미를 밝혀 주고 있다고 말한다. '여호와는 죽이기도 하시며, 살리기도 하시고, 음부에 내리게도 하시고, 올리기도 하시도다.' 또한 욥14: 13, 14:, 17: 14, 시89: 48 호 13:14을 참고해야 한다. 하데스란 단어는 죽음의 상태를 나타내는 단어로 여러 번 사용되었다. (행

2:27, 31, 계 6:8, 2:28)　역시 문학적인 표현이다.

(8) 그리스도의 재림

예수님은 그의 약속대로 재림하실 것인가? 만일 재림을 하신다면, 사람들이 기대하고 있는 것처럼, 인간의 육체를 입고 오실 것인가? 2천 년 전의 모습으로 오실 것인가? 2천 년 후의 모습으로 오실 것인가? 발끝까지 닿은 흰 수염을 휘날리는 모습으로 오실까? 아니면 젊은이의 모습으로 오실까? 아니면 성도들만 알아볼 수 있는 보편적 인간의 상상 밖의 형체를 입고 오실 것인가?

예수 재림을 주장하면서도 신학에서는 아직 예수님이 재림하실 때의 취하실 형체에 대해서는 설명해 놓은 것이 없다. 그 모습이 인간의 모습일지, 신의 모습일지, 아니면 우주인 모습일지, 그에 대해서는 완전 사막이다. 모습에 따라 성도들이 예수님을 알아볼 수도 있고 몰라볼 수도 있다.

그 예가 성경에 있다. 엠마오로 가던 두 제자는 무려 7마일을 함께 걸으면서도 자기와 함께 대화를 나누고 있는 분이 예수님인 줄 알지를 못했다. 그분은 십자가에 못 박힌 흔적도 없었고, 평소 자기들이 따랐던 분도 아니었다. 그러나 그분은 예수님이 분명했다. 눈이 밝아졌을 때 그분이 예수님으로 보였다. 마리아도 마찬가지였다. 재림의 예수님 모습도 바로 그러느냐는 것이다.

A. 개혁주의의 재림관

첫째, 재림의 시간에 대해서는 주께서 오실 정확한 날짜는 알 수 없다고 했다. 정확한 날짜를 계산하려는 시도는 허망한 탐욕이다. 분명한 사실은 이 세상의 마지막 때에 그가 오신다는 것이다. 참고로, 모든 각자에게도 마지막 때가 있다.

둘째, 재림의 방식이다. 여기서 강조할 만한 것들은 다음과 같다. 첫째, 인격적 강림이다. "너희 가운데서 하늘로 올라가신 이 예수는 하늘로 올라가심을 본 그대로 오시리라." 둘째, 육체적 강림이다. 주님의 재림이 육체적이라는 사실은 행 1: 11, 3:20 등등에 근거하고 있다. 셋째, 가시적 강림이다. 넷째, 갑작스러운 강림이다. 다섯째, 영광스럽고 승리에 찬 강림이다. 이것이 개혁주의 재림관이다.

B. 재림의 목적

그리스도는 이 세상 마지막에 미래의 시대를 여시고 만물에게 영원한 상태를 부여하시기 위해 오실 것이며, 두 개의 대 사건, 곧 죽은 자의 부활과 마지막 심판을 시작하시고 완성하심으로서 그 일을 다 이루실 것이다. 성경의 통상적인 표현을 볼 때 세상의 종말, 주님의 날, 죽은 자의 육신의 부활, 그리고 마지막 심판은 동시적인 것이다. 이것이 신학에서 설명한 종말이다.

A) 전천년설(Premillennialism)

전천년설은 세계적인 대 환란이 있은 후 그리스도가 재림하고 지상에서 천년 왕국이 시작될 것이라는 설이다. 이때 죽은 하나님의 백성들은 부활하고 아직 살아있는 하나님의 백성들은 휴거 되어 그리스를 만난다고 한다. 이후, 천년의 평화(천년왕국)가 뒤따르고 그 기간 동안 그리스도가 통치하고, 사탄은 심연에 갇힐 것이라는 설이다.

계시록 20장 1-6절에 기초했다. 알렉산드리아의 클레멘트나 오리겐의 영적 해석 방법이 발전되기 전에 교회는 문자적 해석에 따라 전천년설을 믿었으며 파피아스, 바나바, 이레니우스, 들이 등이 전천년설을 믿었다고 알려져 있다. 전천년설은 크게 역사적 전천년설과 세대주의적 전천년설로 나눈다.

(A) 역사적 전천년설

역사적 전천년설은 그리스도의 재림과 천년 왕국이 세워지기 전 몇 가지의 특징적인 사건들이 발생한다는 설이다. 첫째, 세계의 복음화, 둘째, 7년 환란과 대 반역과 배도 그리고 적그리스도의 출현, 셋째, 모든 성도는 이 최후의 환란을 통과해야만 한다. 다섯째, 그리스도가 재림 할 때, 죽은 신자들이 부활하고, 그때까지 살아남은 신자들의 공중 휴거와 그리스도 영접, 여섯째, 그리스도와 더불어 지상으로 재림 그리고 적그리스도의 최후와 유대인들은 회개, 일곱째, 천년 기가 끝날 무렵, 결박되었던 사탄이 풀려나와 나라들을 다시 한번 미혹하고, 여덜 째, 사탄과의 전쟁, 죽은 성도 부활과 최후의 심판 등이다.

(B) 세대 주의적 전천년설

세대 주의의 관점에서 그리스도의 재림은 두 단계에 걸쳐 발행한다. 그 첫 번째 단계가 휴거다. 이때 죽은 성도의 부활과 산 성도의 휴거가 이뤄진다. 7년 동안 그리스도와 함께 하늘에 거한다. 그동안 지상에서는 7년 대환란 그리고 적그리스도의 통치와 재앙이 시작된다. 복음이 세계에 전파되며 이스라엘이 회개하고 천년 왕국에 들어갈 십사만 사천 명이 그리스도에게 돌아온다. 아마겟돈 전쟁을 치른다. 7년이 끝나면 성도와 그리스도가 공중에서 지상까지 재림한다. 그리스도가 아마겟돈 전쟁을 끝내고 이스라엘이 회복되고 마귀는 결박되어 무저갱에 갇힌다. 7년 환란 동안 죽은 성도들이 일으킴을 받는다. 구약의 성도들도 부활하여 천상교회에 합류한다. 최후 심판이 이루어지고 심판을 통과한 자들은 천년 왕국에 들어간다. 천 년 통치 기간에는 지상 왕국과 천상의 예루살렘에서 그리스도의 통치가 이루어진다. 천년이 끝날 무렵 사탄의 반란이 있지만 진압되어 지옥에 갇히게 된다. 그리고 모든 죽은 자들이 부활하게 된다. 죽은 자들이 백보좌 심판을 받는다. 이것이 두 번째 사망이다.

(C) 현재의 전천년설

19세기 상반기 무렵, 세대 주의와 전천년설을 결합한 새로운 형태의 전천년설이다. 그들의 주장은 다음과 같다. 그리스도의 재림은 각각 7년을 두 개의 사건으로 이루어지는데, 첫 번째 사건은 파루시아로 그리스도께서 공중에서 그의 성도들을 만난다. 의로운 죽은 자들이 일으킴을 받을 것이며 살아있는 성도는 변형될 것이다. 그들은 함께 공중으로 이끌려 어린 양의 혼인을 축하하고 영원히 주와 함께 있게 될 것이다. 그리스도와 그의 교회가 지상에서 사라지고, 성령도 교회와 함께 돌아가시고 나면 종종 두 부분으로 나누어지는 칠 년, 혹은 그 이상의 기간 동안 천국의 복음이 온 세계에 전파되고 유대인들도 회개할 것이다. 칠 년 기간 동안 전례 없는 대환란이 있을 것인데, 적그리스도가 나타나고, 진노의 대접들이 인류에게 부어질 것이다.

칠 년 마지막에 주님이 강림하실 것인데 이 강림은 성도들과 함께하기 위함이 될 것이다. 남아 있는 민족은 심판받을 것이다. 지역적이고 가시적인 유대인의 천년 왕국이 건설될 것이며 그리스도와 함께 성도들은 이 왕국을 다스릴 것이다. 유대인은 본래의 시민, 이방인들은 양자 된 시민이 될 것이다.

  b. 전천년설 대한 반대: 첫째, 이 이론은 이스라엘과 하나님의 미래에 관한 예언적 설명의 문자적 해석에 기초하고 있는데 전혀 터무니없는 이론이다. 왜냐하면 이것은 이전 이스라엘의 삶의 모든 역사적 조건의 회복, 즉 구약시대의 열강들(애굽, 앗스르, 그리고 바벨론)과 주변 나라들(암몬, 모압, 에돔 족속 그리고 블레셋)이 다시 역사의 전면에 출현하는 것을 포함해야 하기 때문이다. 둘째, 전천년설과 연관되어 있는 소위 재림 연기설은 성경적 근거가 없다. 이 이론에 따르면 요한과 예수님은 왕국, 즉 유대인의 신정이 가까움을 선포했다. 그러나 유대인들이 회개하고 믿지 않음으로 예수님께서 왕국 건설을 재림시까지 연기하셨다는 것이다. 셋째, 이 이론은 미래에 있게 될 대사건들, 즉 부활과 마지막 심판, 세계의 종말에 대한 성경의 묘사와 터무니없는 반대가 된다. 넷째, 이 이론이 필요로 하는바 이중 삼중 혹은 사중의 부활이나 세 가지 심판으로 구분되어 천년에 걸쳐 이루어진다고 하는 마지막 심판 이론에는 실제적인 성경의 증거가 전혀 없다. 다섯째, 전천년설은 그 천년 왕국 이론과 더불어 해결할 수 없는 난간으로 뒤엉켜 있다. 여섯째, 이 이론의 유일한 기초는 계20:1-6절인데 여기다 구약의 내용을 첨가해서 그 근거를 삼는다. 이것은 매우 독단적인 근거에 불과하다. 상징적인 책 속에 등장하는 것이어서 매우 모호하고 다르게 해석한 이도 있다. 이 구절은 문자적으로 해석하는 것은 전혀 지지를 받지 못한다.

B. 후 천년 설(Postmillennialism)

후 천년 설은 계시록 20장의 해석에 따라 메시아 시대로서의 "천년 왕국"이 세워진 뒤에 그리스도의 재림이 일어날 것이라는 설이다. 이 용어는 종말에 대한 여러 가지 유사한 견해를 포괄하며, 전천년설과는 유사점이 있으나 무천년설과는 대조를 이룬다.

후 천년 설은 19세기와 20세기에 인종차별 철폐론이나 사회 복음주의 같은 개혁 운동을 추진하던 미국의 개신교들 사이에서 지배적인 신학적 신념이 되었다. 후 천년 설은 기독교 재건 주의라는 운동의 핵심 교리 중 하나가 되었다.

A) 초기 형태

16세기와 17세기 동안에 화란 개혁파 신학자 몇 명은 오늘날 후 천년 설이라고 불리는 형태의 왕국설을 가르쳤다. 전 세계를 향해 점차 퍼져 나갈 복음이 결국에는 지금과 비교할 수도 없을 정도의 엄청난 효력을 발휘하게 되어 예수 그리스도의 교회를 위한 풍성한 복의 시대가 시작될 텐데, 이 황금시대에는 유대인들도 미증유의 방법으로 이 복에 동참하게 될 것이다.

B) 후기 형태

오늘날의 후 천년 설은 이와는 전혀 다른 형태로서 성경적 가르침과는 무관하다. 현대인은 하나님을 전적으로 의뢰하는 가운데 천년 왕국을 기다려 오던 과거의 소망에 대한 인내심을 거의 상실하고 말았다. 복음의 전파와 그에 동반되는 성령님의 사역에 의해 새로운 세대가 도래할 것이라는 사실을 믿지 않으며, 이것이 대 변혁의 결과로서 오게 되리라는 것도 믿지 않는다.

한편 지금 사람들이 믿고 있는 것은 천년 왕국은 진보에 의해서 점차적으로 생겨나게 될 것이며, 또 사람은 세계 개혁의 정책을 받아들임으로써 이 새로운 세대에 스스로 참여해야만 한다는 것이다. "아직도 우리는 하나님께서 파국적 수단으로 새로운 질서를 시작하실 것이라고 기대해야 하는가? 아니면 우리 안에서 그 기쁘신 뜻대로 우리의 의지와 행위에 역사하시는 하나님을 믿고 천년 왕국을 실현하기 위한 우리들의 책임을 받아들여야 하는가?"

C. 무천년설

무천년설은 계시록 20장에 언급된 "천년"을 문자 그대로의 해석이 아닌 상징적인 숫자로 간주한다. 천년 왕국이 이미 시작되었으며, 이것은 현재 교회 시대에 해당한다는 주장이다. 무천년설은 천년 왕국 동안 그리스도와 통치가 본질적으로 영적인 것이고, 교회 시대가 끝나면, 그때 그리스도께서 최후의 심판을 위해 돌아오고 새 하늘과 새 땅에 영구적인 통치를 수립하실 것이라고 주장한다.

(9) 죽은 자의 부활

사실, 부활 사상은 고대 이집트에서 절정을 이루었던 사상이다. 부활에 대한 믿음이 얼마나 강했으면 미라를 만들고, 피라미드를 만들었겠는가. 고대 페르시아도, 고대 바벨론도 이런 부활 사상이 있었다.

그런데, 죽었다가 육체를 입고 부활한 분은 예수님 외에는 없다. 예수님은 제자들에게 나타날 때만 인간의 육체를 입었다. 그것도 하

평신도, 신학생, 목회자를 위한 신학 총정리 핸드북

나의 육체가 아니었다. 여러 개의 육체였다. 필요에 따라 자유자재로 바꾸셨다. 사람들이 가지고 있는 기존 부활 개념과 다른 부분이다.

부활 후 40여 일 동안 지상에 계셨지만, 육체를 입고 제자들을 만난 것은 단 세 번이다. 그렇다면 그동안은 어디서 무엇을 하셨을까? 그때도 인간의 육체를 취하고 계셨을까?

성도들은 부활을 믿는다. 그러면서도 부활을 위해서 필수적으로 있어야 할 육체까지 불태워 없애 버린다. 이것은 한국의 장례문화다. 주님이 부활을 시켜주려고 해도 시켜줄 수 없게 작은 뼈(에스겔 골짜기) 조각 하나까지도 없애 버린다. 생전에 얼마나 지긋지긋했으면, 그리고 행여 부활이라도 하여 다시 만나게 될까봐 그랬을 수도 있겠지만, 이는 부활 신앙과는 완전 반대되는 장례문화다. 만일 부활의 날이 온다면 이분들은 어떻게 될까? 어쩌면 지금까지 열거된 모든 재림 신앙이 허구가 될지도 모른다.

예수님 당시에 유대인들 사이에는 부활에 관한 확연한 의견 차이가 있었다. 바리새인들은 부활을 믿었고, 사두개인들은 믿지 않았다. 바울이 아덴에서 부활을 말하자 사람들은 그를 조롱하였다.

물질은 본래 악하다고 여긴 영지주의자들도 부활을 부인하였으며 오리겐은 영지주의자들과 켈수스에 대항하여 부활 교리를 변호하였다. 그러나 무덤에 묻혀있는 바로 그 육체가 부활할 것이라고는 믿지 않았다. 초대 교부 중 몇 사람은 그와 의견을 같이했지만, 대부분의 교부들은 현재의 육체와 부활한 육체의 동일함을 강조했다.

교회는 사도신경을 통해서 이미 육신의 부활에 대한 믿음을 표현했다. 어거스틴도 처음에는 오리겐의 의견을 따랐으나 후에는 지배적인 교부들의 견해를 받아들였다. 그러나 그는 현재의 육신의 크기

평신도, 신학생, 목회자를 위한 신학 총정리 핸드북

나 상태의 차이가 장차 올 삶에서도 계속 이어지리라고는 생각하지 않았다. 그렇다면 인류 역사상 최초로 부활하신 우리 주님은 부활에 대해 무엇이라고 말씀하셨을까?

여기서 우리가 한가지 정리해야 할 것이 있다. 어떤 식으로든 육신을 놓고, 즉시, 아니면 예수님처럼 지상에 몇일 머물다가 천국으로 떠나는 영혼의 여정에 "부활" 이란 이름을 붙일지, 아니면, 이미 천국에서 복락을 누리다가 땅에 놓고 온 육체를 찾아 백골이 된 뼈들을 다시 모아서,(뼈가 불태워진 이들은 제외하고) 에스겔 골짜기에서 있었던 것처럼, 생기를 넣고 살을 붙여 만들 육체적인 부활을 부활로 할지 정리를 해야 한다. 왜냐하면 복음서에는 후자에 대해 근거 될만한 그 어떤 기록도 없기 때문이다.

일반적으로 성도들은 초대교회 시절부터, 심지어 바울 사도부터 사람은 죽는 순간 천국으로 간다는 신앙을 가졌다. 그곳에서 의로우신 심판관인 아버지께 상을 받을 것으로 확신했던 사람이 바울이다. 그런데, 그런 천국 생활을 하다가 갑자기 영혼이 땅의 세계에서 인간으로 살았을 때 취했던 육체를 찾으러 땅의 세계로 온다는 것은 뭔가 억지스럽다. 합리적이지도 않고, 근거를 찾기도 쉽지 않다. 천국은 영혼의 세계다. 복음서에는 그곳에서 입을 옷을 혼인 예복을 비유적으로 신앙(주님의 살과 피)이라고 암시했다.

인간의 육체는 물질계에 속한 것이고, 따라서 물질계에서 물질적인 인간으로 살 것이 아니라면 물질적인 육체는 더 이상 필요하지 않다. 그런데 만일, 인간에게 그 물질적인 육체가 필요하다면, 우리의 영혼이 다시 물질세계에서 살아야 한다는 것이 아닌가. 왜 그 좋은 천국을 두고 모든 것이 변하고, 부식되고, 소멸 되는 시간 속으로 다시 들어와야 하느냐는 것이다. 영의 세계가 물질세계에 덧입혀진다는 컨셉이라고 해도 물질적인 육체는 필요하지 않다. 새 땅과 새 하늘 아래서 입어야 할 육체가 따로 있을 것이기 때문이다.

예수님은 자진하여 부활이란 단어를 사용한 적이 없다. 부활을 믿지 않는 사두개인들이 부활이란 용어로 예수님을 시험했을 때, 사두개인들이 가진 부활의 컨셉을 받아서 "부활 때는 시집, 장가도 가지 않고 사람이 천사같이 된다"고 답했을 뿐이다.

예수님이 사용한 부활이란 영생을 뜻한다. 영혼의 세계란 산자의 세계다. 영혼의 세계, 그 세계를 갈려면 육체를 벗어야 하고, 그것을 죽음이라고 칭한다. 죽은 자 가운데서 "살림"을 받아야 한다고도 표현한다. 모두가 다 영생하는 것이 아니기 때문이다. "살림"을 부활로 대신할 수 있다. 영혼은 부활을 통해서만 육을 벗을 수 있다는 컨셉이다.

만일 그렇다면, 교회는 종말론을 다시 써야 한다. 물론 이것은 이 분야 전문 학자들이 더 연구해야 할 이슈지만 지금은 전통적인 종말론에 갇혀있을 것이 아니라 종말론의 본질 그리고 목적을 풀어야 할 때다.

신학의 정확도를 떠나서, 많아서 좋은 것도 있지만, 간결하게 해서 좋은 것도 있다. 이제, 그동안 신학자들이 정리해 놓은 부활에 관한 설명에 집중해 보자.

A. 구약의 증거

부활에 대한 이스라엘의 믿음은 페르시아의 부활 관에서 빌려온 것이라는 주장이 지배적이다. 학자들은 "유대인의 부활 사상은 바벨론 포로 이후 처음으로 이스라엘에서 나타났고, 아마도 그것은 페르시아 영향인 것 같다"고 말한다. 심지어 사두개인들조차 부활을 믿지 아니하였다. 이것이 팩트다.

B 신약의 증거

신약에서는 죽은 자의 부활이 많이 언급되고 있다. 예수님이 구약에 근거하여 죽은 자의 부활을 논증하셨다고 한다. 그러나 예수님이 언급하신 부활은 구원받은 영혼이 올라가 사는 영혼의 세계를 설명하는 과정에서 나온 부제였다. 예수님의 메시지는 죽음은 그때까지 그래왔던 것처럼, 더 이상 성도를 가둘 수 없다는 의미였다. 주께서 가르친 영생의 진리가 영생의 진리라는 증거임을 생생하게 보여준 사건이 예수님의 부활 그리고 승천이다.

C. 부활의 성격

A) 육신적 혹은 신체적 부활

바울 시대에 부활을 영적인 것으로 믿는 사람들이 있었다. (딤후 2:18) 오늘날에도 영적 부활만을 믿는 사람들이 많다. 바울은 그리스도를 부활의 "첫 열매' (고전 15: 20) ""죽은 자 가운데서 먼저 사신 자"라고 불렀다. 이 구절들은 하나님의 백성이 겪는 부활이 그들의 주님께서 겪는 부활과 동일하다는 것을 의미한다.

바울이 언급한 부활이 예수님이 죽음에서 살아나신 것을 지칭한 것이라면, 기존 교회가 가지고 있는 부활 컨셉을 바꿔야 한다. 그것은 죽은 성도의 영혼이 천국으로 올라가는 모든 것을 부활로 명명할 수 있어서다. 만일 그렇게 한다면 신학에서 부활의 주제는 아주 간단해질 수 있다. 재림설도 무용지물이 된다.

B) 악인과 의인 모두 부활

바리새인들은 악인의 부활을 부인하였다. 그들은 없어진다(소멸)고 가르쳤다. 그러나 예수님은 부활 대신 악인들이 영원한 유황불 호수에 던져질 것임을 강조했다. 천당에 못 가면 그렇게 된다는 뜻이다.

(10) 최후의 심판

다음이 최후의 심판에 대한 신학자들의 설명이다. 최후 심판의 성격은 실제적 심판이다. 그것은 역사 속에서의 하나님의 섭리와 동일한 영적이고, 비가시적이며, 무한한 과정이 아니다. 사람들은 종종 현세에서도 악이 처벌되지 않고 지속되며 선 또한 약속된 상급을 받지 못한다고 말해왔다. 그러나 성경은 현재의 명백한 모순을 제거하는 수단으로서 최후 심판을 바라보라고 가르친다.

A. 심판의 표준

성도와 죄인의 심판의 표준은 계시 된 하나님의 의다. 바울에 의하면 이방인들은 그들의 마음에 새겨진 자연의 법(양심)에 따라, 이스라엘 백성들은 구약 계시된 율법에 의해서, 복음을 받은 자들은 복음의 빛에 의해 심판받는다. 그러나 이것은 상이한 사람들에게 상이한 구원의 조건이 있다는 말은 아니고 오직 예수 그리스도로 옷 입었느냐의 여부로 결정된다는 것이다. 천국의 복락과 지옥의 형벌은 차이가 있는데 이것은 육체로 있을 때 행한 일에 따라 결정된다. (마 11:22,24, 눅12:47, 48, 20: 47, 단 12:3 고후 9:6)고 한다.

자유주의 신학의 조상 슐라이에르마허와 다른 독일 신학자들은 마지막 심판에 관한 성경의 묘사는 세상과 교회의 최종적 분리에 대한 상징적인 표현으로 이해해야 한다고 주장한다.

이에 대해 보수주의 신학자들은 이것은 심판을 "정신적, 공식적 최종적 선언"이라고 선언하는 성경의 언급들을 정당하게 다루지 못하는 설명에 지나지 않는다고 반박한다.

자유주의 학자들이 하나님의 심판은 순전히 내세적이어서 세계의 도덕적 질서에 의해 전적으로 결정되는 것이라고 주장한다.

그러나 보수주의 신학에서는 이는 분명 성경의 표현을 올바르게 다루지 못한 것에 기인한다. 심판을 자율행동으로 간주하는 것은 하나님을 게으른 하나님, 즉 보상과 형벌을 그저 바라만 보고 시인하기만 하는 하나님으로 만드는 것이라고 반박한다.

어떤 사람들은 최후의 심판이 전혀 불필요하다고 간주하는데, 이는 죽을 때 이미 각 사람의 운명이 결정되기 때문이라는 것이다. 어떤 사람은 그리스도 안에서 잠들면 구원을 받고, 죄 가운데서 죽으면 멸망 당한다고 말한다. 따라서 최후의 심판은 불필요하다는 것이다. 그러나 의는 창조 원리다. 그 원리가 불필요하다는 것은 객관화가 될 수가 없다.

(12) 악인의 최후 상태.

다음이 신학의 설명이다. 성경은 고통의 장소를 게헨나라고 부르는데 이 말은 히브리어 '게'(땅 혹은 계곡)라는 말과 '힌놈 혹은 베니'라는 말에서 나온 것이다. 이것은 본래 예루살렘 남부의 계곡을 가리키는 이름이었다. 우상 숭배자들이 자기 자녀를 불 위로 지나가게 하여 몰렉에게 제사 드리던 장소였다. 그곳은 불경한 장소 였음으로 후에는 아주 천대받는 지역으로서 "도벳의 골짜기" 라고 불러졌다.

거기에는 예루살렘에서 나온 쓰레기들을 사르기 위해 늘 불이 타고 있었다. 성경은 또한 풀무 불, 유황불 못, 에 대해서도 이야기하고 그곳이 악인이 거할 처소라고 말한바 있다. "옥" 무저갱, 어두운 구덩이, 라는 표현을 사용하기도 한다. 성경은 천국에서 제외된 자를 바깥에 있는 자, 지옥에 던져진 자로 언급하기도 한다.

A. 악인의 영원한 형벌이 무엇일까?

다음이 신학에서 정리해 놓은 설명이다. 그것은 첫째, 하나님과의 은총이 전혀 없음, 둘째, 죄가 완전히 지배하는 데서 생기는 생활의 끝없는 혼란 셋째, 육신과 영혼의 극심한 고난 넷째, 양심의 가책, 고뇌, 절망, 비탄, 이를 갊 등의 주관적 형벌들 등으로 이루어진다고 말할 수 있다. 악인의 형벌에도 분명 정도의 차이가 있을 것이다. 그들이 받는 형벌은 그들의 죄와 비례 할 것이다.

B. 형벌의 기간

성경에서 사용된 영원한 이나 영속하는 이라는 표현은 단지 시대 혹은 세대 혹은 긴 시간을 의미한다. 그렇다고 해서 그것이 항상 제한된 의미여야 한다는 말일 수는 없다. 그것은 이들 단어의 문자적 의미가 아니다. 그런 의미로 이들 단어는 항상 비유적 표현이었다. 미래의 성도들과 죄인들을 구별할 때 구렁은 건널 수 없도록 고정된 것으로 전해지고 있다.

(13) 의인의 최후 상태.

복음서를 집중해 보면 하나님의 자녀는 하나님의 나라에 들어가는 것을 깃점으로 끝난다. 그리고 하나님 아버지의 나라를 잔치 혹은 혼인 잔치로 비유했다. 먹을 것 입을 것이 필요 없다는 의미다. 천국의 삶은 혼인 잔치 비유가 상징하는 것처럼, 항상 즐겁고, 기쁘고, 부족이 없는 완전한, 그리고 자족한 생이 된다는 설명을 끝으로 모든 기록이 멈춘다. 그러나 신학자들은 다음과 같이 설명한다.

A. 새 창조

"그날에 하늘이 불에 타서 풀어지고 체질이 뜨거운 불에 녹아지려니와 우리는 그의 약속대로 의의 거하는바 ....(벤후 3:12) 새 하늘과 새 땅이 세워진 이후라야 하나님께로부터 새 예루살렘이 내려올 것이며 하나님의 장막이 사람들 가운데 있을 것이고 의인들은 영원한 복락을 누릴 것이다.

B. 의인의 영원한 거쳐

성경은 천국을 분명 하나의 장소로 언급하고 있다. 천국은 많은 처소들을 가진 우리 아버지의 집으로 묘사되어 있다. 성경은 의인은 하늘을 상속받을 뿐 아니라 모든 신천지를 상속받을 것이라는 사실을 믿을 수 있는 이유들을 제시하고 있다.

결론적으로, 이 책은 내 말도 있고 다른 이의 말도 있다. 신학은 약 1천5백 년까지 기독교의 신앙을 지켜온 공로가 크다. 비록 옳고 그름에 대한 다툼이 있었지만, 성령의 보호와 은혜가 있었고, 덕분에 교회는 건강하게 발전해 올 수 있었다. 그러나 이제는 성경 시대다. 성도들은 신학이라는 중간상을 거치지 않고, 그리스도의 진리를 직접 먹을 수 있는 시대를 살고 있다.

그럼에도 불구하고, 사람들은 스스로 신학의 노예가 되기를 자처하고 있다. 아마도 신학의 멍에가 가벼워서일 것이다.

안타까운 것은 지금은 주님이 그려놓은 목자의 모습은 보이지 않고, 주님이 만들어 놓은 목자의 길엔 잡초만 무성하다는 것이다.

그렇게 해도 신학의 권세 아래만 있으면 만사가 안전하고 저승사자도 감히 건들지 못한다고 생각하는 것 같다. 따라서 이 책은 신학의 허와 실 그리고 본질을 보여 주는데 집중된 책이다. 이 책을 통해 눈을 열고 가슴을 여는 지혜를 선물받으시기를 바란다.

저자 프로필

저자 프로필

- 조셉김 (Joseph Kim)
- 교육학 박사 (Ph. D)
- 법학박사 (J. D) *목회학 박사 (D. Min)
- 세계 기독교 철학 연구학회 상임 연구위원
- 사랑과 평화 선교회 이사장

저서

- 예수님의 수난가 (판소리)
- The Poems of New Revelation(영시집)
- 미국 노숙자 관련 논문
  (미국 연방 정부 노숙자 정책 기초자료)
- 철학 핸드북
- 그외 15권 이상의 종교비평 및 문학 관련 저서

연락처: harbingerdhs@gmail.com

신학 총정리 핸드북

@ Joseph Kim, 2026

초판 1쇄 발행 2026년 1월 19일

지은이	Joseph Kim
펴낸이	이기봉
편집	좋은땅 편집팀
펴낸곳	도서출판 좋은땅
주소	서울특별시 마포구 양화로12길 26 지월드빌딩 (서교동 395-7)
전화	02)374-8616~71
팩스	02)374-8614
이메일	gworldbook@naver.com
홈페이지	www.g-world.co.kr

ISBN 979-11-388-5317-0 (03230)